KB187666

현재에 집중하라
미래에 번민하지 않는다

이 책은 바로 나 자신입니다!

독자 여러분!
이 책은 사적인 목적이나 어떤 의도가 있어서 쓴 글이 아닌
순수한 마음에서 쓴 글입니다.
나의 명성이나 독자를 위해 쓴 것이 아니라
오직 저의 가족과 친구들을 위해서입니다.

_ Michel Eyquem de Montaigne

●

고상한 인생을 준비하는 삶

감정을 억제하는 교육의 삶

●
●
●

자신을 다스리는 성찰의 삶

고상한 인생을 준비하는 삶

고상한 덕성에는 존경심을 표한다

사람이 다른 사람을 모욕하여 원한을 사고 꼼짝 없이 상대에게 붙잡힐 경우, 그의 마음을 달래는 가장 보편적인 방법은 무조건 그 앞에 굴복해서 측은지심을 불러일으키는 것이다. 그런데 이와 반대로 확고한 지조를 유지하면서도 똑같은 효과를 얻을 수도 있다.

나로 말하자면, 이 두 가지 방법 모두 쉽게 넘어갈 것 같다. 왜냐하면 나는 자비심과 너그러운 마음에 아주 약하기 때문이다. 어쨌든 내 생각엔 존경심보다는 동정심에 더 쉽게 넘어갈 것 같다. 하지만 스토아학파는 연민의 감정을 악덕한 것으로 보고 있다. 그들은 불행한 자들을 구해줘야 한다고 말하지만 연민의 심정으로 그들을 동정하지는 않는다.

어려운 상황에 처해 있는 사람을 보고 마음이 약해지는 것은 세상을 쉽게 보고 안일하게 대처하며 마음이 무르기 때문이다. 대체로 어린애나 여자들이 그쪽으로 끌리기 쉽다. 그러나 마음이 강하고 씩씩한 기질을 가지고 있는 사람들은 동정심을 유발하기 위해 울부짖고 애걸하는 태도를 경멸한다. 그들은 강한 덕성을 가진 고상한 태도 앞에서만 존경심을 표한다.

슬픔 감정으로 예지와 도덕, 양심을 꾸민다

세상 사람들은 슬픔이라는 감정에 어떤 정해진 값이라도 있는 것처럼 특별히 존중하는 면이 있다. 그러나 나는 슬픔의 감정을 별로 가지고 있지 않고, 그것을 좋아하지도 존중하지도 않는다. 사람들은 슬픔의 감정으로 예지와 도덕, 양심을 꾸민다. 참 어리석고도 어처구니없는 짓이다. 이탈리아 사람들은 이 슬픔이란 단어에 흉악하다는 의미를 덧붙여 썼다. 왜냐하면 이 감정은 언제나 해롭고 유치한 것이라고 생각했기 때문이다. 그리고 스토아학파는 슬픔을 비굴하고 겁내는 감정이라고 해서 그 학파의 학자들에게 금지시켰다.

오비디우스의 '그 여자는 슬픔에 젖어 돌이 되어버렸다.' 이 표현은 사람이 어떤 참변을 당해 견뎌낼 수 있는 한계를 넘어 극단까지 갔을 때, '말문이 막혀 멍청해지고 귀가 멍해지도록 넋을 잃어버린 심정'을 묘사하는 말이다. 비참한 심정을 참으며 극도의 충격에 이르면 사람의 정신은 온 전체로 무너지고 행동의 자유마저 잃어버릴 수 있다. 너무나 슬픈 소식을 듣고 놀라게 되면 몸이 얼어붙듯 모든 동작이 멈춰버리고, 그러다 눈물과 통곡을 쏟아내면 오그라져 붙었던 마음과 몸이 풀려지는 식이다.

우리의 감정은 세상 너머에 이른다

사람들이 늘 미래의 일을 추구한다고 비난하면서 그들을 가르치려 하는 자들이 있다. 그들은 '앞으로 올 일은 지나간 일보다 훨씬 손에 잡히지 않는 것이므로, 현재의 행복을 지키고 거기에 몸을 안정시키라'고 말한다. 그런데 만일 다른 일에서처럼 우리의 지식보다 행동을 염려해 이런 터무니없는 주장을 하고, 우리가 천성적으로 자신이 낳은 자식의 대를 잇기 위해 봉사하는 것을 과오라고 한다면, 그들은 사람이 가장 저지르기 쉬운 잘못을 범하는 것이다. 우리의 눈은 언제나 여기를 바라보지 않고, 늘 저 너머를 바라보고 있다. 공포나 욕망, 희망 등이 우리를 항상 미래로 비약시키는 것이다. 그것들은 우리로 하여금 현실에 대한 고찰과 관심을 눈감게 하며 앞으로 올 일, 즉 우리가 언젠가 세상을 떠날 날의 일에 대해 마음을 기울이게 한다.

'네 일을 하고, 너 자신을 알라'는 위대한 교훈은 플라톤이 많이 인용하는 말이다. 이 말에는 우리의 의무를 다해야 한다는 의미도 있지만, 자기 일을 하는 사람은 먼저 자신이 어떤 존재인지, 그리고 자신에게 맞는 일이 무엇인지를 알아야 한다는 의미도 있다. 자신을 아는 사람은 남의 일을 자기 일로 혼동하지 않는다. 그는 무엇보다도 먼저 자신을 사랑하고, 자신을 가꾸며, 쓸데없는 일이나 남의 말을 거절한다.

네로에 맞서 대담한 태도로 다음과 같이 대답한 두 병사를 책망할 수도 있다. 그 중 한 병사에게 네로가, 왜 자기를 원망하느냐고 묻자 그가 대답했다. "나는 당신이 선량했을 때 당신을 좋아했습니다. 그러나 당신이 부친을 죽인 살해범이고 방화범이며 사기꾼인 것을 알고는 당신을 혐오했습니다." 또 다른 병사에게 네로가, 왜 자기를 죽이려 했느냐고 묻자 그가 대답했다. "당신이 흉악하고 잔인한 행위를 계속하고 있으며, 더는 치료할 수도 없기 때문입니다." 네로의 악랄하고 잔인한 행위는 그가 죽은 다음에 모두 드러났으며, 그 후 영원히 그렇게 평가되고 있다. 그런데 어떤 사람이 과연 제정신을 가지고 그릇된 평가를 할 것인가?

모든 면을 헤아려볼 줄 아는 아리스토텔레스는 '아무도 죽음에 이르기 전까지는 행복하다고 말할 수 없다'고 한 솔론의 말을 참고해, '어떤 자가 순리대로 살다가 죽은 다음 그의 평판이 나빠지고 후손이 비참하게 되었다면 그를 여전히 행복한 사람이라고 말할 수 있는가?' 하고 물었다. 사람은 누구나 살아있는 동안 자신이 좋아하는 식으로 세상을 바라보며 살아간다. 그러나 더 이상 존재하지 않게 되면 현재의 것과는 아무런 연결도 될 수 없다. 그렇다면 존재하지 않게 된 이후에만 행복할 수 있다면, 사람은 결코 행복해질 수 없다는 걸 솔론에게 말해야 할 것이다.

영국의 에드워드 1세는 스코틀랜드의 로버트 왕과 오랜 전쟁을 하는 동안 자신이 직접 출전했을 때마다 항상 승리를 거두었다. 그래서 자기가 직접 지휘를 했기 때문에 유리했다고 믿고는, 자신이 죽은 뒤에도 자기의 뼈를 잘 보관해두었다가 스코틀랜드 군과 전쟁을 할 때 그 유골을 가지고 나가라고 아들에게 굳게 맹세시켰다. 마치 자신은 운명적으로 승리가 예정돼 있다는 식이었다.

내 친척 중 한 사람(상당히 알려져 있는 인물)에 관해서 어떤 분이 내게 말해주었는데, 나로서는 참 불쾌한 이야기였다. 그는 늙어서 담석증으로 심하게 고생하다 죽음이 다가오자 자기 집을 방문해온 모든 사람들에게 자기 삶의 마지막 날인 장례식을 화려하게 하려고 장례행렬에 참가해줄 것을 부탁했다. 자신의 마지막 모습을 보러온 왕에게까지 장례식에 참석해주길 탄원하며, 자신은 그런 대접을 받아 마땅한 인물이라고 이유를 댔다. 이것은 자기만한 인물이면 당연히 받아야 할 대접이라고 이유를 대면서 선례를 드는 것이었다. 그렇게 억지로 약속을 받은 그는 화려한 의식의 배치와 순서를 자신이 직접 마음에 들게 정하고는 만족해하며 숨을 거두었다. 나는 여태껏 이만한 허영심을 본 적이 없다.

철학자 뤼콘은 겸허하게 자기 친구들에게 그들이 생각하는 좋은 곳에 묻어달라고 부탁하며, 장례식은 너무 과하지도 않고 너무 쓸쓸하지도 않도록 해달라고 당부하였다. 나 같으면 이런 의식은 관습에 맡기겠다. 그리고 뒷일을 처리해줄 사람들에게 전적으로 맡기겠다. '이런 걱정은 자기 자신을 위해서는 경멸해야 하며, 친지들을 위해서는 소홀히 해선 안 된다(키케로)' 그리고 '장례 절차와 묘지의 선택, 장례의식은 고인을 위한 일이라기보다 오히려 산 사람들을 위한 위안이다(아우구스티누스)'라는 말은 참으로 의미 있는 말이다. 소크라테스는 죽을 때 크리톤이 "어떻게 묻어줄까?" 하고 묻자, "자네 마음대로 하게"라고 대답했다고 한다.

내가 만약 사후의 일까지 염려해야 한다면, 차라리 살아있는 동안 자기 장례식의 질서와 영광을 누리기를 기도하며 자신의 죽은 모습이 대리석으로 조각된 것을 즐기는 자들이 멋지다고 생각한다. 감각을 잃은 뒤에도 감각을 즐길 수 있고, 자기 죽음을 살아볼 수 있는 자들은 행복할 것이다.

사실 많은 생명들은 죽은 다음에도, 아직 생명과 눈에 보이지 않는 관계를 맺고 있음을 대자연은 우리에게 보여준다. 포도주는 포도나무가 계절에 따라 변화해가는 것처럼 지하실에서 숙성되어가고, 돼지고기는 소금에 절인 통 속에서도 그 상태와 맛이 변해간다.

양심의 가책을 내려놓는 유언은 하지 마라

우리 마을의 어떤 분이 통풍으로 심한 고생을 하고 있었다. 의사가 그에게 소금에 절인 고기를 절대 먹지 말라고 하면, 그는 몸이 아파서 괴로울 때는 절인 고기, 혓바닥, 돼지다리에게 원망을 하며 고함지르고 욕설을 하고 나면 덜 아프다면서 농담을 하곤 했다. 그건 팔을 쳐들어 무언가를 치려고 하다가 부딪칠 물건이 없어 허공을 갈기면 실망하게 되는 것처럼, 또는 경치를 볼 때 막연히 공중에서 방황하지 않도록 적당한 거리에 어떤 목표물이 있어서 시선을 지탱해 주어야 하는 것과도 같은 얘기다. 마음이 심란하게 동요할 때는 무언가 집중할 것이 있어야 한다. 그래서 마음이 거기에 기대어 움직일 수 있도록 어떤 목표가 있어야 한다.

플루타르크는 원숭이와 강아지를 귀여워하는 사람들을 보며, 그건 마음 줄 곳이 없어 헤매는 것보다 차라리 그런 식으로라도 마음 기댈 대상을 만들고 싶기 때문이라고 말했다. 이처럼 아무 일도 안 하고 있기보다는 허황된 목표일지라도, 다시 말해 자신의 신념에 반대되는 일일지라도 무언가를 해가며 자기 자신을 속이고 지내는 것을 흔히 볼 수 있다.

누구나 불행이 닥쳐올 때는 어떤 이유든 붙여보려 하지 않던가? 또 원망할 대상을 찾기 위해 옳든 그르든 생각지 않고 아무것이나 트집을 잡으며 따져본 적이 있지 않던가?

내가 어렸을 때 들은 이야기로, 이웃 나라의 어떤 왕이 하늘의 벌을 받고는 앙갚음을 하겠다면서 자기 백성들에게 10년 동안 하느님에게 기도를 올리지 말고, 하느님 얘기도 꺼내지 말며, 심지어 하느님을 믿지 말라고 명령을 했다는 것이었다. 이 우화는 바보 천치 같은 수작을 말하려는 것이 아니라 그 왕의 어리석은 오만함에 대해 얘기하고 있는 것이다.

아우구스투스 카이사르는 바다에서 폭풍우를 만나 혼쭐이 난 후로 바다의 신 넵투누스에게 복수하겠다는 마음을 먹고 있었다. 그러고는 콜로세움에서 열린 경기 개회식 때 여러 신들 속에 자리하고 있는 넵투누스의 초상을 치워버리게 했다. 그건 사실 용서받지 못할 짓이었다. 당연히 그는 훗날 더 큰 벌을 받았다. 독일에서 퀸틸리우스 바루스에게 지휘를 맡긴 전투에서 패배를 했던 것이다. 그는 절망에 분통하며 자기 머리를 성벽에 짓찧으면서 '바루스, 내 군사들을 살려내!' 하고 고함을 치고 돌아다녔다. 그건 바로 신을 원망하는 행동이며, 운이 마치 우리의 욕지거리를 들어줄 귀라도 가진 것처럼 거기에 도전하겠다는 불경한 짓이다. 또한 트라키아 인들이 하늘의 버릇을 고치겠다며, 천둥 번개가 치는 하늘에 대고 화살을 쏘아대며 미친 듯 복수를 하는 수작과도 같다. 플루타르크가 어떤 시인의 말에서 인용하고 있는 것처럼, 우리가 혼란한 정신 상태에 있을 때는 아무리 욕설을 퍼부어도 후련하지 않는 것이 사실이다. 이런 마음은 생각이 행동을 결정하기 때문이다.

우리는 자신의 역량과 수단을 벗어나는 일에 매달릴 수가 없다. 그러므로 결과와 행동은 결코 우리의 능력에 달린 것이 아니다. 우리의 능력에 달린 것은 진실로 우리의 의지뿐이며 인간의 의무에 관한 모든 법칙은 필연적으로 의지에 기초하여 수립되고 있다. 나는 많은 사람들이 남의 재물을 빼앗아 양심의 가책을 받다가 죽을 때 그 양심의 가책을 내려놓으려고 유언을 남기는 것을 여러 번 보았다. 그들이 그토록 시급히 해결해야 할 일을 오래도록 미뤄두었고, 잘못을 인정하는 마음과 성의가 너무도 없었다는 점은 결코 칭찬할 일이 아니다. 그들은 우선 부담할 일부를 책임져야 한다. 어렵고 고통스럽게 수행할수록 속죄하는 마음은 그만큼 더 온당하고 가치가 있을 것이다. 속죄는 그만큼 큰 대가를 요구하는 것이다.

자신들이 품고 있는 사악한 의지를 평생 감춰뒀다가 죽기 전에야 가까운 친지에게 털어놓는 것도 그러한데, 양심은 고사하고 죽음 자체의 존엄을 위해서도 그 어리석은 행실을 소멸시키지 못하고 죽음 후까지 남겨놓는 자들은 더 악질이다. 죽고 나면 아무도 그런 사정을 모를 텐데 남들에게 자신을 비판할 거리를 남겨놓는다는 건 정말 옳지 못한 짓이다. 나는 가능한 내가 살아있을 때 말하지 않은 것이 죽은 후에 말해지는 일은 없도록 할 것이다.

한가함은 항상 정신을 산만하게 한다

빈 땅이 기름지고 비옥하면 온갖 쓸데없는 잡초들이 무성해진다. 그런 땅을 유용하게 쓰려면 개간해서 씨를 뿌릴 수 있게 만들어야 한다. 그처럼 정신에 있어서도 마찬가지다. 정신은 어떤 문제에 전념하도록 제어하고 강제하는 일거리를 주지 않으면 이런 저런 공상의 들판에서 막연히 헤매게 된다. 마음은 어떤 목표가 없으면 갈피를 잡지 못한다. 왜냐하면 아무 데나 있다는 것은 아무 곳에도 있지 않다는 것과 같기 때문이다.

나는 은퇴한 후, 남은 인생을 가능한 조용히 살며 다른 어떤 일에도 상관하지 말자고 생각했다. 그래서 마음을 한가하게 내버려두고 좋아하는 일만 하며, 이 자체로 머물러 안정을 취하고 있으니 정신적으로 이보다 더 좋을 수가 있을까. 나이가 더 들어 무게가 생기고 담담해지면 이보다 더한 경지에 이르기를 바란다. 그러나 나는 '한가함은 항상 정신을 산만하게 한다(루카누스)'는 것을 알고 있다. 그래서 부질없는 헛된 망상들과 도깨비 같은 수작들을 무질서하게 목표도 없이 마구 만들어내고는 그 괴이한 꼴을 지겹도록 허망하게 바라보다가, 결국 때가 되면 나 자신의 행동에 부끄러움을 느끼기에 이 글을 기록하기 시작했다.

기억력이 나쁜 사람은 거짓말을 하지 말라

기억력으로 말하자면 나보다 더 나쁜 사람도 없을 것이다. 왜냐하면 나는 기억의 실마리조차도 찾아내지 못하는데, 이렇게나 잘 잊어버리는 사람이 세상에 또 있을까 싶다. 그것 외에도 나는 평범하고 열등한 면이 있다. 그러나 나쁜 기억력 면에서는 정말로 드문 사람이며 거의 유명하다고까지 할 수 있다.

때문에 나는 타고난 불편을 겪으며 살고 있다. -플라톤이 기억력의 중요성에 대해, 그건 위대하고 강력한 여신이라고 한 것은 정말 옳은 말이다. -우리 마을에서는 지각없는 사람을 가리킬 때 '기억력이 없는 사람'이라고 말한다. 그럴 때마다 내가 내 기억력에 대해 한탄을 하면 사람들은 내가 스스로 멍청하다고 말하는 줄 알고 내 말을 믿지 않았다. 그들은 기억력과 이해력을 분간하지 못한다. 그들의 잘못은 정말 너무나 어처구니없는 일이다. 왜냐하면 기억력과 이해력은 반대의 성격이며, 탁월한 기억력은 이해력이 약한 사람에게서 더 많은 것을 흔히 보고 있기 때문이다.

그리고 또 한 가지 그들이 잘못 생각하는 건, 내가 그 말을 할 때는 그들의 친구가 되려는 생각밖에 없었는데, 무례하게도 나의 결함에 대해 비난하는 투로 말한다. 사람들은 내 기억력이 약한 점을 심지어 양심의 결함으로 여기며 이런 말들을 한다. '저 사람은 부탁이든 약속이든 다 잊어버려. 저 사람은 친구도 잊어버리지. 또 이런 일은 하고 저런 일은 말하지 않겠다고 한 것조차 생각지도 못하고 있어.' 정말이지 나는 너무나 잘 잊어버린다. 하지만 친구가 부탁한 책임까지 아무렇게나 팽개치는 그런 짓은 하지 않는다. 나의 불행한 결점을 악의로 받아들이지 않으면 좋겠다. 가뜩이나 악의는 내가 가장 싫어하는 말이다.

나는 어느 정도 나 스스로를 위로한다. 하지만 그러면서 나는 쉽게 일어날 수 있는 다른 나쁜 병폐, 즉 야심이라는 병폐를 제어할 수 있는 방안을 얻었다. 이것은 세상과 얽혀 살아야 하는 사람에게는 큰 결함이 될 수가 있다. 그리고 천성이 발전해 가면서 그런 예들이 나타나는 것처럼, 나의 타고난 기질은 기억력이 약해짐에 따라 다른 소질들이 강해지는 경우가 많았다.

그리고 나쁜 기억력 덕분에 다른 사람들의 생각과 말들이 내게 남아있지 않았다. 만약 내가 다 기억하고 있었다면 나의 정신과 판단력은 남들이 이뤄놓은 성과 위에서 무기력하게 잠들어 있었을 것이다. 기억의 창고는 자발적인 고찰의 창고보다 더 쉽게 주입되므로, 나는 기억력 부족으로 인해 할 말이 없을 때가 많다. 만약 내 기억력이 좋았다면 갖가지 소재들을 끌어내고 활용할 수 있는 내 소질을 잠 깨워 생각을 거기에 집중시켜 말을 만들어낼 수 있을 것이다. 또한 친구들과 수다스럽게 떠들면서 그들의 귀를 따갑게 할 수 있었을 것이다. 정말 안타까운 일이다. 몇몇 친구들에게서 그런 점을 보고 있으므로 확실히 알 수 있다.

기억력은 그들에게 사물을 있는 그대로 분명히 보여주므로 얘기를 할 때도 너무 멀리까지 끌고 가 시시콜콜 온갖 것을 잔뜩 늘어놓기 때문에 좋은 이야기를 그만 질리게 만들어 버린다. 한번 말을 시작한 후에는 그걸 중단하거나 취소하기가 어렵게 된다. 준마의 힘이 얼마나 좋은 지를 알아보려면 그 말이 적당한 순간에 딱 멈출 수 있는지 그 점만 보면 된다. 지각 있는 사람들도 계속 말하다가 그만 끊고 싶을 때 중단하지 못하는 경우가 있다. 그들은 이야기를 끝낼 기회만 찾고 있다가 결국 비실거리며 주저앉는 허약한 사람들처럼 횡설수설하면서 끌려가고 만다.

특히 늙은이들은 옛날 기억이 더 많이 남아있는 데다 수없이 되풀이해 말한 것도 잊어버리기 때문에 그럴 위험이 더 많다. 나는 어떤 귀족에게서, 재미있는 이야기이긴 하지만 하도 되풀이해 듣는 바람에 진력이 난 적이 있었다. 그 자리에 있던 거의 모든 사람들도 전에 백번은 더 들었던 이야기였던 것이다.

또한 나는 모욕 받았던 것도 잘 기억하지 못한다. 옛날에 누가 말했듯이, 다리우스가 아테네인들에게서 당한 모욕을 잊지 않으려고 식탁에 앉을 때마다 그의 하인을 시켜 '전하, 아테네

놈들을 잊지 마십시오' 하고 세 번씩 말하게 했다는 것처럼, 내게도 그런 격식이 있어야 할 정도이다. 그래서 나는 같은 장소에 가든, 같은 책을 읽든, 늘 새롭게 느끼며 즐거워하곤 한다.

기억력이 나쁜 사람은 거짓말 할 생각을 아예 하지 말라야 한다. 나는 문법학자들이 '거짓을 말한다'와 '거짓말 한다'를 구별하고 있는 것을 잘 알고 있다. '거짓을 말한다'는 옳지 않은 것에 대해 말하고 있지만 그것이 진실인 것으로 생각하는 것이고, 라틴어에서 유래된 '거짓말 한다'는 자기 양심에 반대되는 것을 알고 있으면서도 자기가 알고 있는 것과 반대되는 것을 말하는 것이라고 문법학자들은 말하고 있다. 내가 말하는 건 바로 이 '거짓말 하는' 자들이다. 이 자들은 껍질이든 알맹이든 모두 꾸며대면서 진실을 변질시켜 버린다.

그런데 꾸미고 변질시킨 말들을 계속 늘어놓다가 한순간도 말문이 막히지 않기는 정말 어려울 것이다. 왜냐하면 사실 그 자체가 이미 뇌리 속에 들어앉아 인식되어 있으므로 은연중 생각에 떠오르며 갑자기 튀어나올 수 있기 때문이다. 따라서 아직 확고하게 박히지 않은 거짓말이 처음에 자리 잡고 있는 진실을 몰아내며 가짜로 만들기는 어려운 일이다. 그러나 처음부터 끝까지 만들어내는 거짓은 그 반대의 진실이라는 것이 없기 때문에 헛말이 나올 우려는 덜할 것이다. 하지만 그것 역시도 뿌리가 없는 허황된 이야기이므로 분명히 기억해두지 않으면 머릿속에서 사라지기 쉽다.

사실 거짓말하는 것은 비난받을 만한 악덕이다. 우리는 진실을 말함으로써 사람이 될 수 있으며 서로 믿고 살아갈 수 있다. 거짓말이 얼마나 무서운 결과를 낳을 수 있는지 그 심각함을 잘 알고 있다면 다른 범죄보다도 이것이야말로 화형에 처해 마땅한 일이다.

사람들은 아이들이 악의 없이 저지르는 단순한 잘못에 대해 지나치게 엄한 징계를 하며, 아무런 폐해도 남기지 않는 철없는 행동을 가지고 그들을 마구 나무라곤 한다. 그러나 내 생각엔 거짓말하는 아이들과 그보다는 좀 덜하지만 고집 센 아이들의 행동에 대해 징계를 해야 한다고 본다. 그런 것은 기회를 아예 억눌러서 나오지도 못하게 막아야 할 결함이다. 그렇지 않으면 이런 습관은 아이들과 함께 커가게 된다. 거짓말 하는 못된 버릇을 그대로 놓아두면 나중엔 거기서 빠져나오기가 놀라울 만큼 어려울 것이다. 원래는 착한 사람들이었다가 그런 버릇이 생기면서 점차로 비뚤어져가는 경우를 우리는 종종 볼 수 있다. 나는 어떤 젊은 재봉사를 알고 있는데, 그 자가 진실되게 말하는 것을 본 적이 없다. 진실을 말해야 자신에게 유리한데도 그렇지 않은 것이다.

만일 진실처럼 거짓말을 할 때도 표정이 하나밖에 없다면 사정은 더 나아질 것이다. 그러면 거짓말쟁이가 말하는 것을 반대로 생각하면 되기 때문이다. 그러나 거짓말쟁이의 얼굴엔

무한한 벌판과도 같은 수많은 표정이 도사리고 있다. 나는 눈 하나 깜박이지 않고 뻔뻔스런 거짓말을 하고 난 다음, 분명히 닥쳐올 극도의 위험을 피할 수 있을지 정말 자신이 없다.

옛날에 교부(성 아우구스티누스)가 말하기를, 우리는 무슨 말을 할지 알 수 없는 사람보다는 우리가 알고 있는 개와 함께 있는 것이 더 낫다고 했다.

신탁(神託)은 예수 그리스도가 등장하기 훨씬 이전에 이미 그 신뢰를 잃어버렸던 것이 확실하다. 왜냐하면 예언이 이루어지지 않는 것에 대해 키케로가 그 원인을 알아보려고 파헤친 자료가 남아있기 때문이다. 그는 이런 말을 했다. '왜 델포이에서 하던 신탁은 이미 오래전부터 하지 않고 있는 것일까? 그것은 왜 이토록 경시당하고 있는 것일까?' 희생물로 바치는 짐승을 가지고 어떤 예언을 끌어내는 것에 대해 플라톤은 자연의 생태와 결부시켜 생각했다. 암탉이 발버둥치는 것, 새가 날아가는 것, 벼락, 강물의 흐름 등. 예언자들은 수많은 사물을 보며 예견하기도 한다.

옛날 사람들은 공적인 일이나 사적인 일에 있어 대부분 예언에 의지해 계획을 세워나갔는데, 종교가 나타난 후로 그런 것들을 전부 없애버렸다. 그러나 아직도 별이나 정령, 꿈 등 수많은 것을 가지고 점을 치고 있으며, 그것은 우리의 천성이 현재의 일보다는 미래의 일에 마음을 기울이고 있고, 그런 것에 호기심이 얽매여 있다는 것을 보여주는 것이다.

'내일 주피터가 검은 구름을 불러와 하늘을 가리든 밝은 햇빛을 남겨놓든 무슨 상관인가? 나는 오늘 살고 있다' 하고 매일 말할 수 있는 사람은 자신의 주인으로서 자기 인생을 행복하게 살고 있는 것이다. '지금 현재에 집중하고 있다면 미래에 대해 번민하지 않는다'고 호라티우스는 말했다.

그런데 많은 나라에서 점치는 일에 권위를 주어왔다. 플라톤은 《국가》에서, 중요한 사건들을 다룰 때마다 점을 쳐서 관리하고, 특히 결혼을 할 때는 연인들 사이에 점을 쳐보라고 권했다. 그리고 우연에 맡기는 선택을 대단히 중요하게 여기며, 부부에게서 생긴 아이들은 국가가 양육하고 나쁜 씨는 멀리 쫓아버려야 한다고 했다. 그러나 쫓겨난 아이들 중에도 자라나면서 가끔은 좋은 싹수를 보여주는 애들이 있는데, 그런 애들은 다시 데려올 수 있게 하고, 남아있는 아이들 중에 아예 희망이 보이지 않는 애들은 더 멀리 쫓아내야 한다고 했다.

다음에 말하는 두 가지 기적에 관한 이야기는 내 눈으로 직접 보고 싶다. 하나는 미래의 모든 교황의 이름과 외모를 예언한 칼라브리아의 승려 조아상의 기적이고, 다른 하나는 그리스의 황제들과 원로들을 예언한 레오 황제의 기적이다. 사람은 어려운 상황에 처해 있을 때 미신을 믿게 되듯이, 태어날 때부터 정해져 있을 자신들의 불행의 원인과 위협을 알아보려고 하늘에 호소하는 걸 나는 숱하게 많이 봐왔다.

그런데 이런 점술은 한가하고 영민한 사람들에게 좋은 취미거리가 될 수 있으므로, 그들은 책 속에서 이런저런 자료를 찾아 사람들이 호소하는 모든 것을 맞춰주고 풀어주는 일에 능수능란하게 숙달되어 있다. 나는 그것을 확신할 수 있다.

아무튼 예언을 하는 자들은 매사에 분명하게 밝히지 않고 애매모호한 의미로 남겨두면서 다음 세대 사람들이 제멋대로 해석하도록 내버려두었기 때문에, 그런 자들이 판치게 되었던 것이다.

소크라테스의 다이몬은 이성의 충고를 따르지 않고 불현듯 떠오르는 의지의 충동을 따르는 것을 말하는 것 같다. 소크라테스처럼 순화된 정신은 도덕과 예지에 잘 훈련되어 있어서 이성이나 사유를 거치지 않고 의지의 충동으로 불쑥 어떤 행동을 한다고 해도, 그건 본받을 행동이었을 것이다.

누구나 자신의 마음속에 어떤 생각이 갑자기 확 떠오르며 갈등이 일어나는 순간을 겪을 때가 있다. 나는 예지에 대해 대단하게 생각지는 않지만, 그런 순간에 대해서 어떻게 생각하든 그건 내 마음에 달려 있다. 나로서는 어떤 망상이 떠오르면 그것이 도저히 이해되지 않고 나를 설득시키는 힘이 없는 걸 알면서도 거기에 무슨 유익한 점이라도 있듯이 끌려간다. 때문에, 그런 순간에 어떤 거룩하고 신성한 것이 담겨있는 건 아닌가 하는 생각을 해볼 수도 있다.

불행과 고통은 자신의 생각에 달려있다

그리스의 옛 속담에 의하면, 사람은 사물 자체에 의해서가 아니라 사물에 대해 가지고 있는 생각 때문에 감정이 움직인다고 한다. 이 전제를 모든 점에서 옳다고 증명할 수 있는 사람은 우리의 비참한 존재 조건을 개선하는 데 크게 도움을 얻을 수 있을 것이다. 불행이 우리의 생각에 의해서 따라오는 것이라면 그것을 경멸해 물리치거나 반대로 좋은 것으로 바꾸는 것도 우리의 생각에 달려있는 것이다.

만약 사물이 우리 마음대로 될 수 있다면 왜 그것을 우리에게 유리하게 처리하거나 조절하지 못하는 것일까? 우리가 불행 또는 고통이라고 생각하는 것이 그 자체로서는 불행도 아니고 고통도 아니며, 다만 우리가 그렇게 생각하는 것일 뿐이라면 그 생각을 달리 하는 것은 우리 자신에게 달려 있다. 우리에게 그 선택권이 있고, 자유롭게 선택할 수 있다면 병이나 궁핍, 경멸 같은 것도 좋은 의미로 쓸 수 있을 것이다. 운은 우리에게 단지 재료만 제공하고 그것의 형체를 짓는 것은 우리가 할 일이라면, 왜 우리는 자신에게 괴로운 의미를 부여하며 쓴맛과 나쁜 맛을 주는 것일까? 그건 정말 이상하고도 어리석은 짓이다. 그런데 우리가 불행이라고 생각하는 것이 그 자체로서 불행이 아니거나 또는 적어도 보이는 그대로의 불행이 아니라는 것, 요컨대 그것에 다른 맛을 준다든가 또는 다른 모습으로 보는 것은 우리에게 달려있는 것이다. 그렇다면 이런 논리가 성립되는지 따져볼 일이다.

우리가 부여하는 사물들의 본질이 그 자체로 우리 마음속에 들어앉을 수 있는 힘이 있다면 그것은 모든 사람에게 같은 본질로 들어앉을 것이다. 왜냐하면 인간은 모두 같은 종으로서 조금씩 더하고 덜할 뿐, 생각하고 판단하는 면에 있어서는 같은 본질로 구성되어 있기 때문이다.

그러나 사물에 관한 우리의 생각이 가지각색인 것을 보면 우리가 서로 합의해 생각하는 것이 아님을 분명히 보여주고 있다. 어떤 사람은 사물을 본질 그대로 자신에게 간직한다. 그러나 다른 많은 사람들은 같은 사물을 보고도 서로 반대되는 본질을 자신에게 투영한다.

우리는 죽음과 빈곤과 고통을 가장 큰 적으로 생각한다. 그런데 어떤 사람들은 죽음을 가장 끔찍한 것으로 여기는 반면, 어떤 사람들은 삶의 고행에서 벗어나는 유일한 안식처이자 자연이며 모든 불행을 벗어나 비로소 자유를 누릴 수 있는 가장 효과적인 처방이라고 여기고 있다. 그리고 어떤 사람은 죽음을 기다리며 공포를 느끼는가 하면, 어떤 사람은 죽음을 삶보다 더 쉽게 여기고 있다.

철학자 피론이 어느 날 배를 타고 가다가 큰 위험에 빠졌는데, 주위 사람들이 공포에 떨고 있는 모습을 보며, 마침 거기에 있던 돼지 한 마리를 그들에게 보여주었다. 그 돼지는 폭풍우에도 아무런 동요가 없이 가만히 있었다. 우리는 이성을 가지고 있다는 것을 대단한 자랑으로 여기고, 그럼으로써 우리가 만물의 영장이며 제왕으로 자처하고 있지만, 그 이성의 장점이란 게 겨우 고통을 일깨워주는 것이란 말인가? 우리가 사물에 관한 지식을 가졌다고 해도 안식과 평정을 잃어버리면 피론의 돼지만도 못한 조건에 놓이는데, 지식이 무슨 소용이 있을 것인가? 우리에게 가장 소중한 보배인 지성이 있다고 해도, 그걸 이용해 자연의 이치와 싸우며 우리 스스로를 파멸시킨다면 그게 무슨 소용이 있단 말인가?

가죽 띠로 맞았는데도 살갗에게 간지럽다고 믿게 할 수 있는가? 쓰디쓴 알로에 맛을 그라브 산 포도주 맛으로 혓바닥에게 느끼게 할 수 있는가? 피론의 돼지는 우리와 같은 배를 타고 있으면서도 죽음을 두려워하지 않는다. 그러나 돼지도 때리면 아프다고 소리를 지른다. 고통을 받으면 움츠리는 것은 하늘 아래 살고 있는 모든 생명들의 타고난 본능이다. 그런데 그것을 어떻게 막을 수 있겠는가? 나무들도 상처를 받으면 흔들리는 것처럼 보인다.

죽음은 한순간의 이동이므로 상상으로만 생각할 수 없다.

수많은 짐승들과 인간들은 위험에 처하느니 차라리 죽음을 선택하기도 한다. 우리가 죽음을 두려워하는 것은 사실 죽음 전에 오는 고통 때문이라고 습관적으로 생각하고 있다. 그러나 거룩한 성 아우구스티누스에 의하면 '죽음 후에 아무것도 없다면 죽음은 악이 아니다'는 것이다. 그러나 더 분명히 말하면, 그 앞에 가는 것도 그 뒤에 오는 것도 죽음에 속하는 것은 아니다. 그런데 우리는 잘못 생각하고 있다. 죽음을 상상하면서 두려워하기 때문에 고통을 참을 수 없게 되며, 바로 그 고통이 죽음으로 몰아가기 때문에 고통을 몇 배나 더 심하게 느끼는 것이다. 나는 그걸 경험으로 알고 있다. 그러나 이성적으로 생각해보면, 급작스럽게 닥쳐서 피할 수도 없고 느낄 수도 없는 죽음에 대해 두려워한다는 것은 어쩌면 비굴한 일이라고 비난할 수도 있다.

차라리 다음의 이유는 분명한 변명이 될 수 있다고 나는 생각한다. 고통을 주기는 하지만 위험하지 않은 것들이 있다. 치통이나 통풍 같은 것인데, 그것이 아무리 심하다고 해도 사람을 죽이지는 않는다. 그런데 누가 그것을 대단한 병으로 여기겠는가? 하지만 잘 생각해보라. 우리는 죽음을 떠올릴 때, 즉시 고통을 연상한다. 그리고 가난을 생각할 때마다 굶주림과 갈증, 더위, 추위 등 모든 고통을 연상하게 된다. 그러면 이제 고통 자체를 놓고 생각해보자. 나는 이 고통이라는 것이 인간에게 있어 가장 최악의 문제라고 생각한다. 진심으로 하는 말이다. 왜냐하면 나처럼 고통을 두려워하는 사람도 세상에 없을 것이다.

그러나 하느님 덕택에 오늘날까지 큰 고통을 겪지 않았고, 그래서 가능한 그것을 피하고 싶은 것이다. 고통을 아예 없앨 수는 없다. 하지만 인내심을 가지고 고통을 덜어내고자 하며, 육체적으로 고통을 느낄 때 얼마나 정신과 이성으로 버텨내느냐 하는 건 우리의 노력에 달려 있다. 그렇지 않으면 도덕이나 용기, 용맹함, 결심 같은 것을 누가 명예로 삼겠는가. 고통에 저항하기 위한 것이 아니라면 이런 것들이 무슨 필요가 있겠는가.

'사실 사람이 행복을 느끼는 건 즐거움과 같은 종류인 희열이나 쾌락, 대화, 오락 중에 있을 때가 아니고, 차분한 가운데 굳건함과 성실함을 유지하고 있을 때이다'라고 키케로는 말했다.

우리가 위안을 얻는 것은 자연의 조화로 인해 극한 고통은 짧고, 가벼운 고통은 길다는 것이다. 그대가 고통을 깊이 느끼면 그 고통은 오래 가지 않는다. 고통이 그 자체로 끝나든지, 그대에게 끝을 지어줄 것이다. 사실 이러든 저러든 매한가지다. 그대가 고통을 이기지 못하면 고통이 그대를 이길 것이기 때문이다.

고통이 참을 수 없는 것으로 느껴지는 것은, 내적인 만족을 얻으려 하지 않고, 또 생존의 유일한 조건과 행위의 원천인 우리 마음의 힘에 기대지 않기 때문이다. 육체는 다소간의 차이는 있더라도 하나의 자세밖에는 갖지 않는 반면, 마음은 무한히 변할 수 있다. 그러므로 우리는 마음을 연구하고 탐색해 그 안에 숨어있는 모든 원동력을 일깨워야 한다.

마음은 그 어떤 것도 가리지 않고 자신에게 이익이 되는 것을 끌어낼 줄 안다. 나쁜 일이나 헛된 생각도 때로는 마음을 만족시켜주는 유용한 것이 되기도 한다. 마음속에 날카로운 고통과 쾌락을 느끼는 건 정신이 그만큼 민감하기 때문이다. 짐승들은 본능에 따라 자유롭게 육체를 맡겨두고 있다. 동물들의 행동이 비슷하게 움직이는 것을 보면 알 수 있듯, 그들의 본능도 종류마다 거의 같다.

우리는 육체의 구속에서 해방되어 자유롭고 환상적인 방황을 즐기고 있으므로 적어도 우리의 몸을 가장 유쾌한 쪽으로 관리하도록 힘써야 할 것이다. 플라톤은 우리가 너무 고통과 쾌락에 집착하고 있어서 마음이 너무 육체에 얽매어 있는 걸 크게 우려했다. 하지만 나는 그 반대로 생각한다. 바로 이 집착 때문에 영혼이 육체에서 풀려나 사라질까 두렵다.

우리가 무서운 것 앞에서 도망치면 그것이 더 거세게 추격해오듯, 고통도 우리가 그 앞에서 두려워하는 것을 알면 더 거만해진다. 고통은 잘 견디는 사람에게 오히려 더 순해진다. 그러므로 고통 앞에서는 마음을 긴장시켜야 한다. 뒤로 물러나 양보하면 고통은 우리를 위협해 파멸을 불러일으키기도 한다. 육체가 단단할수록 더 거뜬하게 짐을 질 수 있듯이 마음 역시 그렇다.

사물에 어떤 가치를 주느냐 하는 것은 우리의 생각에 달려 있는 것처럼, 우리는 대체로 사물을 귀하게 여기지 않고 자신에게 편리하게만 여기며 함부로 대하는 경우가 많다. 그리고 사물의 품질이나 유용성을 따지지 않고 그것을 얼마에 주고 샀느냐만 가지고, 마치 그것이 사물의 실체인 것처럼 생각하고 있다. 심지어는 그 사물 자체가 우리에게 가져다주는 것을 가치라 여기지 않고, 그 사물을 위해 우리가 치른 대가를 가치라고 판단하고 있는 것이다.

이 점에서 보면 우리는 엄청나게 인색하다고 할 수 있다. 값을 치른 비중에 따라 그 사물의 가치를 매기고 있으니 말이다. 하지만 우리는 돈을 쓴 것에 대해 쓸데없는 소비라고는 결코 생각하지 않는다. 가격이 금강석을 귀하게 만들고, 수양의 어려움이 덕을 만들며, 괴로움이 신앙을 만들고, 쓴맛이 약의 가치를 만드는 것이다. 어떤 자는 가난해지기 위해서 돈을 모두 바다 속에 던져버렸다. 바로 그 바다 속에서 다른 자들은 부자가 되기 위해 온통 뒤지며 고기를 잡는다. 에피쿠로스는 '부유해지면 살기 쉬워지는 것이 아니라 하는 일이 달라진다'라고 말했다. 사실 사람이 인색해지는 것은 궁핍해서가 아니라 반대로 부유해서 그렇게 된다.

이 문제에 대해 내 경험을 가지고 말해볼까 한다.

그 첫 번째 생활은, 유년 시절을 보낸 후, 세 가지 다른 환경 속에서 살게 되었다. 처음 30년 동안은 확실한 직업도, 규칙도 없이 다른 사람이 시키는 대로 하고 도움을 받으며 지냈다. 돈 쓰는 것도 그저 우연에 맡겨져 있었는데 맘 놓고 쓸 수 있을 정도였다. 그보다 더 좋을 수는 없었다. 친구들의 돈지갑도 나한테는 항상 열려 있었다. 왜냐하면 남에게 빌린 돈은 기일 안에 꼭 갚아야 한다는 걸 나는 어떤 일보다 중요하게 생각하고 있었기 때문이다. 게다가 그들은 자기들에게 불편을 끼치지 않으려고 내가 애쓰는 것을 보고는 갚는 기일도 얼마든지 연장해주었다.

그렇게 나는 꼼꼼한 정직성을 보여주었기 때문에 빌린 돈을 갚고 나면 마치 어깨에서 무거운 짐을 내려놓은 것처럼 노예상태에서 벗어나는 것 같은 어떤 쾌감을 느꼈다. 그리고 내가 올바르게 행동하고 남을 편하게 해주기 때문에 마음에 평온한 만족감이 있었다. 값을 깎을 때나 한 푼씩 세어가며 치르는 때를 빼놓고 말이다. 왜냐하면 그런 일은 내 성미와 기질에 맞지 않기 때문이다. 그래서 그런 일을 시킬 사람이 없을 때는 말씨름하기가 싫어서, 부끄러운 일이지만 한없이 나중으로 미뤄두곤 한다.

나는 흥정하는 것을 유난히 싫어한다. 그건 멍청한 속임수고 점잖지 못한 수작이다. 한 시간 동안 말씨름을 해서 깎은 다음 서로가 요구한 것과 약속한 것을 내놓고 보면 서로에게 겨우 몇 푼밖에 소득이 없는 것이다. 그래서 나는 그런 것을 못하기 때문에 돈을 빌리면 손해만 본다. 그리고 직접 만나 빌려달라고 할 용기가 없어서 종이에 적어 심부름을 보내는데, 그것은 상대방에게 부담을 지우려는 것이 아니고 오히려 거절하기 쉽게 해주려는 것이다. 그 다음 일은 내 예감이나 생각에 맡기지 않고, 유쾌하게 별들에게(운에) 맡기고는 마음 편히 지낸다.

꼼꼼한 사람들은 대개 이런 식으로 불안정하게 살아가는 것을 매우 꺼려한다. 첫째로, 그들은 대부분의 사람들이 이렇게 살아가고 있다는 것을 생각하지 않는다. 얼마나 많은 점잖은 사람들이 왕의 은총이나 어떤 행운을 기대하며 안정적인 생활을 포기하고 있는가? 그건 지금도 매일 일어나고 있는 일이다. 카이사르는 카이사르가 되기 위해서 자기 재산 외에도 백만금의 부채를 졌다. 그리고 얼마나 많은 상인들이 무역을 하며 그 돈을 서인도제도에 갖다버리고 있는지!

둘째로, 그들이 기본이라고 믿고 있는 확실성도 우연성만큼이나 위태롭고 불확실한 것임을 그들은 생각하지 않는다. 나는 연수입이 2천 에퀴를 넘는데, 마치 곤궁이 나에게 붙어있는 것처럼 가까이 느낀다. 왜냐하면 운은 부유함 속에서도 궁핍으로 빠질 수 있는 구멍을 백 군데는 터놓고 있기 때문이다. 재산이 가장 많을 때와 가장 적을 때 사이에 중간을 두지 않았다.

운은 모든 대비와 축대도 아무 소용없이 전부 무너뜨릴지 모른다. 사람은 재산이 많든 적든 여러 가지 원인으로 모두 결핍을 느끼고 있다고 나는 생각한다. 그리고 이 결핍은 아마도 결핍 자체로 있을 때가 이따금 풍요로움이 함께 있을 때보다 덜 불편하다. 이 두 가지는 수입의 차이라기보다 습관에서 비롯된다. 그리고 부자면서도 불안하고 궁색하고 허겁지겁 사는 사람은 그저 가난한 사람보다 더 가련하게 사는 꼴이다. 세네카가 말했듯이 '부유한 자가 지니고 있는 가난이야말로 가장 무서운 빈곤이다'라고 할 수 있다.

나의 두 번째 생활은, 돈을 벌기 위한 것이었다. 일을 시작한지 얼마 안돼서부터 상당한 금액을 저축할 수 있었다. 나는 평소에 쓰던 돈 그 이상을 갖지 않으면 아직 가진 것이 아니고, 앞으로 더 생길 것이 확실하다해도 아직 가능성의 상태로 있는 한은 확실히 믿을만한 재산이 아니라고 생각했다. '나에게 이런저런 사건이 닥쳐올 수도 있는데, 그땐 어떡해?'라고 나는 스스로에게 말하곤 했다. 쓸데없는 그런 공상을 한 다음에는, 약은 체하며 모든 불편에 대비해서 어느 정도의 저축을 해두었다. 그런 변고라는 게 계속 일어날 수 있는 것도 아니지 않느냐고 누가 말하면, 나는 전부는 아니라도 어느 정도의 사태는 대비해야 한다고 대답했다.

사실 그런 것은 특별히 신경 쓰지 않으면 하기가 어려운 일이었다. 나는 그것을 비밀리에 했으며 돈에 대해서는 말을 아꼈다. 여행을 떠날 때는 아무리 많은 돈을 가져가도 충분하지 않았다. 그러나 돈을 많이 지니고 다닐수록 더 불안해졌다. 어떤 때는 도둑을 맞을까 걱정이 되었고, 또 어떤 때는 짐꾼들이 믿을만한지 걱정이 되었다. 다른 사람들도 그렇듯이 늘 지켜보고 있지 않으면 안심이 안 되었다. 금고를 집에 놓아두어도 도무지 안심이 안 되고 마음이 불안해진다. 그리고 더 불안한 건, 이런 일을 남한테 말할 수가 없다는 점이었다. 나는 그런 것이 늘 마음에 걸렸다. 그러니 따지고 보면 돈을 벌기보다도 그걸 지키는 것이 더 어렵다.

돈을 벌었다고 해서 좋아진 건 거의 아무것도 없었다. 더 많은 돈을 쓸 수 있게 되어도 내게는 돈 쓰는 일이 똑같이 괴로웠다. 왜냐하면 비온이 말한 바와 같이 더벅머리든 대머리든 머리칼을 뽑으면 짜증이 나기는 마찬가지라는 것과 같은 식이기 때문이다. 그리고 돈더미에 마음이 쏠리기 시작하면 그때부터 돈은 아무 소용이 없게 된다. 한쪽 귀퉁이도 건드리지 못한다. 만약 건드리면 전부 무너져 버릴 건축물과도 같다. 목덜미가 잡혀 어쩌지도 못할 상황이 닥칠 때나 별 수 없이 건드려볼 일이다.

전에 양떼를 팔 때나 말 한 필을 팔 때는 깊이 간직해둔 지갑을 열 때만큼 그렇게 마음 아프거나 섭섭하지 않았다. 그런데 어려운 건, 욕망에 분명한 한계를 그어서(좋아하는 일에 한계를 긋기란 정말 어렵다) 적당한 때에 저축을 그만두기가 쉽지 않다는 것이다. 이 돈더미를 줄곧 불려서 크게 키운 다음, 결국 자기 재산을 쓰지도 못하고 쥐고만 있다면 참으로 비참한 노릇이다.

내가 보기에 돈을 모으는 사람들은 모두가 인색한 자들이다. 플라톤은 육체적 또는 정신적으로 가장 귀중한 재산을 건강, 미모, 체력, 재물의 순서로 놓는다. 그리고 부유함에 예지의 빛이 밝혀지면 장님이 되는 것이 아니라 천리안이 된다고 말했다. 소 디오니시우스는 이 문제에 대해 점잖게 처신했다. 그의 부하인 시라쿠사인 하나가 그에게 보물을 땅에 묻어두었다고 알려주었다. 그러자 소 디오니시우스는 그 보물을 가져오라고 명령했다. 부하는 일부를 몰래 숨겨두고 나머지만 그에게 가져다주었다. 그 후 부하는 재물 모을 욕심이 사라지자 숨겨두었던 보물을 찾아 다른 도시로 가서 호화로운 생활을 즐겼다. 그 말을 들은 소 디오니시우스는 부하가 처음에 가져왔던 원래의 재물도 그에게 돌려주었다. 이유는, 이제 그 부하도 재물을 쓰고 누릴 줄 알게 되었으니 기꺼이 돌려준다는 것이었다.

나는 몇 년 동안 그런 식으로 지냈다. 그러다 어느 착한 귀신이 저 시라쿠사 인처럼 나에게서 이 버릇을 없애주었는지 모르겠다. 나는 저축하는 습관을 버렸다. 많은 돈을 쓰면서 다니는 여행의 재미가 그 어리석은 습관을 뒤집어버렸던 것이다. (나는 느끼는 대로 말하는데) 이때 나는 세 번째 생활로 접어들었다.

나의 세 번째 생활은, 정말 더 재미있고 절도 있는 생활로 이끌려갔다. 그것은 수입과 지출이 맞아떨어지게 하는 방식이다. 때로는 한편이 더하고 때로는 다른 한편이 더하다. 그러나 두 가지 사이가 크게 벌어지는 경우는 매우 드물었다.

나는 그날그날을 살아갔다. 그리고 현재의 일상적 필요에 충분하면 그런대로 만족했다. 비상시의 필요에 대비하려면 모든 돈을 저축해도 부족할 것이다. 그렇다고 운이 방어를 해서 우리를 보호해주리라고 기대하는 것은 어리석은 생각이다.

내가 저축을 할 때는 머지않아 쓸 데가 있으리라는 생각으로 한다. 더 가져도 소용없는 땅을 사려는 것이 아니라 즐거움을 사려는 것이다. 나는 재산을 불릴 욕심이 전혀 없다. 오히려 인색해질 나이에 이 버릇을 고치게 된 것을 매우 감사하게 여긴다. 인색함은 늙어서 잘 걸리는 병으로, 정말로 어리석은 수작이기 때문이다.

넉넉함과 궁핍은 각자의 생각에 달려있다. 각자는 자기 생각대로, 잘살기도 하고 못살기도 한다. 다른 사람이 그렇게 믿어준다고 해서 만족해지는 것이 아니고, 자기가 그렇다고 생각하는 사람만이 만족한다. 즉 자신의 신념이야말로 그 자체로 본질과 진리를 보여주는 것이다.

운은 우리에게 좋게도 나쁘게도 하지 않는다. 운은 우리에게 그 재료와 씨를 제공할 뿐이다. 우리의 마음은 운보다 더 강해서, 행복하거나 불행해지는 조건의 유일한 원인이 되고, 운을 휘둘러 마음에 적용하기도 한다.

외부의 첨가물들은 내부로 들어와 그 맛과 빛깔을 얻는다.

그것은 입는 옷에 열이 있는 것이 아니고, 체온이 우리 몸을 덥히는 식이다. 의복은 체온을 품어서 간직해줄 뿐이다.

열등생에겐 공부하기가, 주정꾼에겐 술 끊기가 가장 고통스러운 것처럼 방탕아에겐 수수한 생활이 고문과도 같으며, 나약하고 게으른 자에겐 훈련이 고역스러운 것이다. 다른 경우도 마찬가지다. 사물은 그 자체로는 해로운 것도 어려운 것도 아니다. 다만 우리가 나약하고 비굴하기 때문에 그렇게 느껴지는 것뿐이다.

위대하고 고매한 일들을 판단하는 데는 바로 위대한 마음이 필요하다. 그렇지 않으면 우리는 마음속에 품고 있는 악덕을 적용해 판단하게 된다. 반듯한 막대기를 물속에 넣으면 구부러져 보인다. 그처럼 사물을 본다는 것은 어떻게 보느냐가 문제이다.

사람들에게 죽음을 경멸하고 고통을 참아내라고 여러 방법으로 설득하지만, 왜 이토록 말만 많고 쓸 만한 충고는 없는 것일까? 왜 사람들은 수많은 종류의 환상을 덧붙여 다른 사람들을 설득하면서 자기 자신은 그 중 한 가지 방법도 스스로에게 적용해보지 않는 것일까?

'경박하고 나약한 편견을 갖고 있는 자는 고통 속에 있든 쾌락 속에 있든 지배를 당한다. 그럼으로써 마음은 더 약해진다. 심하게 흔들리는 것이다. 벌에 쏘이기만 해도 고함을 지르지

않고는 못 견디는 것처럼 모든 귀결은 사뭇 인내할 줄 아는 데에 달려있다'라고 키케로는 말했다.

요컨대 인간은 나약하고 삶의 고통이 크다는 것을 아무리 외친다 해도 철학으로 해결할 수 있는 게 아니다. 왜냐하면 '궁핍하게 사는 것이 나쁘다면 적어도 궁핍하게까지 살아야 할 필요는 없다'는 주장을 막아낼 수 있는 논리는 없기 때문이다. 오랫동안 불행하다면 그건 전부 자신을 탓해야 할 일이다. 죽음도 삶도 견뎌낼 용기가 없는 사람, 저항도 도피도 원하지 않는 사람을 대체 어떻게 하란 말인가?

크로이수스 왕의 이야기는 어린애들도 모두 알고 있는 내용이다. 그는 키로스 대왕에게 사로잡혀 사형선고를 받고는 집행장에서 '오! 솔론이여! 솔론이여!' 하고 소리쳤다. 이 말이 키로스의 귀에 들어가자 그는 무슨 뜻이냐면서 심문을 했다. 크로이수스는 "옛날에 솔론이 나에게 말한 바 있지만, 사람은 운이 아무리 좋다 해도 삶의 마지막 날을 보기 전에는 누구에게도 행복한 사람이라고 말할 수가 없다. 그것은 삶이 불확실하고 변화무쌍해 극히 하찮은 일로도 전혀 다른 상황으로 변해갈 수 있기 때문이다. 나의 불행이 바로 이 말에 그대로 적중되었다"고 대답했던 것이다.

운은 정확히 우리 인생의 마지막 날에 맞춰 그동안 오랜 세월에 걸쳐 쌓아온 것을 단 한순간에 뒤집어버릴 때도 있다. 그만큼 운명의 강한 힘을 보여주는 것이다. 그래서 우리는 솔론의 그 훌륭한 충고를 당연한 것으로 받아들일 수 있다. 그러나 그는 철학자로서, 운이 좋고 나쁜 것이 반드시 행복과 불행에 직결되는 것은 아니며, 위대함이나 권세와는 더더구나 아무런 상관이 없는 거라고 말하고 있다. 나는 그가 더 멀리 내다보고 말했다면 진실로 느껴지지 않았을까 싶다. 말하자면, 우리 인생의 행복이란 천성을 잘 타고난 정신적인 안정과 명랑함, 그리고 균형 잡힌 마음에서 우러나오는 결단력과 신념에 달려있으므로, 인생의 마지막 무대에서 가장 어려운 대목이 상연되는 것을 보기 전에는 판단할 수 없다고 말이다.

다른 모든 일에 있어서 가면을 쓸 수도 있다. 예컨대 철학자의 아름다운 문장은 우리의 겉치레를 꾸며줄 수 있다. 하지만 삶의 수많은 사건들이 생명에 직접적인 위험을 끼치지 않는다면 우리로 하여금 어느 정도의 평온한 모습을 유지할 여유는 줄 수 있을 것이다. 그렇지만 삶의 마지막 날인 죽음에 대해 우리가 꾸며댈 수 있는 역할은 아무것도 없다.

항아리 속에 어떤 좋은 것을 소중하게 담아두었는지 보여주어야 한다. 그러므로 인생의 마지막 무대에서는 모든 행동들을 심판 받고 시련을 겪는 것이다. 그날은 중대한 날이다. 지나간 모든 날들을 심판하는 날이기 때문이다. 나는 내 노력의 결실을 심판해달라고 죽음에게 맡기겠다. 그때 내 말이 입에서 나오는지 마음에서 나오는지를 알게 될 것이다.

나는 많은 사람들이 다른 이들의 죽음을 보고 그들의 생애에 대해 좋거나 나쁘게 평가하는 것을 자주 보았다. 폼페이우스의 장인 스키피오는 좋은 죽음을 함으로써 평생 나빴던 평판을 좋게 만들었다. 에파미논다스는 카브리아스와 이피크라테 그리고 자신, 셋 중에서 누가 가장 존경받겠느냐는 질문을 받고는 "대답하기 전에 우리가 죽어봐야겠죠' 하고 말했다고 한다. 인간 종말의 명예로움과 위대성을 제쳐놓고 사람을 평가하는 것은 그의 많은 부분을 보지 못하는 것이다.

신은 원하는 대로 일을 처리했다. 그러나 더러운 인생 중에서도 가장 추악한 것으로 내가 알고 있는 세 사람은 죽음 앞에서도 태연하게 모든 일을 완벽하게 꾸며놓고 죽었다. 또한 용감하고 다행스런 죽음이 있다. 어떤 자는 지위가 한참 올라갔을 때 목숨을 끊었는데, 그 종말이 너무도 훌륭했다. 그는 야심 많고 용감하긴 했지만 스스로 목숨을 끊은 것보다는 인생 목표가 그리 고매하지는 못했던 것 같다.

그는 성취하려고 했던 것을 이루지 못하고 그가 지니고 있었던 욕심과 희망보다 더 위대하고 영광스러운 종말을 맞이했다. 그렇게 죽음으로써 그는 결과적으로 그토록 갈망했던 권세와 명성을 얻었던 것이다. 다른 사람의 인생을 평가할 때, 나는 항상 그 마지막이 어떻게 되었는가를 본다. 나 자신에 대해서도 인생의 종말이 좋을 것, 즉 묵묵히 고요하게 죽길 바란다.

철학에 마음을 쏟는 것은 죽는 법을 배우는 것이다

키케로는 철학에 마음을 쏟는 것은 죽음을 대비하는 일이라고 했다. 더욱이 철학의 연구와 명상은 우리의 마음을 밖으로 향하게 해서 신체 이외 다른 일에 몰두하게 한다. 그로인해 죽음을 공부하게 한다. 세상의 모든 예지와 사유가 결국은 죽음을 두려워하지 말라는 가르침의 귀결이다.

사실 이성은 오로지 만족할 수 있는 것만을 목표로 한다. 성서에서 말한 바와 같이 이성적 노력은 결국 편안히 살아갈 수 있는 길을 찾는 것이다. 세상의 모든 의견들은 쾌락이 우리의 목적이라는 점에 동의한다. 그렇지 않다면 우리는 애초에 이런 것을 배척할 것이다. 왜냐하면 고통과 불안을 목표로 하는 사람의 말은 아무도 듣지 않기 때문이다.

이에 많은 철학자들은 반대하고 있지만 사실 그건 공허한 말일 뿐이다. 그들이 그토록 거룩하게 표명하는 데에는 정당한 논리도 있지만 그 이상의 고집과 논란이 있기 때문이다. 하지만 사람은 어떠한 역할을 맡든 각자 자신의 역할을 연기하는 것이다. 철학자들이 뭐라고 말해도, 도덕이 어떻다 해도, 우리가 지향하는 궁극의 목적은 정신이 온통 빠져버릴 정도로 쾌락을 즐기는 것이다.

나는 사람들이 극도로 싫어하는 이 말을 귀가 따갑도록 얘기하곤 하는데, 그것이 분명 최고의 쾌락과 만족을 의미한다면 그건 어떤 도움보다도 확실히 도덕의 도움을 받은 것이다. 타락은 더 유쾌하고 지속적이며, 끈질기고 강하므로 더욱 확실하게 쾌락을 얻게 한다. 우리는 힘(vigueur)이라는 단어에서 도덕(vertu)이라는 단어를 만들어냈지만, 도덕보다는 오히려 더 풍부하고 부드러운 느낌의 쾌락이라는 이름으로 부르는 것이 더 마땅해 보인다. 쾌락보다 더 천박한 종류인 탐락이라는 것은 아름다운 이름을 가지고 있긴 하지만 그 가치는 특권으로 얻은 것이 아니라 그저 경쟁적으로 얻은 이름일 뿐이다.

도덕에서 얻는 수고와 소득을 저울질해보는 사람은 도덕의 가치를 깨달을 자격도 없으며, 그야말로 그 우아함과 쓰임을 알지 못하는 사람이다. 도덕을 행하는 일은 어렵고 힘들다고 말하는 사람들과, 도덕은 언제나 불쾌하다고 말하는 사람들 간에 차이는 무엇인가? 도덕이 과연 향락을 얻기 위한 것인가? 가장 완벽한 인간들도 그것을 갈망하며 가까이 간 것만으로 만족했을 뿐 결코 소유하지는 못했다. 우리가 얻을 수 있는 모든 쾌락은 그것을 즐기는 것 자체만으로도 재미있는 일이다. 하지만 도덕으로 빛이 나는 행복함과 따스함은 처음 시작할 때와 최후의 마지막까지 주변의 모든 것을 가득 채워준다. 그런데 도덕이 주는 중요한 혜택들 중에는 죽음에 대한 경멸이 있다. 그것은 우리 인생에 평온함을 제공하고 인간적인 순수한 감정을 느끼게 해주는 수단이 되므로 다른 모든 쾌락은 소멸될 수가 있는 것이다.

그렇기 때문에 모든 규칙은 이 대목에 와서 만나며 서로 합치된다. 그러면서 그 규칙들은 인간 생활이 얽매여있는 모든 고통과 빈곤, 추위, 기타 변고들을 경멸하라고 가르치고 있다. 하지만 이런 변고들이라고 해서 반드시 겪는 것은 아니다. 왜냐하면 그런 것이 고통스러울 경우 마음만 먹으면 죽음으로 모든 고통을 끊어버릴 수 있기 때문이다. 그러나 죽음만은 피할 수 없는 일이다.

나만큼 생명을 믿지 못하고, 나만큼 생명의 지속을 중요하게 여기지 않는 사람도 없을 것이다. 내가 여태껏 누려온 건강도 내 생명에 대한 희망을 키워주지 않았고, 지금 내 몸에 생긴 질병도 그 희망을 꺾지 않는다. 이젠 시시각각 생명이 내게서 빠져나가는 듯하다. 그러나 나는 '다른 날 이루어질 수 있는 일은 오늘도 이루어질 수 있다'고 끊임없이 되풀이해서 말한다. 사실 우연한 위험이 우리를 종말로 몰아가는 경우는 거의 없다. 가장 위험스러운 사건들 외에도 수천가지 위험이 우리 머리 위에 닥쳐올 수 있다는 것을 생각해보면, 우리는 유쾌할 때나 격분할 때나, 바다에서나 집에서나, 전쟁할 때나 평안할 때나, 죽음이 똑같이 우리 옆에 있음을 알게 될 것이다.

죽기 전에 해야 할 일이 단 한 시간에 해치울 수 있는 일이라 할지라도, 그것을 완수하기 위해서는 여유 시간을 거기에 전부 바쳐도 부족할 것이다. 얼마 전에 누가 내 수첩을 열어보다가 어떤 일에 관한 기록을 발견했는데, 내가 죽은 뒤에 해주기를 바라는 내용들이었다. 나는 집에서 4km 정도 떨어진 곳에 간 적이 있었다. 비록 몸은 건강하고 쾌활했지만 집까지 돌아오리라는 보장이 없었기 때문에 미리 서둘러 한마디 써두었던 것이라고, 사실 그대로 그에게 말했다. 나는 항상 언제 닥칠지 모를 일에 대비해서 그런 행동을 하는 것이다.

그러니 죽음이 갑자기 찾아온다 해도 이상한 일도 아니다. 우리는 힘닿는 대로 항상 신발을 신고 떠날 채비를 갖추고 있어야 한다. 특히 그때는 자기 일에만 전념하도록 유의해야 한다. 어떤 사람은 죽음이 성공으로 향하는 길을 가로막는다고 한탄하고, 어떤 사람은 딸을 시집보내지 못하고 아이들 교육을 마치기 전에 떠나는 것에 대해 한탄한다. 또 어떤 사람은 아내와 자식들과 함께 살아가지 못하는 것을 애석해 하며, 마치 그것이 살아야 할 당연한 이유인 것처럼 생각한다.

나는 지금 이 순간 삶에 애착이 없는 것은 아니지만, 그래도 신이 원한다면 아무 때나 불러가도 아까울 것이 없는 사람이다. 매인 곳이라곤 아무데도 없기 때문이다. 나보다 더 온전하고 순순히 세상을 떠날 준비가 되어 있는 사람도 없을 것이다.

너무 멀리 내다보며 계획을 세워서는 안 된다. 또 조금이라도 어떤 결과를 못 보게 되는 건 아닐까 하는 걱정을 너무 해서도 안 된다. 사람은 행동하기 위해 세상에 태어난다. 우리가 세상에 나옴으로써 모든 사물들 또한 존재하는 것이고, 우리가 죽음으로써 모든 사물들 역시 죽는 것이다. 그러므로 지금부터 백년 후에 우리가 살아있지 않을 거라고 슬퍼하는 것은, 지금부터 백년 전에 우리가 존재하지 않았다고 슬퍼하는 것과 같다.

죽음은 다른 생명을 위한 근원이다. 우리는 벌거벗은 채로 울면서 세상에 태어났다. 한번밖에 존재하지 않을 일은 어려울 것도 없다. 그토록 짧은 시간 존재할 일을 그렇게나 오랫동안 두려워할 이유가 있을까? 오래 살든 짧게 살든 죽음은 결국 같은 것이다. 태어나지 않았다면 긴 것도 짧은 것도 없기 때문이다.

삶이라는 이 순간적인 지속에 대해 행(幸)이니 불행(不幸)이니 하며 떠드는 것도 웃기는 일 아닌가? 우리 인생을 영겁에 비교해보면, 아니 그보다는 산이나 강, 별, 나무 또는 어떤 동물에 비교해보면, 좀 더 살고 덜 살고 하는 문제 따위는 가소로운 일일뿐이다.

아무튼 대자연은 우리를 지배한다. 우리가 이 세상에 들어온 것처럼 시간이 지나면 다시 나가야 한다. 무(無)에서 생(生)으로 들어올 때 거쳐 온 길을 이제는 아무런 감정도 공포심도 가지지 말고 생에서 죽음으로 돌아가라고 대자연은 우리에게 말한다. 죽음은 우주 질서의 한 부분이며, 생명의 한 부분이다.

한 생명을 위해 세상의 이 아름다운 구조가 변경되어야 한단 말인가? 그렇다. 그것이 바로 우리가 태어나는 조건이다. 죽음이란 우리의 한 부분이다. 자신에게서 벗어나는 것이다. 우리가 누리고 있는 이 존재는 생명과 죽음으로 똑같이 갈라져 있다. 세상에 나온 첫날부터 삶과 동시에 죽음으로 가고 있는 것이다.

우리가 살고 있는 이유는, 모두 다른 생명에서 빼앗아오기 때문에 생명은 다른 생명의 희생으로 이루어진다. 생명이 끊임없이 만들어가는 건 죽음이다. 그러므로 우리는 삶에 머물러 있는 동안 죽음과 함께 있는 것이다.

인생은 그 자체로서 좋은 것도 나쁜 것도 아니다. 우리가 인생에게 어떤 것을 펼쳐주느냐에 따라 달라질 뿐이다. 하루를 살았다면 다 살아본 것이다. 하루를 사나 계속된 날들을 사나 마찬가지다. 낮의 밝음이나 밤의 어둠이나 다를 것이 없다. 태양, 달, 별들, 우주의 순환, 이것은 옛날 사람들도 모두 누려온 것이며, 새로 태어날 사람들도 모두 누릴 것이다.

무(無)보다 더 적은 것이 있다면 그건 죽음이다. 죽음은 무만큼도 두려워할 것이 못된다. 죽음은 우리가 살아있든 죽어있든 상관하지 않는다. 살아있으면 살아있기 때문에 그렇고, 죽었으면 이미 죽었기 때문에 그렇다. 아무도 자신의 시간이 오기 전에는 죽지 않는다. 우리가 남겨두고 가는 시간은 우리가 태어나기 전의 시간과 마찬가지로 우리의 것이 아니다. 그리고 우리가 상관할 일도 아니다.

어디서 우리의 생명이 끝나든 생명은 거기서 전부이다. 삶의 효용은 길이에 있는 것이 아니라 어떻게 살았느냐에 있다. 짧게 살고도 오래 산 사람이 있다. 그러므로 살아있는 동안 그것에 주의해야 한다. 잘 산다는 것은 세월의 길고 짧음에 달려있지 않고 우리의 의지에 달려있다. 끊임없이 길을 가면서 결코 목적지에 도달하지 못할 거라고 불안해하는가? 동반자가 있어야 덜 외롭다면, 세상이 바로 우리와 함께 길을 가는 것이 아니겠는가?

우리가 움직일 때는 모든 것이 움직이지 않는가? 우리와 함께 늙지 않는 사물이 있단 말인가? 수많은 인간들과 동물들, 그리고 다른 생명들 또한 우리가 죽는 순간에 같이 죽는다.

나는 현자인 탈레스에게서 삶과 죽음은 차별이 없다는 것을 배웠다. 누가 그에게 "왜 당신은 죽지 않느냐"고 묻자, 그는 "어떻게든 마찬가지니까"라고 현명하게 대답했다고 한다. 그리고 이어서 "물, 불, 흙, 공기, 그리고 세상의 모든 것들은 네 생명의 도구도 아니고, 네 죽음의 도구도 아니다. 어째서 너는 네 마지막 날을 두려워하느냐? 그날은 다른 날들이나 마찬가지로 네 죽음에 기여해주는 것이 없다. 마지막 걸음이 더 피곤한 건 아니다. 그날은 죽음을 선언한다. 모든 날들은 죽음으로 향한다. 마지막 날은 거기 도달하는 것이다"라고 말했다고 한다.

이것이 우리 어머니인 대자연의 선량한 명령이다. 나는 시골 사람들이나 비천한 사람들이 죽음에 대해 훨씬 더 초연한 자세를 갖는 것을 보고는 왜일까를 자주 생각해보았다. 그건 아마도 죽음을 둘러싸고 있는 우리의 모습과 환경이 오히려 죽음 자체보다 더 무섭게 만들기 때문이 아닐까 싶다. 여자들과 어린아이들이 울부짖고, 사람들이 찾아와서 법석대며, 컴컴한 방에 촛불이 켜있고, 죽어가는 사람 주위엔 의사와 목사들이 둘러서 있다. 결국 그 모든 것이 이미 공포와 경악을 불러일으키고 있는 것이다. 죽기도 전에 벌써 땅속에 묻혀있는 꼴이다. 어린애들은 친구들이 가면을 쓰고 있는 것만 봐도 무서워한다. 어른들도 그렇다. 그러므로 사람뿐 아니라 사물의 가면도 벗겨내야 한다. 벗겨놓고 보면 하인들과 유모도 무서워하지 않고 지나가는 그런 죽음이 있을 뿐이다. 이런 가면 따위는 필요 없는 죽음이여, 행복하도다!

학문이란 좋은 약이다

내가 어렸을 때 이탈리아 희극에서 보면 교사들이 항상 엉터리로 취급되어 나오곤 했다. 그래서 난 교사라는 직업이 전혀 존경스러운 것이 아니라는 것을 보고는 화가 치밀었다. 교사들의 지도와 관심을 받고 있는 나로서는 그들의 평판에 대해 고심하지 않을 수 없었다. 그래서 보통 사람들보다 훨씬 탁월한 지식을 가지고 있는 교사들에게 어쩔 수 없이 나타나는 서툰 점 등을 설명하면서 그들을 변명해주려고 했다. 그런데 꽤 활발한 인사들까지 교사들을 경멸하고 나서자, 나는 결국 뭐가 뭔지 알 수가 없어졌다.

그 후 나이가 들면서 나는 그런 데에는 반드시 합당한 이유가 있다는 걸 알게 되었다. '가장 뛰어난 학자가 반드시 가장 위대한 현자는 아니다(라블레)'라는 것을 알았다. 그러나 그렇게도 많은 지식을 가진 인물들이 왜 더 사리에 밝지 못하고 어리석은 행동을 하는지 이해할 수가 없었다. 또한 천박하고 상스러운 인간들이 세상에서 가장 탁월한 사상과 지식을 배웠으면서도 왜 개선되지 않는지 난 아직도 이해를 할 수가 없다.

그것은 다른 사람들의 확고한 지식들을 너무 많이 받아들이다가 그만 남의 지식에 억눌려 자기 판단력을 잃고 질식해버리는 식이다. 식물에 습기가 너무 많으면 질식하고, 등잔에 기름이 너무 가득하면 불이 꺼지는 것과 같은 이치다. 그처럼 지식과 자료가 머릿속에 너무 많이 들어있으면 아는 것이 잡다해져서 사리분별을 갖고 문제를 풀 수 없으며, 그 무게 때문에 학자는 허리가 굽어지는 것이다.

하지만 꼭 그런 것만도 아니다. 왜냐하면 정신은 많이 쓸수록 더 커지기 때문이다. 그리고 옛날 사례를 봐도 능력 있는 인물들과 위대한 장군들, 그리고 국사를 맡은 유능한 고문관들은 모두 학식이 풍부했다. 플라톤의 저서에 나오는 학자의 묘사는 우리 시대 학자들의 묘사와는 큰 차이가 난다. 그 시대 철학자들은 평범한 생활방식을 초월해 있고, 공공연한 행동을 경멸하며, 고매한 사상을 갖추고 있어, 보통 사람들로부터 선망의 대상이 되었다. 그러나 이 시대의 철학자들은 평범함 이하의 방식으로 행동해 공적인 일에 있어 신뢰를 할 수가 없고, 속물들과 똑같이 비굴하고 천박한 생활을 하고 있어서 사람들로부터 경멸을 받고 있다.

내가 생각하기에도 그 시대의 철학자들은 학문에 위대했던 만큼 다른 행동에도 위대했다. 예를 들면, 시라쿠사의 기하학자인 아르키메데스(기원 전 287-212)가 바로 그런 인물이다. 아르키메데스는 조국을 지키기 위해 잠시 자신의 학문 연구를 제쳐두고 다른 연구로 실천에 옮겼다. 그 결과 사람들이 상상도 할

수 없었던 무서운 기계들을 발명해냈다. 그러나 아르키메데스는 자신이 만들어낸 기계들을 모두 혐오했다. 그 때문에 자기 학문의 존엄함을 타락시켰다고 생각했다. 그는 이 기계들을 연구의 실습 과정에서 생겨난 장난감으로밖에 여기지 않았던 것이다. 아무튼 이런 학자들은 학문을 실제 행동으로 옮길 때면 마치 날개가 돋쳐 하늘 높이 날듯이, 사물들에 대한 지식으로 그들의 마음과 정신이 경탄할 만큼 커지고 풍부해지는 것을 우리에게 보여주었다.

그러나 어떤 인물들은 국정의 직위를 무능한 자들이 차지하고 있는 것을 보고는 자신의 일을 박차고 나가버렸다. 누가 소크라테스에게 언제까지 철학을 할 거냐고 묻자 '마부 따위가 군대를 지휘하지 않게 될 때까지'라고 대답했다고 한다.

헤라클레이토스는 왕위를 동생에게 물려주고 나서는 궁 앞에서 어린애들과 놀며 시간을 보내고 있었다. 에페소스인들이 그에게 왜 그러느냐고 책망을 하자, 그는 '당신들과 함께 정치를 하느니 이런 게 더 낫기 때문이오.' 하고 대답하였다. 이런 사람들의 사상은 현세의 영달을 초월한 곳에 있으며, 재판관이나 왕위조차도 천하고 비굴한 것으로 보았다.

탈레스는 사람들이 집안 살림살이 때문에 투덜거리는 것을 보고 그들을 비판하였다. 그러자 그들은, 자신이 못하기 때문에 여우처럼 입만 놀리고 있다며 탈레스를 책망했다. 그 말을 들은 탈레스는 자신을 실험해 볼 요량으로 학문 연구를 이용해 돈을 벌고 재산을 모아보기로 했다. 그리고 무역을 시작해 1년 만에 가장 경험 많은 사람이 평생 벌어도 못 벌 만큼의 재산을 만들었다.

그러나 아리스토텔레스가 말한 바에 따르면, 사람들은 탈레스나 아낙사고라스 같은 학자들이 유익한 일에 마음을 쓰지 않았다면서 그들을 신중하지 못한 자들이라고 비난했다고 한다. 나는 그 말뜻을 이해하지 못하겠는데, 아무튼 그들이 천하고 곤궁한 생활에 만족하고 있는 것을 보면 현명한 자들은 아닌 것 같다.

그런 결함은 그들이 학문을 잘못 다루는 데서 온다고 나는 생각한다. 우리가 공부해온 방식으로는 학생들이나 교사들이 아무리 박식해진다 해도 더 숙련되지는 않는데, 그건 놀랄 일도 아니다. 우리 부모들의 걱정과 노력은 우리의 머리를 학문으로 채우는 것밖에 다른 것이 아니다. 그들은 판단력이나 도덕에 관해서는 별로 관심이 없다.

우리는 대뜸 '저 사람이 그리스어를 아나? 라틴어를 아나? 시를 쓰나?' 하고 물어본다. 그 사람이 좋은 사람인지 총명한 사람인지가 더 중요한데, 그것부터 묻지는 않는다. 그리고 더 많이 아는 것보다 더 잘 알고 있는지를 물어야 할 것이다.

우리는 기억력을 채우기에만 급급하지 판단력과 양심은 비어있는 채 그대로 둔다. 그건 마치 새들이 모이를 찾아 나갔다가 그 모이를 새끼에게 먹이려고 맛도 보지 않고 입에 물어오는 것과 똑같이, 학자들은 여러 책에서 학문을 쪼아와 우리의 입술 끝에만 살짝 얹어주고 뱉어버리는 짓밖에는 하지 않는다.

그런 어리석은 수작을 나도 지금 여기에 글을 쓰면서 똑같이 하고 있는 것은 아닐까? 나는 이 책, 저 책에서 마음에 드는 문장을 훔쳐와 그것을 담아둘 곳이 없어서 여기에 옮겨놓는 것이다. 그러므로 이 문장들은 내 것이 아니다.

우리는 현재의 지식만 배우려 하고, 과거의 것과 미래의 것은 지식이 되지 않는다고 생각한다. 그리고 학문을 남들에게 보이기 위한 자랑거리로 여기며 오로지 이야기해주는 목적으로만 삼아, 마치 쓸데없는 가짜화폐처럼 이리 저리 내던져버린다.

우리는 흔히 '키케로는 이렇게 말했다. 이것이 플라톤의 도덕이다. 이것이 바로 아리스토텔레스의 말이다'라는 식으로 말하곤 한다. 그렇다면 우리 자신의 말은 무엇인가? 우리는 어떻게 판단하는가? 우리는 무엇을 하는 것인가? 앵무새도 그 정도는 말할 줄 안다.

'당신은 무엇을 아나요?' 하고 물어보면 책을 뒤져 찾아보며 가르쳐줄 뿐, 엉덩이에 종기가 나도 책을 찾아보지 않으면 엉덩이가 무엇인지 종기가 무엇인지도 모르는 사람이 있다.

우리는 다른 사람들의 의견과 지식을 받아들인다. 그리고 그것으로 끝이다. 하지만 지식은 내 것으로 만들어야 가치가 있다. 우리는 불을 얻으러 이웃집에 갔다가 따뜻하게 피어오르고 있는 불을 보고는 거기 멈춰 서서 쬐기만 하다 그냥 돌아오는 사람과 같다. 음식을 잔뜩 먹었다고 해도 소화가 안 되고 우리 몸속에 흡수되지 못하면, 그리고 그 음식이 우리에게 힘을 주지 못하면 무슨 소용이 있겠는가?

우리는 지나치게 남에게 매달리며 의존하다가 결국 우리 자신의 힘마저 잃어버리고 만다. 내가 죽음의 공포에 대비하겠다는 생각을 한다면? 기껏해야 세네카의 사상에서 빌려올 것이다. 또는 나 자신이나 남을 위해서 위로의 말을 찾아보고 싶다면? 기껏해야 그 말을 키케로에게서 빌려올 것이다. 내가 지식을 얻어 스스로 단련했다면 나 자신에게서 그것을 찾을 수 있을 것이다. 나는 남에게 의지해 구걸하다시피 얻은 능력을 대수롭지 않게 여긴다. 남의 지식을 빌어 학자가 된들 최소한 자신의 예지조차도 없으면 결코 현명해지지 못하는 것이다.

디오니시우스는 오디세우스의 불행에 대해 열심히 찾아보면서도 정작 자신의 불행은 모르고 있는 문법학자라든지, 피리의 음조는 잘 맞추면서도 자신의 행실은 엇박자만 내는 음악가, 또는 도덕에 대해 떠들 줄만 알지 행동하지 않는 웅변가를 경멸하였다.

우리가 마음을 기울이지 않고 건전한 판단을 하지 못한다면 나는 차라리 젊은이들이 밖에 나가 공놀이를 하며 시간 보내는 걸 더 환영할 것 같다. 그러면 적어도 신체는 더 건강해질 것이기 때문이다.

그들이 15, 6년 동안 공부한 결과를 보라. 어떤 일에 부딪쳤을 때 그들은 전혀 쓸모없는 인간이 돼있는 것이다. 소득이 있다면 단지 그리스어와 라틴어를 안다는 것뿐이다. 그리고는 집을 떠날 때보다 더 잘난 체하며 거만을 떨고 있다. 그들은 정신을 채워 돌아온 것이 아니라 마음속에 바람만 잔뜩 채워 돌아온 것이다. 그러니 성숙해진 것이 아니라 부풀어졌을 뿐이다.

프로타고라스가 제자들에게 이렇게 제안했다. "내가 말한 대로 수업료를 내든지, 아니면 사원에 가서 얼마나 많은 소득을 나의 교육에서 얻었는지 고백하고 그것에 따라 내 수고에 보답하라" 만약 이 제안이 준수된다면 학생들은 그렇게 하는 것에 의지하다가 낙담해버릴 것이다.

우리 페리고르 지방의 막된 표현에 의하면, 이런 학자들을 일러 '글로 벼락 맞은 자'라는 우스운 말을 쓴다. 그건 '글에 한 방 맞은 자'라는 의미인데, 문자가 그들에게 망치로 때렸다는 식의 표현이다. 실제로 그런 사람들은 대부분의 시간을 쓸데없는 생각에 잠겨있기 일쑤다. 농사꾼이나 구두 수선공은 단순하고 순박하게 살아가며, 자신이 아는 대로 말한다. 그런데 배운 자들은 알맹이도 없이 껍데기뿐인 떠도는 지식으로 무장을 하고 있기 때문에, 말이 자연스럽게 나오지 못하고 줄곧 끊기며 자신의 말에 꼬이기 일쑤다.

세상에 널려있는 이런 종류의 인간들은 타고날 때부터 천성적으로 그런 경우가 대부분인데, 자신도 이해하지 못하는 말을 판단도 제대로 하지 못하고 기억나는 것만을 열심히 지껄이는 것이다.

내가 만나보았던 아드리아누스 투르네부스(1512-1565. 프랑스 학자로 많은 그리스 고전을 번역했다)는 학문밖에 한 것이 없는 사람인데, 천년 이래 가장 위대한 인간으로 보인다. 하지만 그의 옷차림과 태도에는 학자 티가 전혀 나지 않았다. 외모는 궁정의 관리들처럼 세련된 면이 없었지만, 그런 것은 중요하지 않았다. 사람들은 흔히 마음이 비뚤어진 사람은 무심히 대하면서 옷차림에 흠이 있는 것은 참지 못하고, 인사하는 태도나 몸치장, 신발 같은 것을 보고는 그 사람이 어떻다는 둥 평가를 하는데, 나는 그런 자들을 싫어한다.

왜냐하면 투르네부스는 그 내면을 보면 세상에서 가장 세련된 인물이었기 때문이다. 나는 때로, 그의 일과 별 관계 없는 일에 대해 그와 대화를 해보았는데, 이해가 빠르고 건전하게 판단하며 사리분별에 매우 밝은 사람이었다. 이런 인물은 천성이 훌륭하고 강한 사람이다. 이런 종류의 사람들은 설사 나쁜 교육을 받는다 해도 자신을 잘 지켜나갈 줄 안다. 그런데 교육은 사람을 타락시키지 않는 것만으로는 충분하지 않다. 교육은 더 나은 사람으로 변화시켜 주어야 한다.

우리 재판정의 몇몇 분들은 관리들을 채용할 때 오로지 그들의 학문만을 가지고 심사한다. 그러나 어떤 분들은 그들의 교양을 심사하며 어떤 상황에 대처하는 판단을 시험해본다. 이런 분들이 훨씬 더 현명한 심사를 하는 것 같다. 물론 두 방법 모두 꼭 필요하고 함께 병행되어야 하지만, 사실 학문의 수준은 판단력의 수준보다 낮게 평가되는 것이다. 판단력이 좋으면 학문은 없어도 된다. 그러나 학문은 판단력이 없으면 공허한 것이다. 왜냐하면 그리스 시구에도 있듯이 '마음이 담겨있지 않은 지식은 아무것도 아니기'(스토바에우스) 때문이다.

우리나라 재판제도의 성숙을 위해서도 관리들이 학문과 함께 양식을 갖춘다면 얼마나 좋을까? 세네카가 말했다시피, '인생을 위해서가 아니라 학교를 위해 학문을 하고 있는' 것은 문제다. 학문은 마음을 얽매이게 해서는 안 된다. 마음에 합체시켜 주어야 한다. 무조건 주입해서는 안 되고, 학문으로 마음이 젖어들어야 한다. 그리고 마음을 움직여 더 좋게 만들어주지 않는다면 안하는 것이 훨씬 낫다. 세네카의 말대로, 학문은 마음이 약하고 활용할 줄 모르는 사람의 손에 들어가면 위험한 무기가 될 수도 있으므로, 오히려 안 하는 것이 낫다.

학문이란 좋은 약이다. 그러나 약이 아무리 좋아도 그것을 담는 병이 나쁘면 썩지 않고 잘 보존될 수가 없다. 눈이 잘 보여도 제대로 보지 못하는 사람들이 있다. 마찬가지로 선을 보고도 그것을 좇지 않으며, 학문을 배우고도 사용할 줄 모르는 사람들이 있다.

68 플라톤이 《국가》에서 말하는 주요 교훈은, 누구든지 자신의 천성에 따라 일을 맡아야 한다는 것이다. 이를테면 절름발이는 육체적 일에 적합하지 않고, 마음이 비뚤어진 사람은 정신적 일에 적합하지 않다. 그리고 비굴하고 천박한 정신은 철학할 자격이 없다. 나쁜 구두를 신고 있는 사람이 구두 수선공이라 해도 놀랄 일은 아니다. 의사가 의사답지 못하고, 신학자가 마음이 곧지 못하며, 학자가 어느 누구보다 무능력하다는 것을 우리는 경험으로 알고 있다.

아이들에게 살아가는 방법의 학문을 가르쳐라

〈드 귀르송 백작부인 디아느 드 포아에게〉

자기 아들이 아무리 옴에 걸리고 곱사등이라 해도 아들로 인정하지 않는 애비를 나는 본 적이 없습니다. 그러나 너무 애정에 도취되어 있으면, 자식의 결점을 못 봅니다. 그렇다고 해도 자기 자식인 건 분명합니다.

저 역시 어릴 때 겨우 작문의 껍데기밖에 배우지 못했고, 프랑스인들이 그렇듯이 이것저것 손대보지만 제대로 아는 것 하나도 없는 사람으로서, 잠꼬대 같은 말을 하고 있다는 걸 어느 누구보다도 잘 알고 있습니다.

저는 의학과 법학이 있다는 것을 알고 있고, 수학에 네 분야가 있다는 것도 알고 있고, 그것들이 무엇을 목표로 하는 학문인지도 알고 있습니다. 그리고 그런 학문들이 우리 인생에 소용되기 위해서 무엇을 의도하고 있는지 또한 알고 있습니다. 그러나 거기서 더 깊게 들어가거나, 근대 학설의 시조인 아리스토텔레스를 공부하느라 손톱을 물어뜯거나, 또 다른 학문을 하기 위해 큰 노력을 해본 적은 전혀 없었으며, 인생을 묘사하는 그림의 윤곽 하나 그려보는 재주도 저에게는 없습니다.

또 저는 서민층의 아이들이 처음 배우는 공부에 대해 과목별로 살펴볼 지식도 없으므로, 그런 아이들이 나보다 더 유식하다고 해도 틀린 말이 아닙니다. 저는 좋은 책들도 많이 읽어보지 못했습니다. 역사는 제가 가장 좋아하는 분야이고, 문학 역시 매우 즐겨 읽고 있습니다. 왜냐하면 클레안테스가 말했듯이, 소리는 나팔의 좁은 구멍으로 몰려서 빠져나갈 때 더 크고 힘차게 나오는 것처럼 문장 또한 시의 형식과 음률의 수를 잘 갖추었을 때 더 힘차게 솟아나오며, 더 강한 감명을 주기 때문입니다. 그러나 저의 타고난 자질로 말하면, 여기서 봐도 알 수 있듯이 무거운 책임을 지는 것은 하지 못합니다. 그저 이것저것 생각하고 모색해보며, 불안하게 서성거리다가 헛발질도 하고, 그러다 겨우 밖으로 나가는 정도밖엔 하지 못하며, 제가 할 수 있는 한 여러 가지를 해보아도 결코 만족을 느끼지 못합니다.

저는 저 멀리 바라보고 있지만 시야가 흐리고 몽롱해 아무것도 제대로 보이지 않습니다. 그래서 공상에 떠오르는 대로 아무거나 무턱대고 말하고 있습니다. 그러나 제가 가지고 있는 고유의 방법으로만 쓰려고 합니다. 그러다가도 자주 일어나는 일이지만, 좋은 책들 속에서 제가 다루려던 문제와 같은 것을 우연히 발견할 때는 내 자신이 정말 부끄럽고 한심해보이기만 합니다. 책 속의 인물들에 비해 저는 너무도 부족하고 둔하다는 것을 절실히 깨닫기 때문입니다.

하지만 또한 저는 제 생각이 가끔 그들의 의견과 일치되는 것을 볼 때는 '아! 정말 그렇군!' 하고 영광을 느끼며 조금이나마 그들의 뒤를 따르고 있다는 사실이 기쁩니다. 그리고 또 누구나 다 그렇게 생각하는 건 아니겠지만, 그들의 의견과 제 의견 사이에 큰 차이가 있다는 것을 알아보는 것도 대단히 기쁩니다. 그래도 저는 부족하고 미천한 생각이지만 그 결함을 고치거나 감추려 하지 않고 그대로 세상에 내보입니다. 그런 인물들에 대응하려 하다가는 허리가 무척 튼튼해야 하겠지요. 이 시대의 허황된 작가들은 자신들의 작품 속에 옛 작가들의 문장을 그대로 옮겨놓고는 마치 자기 것인 냥 뻐기고 있습니다. 그러나 그런 문장들은 원래의 광채를 잃고 퇴색되어 드러나기 때문에 얻는 것보다 잃어버리는 것이 더 많게 됩니다.

언젠가 저는 한 문장을 읽다가 헤맨 적이 있었습니다. 핏기도 없고, 살도 없고, 속이 텅 비어있어, 아무런 의미도 없는 프랑스어 문장을 무심히 읽고 있었습니다. 한참을 그렇게 흥미도 없이 읽어가다가, 저는 갑자기 너무나 고상하고 힘차 하늘까지 그 힘이 솟구치는 것 같은 한 문장에 부딪쳤습니다. 마치 낭떠러지의 절벽에서 다른 세상으로 날아오르는 것 같은 느낌이 들었습니다. 그때 저는 제가 이전에 읽은 것이 너무나 얄팍하고 깜깜한 구렁텅이 같았다는 걸 깨닫고는 두 번 다시 그리로 내려갈 생각이 나지 않았습니다. 만약 제가 그 훌륭한 문장을 훔쳐서 제 글을 한 장이라도 장식했다면 다른 장들이 얼마나 졸렬한 것으로 드러났을지 너무나도 확실히 밝혀졌을 것입니다.

자기 글의 단점을 다른 사람의 작품 탓으로 돌리는 것은, 제가 늘 말해왔듯이 남의 잘못을 자신에게 돌리는 것과 같은 점이 있습니다. 저는 문제점을 발견해 비판하는 사람들의 눈을 속여보고 싶다는 당돌한 생각을 품을 때도 있습니다. 제 글을 표절해온 글과 대등하게 만들려고 하며, 그들과 같은 수준으로 인정받으려는 제 속내가 얼마나 건방진 수작인지 알고 있습니다. 제 착상과 문장력 때문이 아니라 남에게서 따온 문장 덕분에 그런 생각을 하는 것입니다. 그건 탁월한 옛 작가들에 맞서 싸우려는 것이 아닙니다. 다만 그들의 사상을 더듬어보고 싶을 따름입니다.

그러나 사실 제가 하고 싶은 만큼 다 하지도 못합니다. 만약 제가 그들에게 맞장을 뜰 수 있다면 저는 점잖게 해보겠습니다. 그렇지 않고 남이 하는 것만 따라 하고, 남의 무기로 무장을 하며, 자신의 것은 손가락 끝도 내보이지 않고, 옛날 사람들이 생각해낸 것을 여기저기서 따다가 자기 것처럼 내세우는 짓은 비열하고 부정한 행위이기 때문입니다. 그건 자신이 어떤 가치 있는 것을 지어낼 재주가 없기 때문입니다. 그런 자들은 속임수를 쓰고도 무지한 사람들의 갈채를 받으면 만족해하고, 지각 있는 사람들의 비웃음을 받으면 원망을 합니다.

저는 그런 짓을 할 생각은 눈곱만큼도 없습니다. 제 생각을 말하기 위한 것이 아니면 남의 말도 하지 않습니다. 어쨌든 저는 아무리 재능이 없다 해도 백발의 대머리가 되어가는 화가가 자신의 얼굴을 완벽한 모습으로 그리지 않고 생긴 그대로 그리는 것처럼 아무것도 감출 생각이 없습니다. 바로 그런 것이 제 심정과 의견을 제 글 속에 그대로 보여주기 때문입니다. 저는 제 자신의 생각을 더 많이 말하기 위해서밖에는 남의 생각을 말하지 않습니다. 어떻게 생각해야 한다는 것을 말하는 것이 아니고, 제가 생각하는 것을 말합니다. 저는 여기에 제 자신을 드러내 보일 생각밖에 하지 않습니다. 새로운 일을 배워서 제가 변할 수 있다면 아마도 내일쯤 달라질 것입니다.

저는 다른 사람에게 신임을 받을 일도 없고 그것을 바라지도 않습니다. 그리고 다른 사람을 가르치기에는 교양이 부족하다는 것도 알고 있습니다. 그런데 어떤 분이 앞에 나온 제 글을 읽어보고 어느 날 나를 찾아와서는, 제가 아동의 양육에 관한 이론을 진전시켜야 한다고 말하는 것이었습니다. 그래서 부인, 제게 이런 문제를 다룰 능력이 있다면, 얼마 후 백작부인의 옥체에서 멋지게 세상에 나오겠다고 지금 위협하고 있는 그 작은 친구에게 이걸 선물로 드리는 것이 어떨까 하는 생각이 듭니다.

왜냐하면 저는 부인의 결혼식에 참석한 사람으로서 앞으로 태어날 아이의 성장에 관심을 가질만한 자격이 있기 때문입니다. 그리고 꼭 그게 아니라도 이전부터 부인을 받들어 섬겨온 충복의 처지에서도 저는 응당 부인께 관계되는 모든 일에 영광과 행복과 이익이 함께 하길 축원해드릴 의무를 지고 있습니다. 사람의 일 중에서 가장 중요하고 어려운 점은 그 무엇보다도 어린아이 키우기와 교육이라고 저는 생각합니다.

농사도 작물을 심기 전의 준비와 심는 작업은 분명하고 쉽습니다. 그러나 싹이 나오고 성장해가면 그걸 가꾸는 데는 온갖 방법을 동원해야 하고 어렵습니다. 사람에 있어서도 마찬가지로, 심는 데는 큰 어려움이 없지만 출생한 다음에는 엄청나게 조심해야 하며, 기르고 가르치기 위해 끝없는 일과 근심을 기울여야 합니다.

어릴 때는 성향이 아직 잘 드러나지 않고 너무나 불확실하기 때문에 확실한 판단을 내릴 수가 없습니다. 그러나 타고난 성향을 고치기는 너무 어렵습니다. 그래서 어릴 때 아이에게 맞지 않는 일을 훈련시킴으로써 오랜 세월을 낭비하는 일이 흔히 일어나는 것입니다. 따라서 제 생각에는 아이들에게 가장 맞고 유익한 일이 무엇인지 알아야 하며, 아이들의 습관을 보고 경솔하게 판단하고 예측해서는 안 된다는 것입니다. 플라톤도 그의 《국가》에서 이런 점에 큰 의미를 부여하고 있는 것 같습니다.

부인, 학문은 훌륭한 장식이 될 수 있으며, 특히 부인께서 앞으로 길러내시게 될 위대한 운명의 인물에게는 경이로운 일을 성취하는 도구가 될 수도 있습니다. 솔직히 천박하고 비열한 인간에게는 학문이 참된 결과를 내지 못합니다. 학문은 변증적 논법을 세우거나 소송사건을 변호하거나 약을 조제하기보다는 오히려 당당하게 전쟁을 지휘하고 국민을 다스리며, 한 왕국이나 외국과의 우호관계를 실천하는 데 그 방법을 제시해줍니다.

부인께서 아이의 교사를 선택하시는 데 있어 아이 교육의 모든 결과가 달려있습니다. 거기엔 여러 가지 중요한 문제가 있기 때문입니다. 그러나 이 점에 대해 저는 전문가가 아니므로 언급하지 않겠습니다. 다만 한 가지 조언은 드리고 싶습니다. 명문가의 자손이라면 돈을 벌기 위해서가 아니고, 외적인 편익을 도모하기 위해서도 아니며, 단지 학문 자체를 위해서 학문을 하고, 학자가 되기보다는 원숙한 인간이 되고자 하며, 내면적으로 성숙하기 위해 학문을 해야 할 것입니다.

그래서 교사를 택할 때에는 머리가 지식으로 가득 찬 사람보다는 인격이 높은 사람을 조심스럽게 선택해야 할 것입니다. 그리고 학문의 수준보다는 어떠한 이해력과 방법으로 자신의 직책을 맡게 될지 잘 살펴보아야 합니다. 교사들은 마치 깔때기에 물을 부어넣듯 줄곧 아이들의 귀에 대고 소리칩니다. 그리고 교사라는 직업은 같은 말을 늘 되풀이 하는 것밖에 없습니다. 나는 선생들이 그런 방법을 쓰지 않고 자신이 가르치게 된 아이의 성향과 능력에 따라 아이 스스로 처음부터 사물들을 음미해보고 식별하도록 가르쳐야 한다고 생각합니다. 그래서 아이의 자질을 시험해보며 아이 스스로가 길을 열어가도록 도와줘야 합니다. 선생이 혼자 생각하고 다 말하는 건 옳지 않습니다. 제자가 말하는 것도 선생은 귀를 기울여야 합니다. 소크라테스와 아르케실라스는 먼저 제자들에게 말을 시키고 그 다음에 자신들이 말했습니다. 키케로는 '가르치는 자의 권위는 흔히 교육받고자 하는 자를 해친다'고 했습니다.

습관이 다 다르듯 능력과 태도가 서로 너무나 다른 여러 제자들을 똑같은 학과와 똑같은 학습자세로 가르치려고 할 때, 그 많은 아이들 중에서 교사들이 기대하는 성과를 내는 아이가 몇이나 되겠습니까? 겨우 두서넛 있을까 말까 한다고 해서 이상할 것은 조금도 없습니다.

선생은 제자에게, 책에 쓰인 글자가 아닌 현실 속에서의 그 의미와 효용에 대해 설명할 수 있도록 가르쳐야 하며, 제자가 배운 것을 입으로 증명하는 것이 아니라 생활 속에서 실천하도록 가르쳐야 합니다. 그리고 플라톤의 교육방법을 적용해, 제자가 배운 것을 제대로 이해해서 자기 것으로 만들었나를 확인해 보아야 합니다. 음식을 삼킨 그대로 내놓으면 그건 소화가 되지 못했다는 증거입니다.

우리의 정신은 자신의 말을 믿기 전에는 움직이지 않습니다. 남의 생각에 얽매이고 구속된다는 것은 그 권위 밑에 잡혀있는 노예나 마찬가지입니다. 우리는 남의 말에 지나치게 얽매여 지내며 자유롭지 못합니다.

스승은 제자에게 자신이 알고 있는 지식을 단지 권위와 신뢰만으로 받아들이게 해서는 안 되고, 모든 것을 체로 걸러내듯 가려서 가르쳐야 합니다. 아리스토텔레스의 가르침이든 스토아학파나 에피쿠로스학파의 가르침이든 그것이 그대로 자기 것이 되게 해서는 안 됩니다. 제자 스스로 여러 가지 다른 판단을 하

도록 도와주어야 합니다. 그래서 할 수 있으면 선택할 것이고, 그렇지 않으면 의문을 가질 것입니다. 어떤 것이 확실하다고 단정 짓는 것은 미친 짓입니다.

왜냐하면 크세노폰이나 플라톤의 말을 자기 것으로 취한다면 그건 바로 자신의 생각이 되기 때문입니다. 다른 사람의 생각을 좇으면 아무것도 좇지 못합니다. 그리고 아무것도 벗어나지 못하면 어떠한 것도 찾지 못합니다.

그들의 의견을 배울 것이 아니라 그들의 사고방식을 배워야 합니다. 누구에게 지식을 얻었는지는 빨리 잊어버리고 스스로가 그 지식을 적용할 줄 알아야 합니다. 진리와 이치는 누구나 적용할 수 있습니다. 그것은 처음에 말한 사람의 소유가 아니고, 나중에 말한 사람의 소유도 아닙니다. 나에게서 비롯된 것도 아니고, 플라톤에서 비롯된 것도 아닙니다. 왜냐하면 그와 내가 똑같이 알고 있고 이해하는 것이니까요.

꿀벌들은 여기저기 꽃에서 꽃가루를 따와 그것으로 자기들의 꿀을 만듭니다. 사람도 이렇게 꿀벌처럼 다른 데서 따온 것을 적용하고 변형시켜서 자기 판단으로 자신의 작품을 만들 줄 알아야 합니다. 교육과 노력, 학습의 목표는 이렇게 자기 것을 만드는 데 있습니다. 그래서 도움을 받아온 것들은 모두 숨기고 자신이 만든 것만을 세상에 내놓아야 합니다. 표절을 하는 자들이나 흉내를 내는 자들은 남에게서 끌어온 것이 아니라 그들이 일궈놓은 것을 그대로 가져다 쓰는 것입니다.

공부를 해서 좋은 점은 더 똑똑해지고 더 현명해진다는 것입니다. 그러나 외워서 아는 것은 아는 것이 아닙니다. 그것은 남이 말한 것을 기억 속에 보관해두는 것일 뿐입니다. 똑바로 아는 것은 선생에게 의지하지 않고 책에서 찾지도 않으며 자신이 직접 깨닫는 것입니다. 순전히 책에 의지해 역량을 키운다면 비참한 역량이 될 수 있겠죠! 그런 지식은 그저 장식으로 쓰고 기본 바탕으로는 쓰지 말기를 바랍니다. 플라톤이 말했듯이 확고함과 신념과 성실함을 목표로 하는 것이 진실한 학문이며, 다른 것을 목표로 하는 학문은 헛된 것에 지나지 않습니다.

저는 요즘 현대 무용의 대가인 팔류엘이나 폼페에에게, 자리에서 움직이지 않고 춤을 출 수 있도록 가르쳐보라고 말하고 싶습니다. 선생들이 우리에게 이해력을 활용하도록 가르치지 않고 그냥 이해력을 가르치듯 말입니다. 또는 선생들이 우리에게 말하는 것과 판단하는 것을 훈련시키지 않고 그냥 말 잘하고 판단 잘하기만을 가르치려고 하듯 말이죠.

말(馬)이나 창이나 피리 다루는 법을 훈련시키지 말고 무조건 가르쳐보라고 사람들에게 말해보고 싶습니다. 그런데 훈련장에서는 눈앞에 보이는 모든 것이 학습 자료가 됩니다. 제자의 우스꽝스런 장난질, 하인의 서투른 행동, 식탁에서 오가는 대화들, 이 모든 것이 교육의 실제적인 재료가 됩니다. 사람들과의 교제 또한 교양을 쌓는 데 도움이 되며 외국을 여행하는 것도 좋습니다.

아이들을 부모 품에서만 키우면 안 된다는 것은 누구나 다 인정하고 있습니다. 아무리 현명한 부모도 아이 앞에서는 본능적인 애정 때문에 마음이 약해집니다. 부모들은 당연히 해야 할 일인 줄 알면서도 아이의 잘못을 그대로 두고 처벌하지 못합니다. 그리고 선생들이 아이를 거칠게 다룬다거나 위험하게 가르치는 것을 보면 가만히 있을 수가 없습니다.

그들은 아이가 놀다가 더러워져 돌아오는 것도 차마 볼 수가 없고, 너무 뜨거운 것이나 너무 찬 것을 마시는 것도 볼 수가 없습니다. 또 말을 험하게 타거나 거친 격검 선생 앞에 격검대를 들고 맞서는 것도, 처음으로 총을 들고 훈련하는 모습도 볼 수가 없습니다. 그들로서는 어떻게 할 방법이 없으니까요. 씩씩한 남자로 크려면 어린 나이에 몸을 너무 도사려서도 안 됩니다. 그리고 의술의 힘을 차라리 무시해야 됩니다.

아이에게 최고의 권위를 가져야 할 선생의 위치는 부모 때문에 제한당하고 있습니다. 게다가 가족들이 아이를 너무 애지중지하며 가정의 권세를 인식시키는 것은 아이에게 좋지 않은 장애가 된다고 나는 생각합니다.

사람들을 많이 상대하는 학교에서도 결점은 있습니다. 즉 다른 사람들을 알려고 하는 것이 아니라 자기 자신을 알리기에만 급급하고, 새로운 지식을 얻기보다는 내 지식을 팔아먹기에 분주합니다. 하지만 침묵과 겸손은 사회에서의 교제에 대단히 유익한 태도라는 것을 알아야 합니다.

아이가 충분한 능력을 획득했다고 해도 계속해서 자신의 역량을 잘 지키도록 해야 하며, 다른 사람들의 어리석은 말이나 허황된 이야기를 들어도 흔들리지 않고 꿋꿋하도록 훈련시켜야 합니다. 자신의 취향에 맞지 않다고 해서 다른 사람들을 간섭하는 것은 무례한 짓이기 때문입니다. 또한 자기가 거절한 것을 남이 한다고 비웃거나 일반적인 습관을 지나치게 반대하는 짓은 하지 말아야 합니다.

세네카가 말하길 '사람은 과시하지 않고 오만하지 않고도 현명해질 수 있다'고 했습니다. 매사에 훈계하듯 하는 태도는 피해야 하며, 자신은 남들과 다르다는 식으로 잘난 체 하거나 남을 비웃고, 또는 새것을 즐기는 유치한 야심을 자랑해서는 안 됩니다. 예술에 대해 방자하게 노는 것은 대시인이나 할 일이며 일반적인 습관을 넘어서는 특권은 위대한 정신이 아니면 용인될 수 없는 일입니다.

아이에게는 자신이 싸울 가치가 있는 상대를 만났을 때만 토의나 논쟁을 하도록 가르칠 것이며, 그때도 자기가 쓸 수 있는 모든 능력을 다 드러내는 것이 아니라 꼭 필요한 능력만을 쓰도록 가르쳐야 합니다. 그리고 아이가 예민하게 논거를 선별하도록 하며, 적절하고 명확한 것을 즐기도록 지도해야 합니다. 특히 진리에 대해서는 그것이 상대에 의해 밝혀졌든 자신이 생각을 뒤집어 깨달았든, 곧바로 그걸 인정하고 싸움을 중단하도록 가르쳐야 합니다. 또 반드시 미리 정해진 강의를 하기 위해 강단에 오르게 해서는 안 됩니다. 자신이 인정하는 것 외에 어떤 원칙에도 매여서는 안 되기 때문입니다. 또 반성하고 자기 잘못을 인정하는 자유를 팔아 돈으로 바꾸는 직업을 가져서는 안 됩니다.

아이는 이성적인 언행 속에서 자신의 양심과 도덕이 빛을 내도록 지도해야 합니다. 그리고 자신의 반성을 통해서 잘못 생각한 것이 있을 때는 설사 그것을 아는 사람이 없다고 해도 솔직히 터놓고 고백하는 것이 자신의 성실함과 판단력의 옳은 성과이며, 그것이 바로 자신이 찾고 있는 목표임을 알도록 지도해야 합니다. 어떤 일에 열중하면서도 자신의 생각을 고치고 나쁜 습관을 버리려 노력하는 것은 대단히 귀하고 강인하며 철학적인 정신을 갖고 있는 것입니다. 그러므로 그런 것을 이해시키도록 해야 할 것입니다. 또한 다른 사람의 어리석은 짓이나 결점도 자신에게 교훈이 되도록 가르쳐야 할 것입니다. 사람들은 타인의 행동거지와 태도들을 비교해보며 좋은 것은 선망하고 나쁜 것은 경멸할 것입니다.

아이가 역사를 공부해서 지난 시대의 위대한 인물들과 교류해보도록 지도해야 합니다. 그건 어찌 생각하면 쓸데없는 공부가 될지도 모르지만 또 한편으로 생각해보면 가치를 따질 수 없을 만큼 큰 효과를 거두는 공부가 될 수도 있습니다. 아이가 《플루타르크의 영웅전》을 읽고 어떤 도움인들 못 얻겠습니까? 그러나 교사는 자기 직책의 목적이 어디에 있는가를 늘 되새겨야 합니다. 그래서 제자들에게 카르타고가 망한 날짜를 기억시킬 게 아니라 한니발과 스키피오의 인물됨을 알려주고, 마르켈루스가 어디서 죽었는지를 기억시킬 게 아니라 왜 그가 거기서 죽은 것이 자기 의무에 어긋나는 일이었는지를 이해시켜야 합니다. 역사 자체를 가르치기보다는 역사를 비판하는 법을 가르쳐야 합니다. 그래야만 다각적으로 생각하는 훈련이 될 수 있다고 나는 생각합니다.

나는 티투스 리비우스의 작품 속에서 수백 가지의 사물들에 대해 알게 되었습니다. 플루타르크는 이 작품 속에서 내가 읽었던 것 외에도 수백 가지의 사물들을 더 알게 되었고, 어쩌면 작가가 의도했던 것 이상의 내용을 파악했던 것 같습니다. 이처럼 어떤 사람에게는 독서가 단순한 문법공부가 되기도 하지만, 또 어떤 사람에게는 인간 내면의 가장 심오한 부분들이 투영돼 있는 철학을 발견하게 합니다.

플루타르크의 저서를 보면 재미있고도 광범위한 지식들이 많이 실려 있습니다. 이런 점에 있어 그를 따라올 자는 없는 것 같습니다. 그러나 가볍게 언급만 한 것들도 수없이 많습니다. 그는 우리가 가야 할 방향을 단지 눈짓으로만 알려주었죠. 때로는 가장 중요한 점에 대해서도 살짝 건드리기만 하고요.

사람들을 많이 알게 되면 판단력을 기르게 되고 경탄할 만큼 도움을 얻는 수 있습니다. 우리는 모두 자신 속에 갇혀서 자기 코앞도 내다보지 못합니다. 누가 소크라테스에게 어디서 왔느냐고 묻자, 그는 '아테네에서'라고 대답하지 않고 '세상에서'라고 대답했습니다. 누구보다 상상력이 풍부했던 그는 세상을 자신이 사는 도시처럼 생각하고 인류에게 자신의 지식을 남겼는데, 우리는 우리 자신의 발밑도 제대로 못 보고 있습니다.

아는 것과 모르는 것은 무엇이고, 공부의 목적은 무엇이며, 용기와 절도, 정의는 무엇인가를 말해주어야 합니다. 또 야망과 탐욕, 노예와 신하, 방자함과 자유 사이에는 무슨 차이가 있으며, 진실하고 건강한 만족은 무슨 표지로 알 수 있고, 죽음과 고통과 수치는 어느 정도까지 두려워해야 하는지 등을 말해주어야 합니다. 또한 어떤 힘이 우리를 움직이며 우리가 가지고 있는 모든 충동들의 원인은 무엇인가를 설명해주어야 합니다. 그래서 자신을 알도록 해야 하며 잘 살고 잘 죽는 방법을 가르쳐야 하는 것입니다.

이 시대엔 철학의 사상이나 그 효용이 배운 사람에게도 아무 도움이 안 되고 가치조차 무시되고 있으며, 참으로 허망하고 망상적인 이름에 불과하고 있음을 봅니다. 이는 실로 중대한 사태인 것입니다. 그 원인은 철학에 입문하는 모든 길을 가로막고 있는 그 까다로운 용어들 때문이라고 저는 생각합니다.

철학이 어린아이들에게는 이해될 수 없으며 복잡하고 음침한 것이라고 보여주는 것은 대단히 큰 잘못입니다. 누가 철학을 이렇게 창백하고 거짓된 모습으로 만들어버렸을까요? 사실 철학보다 더 유쾌하고 밝고 청명한 것은 없습니다.

철학으로 단련된 정신은 그 건전함으로 인해 신체까지 건강하게 만들 수 있습니다. 다시 말해 정신은 그 여유와 평안함을 겉으로 발산해 빛을 내며 자신의 틀에 맞춰 외면의 풍채를 만드는 것입니다. 따라서 우아한 태도와 활동적이고 경쾌한 몸가짐, 그리고 만족스럽고 온화한 인상으로 가꿔지는 것이지요.

철학의 목적은 도덕의 실천입니다. 이것은 학교에서 가르치는 것처럼 어렵고 변덕스러우며 올라갈 수 없는 산꼭대기에 있는 어떤 것이 아닙니다. 도덕을 가까이 하는 사람들은 반대로 그것이 너른 평원에 향기로운 꽃들이 만발한 아름다운 곳에 있으며 거기서 감히 모든 것들을 내려다 볼 수 있다고 생각합니다. 그러므로 그곳으로 가는 길을 알기만 하면 됩니다. 그 길은 약간의 경사가 있긴 하지만 가기는 쉬운 곳입니다.

도덕은 아름답고 우아하고 사랑스럽고 감미로우며 용감해서 가까이 사귀지 못하면 자신의 약점에 쉽게 굴복하고 우울해하며 분노를 참지 못하고 자주 위협에 빠지게 됩니다. 그런 사람들은 도덕을 어리석은 것으로 둔갑시켜 저 높은 절벽 꼭대기에 가시덤불로 덮어놓고는 마치 귀신에 놀라듯 하는 것입니다.

절제는 도덕의 도구이지 도덕의 힘은 아닙니다. 도덕의 첫째 아들인 소크라테스는 굳이 어려운 길이 아닌 소박하고 순탄한 길로 도덕을 찾아갔습니다. 도덕은 인간적 쾌락의 어머니입니다. 쾌락을 정당하고 확실하며 순수하게 만들어줍니다. 도덕은 쾌락을 조절할 줄 알며 늘 생생하고 향기롭게 해줍니다. 또한 도덕은 양심이 거부하는 쾌락들을 제거하고 나머지 쾌락들을 풍부히 느끼게 해주며 천성이 원하는 모든 쾌락을 실컷 느끼도록 관대하게 남겨줍니다.

만약 도덕이 일반적인 행복을 얻지 못하더라도 도덕은 그런 것에 초연하거나 그것 없이도 스스로 헤쳐 나가며 방황하거나 떠돌아다니지 않고 분명한 자기만의 행동을 만들어갈 줄 압니다.

도덕은 부유하고 강인하고 박식하며 향기로운 이부자리에서 잠잘 줄 압니다. 도덕은 인생을 사랑하고 아름다움과 영광과 건강을 즐깁니다. 그러나 도덕의 특수하고 고유한 직분은 이런 가치들을 절도 있게 사용할 줄 알며 이런 것들을 잃는다 하더라도 그 자존감을 지키는 데 있습니다. 그 직분은 힘들다기보다는 오히려 한없이 고상해서 그것 없이는 인생의 모든 흐름이 왜곡되고 소란스러워지며 변질되어버립니다. 그런 모양새는 암초나 가시덤불, 괴물 같은 위험한 것들을 자연스레 결부시키게 되지요.

철학은 살아가는 방법을 가르치는 학문이므로 어린아이들에게도 가르쳐야 합니다. 사람들은 인생의 끝 무렵에 가서야 인생을 가르치고 있습니다.

수많은 학생들이 아리스토텔레스의 절제에 관한 공부를 하기도 전에 매독에 걸려버립니다. 키케로는, 두 사람 몫의 생명을 산다 해도 문학을 배울 시간은 없을 거라고 말했습니다. 나는 이런 궤변가들이야말로 무용지물이라는 것을 더욱 절실히 느끼고 있습니다.

그러므로 우리 아이들에게는 더 일찍 가르쳐야 합니다. 교육은 15, 6세까지만 가르치면 됩니다. 그리고 나머지 청년 시절엔 더 유익한 일을 가르쳐야 합니다. 시간 낭비를 해서는 안 됩니다. 변증법 같은 그 쓸데없는 수작은 중단해야 합니다. 그런 것으로 우리 인생이 성숙해지는 것은 아니니까요. 철학의 단순한 가르침을 선택하세요. 그리고 알맞게 선택해 잘 다루시기 바랍니다. 이런 가르침은 보카치오의 이야기보다 더 이해하기 쉽습니다. 이런 것은 어린아이가 유모에게서 글 읽기와 쓰기를 배우는 것보다 더 잘 배울 수 있습니다. 철학에는 인간의 노년을 위한 것뿐만 아니라 인간의 출생을 위한 공부도 있습니다.

알렉산드로스 대왕은 어렸을 때 아리스토텔레스에게서 교육을 받았는데, 이 철학자는 제자에게 삼단논법을 꾸미는 기교나 기하학의 원리보다도 용기와 담력, 호방함과 절제, 그리고 아무것도 두려워하지 않는 자신감을 심어줌으로써 그의 흥미를 돋우어 주었다고 합니다. 그 후 알렉산드로스 대왕은 아직 어린 나이지만 보병 3만 명과 말 5천 필, 그리고 돈 4만2천 에퀴만을 가지고 세계 제국을 정복하러 나갔습니다. 알렉산드로스 대왕은 다른 기술과 학문들도 그 탁월한 점을 높이 받들어 존중했지만 쉽게 그런 학문들을 공부하고 싶은 생각은 들지 않았다고, 플루타르크가 전하고 있습니다.

어쨌든 나는 아이를 가두어 두어서는 안 된다고 생각합니다. 아이를 혹독하게 가르치는 선생의 음울한 기분에 맡겨두어서는 안 됩니다. 아이들조차도 외롭고 우울한 기분에 잠겨서 무턱대고 공부에만 너무 열중하게 하고, 그런 기분을 부추기는 결과가 되기 때문입니다. 그래서 결국 하루에 14, 5 시간이나 고역스런 노동에 매달리는 짐꾼들처럼 아이의 정신을 퇴락시킬 위험이 있습니다. 그러다가는 사람과의 교제에 서투르게 되고 좋은 직무도 회피하게 됩니다. 지나치게 학문을 탐하다가 바보 천치가 된 사람들을 얼마나 많이 보고 있습니까?

프랑스의 옛 격언에 의하면, 예지는 일찍 총명해지는 반면 오래 지속되지는 않는다고 했습니다. 사실 우리는 어린아이만큼 귀여운 것은 없다고 생각합니다. 그러나 그들 중 대부분은 사람들의 기대를 저버리고 나중에 성인이 된 후에도 아무런 탁월한 점을 보이지 못합니다. 지각 있는 일부 사람들은, 그 이유가 아이들이 학교에 너무 오래 다니기 때문이라고 말하고 있습니다. 아이들에게는 방에서나 정원에서나, 식탁에서나 잠자리에서나, 혼자 있을 때나 친구와 함께 있을 때나, 아침이나 저녁이나, 모든 시간이 한 가지이며, 어디에 있어도 공부가 될 것입니다.

철학의 주요 학과는 판단력과 실천력을 길러주는 요소로 되어 있어서 모든 일에 관여하는 특권을 지니고 있다고 할 수 있습니다. 웅변가인 소크라테스는 어느 잔치에 갔다가 그의 웅변술에 관해 말해달라는 부탁을 받고 '지금은 내가 할 줄 아는 것을 할 때가 아닙니다. 나는 지금 이 자리에서 무슨 일을 해야 하는지 모릅니다'라고 대답했는데, 모두들 옳다고 생각했습니다. 왜냐하면 즐겁게 좋은 음식을 먹으려고 모인 자리에서 수사학의 연설이나 토론을 한다면 조화가 맞지 않기 때문입니다.

다른 모든 학문에 관해서도 이렇게 말할 수 있습니다. 그러나 철학은 조금 다릅니다. 철학은 인간과 인간의 의무, 실천에 대해 다루고 있는 학문이므로 파티에서든 운동경기에서든 굳이 피해야 할 것은 아니라고 모든 현자들도 말하고 있습니다. 플라톤도 그의 저서 《향연》에서 철학적 주제를 다룬 것을 보면, 역시나 철학은 아무리 고상하고 진지한 논제를 끌어들인다 해도 어떤 자리나 상황에서든 사람들에게 부드러운 흥미를 돋아주는 것 같습니다.

사회 속에서의 예의와 다른 사람을 대할 때의 매너, 그리고 신체의 훈련도 정신을 가다듬는 것처럼 똑같이 다루어져야 합니다. 가꾸어야 하는 것은 마음만이 아닙니다. 그리고 두 가지가 따로 다루어져서는 안 됩니다. 플라톤이 말했듯, 따로 길들이는 것이 아니라 한 멍에에 매인 한 쌍의 말처럼 동등하게 다루어야 합니다. 그의 말에 의하면, 오히려 신체 단련에 더 많은 시간과 정성을 들여야 하며 그럼으로써 정신도 동시에 단련되는 것이라 했습니다. 그 반대가 아니고 말이죠.

또한 교육은 틀에 박힌 방식이 아니라 엄격하면서도 사려

깊은 온정으로 행해져야 합니다. 사람들은 아이들이 자연스레 글을 배우도록 유도하는 것이 아니라 심술궂은 장난으로 남을 해치게 하는 행위를 유발시킵니다. 이제 폭력과 강제 교육은 중단해야 합니다. 그건 아이를 둔하고 어리석게 만드는 짓입니다. 아이가 벌을 두려워하도록 만들되 그것이 습관이 되게 해서는 안 됩니다. 땀과 추위, 바람, 햇빛, 위험들을 두려워하지 않도록 단련시켜야 합니다. 그리고 맛있는 음식과 부드러운 옷을 물리치고 무슨 일이든 부딪치도록 길들여야 합니다. 나약한 아이로 키우지 말고 발랄하고 용기 있는 아이가 되게 하십시오.

저는 어렸을 때부터 지금 나이 들어서까지 항상 똑같은 판단을 하고 있습니다. 그중 무엇보다도 우리나라의 학교 교육에 대해 나는 늘 화가 납니다. 관대함 쪽에 치우쳤다면 이렇게 실패하지는 않았을 것입니다. 학교는 정말로 아이들을 가두어두는 감옥입니다. 그들이 방탕아가 되기 전에 처벌부터 하고 방탕아를 만듭니다. 그들이 공부할 때 학교에 가보세요. 들리는 것은 처벌받는 아이들의 울음소리와 화가 치밀어 정신을 잃은 선생들의 고함소리뿐입니다. 여리고 겁 많은 어린 아이들에게 채찍을 들고 시퍼런 눈빛으로 대하면 아이들이 공부할 마음이 생길까요? 그건 부당하고 해로운 방법입니다. 그런 강압적인 권위는 위험한 결과를 초래합니다. 특히 처벌의 방법이 그렇습니다. 교실에 피 묻은 회초리보다 꽃을 장식하는 것이 얼마나 더 아름다울까요? 이익을 얻는 곳에 즐거움도 있어야 합니다. 아이들에게 유익한 음식에는 설탕을 섞고, 해로운 음식에는 쓸개즙을 섞어주어야 합니다.

몇몇 철학자들은, 칼리스테네스가 알렉산드로스 대왕과 함께 술을 마시며 어울릴 줄 몰라서 그의 은총을 잃었다면서, 그것은 전혀 칭찬할 일이 못된다고 했습니다. 그는 왕과 함께 웃고 장난치며 방탕한 짓도 할 줄 알아야 했다는 것이죠. 저는 젊은이가 방탕한 생활을 할 줄도 알고, 정력이 넘쳐서 나쁜 짓을 할 줄도 알고, 주먹도 쓸 줄 알고, 그리고 학문도 못할 것이 없지만, 다만 그렇게 하고 싶지 않아서 하지 않기를 바랍니다. 세네카는 '악을 행하고 싶지 않는 것과 할 줄 모르는 것 사이에는 큰 차이가 있다'고 말했습니다.

저는 학생을 이렇게 훈련시키고 싶습니다. '누더기를 입든 비단 옷을 입든 태연히 환경의 변화에 적응할 줄 알며, 두 가지 역할을 차분히 연기해내는 사람을 나는 찬양한다'고 한 호라티우스의 말처럼 말이죠. 이것이 바로 제 교훈이기도 합니다. 그냥 알기만 하는 사람보다는 이것을 행동으로 옮긴 사람이 제 교훈을 더 잘 실천한 것입니다. 다시 말해 행동이 있는 곳에 말이 있고, 말이 있는 곳에 행동이 있는 것입니다.

플라톤의 책 속에서 어떤 인물이 '철학을 하는 것이 여러 가지 일을 놓고 기술을 토론하는 것은 아니기를!' 하고 말합니다. 또 키케로는 '공부보다는 행동습관을 익힘으로써 그들은 기술 중에서도 가장 위대한 기술인 잘 사는 기술에 통달한 것이다'

라고 했습니다. 누가 디오게네스에게 무식한데 어떻게 철학 토론에 참여하느냐고 비웃자, 그는 '그러니까 더욱 적절하게 참견할 수 있지'라고 대답했습니다.

아이는 글로만 배우지 않고 실제로 행동할 것을 배워야 합니다. 그리고 배운 것을 행동으로 복습할 줄 알아야 합니다. 아이의 행동이 신중한지, 행위가 올바른지, 판단력을 가지고 말하는지, 우아하게 말하는지, 병에 걸렸을 때도 강단이 있는지, 생활에 질서가 있는지 등을 살펴보아야 합니다. 키케로가 말한 것처럼 '지식을 과시하는 도구로 삼지 않고 인생의 규칙으로 삼으며, 자신에게 귀를 기울이고 자신의 원칙을 준수할 줄 아는 자인지 또는 탐락에 절도가 있는지, 고기든 생선이든 술이든 물이든 가리는 것은 없는지' 등을 살펴보아야 합니다.

키케로의 웅변술이 큰 화제가 되었을 때 많은 사람들이 그것을 보고 감탄했습니다. 그러나 카토는 웃기만 하면서 '참 재미있는 집정관이군' 하고 말했습니다. 앞에 붙든 뒤에 붙든, 유머나 멋진 글귀는 언제나 훌륭합니다. 저는 아름다운 운율이 꼭 좋은 시를 만든다고는 생각하지 않습니다. 구상이 좋고 정신과 판단력이 할 일을 다 했다면, 저는 '참 훌륭한 시인인데 작법은 서투르군' 하고 말하겠습니다.

저는 젊은이들의 옷차림에서 보이는 난잡한 태도를 즐겨 모방했습니다. 망토는 숄 모양으로 걸치고 어깨엔 두건을 얹고, 양말은 늘어진 채로 두는 모습 말이죠. 요즘 젊은이들은 모든 외국식 장식을 경멸하고 기교를 무시하는데, 저는 그런 오만한 태도가 좋습니다. 그러나 이런 격식은 화법에 쓰면 더 좋을 것 같습니다.

훌륭한 신체에는 뼈마디와 핏줄이 너무 드러나서는 안 되듯이, 문장도 너무 꾸민 티가 나는 것을 저는 좋아하지 않습니다. 세네카는 '진실을 말하는 문장은 기교 없이 단순해야 한다'고 했습니다. 웅변도 마음을 끌기 위해서 하면 오히려 해로운 결과가 나옵니다.

괴이하고 유별난 옷차림으로 남의 시선을 끌려는 것이 우스운 짓이듯, 언어에 있어서도 잘 알려지지 않은 단어와 문장을 즐겨 쓰는 것은 유치하고 현학적인 야심에서 나오는 것입니다. 저는 파리의 시장 바닥에서 사용되는 말투만 썼으면 합니다. 말투를 따라하는 건 쉽기 때문에 사람들이 금방 터득합니다. 그러나 판단력과 구상은 빨리 모방할 수가 없습니다. 많은 사람들이 똑같은 옷을 입었다고 해서 체형도 똑같다고 생각하는 건 잘못입니다. 장식품과 옷은 빌릴 수 있지만 신체와 힘은 빌릴 수 없습니다.

플라톤이 말하길, 아테네인의 화법은 신중하면서도 풍부하고 우아하며, 라케데모니아인은 간명하게 하는 것이 장점이고, 크레타인은 말솜씨보다도 풍부한 사상을 가지고 하는 것이 장점이라고 했습니다. 그리고 그중 크레타인의 화법이 가장 우수하다고 했습니다. 제논은 자신의 제자들 중 두 종류가 있다고 했습니다. 하나는 필로로고우스라고 하는 것으로 사물을 배우는 데 관심을 가진 사람들이며 그가 귀엽게 보는 제자들이라고 합니다. 다른 하나는 필로필로우스라고 하는 것으로 말을 잘하는 것만 오로지 생각하는 제자들이라고 합니다. 말을 잘하는 것이 좋지 않다는 뜻은 아니고 행동으로 옮기지 않을 때 좋지 않다는 것입니다.

누군가가 능력으로 진위를 가리는 것은 어리석다

남의 말을 그대로 믿고 잘 설복당하는 사람에게 생각이 단순하다거나 무식하다고 말하는 것도 이유 없는 소리는 아닐 것이다. 왜냐하면 믿는다는 것은 우리 마음속에 새겨지는 어떤 '각인' 같은 것인데, 마음이 연하고 저항력이 약할수록 어떤 상황에 대해 받아들이는 것이 더 쉽기 때문이다.

키케로는 '무거운 것이 놓이면 저울추가 필연적으로 기우는 것처럼, 마음도 어떤 확증 앞에서는 기울어지는 것'이라고 말했다. 이는 속이 비어있어서 추가 움직이지 않을 때는 작은 무게만 실려도 쉽게 추가 기울어지는 것이다. 그만큼 마음 또한 사소한 설복에 쉽게 눌린다는 뜻이다. 어린아이들, 속물들, 여자들, 그리고 병자들은 남의 말에 쉽게 끌리는 경향이 있다.

그러나 내게 진실하게 보이지 않는다고 해서 거짓이라고 비난하며 경멸하는 것 또한 어리석은 자부심이다. 이것은 보통 사람들보다 자신이 좀 더 잘났다고 생각하는 자들이 흔히 가지고 있는 결함이다. 나도 옛날엔 그랬다. 귀신이 있다고 말하는 자들, 예언을 듣는다는 자들, 도깨비에 홀리거나 마술사의 말을 믿는 자들, 그밖에도 내가 이해할 수 없는 어떤 말들을 듣는다는 자들을 보면 가련하게 여기며 동정심이 들었다.

그런데 지금 생각해보면 그때의 나 자신도 똑같이 가련하게 여겨야 할 대상이었다. 그동안 살면서 내가 그때 생각과 다른 무엇을 보았다는 뜻이 아니라(그리고 내 호기심이 부족했던 탓도 있지만), 어떤 현상에 대해 그릇되고 불가능하다고 결정적으로 단정 짓는 것은 자신의 이성을 신의 의지나 대자연의 힘보다 우월한 곳에 두는 어리석은 수작이라는 것을 내가 깨달았기 때문이다. 그리고 이런 일을 가지고 자신의 능력과 역량을 측정할 수 있다고 생각하는 것은 세상에서 가장 미친 짓이라는 것을 알게 되었다.

우리가 이성으로 이해할 수 없는 모든 것을 괴물이나 기적이라고 부른다면, 세상엔 그런 일들이 얼마나 많이 있겠는가! 우리가 알고 있는 모든 사물들에 관한 지식이라는 게 사실 알고 보면 맹인이 손으로 더듬어 알듯이 컴컴한 구름 속을 더듬어 잡고 있는 것이라고 생각해보라. 이런 것은 지식보다도 경험을 통해, 전혀 이상하게 보이지 않는다는 사실을 알게 될 것이다.

사물의 크기보다는 그 새로움에서 원인을 찾아보아야 한다. 그러므로 대자연의 무한한 힘 앞에서는 한층 더 존경심을 가지고 대해야 하며, 또 우리가 무지하고 허약하다는 인식을 가지고 판단해야 한다. 믿을만한 사람이 증명한 것인데도 진실일 것 같지 않은 것들이 얼마나 많은가. 그런 것을 믿지 못하겠다면 적어도 판단을 유보해두어야 한다. 왜냐하면 불가능하다고 단정 짓는 것은 당돌한 자부심이며, 가능성의 한계가 얼마나 되는지 알고 있다고 잘난 체하는 것이다. 불가능과 범상치 않음 사이의 차이, 그리고 자연의 질서에 반대되는 것과 일반 사람들의 의견에 반대되는 것 사이의 차이를 충분히 이해한다면, 또 경솔하게 믿지도 않고 쉽사리 불신하지도 않는다면 사람들은 킬론이 권장하는 대로 '아무것도 지나치지 않게'라는 규칙을 지키게 될 것이다.

어제까지 신앙의 대상으로 여겨지던 사물이 오늘은 헛된 것으로 치부되고 있지 않은가? 오만과 호기심은 우리 마음의 두 가지 천벌이다. 호기심은 무슨 일이든 참견하려 하고, 오만은 아무것도 결정하지 않고 확실하지 않은 채로는 두지 못한다.

정의보다는 우정을 더 가꿔 나가라

우리의 본성은 그 어떤 것보다 사교성을 추구하는 것으로 보인다. 아리스토텔레스는 '높은 입법자들도 정의보다는 우정을 더 조심스레 가꿨다'고 말한다. 왜냐하면 쾌락이나 이익을 위해, 그리고 공적으로나 사적인 필요에 의해 가꾸는 모든 우정은 다른 목적이나 보상을 우정이라는 형식에 뒤섞음으로써 그만큼 순수하지도 않고 너그럽지도 않기 때문이다.

한편 사랑은 우정의 영역, 즉 의지의 화합으로 들어가게 되면 바로 사라지며 수그러진다. 또한 사랑은 육체의 목표와 탐닉에 빠지는 성질이 있기 때문에 향락에 의해서도 소멸될 수 있다. 그러나 우정은 반대로 정신적인 성질이 있기 때문에 실천을 함에 따라 마음이 세련되어지고 유쾌해진다. 하지만 우정은 향락에 의해서만 가꾸어지고 성장할 수 있다.

나는 한때 완벽한 우정의 관계를 즐기고 있다가 어느 순간 내 안에 경박스런 애정의 감정이 일어나는 것을 느낀 적이 있었다. 그래서 두 가지 정열이 내 마음 속에 뒤섞여 있었는데, 그건 비교할 거리도 되지 못했다. 다시 말해, 우정은 고매하고 숭고한 세계로 비상하며 자신의 길을 꿋꿋이 걸어가면서 사랑이 저 아래서 힘겹게 나아가는 것을 내려다보는 것이었다.

결혼으로 말하면, 그 속으로 들어갈 때는 자유로운 흥정일 뿐이지만 그 외에도 흔히 다른 목적을 두는 흥정이 개입되기 때문에 애정의 연이 쉽사리 끊어지거나 그것을 방해하는 외부 사정들이 수없이 많이 들어오므로 그걸 풀어나가야 한다.

그런데 우정은 그 자체밖에는 아무런 개입도 흥정도 없다. 그리고 진실을 말하자면 여자들의 일반적 기질은 이 고상한 결속을 가꾸어가기 위한 화합과 친교에 적합하지 못하며, 오래도록 밀착해 지속시킬 수 있을 만큼 충분히 단단하지 못하다. 확신하건대 완전히 자유로운 친교가 가능하다면 우정은 더욱 충만하고 완벽한 것이 될 것이다.

한편 그리스의 이 난잡한 풍습(동성연애)은 우리의 습성으로는 당연히 혐오스러운 것으로 기피되고 있다. 뿐만 아니라 이 동성애에 의한 결연은 필연적으로 애인들 사이에 서로 나이 차가 크고 봉사의 역할이 다르기 때문에, 이상적인 우정의 조건인 완전한 결합과 조화를 충분히 성취시키지 못할 것이다.

'이 우정의 사랑은 무엇이란 말인가? 왜 그것은 못생긴 청년에게나 잘난 노년에게는 결부되지 않는가 말이다' 하고 키케로가 말한 바 있다. 아카데미아(플라톤의 학교)에서 묘사하는 것도 내 생각을 뒤집지는 않을 것으로 짐작된다. 말하자면 비너스의 어린 청춘이 꽃다운 모습으로 애인의 마음에 불러일으키는 그 열정에는 사실 미치광이 같은 감정이 뒤섞여있는 것이지만, 그것은 한편으론 육체의 아름다움에 현혹된 것이기도 했다. 왜냐하면 정신은 아직 성숙해있지 않고 겨우 싹이 틀 때이므로 우정이 그 미지의 정신에 미치지 못하기 때문이다.

이처럼 미친 열정에 사로잡힌 사람이 천박한 마음을 가지고 있었다면, 그는 사랑을 무언가를 얻기 위한 수단으로 여기는 것이다. 즉 재산이나 선물, 직위 등 어떤 대가를 홍정하는 것이었다. 그러나 너그럽고 후덕한 마음을 지닌 사람이 이런 열정을 가지고 있었다면 그는 철학적 교양과 종교적 경건함을 갖추고 법률을 준수하며, 조국을 위해 헌신하고 용감한 행동을 하며, 예지와 정의를 실천하는 등 고상한 태도를 가졌을 것이다. 그리고 육체의 아름다움이 퇴색된 후에도 정신의 우아함과 현명함으로 애인의 마음을 끌려고 노력했을 것이다. 그럼으로써 이런 정신적 교제를 통해 더 견고하고 지속적인 관계가 이루어지기를 희망했을 것이다.

이러한 희망이 시간의 흐름에 따라 성과를 얻게 되면 사랑받는 애인에게도 정신적 욕망이 일어나게 된다. 이 점이 중요한 요소였다. 육체적 사랑은 거기서 생겨난 2차적 요소일 뿐이었다. 그것은 사랑하는 자와는 정반대였다. 그렇기 때문에 그들은 사랑받는 자를 더 찬양했다.

이러한 교제가 확실히 자리를 잡으면 그 후에는 품위 있는 관계가 발휘되며 그런 부분이 더 우세해지기 때문에 결국 사적으로나 공적으로 매우 유익한 결과가 발생할 수 있었다. 즉 이러한 우정이 용납되는 나라들에서는 그것이 큰 힘으로 작용해,

바로 평등과 자유 수호의 주요한 동력이 솟아났다는 것이다.

아무튼 아카데미아를 칭송해 말할 수 있는 것은, 거기서 실천하던 사랑이 우정으로 열매를 맺은 것이었다. 그것은 스토아학파의 사랑의 정의와도 대체로 맞아떨어진다. 키케로가 말한 '사랑은 외모의 아름다움에 끌려서 우정을 조절하려는 시도이다'를 나는 좀 더 공평하고 정당한 종류의 우정으로 묘사해보고 싶다. 즉 '인간은 나이 들어 성격이 형성된 후가 아니면 우정에 관해서 충분히 판단할 수 없다'는 것이다.

보통 교제 또는 우정이라고 하는 것은 어떤 기회에 편의상 맺어져서 마음으로 서로 사귀는 친교와 친밀함이다. 그러나 내가 말하는 우정은 여러 가지 마음이 뒤섞여 융합되어 있는 상태로, 서로를 맺는 매듭이 지어져서 잘 알아볼 수가 없다. 누가 내게 왜 그를 사랑하느냐고 물어본다면 나는 그 이유를 적절히 표현할 수 없다. 그저 '그는 그였고, 나는 나였기 때문'이라고 밖에는 대답할 수 없다. 거기엔 나의 모든 사유를 넘어서는, 내가 나 자신에 대해 말할 수 있는 것을 넘어서는 그 무엇, 설명할 수 없는 어떤 운명적인 힘이 있는 것이다. 우리는 서로의 인간성에 대해 소문으로 듣고 있으며, 소문으로 들은 이유보다 더 한 힘이 우리 마음속에 작용함으로써, 아마도 하나님의 뜻대로 만나기 전부터 서로를 찾고 있었던 것이라고 나는 믿고 있다.

우리는 이름을 통해 서로를 좋게 보고 있었다. 그러다가 어느 날 시내의 한 식당에서 우연히 처음 만나게 되었다. 거기엔 많은 사람들이 함께 있었지만 우리는 금방 마음이 통해서 마치 서로를 잘 알고 있는 것처럼 서로에게 마음을 써주는 사이가 되었다. 그리고 바로 그때부터 세상에 둘도 없는 사이가 되었다.

그는 훌륭한 라틴어 풍자시를 써서 출판했다. 이 책에서 그는 우리 사이의 이해가 그렇게 빨리 완벽에 도달할 수 있었던 것을 설명하며 그 이유를 밝히고 있다. 그러나 이 우정의 기간은 너무나 짧았다. 시작이 너무 늦었기 때문이다. 우리는 모두 성인이 되었고, 그가 나보다 몇 살 더 많았으므로 시간을 낭비할 여유도 없었다. 그리고 다른 우정들처럼 오랜 시간을 가지고 교제하며 서로를 조심스럽게 대하는 그런 보통의 유약한 우정을 따라 할 필요도 없었다. 우리의 우정은 다른 생각을 할 겨를이 없었고, 그 자체로밖에는 다른 인연이 있는 것도 아니었다. 그것은 특별한 어떤 것을 고려해서가 아니었다. 두 가지, 세 가지, 천 가지를 고려해서도 아니었다. 그것은 뭔지 모르지만 그 모든 것이 하나로 된 정수였으며, 내 모든 의지를 사로잡는 것이었다. 나는 그의 의지 속에 나 스스로를 몰입시켜 버렸고, 그의 의지 또한 내 안에 사로잡아서 똑같은 마음속에서 하나의 갈망으로 사라지게 했다. 그래서 우리 자신의 것은 그의 것도 나의 것도 남아있는 것이 없었다.

'어느 날 그를 미워할 것같이 그를 사랑하라. 어느 날 그를 사랑해야 할 것이라고 생각하며 그를 미워하라'고 킬론은 말했다. 이 교훈은 흔히 하는 우정의 실천에서는 참으로 건전한 생각이지만 나의 경우에는 오히려 아리스토텔레스의 말처럼 '오, 내 친구들이여, 친구란 없다'란 말이 더 적절할 것 같다.

내가 말하는 우정에서는, 만일 한 쪽이 다른 쪽에게 무엇을 해줄 수가 있다면 그것을 받아주는 것이 은혜가 되고, 그의 친구에게 감사의 마음을 지우는 것이 될 것이다. 왜냐하면 서로 상대방에게 더 좋은 일을 해주고 싶어 하므로 물질이나 기회를 주는 사람은 친구에게 그가 가장 바라는 일을 대신 해주는 것이다. 따라서 그에게 만족을 주는 너그러운 행동을 한 것이 된다. 철학자 디오게네스는 돈이 떨어지고 없으면 친구들에게 빌려달라고 하지 않고 돌려달라고 말했다고 한다.

보통의 우정은 분할될 수가 있다. 무슨 말이냐 하면, 이 사람에게는 그 미모를 사랑하고, 저 사람에게는 허물없는 성격을 사랑하며, 또 다른 사람에게는 너그럽고 후덕함을, 또는 친척처럼 가까움을, 형제니까 라는 식으로 사랑하는 이유가 다를 수 있다는 말이다. 그러나 특별한 우정은 상대방의 마음을 소유하듯 권리를 가지고 지배하려 한다. 그래서 분할될 수가 없다. 만일 두 사람이 함께 구원을 요청한다면 어디로 향해 갈 것인가? 또는 만일 두 사람이 서로에게 반대되는 봉사를 요구한다면, 어떤 명령을 받아서 해내야 할 것인가? 만일 한 사람은 알고 싶어 하고 다른 사람은 그것을 비밀로 하고 싶다면 어떻게 그것을 해결할 것인가? 주체적이고 하나인 우정에는 어떤 의무도 끼어들 수가 없다. '아무에게도 밝히지 않겠다고 네가 맹세했으니, 나와 다른 사람이 아닌 너에게는 이 비밀을 알려줄 수가 있다. 너는 곧 나다' 이렇게 자기가 두 사람이 될 수 있다는 것은 기적이다.

우리는 서로의 접촉을 불결한 일인 것처럼 조작함으로써 그 자체로 아름답고 좋은 사람들을 부패한 것으로 본다. 마찬가지로 도덕을 실천하는 데도 너무 맹렬한 욕망으로 달려들면 악한 행동을 하는 것처럼 보이는 수가 있다. 도덕에는 결코 지나친 것이 없다고 말하는 것은 지나치면 그게 도덕이 아니므로 그렇다는 것인데, 사실 그건 말장난을 하는 것에 불과하다. 이것은 철학적 고찰이 필요한 미묘한 문제이다. 사람은 도덕을 지나치게 추구함으로써 정당한 행동이라고 해도 너무 과장될 수가 있다.

나는 어떤 권위 있는 분이 주변의 통상적인 예에서 벗어나는 신앙심을 드러내다가 언짢은 평판을 듣는 것을 보았다. 과녁 너머로 활을 쏘는 것은 화살이 과녁에 못 미치는 것과 똑같은 실패다. 눈은 캄캄한 곳을 내려갈 때나 너무 밝은 빛 속에 나갈 때나 똑같은 혼란을 느낀다.

플라톤의 저서에 나오는 칼리클레스는 철학도 지나치게 하면 해롭다고 말한다. 이익이 있는 만큼만 할 것이며 정도를 넘어서 거기에 빠지지는 말라고 충고하고 있다. 철학을 절도 있게 공부하면 유쾌하고 유익하지만, 지나치게 공부하면 사람이 괴이해지고 황당해진다는 것이다. 또한 종교와 법률을 경멸하게 되고, 사람을 멀리 하며, 인간적인 재미를 적대시하고, 그밖에도 사회적 일이나 타인을 도와주는 행위, 심지어 자신을 지키는 일도 못할 수가 있다고 했다. 그래서 남에게 얻어맞고도 아무 대처를 못하는 바보가 된다는 것이다. 그의 말이 옳다. 왜냐하면 철학에 지나치게 몰입하면 자유롭지 못하고 거기에 속박되며, 꾀를 부리다 오히려 탈이 되어서 자연이 우리에게 내준 탄탄한 길을 벗어나게 되기 때문이다.

결혼은 종교적인 경건한 결합이다. 그러므로 거기서 얻는 행복은 신중하고 정직해야 하며, 어떤 면에서는 엄격함도 있어야 한다. 아엘리우스 베루스 황제는 수없이 많은 여자들을 유혹하고는 아내의 핀잔을 듣자, 결혼생활은 명예와 품위를 지켜야 하는 것이다. 그러므로 장난으로 외설스런 간음을 해서는 안 되는 것이므로 자신은 그런 양심을 가지고 다른 여자들을 유혹한 것이라고 말했다는 것이다.

그리고 옛날 종교가들의 말에 의하면, 여자가 자기 남편의 외설스럽고 절도 없는 애정을 거부하고 오히려 그를 쫓아낸 것을 명예로운 일로 여겼다고 한다. 결국 절도 없는 지나친 타락은 지탄을 받는다. 그런데 사실 인간은 참 가련한 동물이 아닌가? 본능에 의해 완전하고 순결한 쾌락을 단 한번이라도 맛보게 되면, 곧바로 애써 사색을 통해 그 본능을 억제해야 하니 말이다.

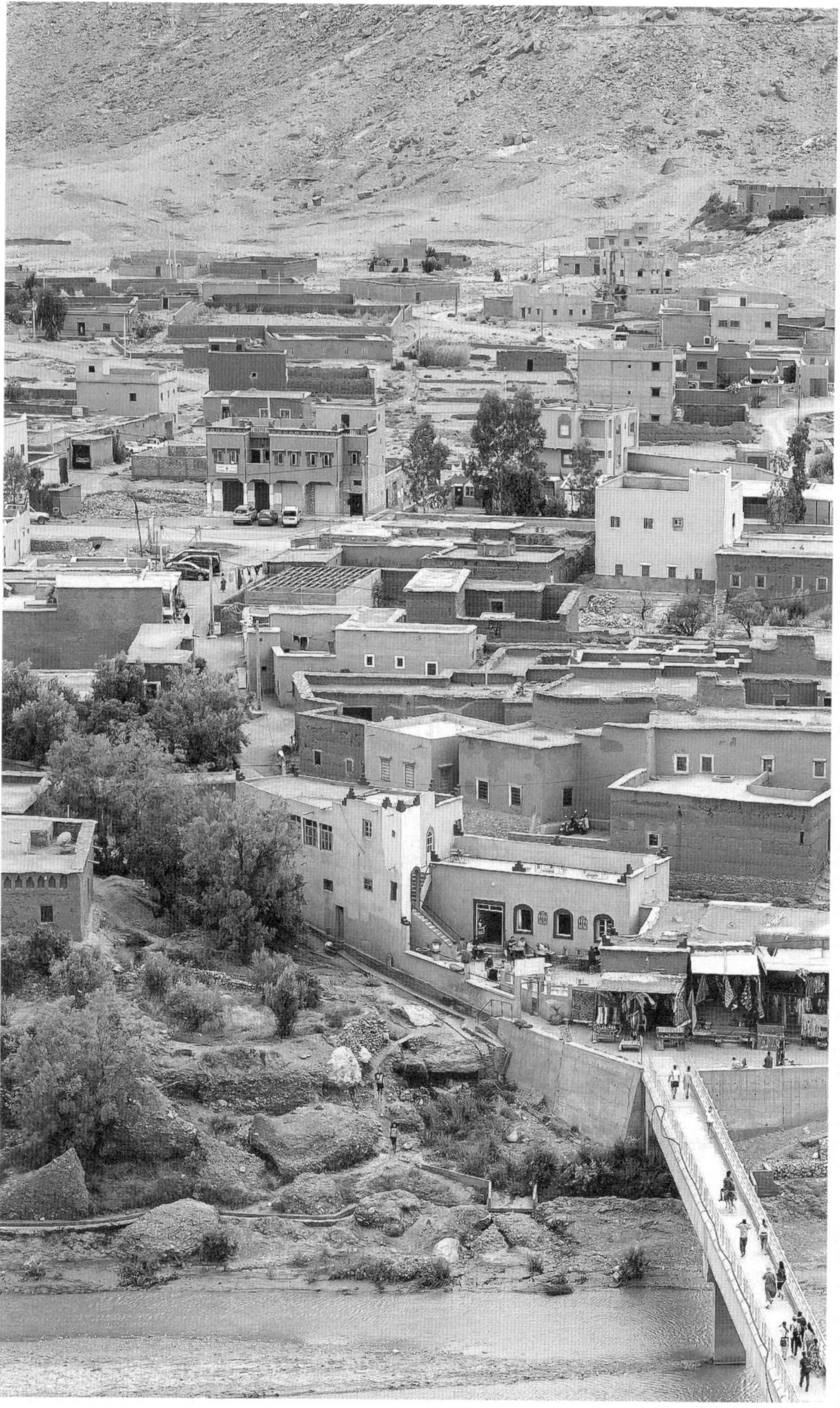

신의 일을 인간의 이성으로 판단하지 마라

미지의 사물은 사기 수단에 있어 가장 확실한 행동 대상이며 먹잇감이다. 왜냐하면 그건 첫째, 이야기가 괴상하기 때문에 쉽게 믿어진다. 둘째, 우리의 평범한 이치로는 잘 이해할 수 없기 때문에 달리 반박할 방법이 없다.

그래서 플라톤은 신들에 대해 이야기하는 것이 인간의 일에 대해 이야기하는 것보다 더 사람들의 흥미를 불러일으킨다고 말했다. 왜냐하면 잘 알지 못하는 이야기일수록 맘껏 꾸며서 말할 수 있기 때문이다.

이렇듯 사람들은 잘 모르는 미지의 일을 오히려 확실한 것으로 믿고 싶어 한다. 그래서 늘 거짓말로 꾸며대는 연금술사들이나 예언가들, 점성가들, 해몽가들, 그리고 의사들만큼 신뢰를 받는 자들도 없다. 여기에 덧붙여 말할 수 있다면 하느님의 의도를 전하는 해설자들과 수많은 비평가들도 있다. 그들이 하는 일은 하느님의 거룩하신 의지 속에서 우리가 이해할 수 없는 비밀스런 동기들을 찾아보는 것인데, 여러 사건들에 대한 해석이 분분하고 완전히 반대의 결과를 내놓기도 한다.

인도의 어떤 지역에서는 특별히 지키고 있는 계율이 하나 있다. 전쟁이나 싸움에서 패배를 당하면 자신들이 숭배하고 있는 태양에게 용서를 빌며, 자신들의 생각과 판단을 모두 신에게 맡기고 행운이든 악운이든 모든 것을 신의 뜻으로 돌린다는 것이다.

기독교인도 마찬가지로 모든 일을 하느님의 뜻이라고 생각하며, 헤아릴 수 없이 거룩하신 그 예지에 영광을 돌리고, 어떤 일이 일어나도 그것은 하느님의 분부라면서 좋은 의미로 받아들이고 있다. 그러나 내 생각엔, 그들의 기도가 운 좋게 잘 되어가는 것을 이유로 꼽으면서 종교의 세력을 키우려 하는 것은 옳지 않다고 본다.

신앙은 어떤 일을 근거로 권위를 내세우지 않아도 다른 핑계가 얼마든지 있다. 왜냐하면 사람들은 자기들이 원하는 식으로 그럴싸하게 말하는 것을 믿고 있다가 자기들에게 불리한 일이 일어나면 신앙심에 큰 혼란을 일으키기 때문이다.

하느님께서는 우리에게 세상에서의 운이 좋고 나쁨에 관계없이, 선한 사람들은 희망을 가지고 있고, 악한 사람들은 두려움을 가지고 있다는 것을 알리고 싶어 한다. 그리고 은밀한 의도를 가지고 사건들을 다루며, 인간들이 어리석게 그것을 이용하도록 허락하지 않는다. 그래서 하느님의 일을 인간의 이성으로 판단하는 것은 참으로 우스운 짓이다.

우리는 태양이 우리에게 보내주는 광선 그대로의 빛으로 만족해야 한다. 그렇지 않고 태양에서 직접 빛을 얻으려고 그것을 쳐다보면 오만의 대가로 시력을 잃어버릴 수 있다. 묵시록에도 이런 말이 쓰여 있다. '인간들 가운데 누가 신의 의도를 알 수 있으며, 하느님께서 원하시는 것을 누가 추측할 수 있을까?'

정보의 관리는 기록에 있다

나의 아버지는 경험과 천성의 혜택에만 의지하고 있는 사람으로서 매우 명석한 판단력을 갖고 있었다. 그가 한번은 나에게 도시에 가서 어떤 사무실을 운영해볼 것을 제안했다. 가령 사람들이 진주를 사거나 팔고 싶을 때나 다른 일이 생겼을 때 그 일을 부탁할 수 있는 전문가가 있어야 한다는 것이었다.

누구는 파리에 같이 갈 동행을 구하고, 누구는 어떤 분야의 기술을 가진 사람을 구하고, 또 누구는 사장을 구하고, 누구는 직원을 구하고 등등, 각자 자기가 찾는 것을 가서 부탁한다는 것이다. 이런 식으로 서로에게 필요한 정보를 제공해주는 일을 한다면 사람들에게 매우 편리한 이점이 될 것이다. 사람들은 아무리 필요한 것이 있어도 서로가 알지 못해서 해결방법을 찾을 수가 없다.

이 시대의 가장 수치스런 사건 중 하나는, 학문에 큰 성과를 남긴 훌륭한 인물인 이탈리아의 릴리우스 그레고리우스 자랄두스와 독일의 세바스티아누스 카스탈리오 두 사람이 먹을 것이 없어 굶어 죽었다는 사실이다. 만약 이 사건이 미리 세상에 알려졌더라면 그들은 매우 좋은 조건으로 초대를 받았거나, 적어도 수천 명의 사람들이 그들에게 도움을 주었을 것이다.

이렇듯 뛰어난 재능과 덕을 갖춘 인물들도 극도의 곤궁에 빠지는 경우가 있다. 이런 인물들을 도와줘서 곤궁을 면하게 해주거나 또는 큰 호의를 베풀어 그들을 구원해줄 사람들이 세상에는 분명이 있다. 다만 내가 모르고 있을 뿐, 세상이 썩은 것은 아니라는 것이다.

나는 아버지가 하는 집안의 재정 관리에 대해 큰 존경심을 갖고 있다. 그는 내가 결코 따라 할 수 없는 방법을 쓰고 있었다. 그건 곧 살림살이에 대한 모든 일들을 기록한다는 것이다. 즉, 자잘한 지출들과 물품구매는 공증인에게 부탁하지 않고 직접 집사를 시켜서 장부에 기록한다. 하인들 가운데 글 쓸 줄 아는 사람을 시켜서 언제 무슨 일을 시작했고, 언제 끝났으며, 어떤 손님이 와서 얼마나 머물렀고, 언제 여행했으며, 언제 집에 있었고, 결혼, 죽음, 좋은 소식 또는 나쁜 소식, 받은 일들, 하인을 교체하게 된 이유 같은, 중요한 모든 일을 일지에 적어 넣게 했다. 또 매일 매일 집안일의 내용을 기록하게 해서 다음에 그 기억이 잘 나지 않을 때 다시 들여다보며 큰 수고를 덜 수 있게 했다. 아버지는 옛날 방식으로 이렇게 했지만, 각자 자기만의 방법으로 해도 좋다. 그리고 내가 그렇게 하지 못하고 있는 건 어리석은 짓이라고 생각한다.

고독을 이기려면 자기 자신을 친구로 삼아라

외롭고 쓸쓸한 생활과 활동적인 생활의 재미없는 비교는 그만두자. 그리고 탐욕스런 야심으로 가득 차서 '우리는 나 자신을 위해서 세상에 나온 것이 아니라 다른 사람들을 위해서 나왔다'고 뻔뻔스럽게 말하는 자들은 그들 식으로 춤을 추도록 내버려두자.

한편으론 자격이 어떻고, 일처리가 어떻고 하며 복잡하게 돌아가는 세상에서 개인적인 이익만을 챙기는 자들은 그들 자신의 양심과 다투도록 내버려두자. 나쁜 방법을 쓰면서 살아가는 사람들은 분명 가치도 없는 목표를 가지고 있다는 것이 쉽게 드러난다.

야심은 외로움과 쓸쓸함을 즐기는 면이 있다. 왜냐하면 야심은 사람들과의 만남을 피하는 경향이 있기 때문이다. 하고 싶은 대로 하는 것이야말로 야심이 갈망하는 것 아니겠는가?

좋은 일, 나쁜 일들은 도처에 있다. 비아스의 말이 진실이라면 나쁜 자들이 대다수이다. 성경의 전도서에 의하면 천 명 중 착한 자는 하나도 없다고 한다. 그러므로 군중 속에 퍼져나가는 전파는 대단히 위험하다. 사람들은 악인들을 따라하든지 미워한다. 그러나 두 가지 다 위험하다. 악인들의 수가 많아지면 위험하고, 너무 다른 존재들이라 그들을 증오하게 되면 그것도 위험해진다.

그래서 바다로 나가는 어부들은 같은 배에 탄 사람들이 가지각색이기 때문에 서로 욕하고 부딪치는 것이다. 그리고 서로를 악인들이 아닌가 하고 경계하게 되는데, 그건 당연한 일이다. 그런 사람들과 동행하는 것 자체가 불길한 일이라고 생각하기 때문이다.

그런데 고독하고자 하는 목적은 결국 좀 더 한가롭게 편안히 지내고 싶다는 데 있다. 그러면 사람들은 모든 일을 다 저버리는 것이라고 생각하는데, 그건 단지 일을 바꾸는 것에 지나지 않는다.

이를테면 가정을 보살피는 것과 국가를 다스리는 것 사이에는 더 어려울 것도 덜 어려울 것도 없다. 마음은 어디에 매이든 거기에 완전히 매이게 된다. 가사가 덜 중요하다고 해도 덜 힘든 것은 아니다. 마찬가지로 궁전의 일을 그만뒀거나 장사를 그만뒀다고 해도 인생의 고난에서 해방된 것은 아니다.

야심과 탐욕, 불안, 공포, 성욕 등은 아무리 떨쳐버리려 해도 쉽게 거기서 벗어나지 못한다. 심지어 수도원으로 간다고 해도 또는 철학 학교에 들어가도 그것들은 우리를 따라온다. 사막에서도, 절벽 밑 암굴에서도, 그리고 고행을 해도, 단식을 해도, 그것들은 우리를 놓아주지 않는다.

어떤 사람이 소크라테스에게, 아무개가 여행을 다녀왔는데도 조금도 나아지지 않았다는 얘기를 전해주었다. 그러자 소크라테스가 대답하길 '자기 자신을 짊어지고 갔다 왔으니까 그렇지'라고 했다는 것이다. 이처럼 마음을 억누르는 짐을 내려놓을 줄 모르면 아무리 멀리 여행을 떠난다 해도 마음은 여전히 억눌릴 뿐이다.

배에 실은 짐들이 흔들리지 않을 때는 아무 문제가 되지 않으므로 가만 두는 게 낫다. 또한 환자에게는 자리를 옮겨주는 것보다 그대로 두는 게 덜 언짢게 된다. 말뚝을 쥐고 흔들면 더 단단히 박히듯이 몸도 움직이면 병이 더 깊어질 수 있다. 이렇듯 사람들을 피하는 것만으론 충분하지 않다. 장소를 옮겨도 마찬가지다. 결국은 고독 속에서 자기 자신을 다시 찾아야 한다.

우리는 쇠사슬을 함께 짊어지고 다닌다. 그것은 완전한 자유가 아니다. 뭔가를 버리고 떠나면서도 마음은 늘 그곳을 바라보며 그 생각으로 가득 차있다. 그것이 진정한 쓸쓸함이고 외로움이다. 그건 도시 한복판이나 궁전에서도 누릴 수 있다. 그러나 마음은 따로 떨어져 있을 때 더 진정으로 자신을 누릴 수가 있다. 그래서 홀로 지내며 사람들과 부딪치지 않으려 하는 것이다. 그렇다면 타인에게 얽매이게 하는 모든 연결을 물리치고 정말 홀로 지내며 평안하게 살아갈 줄 아는 능력을 키워야 한다.

배우자와 자녀, 재산 그리고 무엇보다도 건강이 중요하다.

그러나 거기에만 얽매여 너무 집착하면 안 된다. 타인이 끼어들지 않는 자신만의 고유한 은신처를 마련하고 그 속에서 진정한 자유와 고독을 누릴 줄도 알아야 한다. 그리고 외부와 관련된 어떠한 일도 그곳을 침범하지 못하도록 해야 한다. 배우자도, 자녀도, 재산도, 다른 사람도, 하인도 없는 그곳에서 혼자 생각하고 웃고 지내며, 그 모든 것들이 없다 하더라도 달라지지 않도록 해야 한다.

우리는 자기 자신으로 돌아갈 수 있어야 한다. 바로 자신을 친구로 삼는 것이다. 마음은 여전히 공격할 것들과 방어할 것들, 줄 것과 받을 것들을 가지고 있지만, 이런 고독함이 권태를 불러일으킬까 조바심하며 괴로워하지 않아야 한다.

어떤 사람이 콧물을 흘리며 꼬질꼬질한 모습으로 한밤중에 연구실에서 나오는 것을 보고, 그가 책을 많이 봐서 더 만족하고 현명하고 선량한 사람이 될 것이라고 그대는 생각하는가? 그럴 가능성은 없다. 반대로 그는 생명이 줄어들 뿐이다. 그가 할 수 있는 최선이라면, 플라우투스의 압운이나 라틴어의 문법 따위를 가르칠 것이다. 명성과 영광을 위해서라면 건강과 안락과 생명이라도 바꾸고 싶지 않을 사람이 얼마나 있을까? 삶에 있어서 가장 쓸모없고 헛된 그것들을 위해서 말이다.

자신의 죽음만으로는 두려움이 부족한가? 그렇다면 아내와 가족들의 죽음까지도 짊어지자. 자신의 일만으로는 그 노고가 부족한가? 그렇다면 이웃들과 친구들의 일까지도 맡아서 속을 썩이고 골치를 앓아보자.

고독함은 탈레스가 한 것처럼, 자기 인생의 화려한 세월을 세상에 바친 사람들에게 더 적합하고 온당한 것같이 보인다. 하지만 다른 사람들을 위해 헌신했다고 해도 인생 말기에는 자신을 위해 살아봐야 한다. 평온한 삶이 어떤 것인지 생각해보자. 은퇴해서 한가롭게 있겠다는 생각이 그리 쉬운 것은 아니다. 막상 은퇴해보면 다른 일에 신경을 안 쓴다 하더라도 할 일이 많이 생긴다. 하느님께서 우리에게 이사준비 할 여유를 주신다면 그 준비를 하자. 짐을 꾸리자. 그리고 서둘러 사람들과 작별을 하자. 다른 것에 얽매이게 하고 자신에게서 멀어지게 하는 가혹한 속박에서 벗어나자. 그런 다음 이것저것 즐기며 자신 외에 다른 것은 생각지 말자. 다시 말하면 다른 것들이 자신의 것이 되게 하자. 그러나 그것들이 너무 깊숙이 달라붙어 살점이 떨어지거나 마음 한쪽이 무너져 내리지 않고는 떼어버리지 못하는 일은 없도록 하자.

세상에서 가장 중요한 일은 자기 자신으로 있을 줄 아는 것이다. 사회에 도움 줄 것도 없는 나이가 됐으면 사회에서 물러나야 한다. 그리고 남한테 빌려줄 것이 없으면 남의 것을 빌리지도 말아야 한다. 힘이 점점 빠지면 힘을 길러 우리 자신에게 담아두자. 자신이 다른 사람들에게 쓸모없고 방해만 되는 존재라는 열등감이 든다고 해서 자기 스스로에게도 하찮고 쓸데없는 존재라는 생각이 들게 해서는 안 된다. 자기를 도닥이며 칭찬해주라. 자신의 이성과 양심을 존중하고 두려워하며, 잘못을 저지를 땐 그 앞에서 스스로 반성하고 자기 자신을 다스려야 한다.

소크라테스의 말에 의하면, 젊었을 때는 교육을 받아야 하고, 중년에는 일을 해야 하고, 노년에는 모든 시민적, 군사적 직무에서 물러나 너무 얽매이지 않고 평안하게 살아야 한다고 했다. 빨리 은퇴를 하는 것이 맞는 사람들도 있다. 이해하는 능력이 부족하고 매사에 느린 사람들, 의지가 약한 사람들, 그리고 처세에 무능한 사람들이 그들이다. 나 또한 타고난 환경과 기질로 보면 그들과 비슷한 편이다. 이런 사람들은 활동적이고 부지런하며 모든 일에 관심을 가지고 기회를 찾아 일에 몰두하는 사람들보다 훨씬 더 소크라테스의 이 말에 마음을 기울일 것이다.

우연히 일어나는 어떤 유익한 일에 홍미를 느낀다면 그것을 이용해도 좋지만 생활의 근본으로 삼아서는 안 된다. 이성으로도 천성으로도, 그것은 자신의 삶을 이루는 근본이 아니기 때문이다. 왜 자신의 법칙을 거슬러 자기의 만족을 남의 힘 앞에 굴복시키려 하는가?

보통 사람들은 신앙심으로 의지하지만, 철학자들은 사색을 통해 운을 예측하려 한다. 그들은 현실에서 취할 수 있는 편리함을 마다하고 사서 고생을 한다거나 딱딱한 바닥에서 잠자고 재산을 강에 던져버린다든지 하는 식으로 스스로 고행을 일삼는데, 그런 도덕은 지나친 실천이다. 정작 단단하고 강인한 의지를 가진 사람이라면 자신의 은둔처까지도 영광스럽고 모범적인 곳으로 만들 줄 알아야 한다.

나는 철학자 아르케실라우스가 자신의 재산 범위에서 금과 은으로 만든 기구를 사용했다고 해서 그가 수양이 부족하다고는 생각하지 않는다. 오히려 절도 있고 넉넉하게 사용한 점에서 나는 그를 더 좋게 평가하고 싶다.

나는 인간의 본능적인 욕구가 어느 정도까지 도달하는지를 알고 있다. 그래서 내 집 문을 자주 두드리는 어떤 거지가 나보다 더 유쾌하고 건강한 것을 보며 나 자신을 그의 위치에 놓아 보았다. 그러자 죽음과 가난, 멸시, 질병들이 나를 뒤쫓아 오는 것 같았다. 하지만 나보다 형편없는 그런 사람들이 이 모든 것을 잘 참아내는 것을 보고는 두려워 할 것이 없다는 생각이 들었다.

이해력이 좋지 않으면 고생을 한다거나, 사색의 성과는 습관의 성과에 미치지 못한다는 생각은 옳지 않다. 그리고 인생의 부수적인 안락함이라는 것도 대단한 것이 아니라는 것을 알고 있기 때문에 나는 그런 것을 차라리 맘껏 누리며, '내가 가지고 있는 재산 내에서 만족하게 해 주소서' 하고 하느님께 간청하고 있다.

어떤 건강한 젊은이들은 감기에 걸릴 때를 대비해 가방 속에 항상 약을 가지고 다니는데, 그 약을 가지고 있다는 생각 때문에 감기를 그만큼 덜 두려워한다고 한다. 그것은 맞는 말이다. 심한 병에 걸릴 수 있다고 생각한다면 그런 불안을 마취시켜 줄 약을 준비하고 있는 것이 좋다.

젊은 플리니우스가 이 고독함에 관해서 그의 친구에게 해주는 충고를 들어보자. '나는 그대가 충만한 은퇴 생활을 여유롭게 즐기며 번거로운 살림살이는 하인들에게 맡기고 학문 연구에 몰두하기를 바란다. 그리고 거기서 온전히 자신만의 어떤 것을 만들어내라고 충고하고 싶다'

그는 명성에 관해서 말하고 있다. 그건 키케로가 공직에서 물러난 뒤, 외로움과 한가함을 이용해 학문 연구로 영원의 생명을 얻고자 한다고 말했던 것과 같다.

오랜 기간 동안 어떤 병으로 몸이 허약해진 사람이 마침내 약에 의지하며 규칙적인 생활을 하듯이, 평범한 생활에 권태를 느껴 은퇴하는 사람은 자신의 생활에 규칙을 세워놓아야 한다. 그리고 신중함과 사색으로 조절해야 한다. 또한 어떤 일이든 힘든 노동은 멀리 하고, 신체와 마음의 안정을 방해하는 모든 정열은 피하며, 자기 기분에 맞는 일을 해야 한다.

살림살이든 공부든 사냥이든 다른 모든 일에서도 쾌락의 극한까지 가보아야 한다. 그러나 거기에 고통이 끼어들기 시작하면 더 이상 계속하지 말아야 한다. 다만 자신을 긴장시키기 위해 필요한 정도의, 그리고 마음이 늘어져 게으름이라는 극단적인 상황까지 가지 않을 정도의 일을 가지고 있어야 한다.

서적 중에는 척박하고 의심스러운 것이 있으며, 그런 것들은 대부분 민중을 위해서 꾸며낸 것이다. 그런 것은 세상의 일에 봉사하는 자들에게나 맡겨두어야 한다. 나는 재미있고 쉽고 기분을 돋워주며, 죽음을 두려워하지 않도록 위안을 주고, 충고해주는 그런 책들을 좋아한다.

그리고 플리니우스와 키케로가 영광에 관해서 말하는 것은 내 생각과는 많이 다르다. 은퇴와 가장 반대되는 심정은 야심이며, 영광과 은퇴는 함께 존재할 수가 없다. 그런데 은퇴를 하고도 팔과 다리는 아직도 군중 속에 내밀고 있다. 그들의 속내는 전보다 더 세상 속에 발을 딛고 있는 것이다. 그들은 다만 더 잘 뛰기 위해서, 그리고 더 강력하고 더 활기차게 군중 속에 돌입하기 위해서 물러났을 뿐이다.

학파가 다른 두 철학자의 의견을 잠시 살펴보자. 에피쿠로스는 친구 이도메네우스에게, 또 세네카는 친구 루킬리우스에게 편지를 쓰며 피곤한 직무와 권력의 지위를 떠나 고독 속으로 은퇴하도록 권고했다. 그 내용은 다음과 같다.

그대는 평생을 헤엄치듯 둥둥 떠서 살아왔소. 이제는 죽음을 대비해 항구로 돌아오시오. 그대의 모든 생명은 빛 속에서 반짝였으니, 남은 생명은 어둠에게 맡기시오. 생명의 열매를 떨

쳐내지 못하면 진정으로 떠나는 것이 불가능하오. 명예와 영광을 잃을까 하는 모든 근심은 버리시오. 과거에 지녔던 많은 빛들이 그대를 계속 밝혀주며 은둔처까지 따라올 위험이 있기 때문이오. 탐락과 남들의 칭찬에서 비롯되는 쾌락을 버리시오. 그대의 성과와 능력만으로도 걱정할 일이 아니오. 그 성과는 없어지는 것이 아니라 그대 자신에게 값어치로 남는 것이기 때문이오.

누구도 알아주지 않는 기술을 가지고 있는 사람에게 어떤 사람이, 왜 그렇게 고생을 하느냐고 물었다고 하오. 그러자 그 사람이 대답하길, "알아주는 사람이 없어도 상관없소. 하나면 충분하오. 아니 하나도 없어도 충분하오" 했다는 것이다. 이 사람의 대답을 잘 생각해보시오. 그는 진실을 말했던 것이오. 그대와 친구 한 명만 있으면 두 사람이 충분히 인생의 무대를 꾸밀 수가 있다오. 또한 그대 혼자만으로도 그럴 수가 있소. 세상 사람들이 그대에게 한 명이고, 또 그대 한 명이 그대 자신에게 세상 사람들이 되도록 하시오. 한가하게 집에 틀어박혀 영광을 바라는 것은 비굴한 야심이오. 굴 입구에서 발자국의 흔적을 지우는 산짐승처럼 할 줄 알아야 하는 것이오.

세상 사람들이 그대에게 말해주기를 기다리는 것이 지금 그대에게 필요한 일이 아니오. 그대가 그대 자신에게 무엇을 말해야 할지를 찾아야 하는 것이오. 그러므로 그대 자신에게 은퇴해야 하오. 하지만 우선 그곳에 그대를 받아들일 준비를 하시오. 그대가 자신을 관리할 줄 모른다면 자신을 믿는 것도 헛된 일이 되는 것이오.

고독 속에서도 사람들과 어울릴 때나 마찬가지로 실패하는 수가 있소. 그대가 자신 앞에서 감히 실수하지 못하는 자가 되기까지, 자신에게 부끄러움과 존경을 느낄 때까지 '그대 마음에 선한 이상을 수호하시오(키케로)' 그대 마음에 늘 카토와 포키온과 아리스티데스를 그려보시오. 그들 앞에서는 미친 자들까지도 자신의 잘못을 감춘다오. 그들을 그대의 모든 의향의 조정자로 삼으시오. 만일 이 의향들에 헛바람이 들어가면 그들에 대한 존경심이 길을 잡아줄 것이오. 그들은 그대가 자신으로 만족하는 길을 지키게 하며, 자신에서밖에 아무것도 빌려오지 않게 하고, 그대의 마음을 확실하고 한정된 사색에 멈춰 다져지게 할 것이오. 이것이 바로 진실하고 순진한 철학의 충고라오

자신의 명예와 영광을 남들에게 양보하지 마라

세상 사람들은 대부분 허둥지둥 하며 헤매고 있으면서도 명성과 영광을 바라는 마음만은 보편적으로 인정하고 있다. 그래서 사람들은 재산이나 여가, 건강 같은 가장 중요하고 실질적인 재화를 버리고, 실체도 없고 잡히지도 않는 이 헛된 그림자와 공허한 언어를 추구하는 것이다. 인간의 욕망 중 가장 어처구니없는 이런 심정은 보통 사람들뿐 아니라 철학자들까지도 거기서 헤어나기가 어렵고 고통스러워하는 것 같다. 그 욕망은 다른 어떤 것보다도 억세고 고집스럽기 때문이다.

이에 대해 아우구스티누스는 '명성은 도덕의 실천으로 높은 경지에 도달한 사람들까지도 유혹하는 바로 그것이다'라고 말했다. 이성을 갖추고 있다 해도 거기엔 허영심이 끼어 있다는 것을 분명히 질책하고 있는 말이다. 그런데 이런 허영심은 마음속에 너무나 굳세게 뿌리를 박고 있기 때문에, 그것을 깨끗이 뽑아 던져버릴 수 있는 사람이 과연 있을지 의문이다.

자신은 이런 욕심이 없다고 분명히 말하며 굳게 믿고 있지만, 어느새 명예욕은 자신의 이성을 거슬러 내장 속에까지 깊이 사무치고 있는 것이다. 그리고는 어떻게 해야 할지 허둥대곤 한다.

키케로가 말한 대로, 이런 것을 비난하는 사람들까지도 마침내는 그걸 글로 써서 책 표지에 자기의 이름을 적어 넣는다. 그들은 자신들이 영광을 경멸했다는 것으로 영광을 얻기를 바라기 때문이다. 다른 모든 일들에도 이런 수작과 홍정이 난무하고 있다.

친구가 어려울 때는 재산과 생명까지도 빌려주지만, 모르는 남들에게 자신의 명예와 영광을 넘겨주지는 않는다. 카툴루스 룩타티우스는 전쟁이 일어났을 때 자기 군사들이 두려워하며 적 앞에서 도망치는 것을 비난하지 않기 위해 자신이 직접 그 도망병들 속으로 들어갔다. 그리고는 군사들이 적을 피해 도망가는 것이 아니라 마치 자기들의 대장을 뒤따라가는 것처럼 보이게 했다. 이것은 남의 수치를 덮어주기 위해 자신의 명성을 버린 행위라고 할 수 있다.

사람들의 정신 수준에는 땅과 하늘만큼의 엄청난 차이가 있다. 그런데 사람을 평가할 때는 그것으로 하지 않는다. 인간 외에 다른 종들은 그 자체가 지니고 있는 자질만으로 평가된다.

예를 들어, 말 한 필을 고를 때도 얼마나 힘차게 잘 달리는가를 보는 것이지 말의 안장을 보고 고르는 것은 아니다. 또 사냥개는 얼마나 빨리 달리는가를 보는 것이지 그의 목줄을 보고 고르는 것은 아니다. 보라매는 그 날개를 보고 고르는 것이지 방울을 보고 고르는 것이 아니다.

그런데 왜 인간을 볼 때는 그 자신이 지니고 있는 것만을 보고 평가하지 않는단 말인가. 어떤 사람은 인기가 많고 좋은 집을 가지고 있으며, 신용도 있고 돈을 많이 번다. 그런데 이 모든 것은 그의 안이 아니라 밖에 있다. 그가 본래 지니고 있는 것이 아닌 것이다.

사람은 자루 속에 들어있는 고양이를 자루만 보고 사지는 않는다. 또 말의 가격을 흥정할 때는 장비를 다 벗겨내고 맨몸을 본다. 그리고 털이 곱다든지 엉덩이가 크다든지 그런 것에 현혹되지 않고 가장 중요한 부분인 다리와 눈과 발을 유의해서 본다.

하지만 사람을 평가할 때는 왜 모든 것을 싸잡아 묶어놓고 하는가? 사람들은 자신이 본래 지니고 있는 것이 아닌 것만 내보이기를 좋아하며 정작 진실로 평가해서 판단할 수 있는 부분은 감춰두고 있다. 칼의 성능을 봐야 하는데 칼집을 보는 격이다. 그러니 칼집을 벗겨보면 그 칼을 사고 싶지 않다. 그 자체로 평가해야지 그 장식을 보고 평가하면 안 된다.

이를테면 조각의 받침돌은 조각 작품이 아니다. 그러므로 부귀와 명예는 제쳐놓고 사람 자체를 봐야 한다. 유쾌하고 건강한지, 직무에 적합한 신체를 가졌는지, 성격이 어떤지, 마음이 건전하고 유능한지를 봐야 한다. 또한 마음이 자기 것으로 풍부한 것인지, 남의 것으로 풍부한 것인지를 봐야 하고, 요행으로 얻은 것은 없는지, 뽑아든 칼을 똑바로 쳐다볼 수 있는지, 마음이 침착하고 정의롭고 만족하는지를 봐야 한다.

어리석고 천하고 비굴하며 온갖 정열에 휘둘리면서 끊임없이 헤매고 있는 사람과 현명한 사람의 자세를 비교해보라. 하늘과 땅 사이보다 더 큰 거리가 있다. 하지만 사람들은 맹목적인 습성에 젖어 있어서 그런 차이를 거의 생각하지 못한다.

그런데 만약 농사꾼과 왕, 귀족과 평민, 관리와 일반인, 부자와 가난한 자를 비교해본다면 거기엔 심한 불평등이 나타나게 되는데, 사실 그건 그들이 가지고 있는 외적인 조건의 차이일 뿐이다.

감정을 억제하는 교육의 삶

지조 있는 행동에서 목표와 성취를 이룬다

사람의 행동을 잘 주시하는 사람들은 전체 모습 안에 하나의 행동을 맞춰 끼우려 하면 당혹스러워 한다. 행동들은 대체로 모순이므로 그 모든 것이 하나의 유기체에서 형성되어진다는 것이 불가능하다. 소 마리우스는 어떤 때는 마르스 신의 아들이 되었다가 또 어떤 때는 비너스의 아들이 되기도 한다. 그런가 하면 보니파치오 교황은 때로 여우처럼 보이다가 죽을 때는 개처럼 보였다고 한다. 그리고 누가 그에게 한 죄수의 사형선고 판결문에 서명을 해달라고 올리자 교황은 "내가 글을 쓸 줄 몰랐다면 얼마나 좋았을까?" 하고 대답했다. 그런데 그 죄수가 바로 잔인함의 표본이었던 네로였다니, 정말 믿을 수 없는 일이다. 그만큼 한 인간에게 사형을 선고한다는 것은 그렇게도 괴로운 일이라는 얘기다.

이런 사례들은 너무나 많아 누구라도 쉽게 이런 예를 찾아낼 수 있다. 결단성이 없는 것은 인간의 천성 중에서도 가장 분명한 악덕으로 널리 인정되고 있다. 특히 지각 있는 사람들이 그런 식으로 우유부단한 행동을 하는 것을 보면 난 항상 묘한 생각이 들곤 한다.

일상에서 극히 평범한 특성을 가지고 있는 사람의 행동을 예측하기는 어렵지 않다. 하지만 인간의 행동 습관이나 생각은 결코 확고하다고 할 수 없기 때문에, 나는 훌륭한 작가들조차도 우리가 변함없는 견고한 사고를 가지고 있다고 주장하는 것은 옳지 않다고 생각했다. 그들은 인간의 보편적 태도를 가려내서 그 모습에 따라 인물들의 행동을 분석하고 해석하려고 한다. 그러다가 잘 맞춰지지 않으면 적당히 감추는 수법을 쓰는 것이다. 그들은 아우구스투스에 대해 제대로 파악하지 못했다. 왜냐하면 이 인물은 전 생애를 통해 행동이 너무나 명확하고 급했지만 결단성이 없었기 때문에, 가장 과감하게 평가하는 사람일지라도 그가 어떤 인물인지 종잡을 수 없었던 것이다. 나는 인간에겐 그 무엇보다도 결단성이 부족하고 우유부단하다고 생각하는 편이었다. 인간에 대해 세밀하게 하나씩 따로 판단하는 사람이 제대로 올바른 판단을 할 수 있을 것이다.

나는 사실 악덕이라는 것은 무질서하고 절도가 부족한 것이기 때문에 줏대 있게 행동한다는 것은 불가능하다고 생각했다. 모든 도덕의 시초는 이해와 숙고함에 있고, 그 목표와 성취는 지조 있는 행동을 통해서라고 데모스테네스가 말한 바 있다. 그런데 만약 생각함으로써 확고한 방향을 잡을 수 있다면 우리는 가장 아름다운 것을 잡을 것이다. 그러나 아무도 그렇게 생각한 사람은 없었다.

우리는 보통 욕망에 따라 왼쪽으로 오른쪽으로, 위로 아래로, 바람에 따라가듯 쫓아간다. 우리가 무언가를 원하는 그 순간엔 그것밖에 생각하지 않으며, 마치 주변의 색깔에 따라 몸을 변화시키는 동물과 같이 변하기도 한다. 지금 이 순간에 제안한 것이라도 우리는 금방 변경하며 걸어왔던 길도 되돌아간다. 그렇게 우리는 의지라곤 없이 흔들리고 있다.

우리는 여러 가지 생각 사이에서 떠돌고 있다. 그 무엇도 자유롭고 절대적으로, 그리고 줏대 있게 원하지 않는다. 그러나 어떤 규칙을 머릿속에 확고하게 결정하여 세워놓은 사람은 균형 있는 습관과 모든 일에 있어 한결같은 관계가 자신의 인생을 통해 빛나는 것을 볼 수 있다.

엠페도클레스가 말한 바에 의하면, 아그리겐툼 사람들은 마치 내일 죽을 것처럼 쾌락을 즐기고, 영원히 죽지 않을 것처럼 끊임없이 성취해가는 그런 삶의 태도를 가지고 있다고 한다.

어떤 사람이 어제는 대단한 모험을 하다가 오늘은 겁보처럼 행동한다고 해도 조금도 이상할 것은 없다. 그저 화가 났거나 피곤했거나, 또는 친구 때문이거나 술을 마셨거나, 나팔 소리를 듣고 배짱이 생겼거나 그런 것일 뿐이다. 그것은 이성의 힘으로 용감해진 것이 아니라 그때그때의 사정에 따라 강해졌던 것이다. 게다가 그가 완전히 다른 사람이 되었다고 해도 조금도 놀랄 일도 아니니다.

우리의 태도가 이렇게 모순되고 제멋대로인 것을 두고, 어떤 사람들은 우리가 두 가지 심령을 가졌다고 말한다. 또 어떤 사람들은 두 가지 힘이 우리를 조종하는데 하나는 좋은 쪽으로,

하나는 나쁜 쪽으로 하는 것이라고 하면서, 그렇게 극단적으로 다른 점은 결코 하나의 주체에서 나올 수 없는 것이라고 한다.

나는 항상 선한 일에 대해서 좋게 판단하려고 한다. 그러나 인간의 행태는 참 묘해서 선한 일을 하는 것이라고 해서 반드시 선하다고 판단할 수 없는 것 같다. 아무튼 때로는 악덕에 몰려서 선한 일을 행하는 수도 있을 것이다.

그러므로 용감한 행동을 보고 그 사람이 용감하다고 결론 지으면 안 된다. 진정으로 용감하게 행동하는 사람은 언제나 어떤 상황에서나 용감한 행동을 할 것이다. 그 행동이 돌발적인 충동이 아니고 도덕에 기초한 습관일 때는 혼자일 때나 사람들 속에서나 언제나 한결같이 결단성을 가지고 행할 것이다.

인생에 확실한 목표를 세워두지 않은 사람은 특별한 상황에 닥칠 때 어떻게 행동해야 할지 판단할 줄을 모르게 된다. 전체 하나하나가 머릿속에 그려지지 않으면 그 조각들을 정리해낼 수 없다. 어떤 그림을 그릴지 모르는 사람에게는 물감을 주어봐야 아무 소용이 없다. 아무도 인생의 확실한 계획을 세우지 않는다. 그리고 아무도 한 부분 외에는 고찰하지 않는다. 활을 쏘려면 우선 어디를 겨냥할지 알아야 한다. 게다가 손과 활시위, 화살의 움직임 등 모든 것을 맞춰야 한다. 우리는 자신의 의도조차 종잡지 못할 때가 많다. 아무런 방향도 목표도 없기 때문이다. 도착할 항구가 없는 배는 어떤 사람이 있어도 소용없다.

삶으로 들어오는 길이 있으면 죽음으로 나가는 길도 있다

'현자는 살아야 하는 대로 살고, 살 수 있는 대로 살면 안 된다'고 사람들은 말한다. 그리고 자연이 우리에게 안겨준 가장 큰 선물은 우리로 하여금 환경의 조건에 대해 불평하지 말고 벌판으로 나가게끔 그 방법을 일러준 것이다. 자연은 삶으로 들어가는 길을 하나밖에 주지 않았지만 나가는 길은 여러 개를 열어주었다.

우리는 이 땅에서 살아갈 방법을 찾아야 한다고 보이오카투스는 로마인들에게 말했다. 왜 그대는 이 세상에 대해 불평을 하는가? 세상은 그대를 붙잡지 않는다. 그대가 살기 괴롭다는 것은 그대의 비굴함 때문이다. 죽고자 한다면 거기엔 죽기를 원하는 일밖엔 아무것도 없다.

그리고 죽음은 단지 질병을 끝내는 것만이 아니다. 죽음은 모든 고통에 대한 처방이다. 그것은 결코 두려워할 것이 아니며, 가끔 찾아가 볼만한 아주 확실한 항구이다. 모든 건 하나로 돌아간다. 사람은 죽음을 자신의 종말로 여기며 당할 수밖에 없다고 생각한다. 하지만 죽음 앞으로 달려가든지 또는 죽음이 오기를 기다려야 한다. 죽음이 어디서 오든 그것은 자신의 것이다. 어디서 생명의 실이 끊어지든 그것이 자신의 끝인 것이다.

적극적으로 받아들이는 죽음이 가장 아름다운 죽음이다. 삶은 타인의 의지에 얽매여 있다. 그러나 죽음은 우리 자신의 의지에 달려있다. 그러므로 어떠한 일이 있어도 죽음에 관해서만큼은 감정대로 따라가서는 안 된다. 세상의 평판도 죽고자 하는 의지 앞에서는 아무런 문제가 되지 않는다. 그런 것을 중요하게 여길 사람은 없다.

죽음의 자유가 없다면 삶이란 노예 생활일 뿐이다. 불행해지는 것은 약해지는 것이다. 그러나 불행을 키우는 짓은 미친 수작이다.

스토아 학자들에 의하면, 현자는 좋은 상황에 있을 때, 다시 말해 아직 한참 행운이 있을 때 인생을 끝맺는 것이 천성에 맞게 행동하는 것이라고 한다. 비참한 상태에 있는데도 자신의 천성을 따르지 않고 삶에 집착하는 것은 미친 짓이라는 것이다. 죽음을 피하려고 거대한 무덤 속이나 동굴 속에 가서 웅크리고 숨는 것은 도덕이 시키는 일이 아니라 비겁이 시키는 일이다. 어떠한 풍파가 일어나더라도 도덕은 가던 길을 멈추지 않는다.

생명을 경시하는 사고방식은 참으로 우스운 것이다. 왜냐하면 결국 그것은 우리의 존재 자체이기 때문이다. 생명보다 더 고상하고 커다란 어떤 존재라면 우리의 생명을 무시할 수 있다. 그러나 우리 자신이 생명을 경시하며 아무것도 아닌 것으로 팽개치는 것은 하늘의 뜻을 배반하는 행위다. 그것은 질병이라고 할 수 있다. 자기를 경멸하고 혐오하는 것은 다른 동물에게는 없는 것이다.

현재의 자기 자신과 다르게 있기를 바라는 것은 헛된 욕망이다. 그런 욕망은 갖는 자체가 모순이므로 생각해서는 안 된다. 스스로 천사 같은 인간이 되기를 바라는 사람은 자기 자신을 위해 아무것도 하는 것이 아니며, 결국 더 좋아지는 것도 아니다. 우리가 죽음을 대가로 인생의 모든 불행과 고통을 몰아내고 안정을 취한다고 해도 우리에겐 아무런 이익도 되지 않는다. 그 안정을 즐기지 못한다면 고통을 피해도 쓸모가 없기 때문이다.

사람들은 '한 인간이 자살을 택하는 데 있어 어떤 사정이 그 충분한 이유가 되는 것일까?' 하는 점에 대해 큰 의문을 갖고 있었다. 그러면서 자살을 '정당한 퇴출'이라고 불렀다. 생명을 붙잡아야 할 이유가 강하지 못하면 작은 이유로도 죽을 수밖에 없지만, 그래도 거기에는 어떤 척도가 있다. 물론 고통이 너무 크면 죽고 싶은 마음이 들 것이다. 그리고 살아가는 동안 큰 어려움들이 너무나 많이 생기기 때문에 어떤 시점이 바로 희망의 마지막 순간인지를 판단하기는 쉬운 일이 아니다.

자신에 대해 말하는 마음의 수련과 실천이 필요하다

사색과 교양은 분명히 중요한 것이지만 거기에 경험이 더해지지 않으면 소용없게 된다. 우리는 경험에 의해서 자신이 원하는 것을 행동하도록 훈련시키고 있으며, 사색과 교양만으로는 우리를 행동하도록 충분히 이끌지 못한다. 그래서 싸움에 경험이 없는 상태에서 선부르게 행동했다가 뜻밖의 큰 화를 당할까봐 두려워하며 그냥 편안한 은신처에 숨어있는 것이 아니라, 혹독한 운명에 맞서서 행동하는 사람들도 있었다. 실제로 그들은 어려운 시련에 뛰어들어 자신을 훈련시켰다. 어떤 사람들은 스스로 추위와 배고픔에 단련되기 위해 부귀를 버렸고, 또 어떤 사람들은 고통과 노역에 육체를 적응시키기 위해 자발적으로 혹독한 노동과 고생을 찾아 나서기도 했다.

그러나 우리가 완수해야 할 최대의 과업인 죽음에 대비해서는 어떠한 연습도 있을 수 없다. 고통이나 수치심, 궁핍 등 여러 가지 불행들에 대해서는 습관이나 경험으로 마음을 강하게 단련시킬 수 있다. 그러나 죽음은 단 한번밖에 경험할 수 없다. 모든 인간은 죽음 앞에서 신입생인 것이다.

나는 우리가 어떤 식으로든 죽음과 친해지고 그것을 경험할 수 있는 방법이 있을 것이라고 믿는다. 완전하지는 못하지만 최소한 헛된 노력은 아니도록, 우리에게 용기를 주고 두려움을 물리치도록 하는 방식으로 죽음을 경험해볼 수 있다. 거기까지 도달하지는 못하더라도 가까이 가서 살펴볼 수는 있다. 말하자면 요새 속까지는 들어가지 못할망정 적어도 그쪽으로 이어지는 길은 알아볼 수가 있다는 것이다.

잠들었을 때의 상태가 죽음과 비슷한 점이 있으므로 바로 수면을 관찰해보는 것도 무의미한 일은 아니다. 깨어있는 상태에서 잠으로 넘어가는 순간은 너무나 쉽다. 그리고 느끼지도 못한 채 빛과 의식을 잃어버린다. 자연은 아마도 이 수면을 통해 살아있을 때가 죽었을 때와 같은 것이라고 미리 보여주는 것 같다. 이렇게 저 세상에서 영원의 상태를 보여줌으로써 죽음과 미리 친숙하게 만들고 두려운 마음을 없애주려는 것이다. 그런 게 아니라면 수면의 작용이 우리에게서 모든 행동과 마음을 제거하는 것은 무의미한 일이다.

그러나 큰 사고를 당해 의식불명 상태에 빠져본 사람은 죽음을 훨씬 더 가까이서 경험한 것이다. 저 세상으로 넘어가는 순간에는 아무 생각도 여유도 없기 때문에 자신에게 어떤 고통과 불쾌감이 일어나는지 알 수가 없다. 고통을 느끼는 데는 시간이 필요하다. 그러나 죽음의 순간은 극히 짧고 빠르게 지나가기 때문에 당연히 아무것도 느낄 수가 없을 것이다. 죽음에 접근해갈 때는 공포심이 느껴질 것이다. 이런 것은 경험으로밖에는 얻을 수 없는 일이다.

대부분의 사람들은 사실보다 상상 때문에 죽음을 더 크게 본다. 나는 거의 평생을 건강하게 보냈다. 게다가 쾌활하고 활발한 생활을 했다. 그런데 기운차고 유쾌한 기분 상태에 있었을 때는 병을 매우 무섭게 생각했지만 막상 병을 앓게 되었을 때는 상상했던 것보다 고통이 크지 않고 싱겁게까지 느껴졌다.

이제 나는 이렇게 생각하게 되었다. 폭풍과 눈보라가 휘몰아치는 밤에 따뜻한 방안에 있을 때는 추운 들판에서 고생하고 있는 사람들을 생각하면 소름끼치도록 가슴이 아팠다. 그런데 막상 내가 추운 들판에 있는 처지가 된다면 다른 곳에 있고 싶다는 생각은 들지 않을 거라는 것이다. 그리고 내가 건강했을 때 가련하다고 생각했던 병자들은 내가 직접 당하고 보니 그렇게 가련할 것도 없었다. 또 상상력의 힘이 그 사실의 본질과 진실을 거의 반쯤 가리고 있다는 것을 알게 되었다.

난 이제 죽음에 대해서도 이렇게 생각하게 될 것 같다. 게다가 요즘은 어려운 상황에 미리 대비를 할 수 있고, 극한 고비가 닥칠 때도 버티기 위한 도움을 청할 수 있기 때문에 크게 두려워할 것은 못된다고 생각한다. 하지만 죽음은 아무리 대비를 한다 해도 지나칠 것이 없다.

플리니우스의 말처럼 사람은 누구나 자기 자신을 연구해볼 수 있는 기회가 주어진다면 자신에게 대단히 좋은 연구 자료가 된다. 나는 여기서 내 학설을 펼치려는 것이 아니라 내가 한 연구를 들려주고 싶다. 그러니까 다른 사람에게 교훈을 주려는 게 아니라 바로 내 자신에게 교훈을 주고 싶은 것이다.

내가 이런 일을 전해준다고 해서 사람들이 나를 원망할 것 같지는 않다. 나에게 소용되는 일은 우연히 남에게도 소용이 될 수 있기 때문이다. 게다가 이건 남에게 해를 끼치는 것이 아무것도 없다. 오로지 나의 것만을 다루기 때문이다. 설사 내가 미친 짓을 한다고 해도 그건 나에게 손해가 될 뿐 다른 사람에게는 아무런 해가 되지 않는다. 왜냐하면 그 미친 짓은 내 안에 숨어있으며 밖으로는 어떠한 결과도 남지 않기 때문이다.

이미 몇 년 전부터 내 사색의 목표는 나 자신밖에 없었고 나는 나 자신만을 살펴보고 연구해본다. 그리고 내가 다른 것을 더 연구한다면 그것은 바로 내 자신에게 적용해보는 것, 더 정확히 말하면 내 자신에게 적응하려는 노력이다. 그리고 이와는 비교도 할 수 없을 만큼 쓸모가 없는 여러 학문들에서 내가 배운 것에 대해 만족하지는 않지만 그래도 남들에게 전해주는 것이 나쁘다고는 생각하지 않는다. 자기 자신에 대한 묘사만큼 어려운 것도 없으며 그만큼 유용한 일도 없다. 그러나 이것을 남들 앞에 내놓으려면 그만큼 더 잘 표현하고 질서 있게 정리해야만 한다. 나는 계속 나 자신을 그리고 있다. 다시 말해 나는 끊임없이 나를 묘사하고 있다.

우리의 풍습은 자신에 대해 말하는 것을 악덕으로 본다. 그리고 사람들은 언제나 자기 자신을 증명하는 데 늘 붙어 다니는 자기 자랑을 경멸하기 때문에 이것을 완고하게 금지하고 있다.

이것을 치료하는 데에는 좋은 점보다도 나쁜 점이 더 많은 것 같다. 그러나 자신에 대해 말할 때 어쩔 수 없이 자만심이 끼어든다고 해도 그것이 내 마음속에 있는 것, 즉 나의 병적인 특질이라면 그것을 공개하는 것이 그리 나쁜 행동은 아니다. 또한 나의 생활 속에 있는 이 결점을 숨겨서도 안 된다. 술을 마시면 많은 사람들이 추태를 부리는데 그렇다고 해서 술을 비난하는 것은 잘못이라고 나는 생각한다. 자신에 대해 말하지 말라는 이런 관습은 소인배들에게나 적용될 일이다. 그것은 바보들에게나 매어놓을 고삐이며, 고매한 사람들이나 철학자, 신학자들에게 매어놓을 고삐는 아니다. 나는 고매한 사람도 아니고 그 무엇도 아니지만 나 또한 고삐를 묶어놓을 사람이 아니다. 이런 사람들은 자신을 묘사하는 일을 첫째 목표로 삼지는 않을지라도 적어도 그런 상황이 오면 일에 마음껏 몰입하기를 주저하지 않는다.

소크라테스는 자신에 대해 말하는 것보다 무엇을 더 중요하게 생각했던가? 그는 자신을 말하는 것과 책에 대해서가 아니라 마음의 수련과 실천에 대해서밖에는 그 어떤 것으로도 제자들을 지도하지 않았다.

우리 이웃들(신교도들)이 시민들에게 하듯, 우리는 하느님과 참회자에게 깊은 신앙심을 가지고 말한다. 그러나 자신에 대해서는 비난밖에 말하지 않는다고 사람들은 우리를 질책할 것이다. 그러므로 우리는 모든 것을 말하는 것이다. 왜냐하면 우리가 아무리 도덕을 실천한다고 해도 거기엔 언제나 잘못과 실수가 있으니 말이다.

나의 직업과 기술은 살아가는 일 그 자체다. 그러므로 내가 배운 것과 경험과 실천에 대해 말하지 못하게 막는 사람들은, 건축가에게 자기 의견이 아니라 다른 사람의 지식을 가지고 말하는 사람들과 같다. 그들은 자신에 대해 적나라하게 언어로 표현하지 말고 작품과 행동으로 보여주라는 뜻으로 말하는 것이다. 하지만 내가 묘사하는 것은 주로 내 생각에 대해서이다. 그것은 형체가 없기 때문에 행위로는 표현될 수 없는 재료이다. 따라서 나는 무척이나 애를 쓰며 공기 속에서 요동치는 말소리 형태로 그것을 내놓는 것이다. 가장 현명하고 경건한 사람들은 오히려 드러나는 행위를 피하고자 했다. 내가 어떤 행위를 한다면 그것은 나 자신에 대해서보다 나의 운에 대해 더 잘 말해줄 것이다.

나는 나 자신 전체를 맡겨놓고 있다. 내가 글을 쓰는 것은 나의 몸짓이 아니다. 이것은 나 자신이며 나의 본질이다. 나는 자신을 평가할 때는 신중해야 하며 천하게 보여주든 고상하게 보여주든 자기를 내보이는 것에 양심적으로 임해야 한다고 생각한다.

만약 내가 좋거나 현명하거나 또는 그 비슷한 사람이라면 더 큰 소리로 나에 대해 말하고 싶다. 사실보다 더 안 좋게 말하는 것은 어리석은 짓이지 겸손한 행위가 아니다. 아리스토텔레스에 의하면, 자신의 가치보다 더 못한 짓을 하는 것은 비겁한 행위이며 겁쟁이의 짓이다. 어떠한 도덕도 거기서는 도움을 받지 못한다. 그러나 진리는 결코 악덕의 재료가 되지 못한다. 사실보다 과장되게 자신을 말한다고 해서 언제나 교만한 것은 아니다. 그것 역시 어리석음에서 비롯되는 것이다. 그러므로 자신의 실제보다 훨씬 더 낫다고 착각하며 자만심에 빠지는 것이 그 악덕의 실체이다. 그것을 고치는 최상의 치료법은, 자신에 대해 말하는 것을 금지시킴으로써 결과적으로 자기에 대한 생각을 하지 못하게 만드는 자들의 주장을 거꾸로 뒤집는 것이다.

자존심은 자신의 사상 속에 있으며, 입은 가벼운 역할밖에 맡지 못한다. 자신에게 전념하는 것이 그들에게는 자기에게 만족하는 것으로 보이며, 자기를 탐구하고 실천하는 일이 그들에게는 자기를 애지중지하는 수작으로 보이는 것이다. 그럴 수도 있다. 그러나 이런 잘못된 생각은 자신을 피상적으로만 보는 데서 비롯된다. 즉 자기 자신을 잘 보살피는 것을 그들은 몽상과 나태라고 하며, 자기를 다듬고 세워가는 것에 대해 공중누각을 짓는다고 말하는 것이다. 그러면서 그들은 자신의 일을 마치 남의 일처럼 다루고 있다.

소크라테스는 '너 자신을 알라'는 신의 교훈을 깊이 이해했다. 그리고 마침내 자기 자신을 경멸하기에 이르렀기 때문에 그 혼자만이 '현자'라는 칭호를 받을 가치가 있다고 간주되었다. 그렇게까지 자신을 이해하는 사람은 용감하게 나서서 자신에 대해 말해줘야 한다.

부인, 귀하고 참신한 것은 대체로 어떤 것의 가치를 결정지어주는 것인데, 내 글에 그런 점이 없다면 나는 이 어리석은 짓에서 명예롭게 헤어나지 못할 것입니다. 그런데 내 글은 너무나 허황된 생각이 많고 평범한 일들과는 완전히 다른 내용이 대부분이기 때문에 그런 평가를 받을지도 모릅니다. 수년 전 나에게 찾아온 고독하고 적적한 생활 속에서 처음으로 글을 쓰고 싶다는 생각을 품었었는데, 타고난 내 성품과는 반대로 매우 우울한 심정에서 시작했던 것입니다. 그리고 다른 자료가 있는 것도 아니고 내 속이 텅 비어 있었기 때문에, 나는 나 자신을 논거와 자료로 삼으며 스스로에게 제시해보았습니다. 이것은 황당무계하고 초라한 시도이며 이런 종류의 작품은 세상에 단 하나 이것뿐입니다. 그런 만큼 이 시도에서 주목받을 만한 것은 진기한 새로움뿐입니다. 왜냐하면 이렇게도 허황되고 비천한 제목을 가지고는 세상에서 가장 능력 있는 작가라 해도 가치 있는 이야기를 꾸며볼 수 없을 것입니다.

그런데 부인, 이제 나 자신을 생생하게 묘사해보기로 하는 이 마당에, 내가 항상 부인의 품위에 바쳐온 영광을 여기서 고백하지 않는다면 이 글의 중요한 특징을 놓치게 될 것입니다.

그리고 부인이 자녀들에게 보여주시는 애정은 다른 고매한 점들 중에서도 최고이기 때문에 나는 그것을 첫머리에 말하고자 합니다.

진실로 자연의 법이라는 것이 세상에 있다면, 다시 말해 짐승에게나 우리에게나 보편적이며 항구적으로 나타나는 본능이라는 것이 있다면(이 말에 모순이 없는 건 아니지만), 내 생각에는 모든 동물들의 자기 생명 보존의 본능과 자기에게 해로운 것을 피하는 본능, 그리고 어미가 새끼에 대해 가지고 있는 애정이라고 말할 수 있습니다.

아리스토텔레스의 말에 의하면, 남에게 좋은 일을 하는 사람은 자신이 사랑받기보다는 그 사람을 더 사랑한다고 하며, 남에게 혜택을 준 사람은 혜택을 받은 사람보다 더 많이 사랑하는 것이라고 합니다. 또 제조를 하는 사람은 그 작품에 감정이 있다면 자기가 사랑받는 것보다 더 그 작품을 사랑한다고 합니다. 그래서 우리는 생명을 소중히 여기며, 생명은 동작과 행위로 구성됩니다. 사람은 어떤 면에서 모두 자기 작품 속에서 살고 있습니다. 선을 행하는 사람은 아름답고 영광스런 행위를 합니다. 받는 사람은 그저 유용한 행동을 합니다. 그런데 유용은 영예보다 훨씬 아름답지 못합니다. 영예는 안정되고 항구적이며 그것을 행한 사람에게 꾸준한 만족을 제공합니다. 유용은 쉽사리 없어지고 변합니다. 그리고 그것에 대한 기억은 생생하지도 못하고 달콤하지도 않습니다. 더 힘들게 얻은 것이 한결 더 소중합니다. 그리고 주기는 얻기보다 더 힘듭니다.

아이들의 교육 문제에 관한 내 생각은, 세상에 이제 막 나와 영혼의 활동도 아직 없고 신체의 모습도 확실히 생기지 않은 갓난아기를 너무 귀여운 나머지 분별없이 늘 끼고 사는 습관은 좋지 않다는 것입니다. 그리고 아이들을 항상 옆에 두고 키우는 것을 나는 받아들일 수 없습니다. 또한 무턱대고 애정을 기울일 게 아니라 아이들 스스로 보여주는 재능을 잘 관찰함으로써 조절해가야 할 것입니다. 특별히 칭찬할 일이 생길 때도 진실한 부모의 애정만이 아니라 거기에 이성을 병행해 아이들을 키워가야 합니다. 설사 그렇지 못할 때도 본성의 충동으로만 다뤄서는 안 되고 항상 이성에 호소해서 아이들을 다뤄야 합니다.

그러나 실제로는 그와 정반대로 될 때가 너무나 많습니다. 사람들은 거의 모두 아이들이 철들어 행동하는 것보다 천진난만하게 장난치며 노는 것을 볼 때 더 귀여움을 느낍니다. 그것은 아이들을 마치 장난감처럼 귀여워하는 것이지 인격으로 보는 것은 아닙니다. 그리고 아이들이 커서 용돈을 줄 때는 매우 인색하면서 어린아이에게 장난감을 사줄 때는 씀씀이가 큰 사람도 있습니다. 우리가 삶의 흥미를 끝내가는 즈음에 어린 아이들은 세상에 나와 삶을 즐기기 시작하는 것을 보면 괜한 질투심이 나기도 합니다. 그래서 아마도 아이들에게 인색하게 구는 것 같습니다. 아이들이 우리 뒤를 좇아오면서 우리를 몰아내는 것 같아 마음이 불안한 것입니다.

세상의 질서는 생명을 희생함으로써 밖에 다른 생명이 살아갈 수 없는데, 그것이 두렵다면 애초에 부모가 되어서는 안 됩니다. 내 생각으로는 자식들이 성장하고 능력이 생긴 다음에도 재산을 아이들에게 나눠주지 않고, 집안 살림살이도 알려주지 않는 것은 부당하고 가혹한 처사라고 봅니다. 부모가 늙어 꼬부라져 죽어가면서도 집구석에서 자신들만 재산을 누리며 자식들의 발전을 막는 것은 옳지 못합니다. 그러는 동안 자식들은 젊은 나이에도 불구하고 세상일에 참여할 수 있는 기회를 얻지 못하는 것입니다. 그럴 때 자식들은 희망이 없어지므로 부당한 방법을 써서라도 자신에게 필요한 것을 얻으려 합니다.

나는 많은 훌륭한 가문의 자식들이 도벽 습관에 빠지는 것을 보았습니다. 그들 중에는 거기서 헤어나지 못한 아이들도 여럿 있었습니다. 그중 한 청년의 형이 어느 날 내게 와서 부탁을 하기에, 그 청년에게 자초지종을 물어봤습니다. 그의 고백에 의하면 자기 아버지가 너무 엄하고 인색했기 때문에 도둑질을 하게 되었는데 이젠 그 버릇도 습관이 되어 안하고는 못 견딘다는 것이었습니다. 그리고는 그때 마침 여러 사람이 있는 자리에서 또다시 한 부인의 반지를 훔치다가 그만 들켜버리고 말았습니다.

그를 보고 나는 어떤 사람에 관해서 들은 이야기가 생각났습니다. 이 사람은 어렸을 때 도벽 습관에 빠졌었는데 나중에

부자가 된 후에는 그 버릇을 고치려고 했지만 가게를 지나다 탐나는 물건만 보면 그냥 지나칠 수가 없었다는 것이었습니다. 이 사람뿐만이 아니라 많은 사람들이 그런 버릇을 갖고 있는데, 심지어 친구 것까지도 도둑질하고는 다음에 돌려주는 사람을 보았습니다.

나는 가스코뉴 지방 사람입니다. 그리고 난 도둑질보다 더 싫어하는 것도 없습니다. 이성적으로 비판한다기보다는 내 타고난 기질이 그걸 혐오하는 것이지요. 어떤 것이 아무리 욕심이 나더라도 그냥 가져가고 싶지는 않습니다. 게다가 가스코뉴 지방은 프랑스의 다른 지방보다 도덕적으로 더 엄격한 면이 있어서 도둑질 행위는 비난을 받습니다. 그런데도 나는 수차례 다른 지방에서 온 유명한 가문의 사람들이 여러 가지 괘씸한 도둑질로 처벌 받는 것을 보았습니다. 이런 부도덕한 행위를 하는 이유가, 위에서 말했다시피 어떤 면에서는 너무나 인색한 부모를 원망해서가 아닌가 하는 생각이 들면 두려운 마음마저 듭니다.

언젠가 한번 매우 관대한 어떤 사람이 했던 말이 생각납니다. 그는 재산을 모으고 관리하는 이유가 더 소득을 올려서 부자가 되려는 게 아니라 집안사람들에게 존대받기 위한 것이라며, 나이가 많아서 다른 힘은 모두 없어졌지만 재산으로는 자신의 권위를 유지할 수 있고 다른 사람들에게서 무시 받지 않을 수 있는 유일한 힘이기 때문이라고 했습니다. 아리스토텔레스에 의하면 인색함은 늙어서 뿐만 아니라 모든 허약함에서 나온다고 합니다. 그렇게 치료가 필요한 병은 발생하기 전에 미리 막아야 합니다.

어떤 아버지가 아들에게 경제적 도움을 주는 방법으로밖에 자식의 애정을 받을 수 없다면 그는 참 가련한 인물입니다. 이런 것도 애정이라고 부를 수 있다면 말입니다. 사람은 도덕의 실천과 능력으로 존경을 받아야 합니다. 그리고 선량한 마음과 점잖은 행위로 사랑을 받아야 합니다. 그래서 영예로운 인물들은 그 유해와 유물까지도 경의와 숭배를 받는 것입니다. 노년이 되어 아무리 쇠약하고 시금털털한 냄새가 나더라도 젊었을 때 존경을 받은 인물들은 훗날 자식들에게도 존경을 받게 됩니다. 그건 자식들에게 이치에 맞는 의무를 다하도록 잘 가르쳤기 때문이지, 필요에 못 이겨서 또는 억지로 존경하게 만든 것이 아니기 때문입니다.

아이들을 명예롭고 자유롭게 키우기 위해서는 그들의 여린 감성을 폭력적으로 다뤄서는 안 됩니다. 나는 그런 교육에 전적으로 반대합니다. 너무 엄격하고 억압적인 교육은 노예를 다루는 것과 비슷합니다. 이성과 지성으로 훈육이 안 되는 일은 폭력으로도 되지 않는다고 나는 생각합니다. 나도 그런 방식으로 교육을 받았습니다. 내가 기억하기로 어렸을 때 단 두 번, 그것도 아주 부드러운 방식으로 매를 맞은 적이 있었습니다. 그래서 나는 내 자식들에게도 그렇게 했습니다. 불행히도 아이들은 모두 일찍 죽었지만, 유일하게 살아남은 딸 레오노르는 너그럽게 길러서 아이다운 잘못을 저질러도 아주 부드러운 말로만 벌을 주었습니다. 그리고 여섯 살이 넘도록 특별한 벌이나 지도를 하지 않고 키웠습니다.

지금에 와서는 내가 원했던 것보다 그 결과가 실망스럽다 하더라도 그것은 정당하고 자연스런 교육 방법이었습니다. 그것은 내가 믿고 있는 교육 방법이 잘못돼서가 아니라 비판해야 할 다른 이유가 있을 것입니다. 나는 체벌하는 교육이 아이들의 마음을 더 비굴하게 만들거나 심술궂게 만드는 것밖에 다른 효과를 보지 못했습니다.

우리는 아이들에게 사랑을 받고 싶은 것일까요? 아니면 그들이 우리가 빨리 죽기를 바라도록, 인연을 끊고 싶은 것일까요? 이런 가증할 희망은 정당할 수도 없고, 용서될 수도 없습니다. 우리는 그들이 이치에 맞게 생활을 조절할 수 있도록 도와주어야 합니다. 그러기 위해서는 우리가 너무 젊어서 결혼해서는 안 될 것입니다. 그들의 나이와 우리의 나이가 별 차이가 없으면 곤란하니까 말이죠. 왜냐하면 이런 경우엔 우리를 불편하게 만드는 일들이 많이 생기기 때문입니다. 이건 특히 생활이 한가하고 연금으로 살아갈 만큼 여유가 있는 귀족들을 두고 하는 말입니다.

나는 33세에 결혼했습니다. 그리고 아리스토텔레스가 주장한 35세 결혼에 찬성합니다. 플라톤은 30세 이전에 결혼하는 것을 찬성하지 않았습니다. 그리고 55세 이후의 결혼도 조롱했습니다. 탈레스는 이에 대해 진정으로 한계가 있음을 보여주었습니다. 그는 젊었을 때 결혼하라고 재촉하는 모친에게, 아직 때가 안 되었다고 대답했습니다. 그리고 나이가 든 다음에는, 이미 때가 지났다고 말했습니다. 좋은 시절엔 모든 귀찮은 것들을 거절해야 합니다.

어떤 아버지가 세월과 불행에 지쳐 몸은 완전히 허약해지고 건강도 극도로 나빠져 다른 사람들과 교제를 할 수 없는 지경인데도 산더미 같은 재물을 혼자 쌓아만 놓고 있는 것은 자신에게도 가족들에게도 분명히 잘못하는 일입니다. 그가 현명하다면 잠을 자기 위해 옷을 벗을 때가 되었습니다. 내의까지 벗을 필요는 없더라도 두꺼운 옷 정도는 벗어야 합니다. 화려한 생활도 이제는 마무리를 하고 자연의 질서에 따라 그것이 필요한 자식들에게 넘겨줘야 할 것입니다. 자연도 그에게서 화려함을 빼앗아가므로 젊은이들이 기꺼이 그걸 누리도록 선사해야 합니다. 그렇지 않으면 악의와 시기심이 따르게 되기 때문입니다.

자식들에게 재산을 맡긴 후에 그걸 다시 되돌릴 수 없다는 뜻은 아닙니다. 나 또한 그런 역할을 할 나이가 되었으므로 자식들에게 내 집과 재산의 이용은 허용할 것입니다. 그러나 그것을 철회할 자유는 갖고 있겠습니다. 내가 재산을 조목조목 관리하는 것이 이제는 힘들기 때문에 자식들에게 그 일을 맡기고, 나는 큰 규모에서 관할함으로써 내가 할 수 있는 때까지 권리를 보유하고 있겠습니다. 왜냐하면 늙은 아버지가 자식들에게 재산을 꾸려가는 방법을 가르쳐주면서 자신이 평생 동안 얻은 경험을 통해 그들에게 충고를 해주고, 집안의 명예와 질서를 알려주며 그들이 바람직하게 살기를 희망하는 것은 늙은 아비로서 크나큰 만족이 될 것이라고 생각하기 때문입니다.

나는 어떤 사람의 일에 관해서 무슨 말을 들으면 그 사람에 대한 생각에 빠지지 않고, 즉시 나 자신에게로 눈을 돌리며 내가 어떤 처지에 있는가를 살펴봅니다. 왜냐하면 그 사람에 관한 일은 모두 내 일이 되기 때문입니다. 그 사람에게 일어나는 일은 내가 같은 상황에 있을 때 어떠할 것인지를 알려주며 나로 하여금 정신을 가다듬도록 만듭니다. 우리가 생각을 밖으로 뻗치는 것과 마찬가지로 안으로 돌릴 줄 안다면 날마다 자신의 문제로 생기는 일을 마치 남의 일처럼 보는 것도 알게 될 것입니다.

지금은 고인이 된 드 몽뤼크 장군은 무척이나 용감하고 훌륭했던 아들이 마데이라 섬에서 죽었을 때, 가장 슬퍼했던 일로 자신의 마음을 아들에게 털어놓지 않았던 것을 꼽았습니다. 그는 아들에게 항상 엄한 얼굴로만 대했고 잘 이해해주지 못했지만 아들을 지극히 사랑했고, 무엇보다 그의 도덕을 깊이 존중했다는 것이었습니다. 그런데 그런 사실을 아들에게 알려주지 못했다면서 통탄하는 모습을 보였을 때 나는 그의 사람됨에 깊은 감명을 받았습니다. 그는 이렇게 말했습니다.

"내가 늘 인상을 찌푸리며 냉담한 표정으로 대했기 때문에 내가 자기를 사랑하지도 않고 무시한다고 믿었던 것이오. 마음속에 품고 있는 애정을 도대체 누구한테 보여주려고 숨기고만 있단 말이오? 자식에게 그걸 보여줘서 기쁨과 감사를 누려야 할 일 아닌가요? 나는 가면을 쓰고 있기가 항상 괴롭고 불편했소. 그러다 그만 아들과 같이 지내는 재미와 애정마저 잃어버린 것이오. 아들은 결국 나한테서 모질고 엄한 취급밖에 못 받았고, 나는 폭군 노릇을 한 지극히 냉정한 아버지였던 것이지요."

나는 그가 한탄하는 것을 진실 되고 올바른 일이라고 생각했습니다. 왜냐하면 경험으로 분명히 알고 있는 일이지만, 우리가 친구를 잃었을 때 가장 위안이 되는 것은 서로가 모르는 일이 없을 만큼 마음을 완전히 열어놓고 지냈다는 사실입니다. 나는 내 가족에게 가능한 적극적으로 내 마음을 표현합니다. 내 감정을 알려주고 내 마음을 드러내 보여줍니다. 왜냐하면 좋은 일이든 나쁜 일이든 다른 사람이 나를 잘못 이해하는 것을 원치 않기 때문입니다.

또한 죽을 때 재산을 가장 공평하게 분배하려면 관습에 따라 하는 것이 좋다고 나는 생각합니다. 물론 그것엔 정해진 법률이 있으며, 우리가 독단적으로 실행하다가 실수하는 것보다는 법률이 정한 것에 따르다가 실수하는 편이 더 낫습니다. 재산은 우리의 것이 아닙니다. 왜냐하면 민법상의 규정은 우리의 의견을 참작하는 게 아니라 정해진 상속자에게 재산이 가도록 하기 때문입니다. 그리고 우리가 그 규정을 넘어서 행사할 수 있는 어떤 자유를 가지고 있다 하더라도 신분상 재산을 받게 되어 있고 통념상 주기로 되어있는 자에게 상속권을 박탈하는 데는 중대하고도 명백한 이유가 있어야 합니다. 이 재산 처리에 관한 자유를 개인의 감정으로 경박하게 제멋대로 행사하는 것은 이 자유를 부당하게 남용하는 일이라고 생각합니다. 삶은 다행히도 내게 이런 유혹으로 일반적이며 합법적인 규정에서 일어나게 되는 애정을 가질 수 있는 기회를 주지 않았습니다.

노인에게 오랜 세월 동안 극진히 봉사했다가 헛수고로 돌아간 일들을 나는 자주 보았습니다. 농담 한 마디 슬쩍 했다가 10년의 노력이 물거품이 된 것이지요. 그래서 죽어갈 무렵에 옆에서 비위를 맞춰주는 사람이 행운을 얻는 것입니다. 마지막 행위가 승리를 안겨주는 것이지요. 가장 열심히 한 봉사에 대가가 따라오는 것이 아니라 가장 최근에 바로 그 옆에서 한 행위가 대가를 얻습니다. 이런 일은 그 순간의 감정에 따라 이랬다저랬다 하기에는 그 사안이 너무나 중대하고 미래까지 큰 영향이 미치는 일입니다. 그러므로 현명한 사람들은 이성적 판단과 공적인 관습에 따라 신중하게 결정을 해야 합니다. 그렇다고 해서 아들이 대를 이어 상속해야 한다고 생각하는 건 너무 심각한 일입니다. 그리고 족보를 영원히 이어가려는 욕심도 우스운 짓입니다. 그런 유치한 생각으로 미래에 대해 헛된 추측을 하고 있으니 말입니다. 이를테면 내가 정신과 신체 모두 순발력이 약하고 둔해, 내 형제들과 동네 아이들 중 그 누구보다 공부에 흥미가 없었고 느렸던 건 사실이지만, 그렇다고 해서 훗날 내가 지금과 같은 지위에 있지 못할 것으로 미리 단정을 지었다면 그건 참으로 부당한 일일 것입니다.

또한 사람들을 잘 속이는 점쟁이의 말을 그대로 믿고 인생사를 결정하는 것도 어리석은 짓입니다. 엉터리 점괘에 따라 상속자를 정하고 사람의 운명을 바꾸기보다는 차라리 신체에 심한 장애가 있다든지 영원히 고칠 수 없는 악덕이 있다든지 하는 중대한 결함을 고려해서 상속자를 변경하거나 정하는 것이 더 이치에 맞는 일입니다.

나는 아내와의 사이에서 똑똑한 아이를 얻는 것보다 어쩌면 시신(詩神)의 영감을 얻어 근사하게 생긴 작품 하나를 얻고 싶은지도 모르겠습니다. 아무튼 생긴 그대로 여기 내보이는 이 글은 어린아이의 육체처럼 순수하게 고칠 수도 없이 내놓는 것입니다. 이 작품으로 얻는 정신적 자산은 이제 내 마음대로 되지 않습니다. 그것은 이미 내가 아는 것보다 더 많은 것들을 알고 있으며, 내가 미처 가지고 있지 못한 것조차도 가져다 쓰며, 나 또한 아무런 관련도 없는 사람처럼 필요할 때는 그에게서 빌려와야 할지도 모릅니다. 나는 이 글보다 더 현명할지 모르지만 그것은 나보다 더 부유합니다.

학문을 연구하는 사람은 지식과 자신을 탐구한다

나는 문학의 대가들이 흔히 다루는 것들에 대해 쓰는 경우가 종종 있다. 그러나 내가 여기서 쓰는 것은 나의 타고난 소질을 가지고 순수하게 시도해보는 것이며, 남에게서 빌려온 자료를 가지고 하는 것이 결코 아니다. 그리고 내게 무식꾼이라고 흠을 잡는 것도 나에게 불리한 점은 되지 못한다. 왜냐하면 나는 내 사상에 관해 스스로 책임을 지지 못한다면 남에게도 책임을 지우지 않을 것이다. 그렇다고 내가 나의 사상에 만족하는 것은 아니다. 학문을 연구하는 사람은 지식을 탐구하듯이 나 또한 내가 하고 싶은 말을 탐구하고 있다.

나는 독서를 조금 한 편이지만 기억력은 매우 약하다. 그래서 지금 내가 가지고 있는 지식이 어느 정도 확실한지 장담할 수 없다. 그러므로 내가 말하는 자료에 너무 의지하지 말고 그 형식을 유의해서 읽어주길 바란다. 자료를 인용해 쓴 경우 내가 다루고자 하는 문제를 부각시키기 위해 얼마나 잘 선택했는지 그 점을 주의해서 살펴보아야 할 것이다. 나는 문법이 서투르고 사고가 빈약하기 때문에 설명하기가 어려울 때는 다른 사람의 자료를 통해 말하곤 한다.

여기서 인용하는 옛날 자료들의 작가는 모두 너무나 유명한 사람들이기 때문에 따로 말할 필요가 없다. 그래서 가끔은 일부러 작가의 이름을 밝히지 않고 그대로 두기도 했다. 또한 아직 생존해있는 작가들의 작품에서 인용하는 경우가 많은데, 그들은 프랑스 속어를 사용하는 사람들을 무조건 비판하며 그 사상이나 의도조차도 의심의 눈초리로 보기 때문에 그 당돌한 수작들을 밝혀보기 위해서이다. 나는 그들이 내 코를 툭 치다가 플루타르크의 코를 건드리고, 나를 모욕하다가 세네카에게 당하기를 바라고 있다. 나는 이런 위인들의 신용 밑에 숨어 내 약점을 숨겨야만 하겠다.

나는 누가 내 가면을 벗겨 진실을 폭로하길 바란다. 물론 명석한 판단력에 의해 해야 한다. 나는 기억력이 나쁘기 때문에 인용문의 출처를 일일이 찾아낼 수는 없지만 그 뿌려놓은 씨가 내 글에서 풍부한 꽃들을 피우게 할 수는 없다. 그러므로 이 작품에서 나오는 모든 성과는 뿌린 씨앗만도 못하다는 것을 나는 너무나 잘 알고 있다.

사람들이 내게 내 생각에만 빠져있고 사고방식에 허영과 문제점이 있다는 것을 지적했을 때 내가 그걸 몰랐다든지 또는 느낄 수가 없었다 해도 그건 내가 책임질 일이라고 생각한다. 왜냐하면 잘못된 점이 있어도 눈에 띄지 않을 수가 있기 때문이다. 우리 판단력의 병폐는 다른 사람이 우리의 잘못을 밝혀주어도 그것을 알아보지 못하는 데 있다. 학문과 진리는 비판 없이도 우리에게 깃들 수 있으며, 비판력은 학문과 진리가 없어도 가질 수 있다. 사실 자신의 무식을 인정하는 것은 판단력을 가졌다는 가장 아름답고도 확실한 증거라고 나는 생각한다.

나는 내 글을 질서 있게 다듬어줄 사람이 없어 그저 되는대로 나열해놓고 있다. 생각이 떠오르는 대로 적고 있는 것이다. 때로는 여러 생각이 한꺼번에 밀려오고 때로는 단 한 줄로 길게 떠오른다. 내 생각들이 산만하고 무질서하더라도 그건 타고난 나의 성격 탓이니 이해해주길 바란다. 나는 있는 그대로의 나를 이렇게 내놓는다. 그러므로 내가 쓰는 글은 반드시 알아야 되는 것도 아니고, 그렇다고 아무렇게나 말할 수 있는 것은 아니다.

나는 사물들에 관해서 완전히 이해하고 싶다. 그러나 너무 값비싼 노력을 들여가면서까지 이해하고 싶지는 않다. 내 계획은 내게 남은 인생을 순탄하게, 그리고 힘들지 않게 넘기는 것이다. 학문의 가치가 아무리 크다고 해도 머리를 썩이면서까지 할 것은 없다. 교양과 재미로 즐기기 위해서만 책을 뒤적인 내가 만약 공부를 한다면 그것을 통해 내 자신을 알아보고 싶고, 또 잘 살고 잘 죽는 방법을 배워보고 싶을 뿐 다른 이유는 없다.

나는 어떤 책이 마음에 들지 않으면 다른 책을 집어 든다. 그러나 꼭 새로운 책을 찾지는 아니다. 옛날 책이 내용면에서 더 충실하고 진실한 것이 많기 때문이다. 그리스 책은 현재 그리스어를 공부하는 중이므로 내 형편없는 실력으로는 이해하기 어렵기 때문에 별로 즐기지 않는다.

나는 모든 사물에 관해서 내 생각을 자유롭게 말한다. 사실 내 권한에 속하지 않는 사물에 관해서도 말한다. 내가 이런 말을 하는 것은 사물의 척도를 밝히려는 것이 아니라 역시 내 판단력의 한계를 밝히려는 것이다. 나의 판단력은 내가 스승이나 지도자로 생각하는 많은 유명한 분들의 권위 있는 판단력과는 비교할 수 없지만 그렇게 어리석을 정도는 아니다. 그들에 대해서는 차라리 내 판단이 실수한 것으로 만족한다. 판단의 책임은 내게 있는 것이므로 나는 내 이해력이 그 속까지 꿰뚫어보지 못해서 피상적으로 머무르거나 또는 가짜 광채에 현혹된 것이라고 나 자신을 책망한다. 나는 내 판단력이 다만 동요와 혼란에 빠지지 않는 것으로 만족한다. 내 판단력은 그것이 파악한 개념이 그 자체에 지시하는 겉모습에 정확한 해석을 내린다고 생각한다. 그러나 그 해석은 허약하고 불완전하다.

이솝우화는 대부분 여러 가지 의미와 해석을 지니고 있다. 그것을 도덕적인 의미로 해석하는 사람들은 그에 맞는 이야기들을 찾아낸다. 그러나 그것은 대부분 유치하고 피상적인 이야기에 지나지 않는다. 그 속에는 더 생생하고 본질적이며 내면적인 의미들이 있지만 그것까지는 꿰뚫어보지 못한다. 나 역시 그런 형편이다.

다른 책들은 재미에 내용이 더해지는 것으로, 그런 독서를 통해 기분 조절하는 방법도 배우게 되는데 대표적인 작가로는 플루타르크와 세네카가 있다. 이 두 사람은 내가 찾고자 하는 지식을 하나하나 풀어서 설명해놓았기 때문에 많은 노력을 들이지 않아도 되는 점이 특별한 장점이었다. 그 중에서도 특히 플루타르크의 〈소품집〉과 세네카의 〈서한집〉이 그렇다. 이 〈서한집〉은 세네카의 작품들 중에서도 가장 아름답고 유익한 문장으로 이루어져 있다. 내가 이 책을 읽기 시작한 데에는 큰마음을 먹을 것도 없었다. 그리고 읽고 싶지 않을 때면 언제든지 덮어두었다. 왜냐하면 이 책은 줄거리가 따로 있지 않기 때문이다.

이 작가들의 사상은 대부분 유익하고 진실하다. 그들은 같은 세기에 태어나 각자 로마의 두 황제에게 스승으로 불렸으며, 두 사람 다 외국에서 들어와 부유함과 세력을 누리고 살았다. 그들은 진정한 철학을 가르친 것으로 유명했다. 플루타르크는 온화하고 꾸준한 자세를 보였으며, 세네카는 우여곡절이 많고 잡다한 방식을 취했다.

세네카는 허약과 공포와 나쁜 욕망에 맞서 도덕을 무장시키는 반면, 플루타르크는 이런 것들을 그다지 위험한 것으로 생각지 않으며 그것들을 경계하는 태도를 오히려 경멸하고 있다. 플루타르크의 사상은 플라톤 사상에 가깝고 유연해서 시민생활에 잘 적용될 수 있지만, 세네카의 사상은 스토아학파와 에피쿠로스학파의 영향을 받아서 일반적인 생활습관에는 잘 융화되지 않으나 각자 개인에겐 오히려 더 편리하고 견실한 면이 있다.

세네카는 그 시대 황제들의 포악한 행위를 좀 옹호했던 것 같다. 그가 카이사르 살해범들의 극악무도한 범죄를 비난했던 것은 분명히 강요를 받았기 때문으로 판단된다. 플루타르크는 자유로운 정신이 엿보이며 사물에 대한 지식이 풍부하다. 그리고 교양에 도움을 주며 만족을 느끼게 해준다. 반면 세네카는 풍자와 재치에 능하다. 플루타르크가 우리를 지도한다면 세네카는 우리를 밀어 보낸다.

나는 또 키케로의 서한집 〈아티쿠스에게〉를 즐겨 읽는데, 이 작품은 그 시대의 역사와 사건들을 풍부하게 알려줄 뿐 아니라 작가의 개인적 기풍을 느낄 수 있어서 좋아한다. 왜냐하면 나는 작가들의 정신과 그 진정한 판단을 알고자 하는 유별난 호기심을 가지고 있기 때문이다. 하지만 그들의 정신을 잘 판단하는 것이 중요하며, 그들이 써놓은 표현을 보고 정신과 행동을 판단해서는 안 된다.

브루투스가 도덕에 관해서 쓴 저작이 사라진 것은 너무나도 애석한 일이었다. 왜냐하면 그는 진정으로 실천하는 사람이었으며 그런 사람의 이론을 알아두는 것은 매우 중요하기 때문이다. 그러나 설교와 설교자는 다른 것이므로 나는 브루투스에 대해서도 알아보고 싶다. 나는 그가 전투한 다음 날 부하들에게 해준 말보다는 전투하기 전날 천막 속에서 친한 친구와 속내를 털어놓고 했던 이야기를 알고 싶으며, 그가 광장이나 원로원에서 했던 일보다는 자기 집이나 집무실에서 했던 일을 더 알고 싶다.

키케로의 경우, 나는 학문 외에 그가 다른 면에서 탁월한 점은 별로 없었다고 보는 일반의 판단을 따르고 있다. 그는 호탕하고 선량한 사람이었다. 뚱뚱하고 농담 잘 하는 사람들이 흔히 그렇듯 그도 마찬가지였다. 그러면서도 한편으로는 마음이 유약하고 허영심에 물든 야욕을 상당히 품고 있었다. 나는 그가 어떻게 시를 발표할 생각을 했는지 의아할 뿐이다. 시를 잘 못쓰는 것 자체가 흉볼 일은 아니다. 그러나 그의 유명세에 비해 시가 크게 뒤떨어지는 것을 알지 못했다는 것은 그에게 판단력이 없었다는 뜻이다. 반면 그의 웅변술은 상대할 자가 없다. 나는 그에게 대응할 사람이 결코 나오지 않으리라고 생각한다.

역사서는 내 구미에 딱 맞는 분야다. 역사가들은 재미있고 쉽게 쓴다. 그들은 인간의 복잡한 내적 조건들과 다양함, 위협적인 사건들, 즉 인간의 삶 전체에 대해 어떤 분야보다 더 생생히 표현하고 있다. 그런데 인물들의 전기를 쓰는 사람들은 그 인물들이 겪는 사건보다도 그 목적에, 그리고 외부에서 닥쳐오는 것보다도 그들 내부에서 나오는 것에 더 흥미를 갖고 있는데 그런 점에서 플루타르크는 특히 내 마음에 드는 작가이다.

나는 이 세상의 위대한 스승들의 잡다한 학설과 사상 못지않게 그들의 생애와 운명에도 흥미를 가지고 있다. 특히 카이사르는 역사서뿐 아니라 그 자신에 대해서도 연구해볼 가치가 있는 사람이다. 살루스투스 또한 다른 사람들보다 더 뛰어난 완벽함과 탁월함을 가지고 있다. 나는 존경과 숭배하는 마음으로 이 작가에 대해 읽는다. 어느 때는 그의 행동과 위대함을 통해 그 사람됨 자체를 고찰하며, 또 어느 때는 순수하고 잘 연마된 그의 문장을 탐내듯 읽는다. 그의 문장은 키케로도 말했다시피 다른 역사가들보다 탁월할 뿐 아니라 키케로 자신의 것보다 더 훌륭하다.

나는 극히 소박한 작가든 탁월한 작가든 역사가들을 좋아한다. 소박한 역사가들은 자신의 의견을 달지 않으며 역사에서 주목했던 것만 모아 선별하지 않고 모든 것을 성실하게 기록해주며, 진실을 알기 위한 판단은 전적으로 독자에게 맡긴다. 누구보다도 선량했던 프로아사르가 그런 역사가였다. 그는 자기가 하고자 하는 것을 솔직하고 소박하게 수행해나가며, 잘못 기록한 점은 인정하고, 지적해준 문제점에 대해서도 조금도 두려워하지 않으며 정정해나갔다. 그리고 당시에 돌고 있던 잡다한 소문들과 사람들이 알려준 다른 소식들을 기록해놓고 있다. 때문에 그것은 정리가 안 된 날것 그대로의 역사 재료이다. 각자는 자기 이해력이 미치는 대로 그것을 이용할 수 있다.

탁월한 역사가들은 꼭 알아야 할 사실을 골라내는 능력이 있으며, 두 가지 사건 중 더 진실한 것을 선별할 수 있고, 군주들의 상황이나 기분에 관해서 자신의 의견을 결론짓는다. 그런 식으로 자신들의 생각에 따라 독자의 신념을 조절하는 것이

다. 그러나 모든 작가들이 그렇게 할 수 있는 것은 아니다.

위 두 역사가의 중간 부류는 모든 것을 기록해놓는다. 그들은 우리가 씹을 것을 대신 씹어준다. 그들은 판단할 권한을 스스로 가지며 역사를 자기 생각대로 꾸며 나간다. 그들은 꼭 알아야 할 사실들을 골라내려고 시도한다. 하지만 우리가 사실을 더 잘 이해할 수 있을 어떤 이야기나 개인적 사건을 묵과해 버린다. 그들이 과감하게 사상을 전개시키며 자기 마음대로 판단하는 것은 좋다. 그러나 다음에 우리가 판단할 여지도 남겨놓아야 하며, 그 자료의 본래 내용을 위축시키거나 변경시키지 않고 온전히 남겨주어야 한다.

이성으로 무장한 내적 투쟁은 스스로 자신을 억제할 수 있다

도덕은 우리 마음속에 있는 선의 성향보다 더 고결한 것이라고 나는 생각한다. 따라서 좋은 심성을 타고난 사람들은 도덕의 정신을 좇으며 같은 행동을 추구하긴 하지만, 도덕은 안정 속에서 평화롭게 이성에 따라 지도되기보다는 더 위대하고 행동적인 것으로 보인다.

천성이 쾌활하고 온순해서 모욕을 당해도 웃고 마는 사람은 대단히 아름답고 칭찬받을 만한 일을 행할 것이다. 그러나 모욕을 받으면 격노해 복수심에 불타오르는 사람이 이성을 무장하고 내적 투쟁을 거쳐 자신을 억제하기에 이르면 대단히 훌륭한 행위가 된다. 전자는 현명하게 처신하는 것이고, 후자는 도덕적으로 잘 처신하는 것이다. 전자의 행위를 선행이라고 한다면 후자의 행위는 도덕이라고 할 수 있다. 왜냐하면 도덕이라는 이름은 미리 어려움과 반대를 예상케 하며, 저항 없이는 행사될 수 없는 것으로 보이기 때문이다. 그래서 아마도 하느님을 착하고 너그럽고 정의롭다고 부르며 도덕적이라고는 부르지 않는지도 모르겠다. 하느님의 행동은 자연스럽고 노력이 없는 것이기 때문이다.

내가 알고 있는 것 중에서 가장 완벽한 것인 소크라테스의 마음은 내가 보기엔 별로 남에게 권장할 만한 것이 못된다고 생각한다. 왜냐하면 이 인물에게서는 악덕에서 나오는 욕망과 싸우는 어떤 노력도 상상해볼 수 없기 때문이다. 그의 도덕적인 길 앞에는 아무런 어려움도 아무런 강제도 상상해볼 수 없다. 그의 이성은 너무나 강력하며 자기 자신을 잘 제어하고 있기 때문에 결코 나쁜 욕망이 솟아날 여지를 주지 않는 것이다.

만약 도덕이 투쟁을 통해서만 빛나는 것이라면 도덕은 악덕의 도움을 받지 않고는 해쳐나갈 수 없으며, 악덕 때문에 영광과 신용을 얻는다는 점에서 바로 악덕의 덕을 보고 있다고 말해야 할까? 그렇다면 용감하고 호방한 에피쿠로스학파의 탐락이 도덕을 무릎 위에서 가지고 놀며 도덕에게 수치심과 빈곤, 죽음, 지옥의 고통을 장난감처럼 주고 있는 것은 어떻게 설명할 것인가?

완벽한 도덕이란 고통과 싸우며 견디는 것이라고 미리 예상하고 그에 필요한 것으로 몹시 힘들고 어려운 고난의 처지를 미리 지정해준다면, 에피쿠로스학파가 세워놓고 그들 중의 많은 사람들이 행동으로 매우 확실한 증거를 보여준 것처럼 높은 곳에서 고통을 내려다보며 경멸할 뿐 아니라 그것을 즐기면서 담석증의 통증까지도 간지러움으로 느낀다면 그 도덕은 어떻게 말해야 할까?

내 자신에 대해서도 한마디 하고 싶다. 내가 운이 좋아서 된 일을 가지고 친구들은 내가 조심을 했기 때문이라고 생각하며, 또 사색과 판단을 통해서 한 일을 가지고 용기와 인내를 발휘했기 때문에 이룬 것이라면서, 때로는 내게 유리하게 때로는 불리하게 판단을 했다. 나는 어떤 욕망에 빠졌을 때 그것을 억제하려고 크게 애를 쓴 적이 없다. 내가 가진 도덕은 도덕이라기보다는, 더 정확히 말해 원한 것이 아니라 우연히 얻은 순진성이었다. 만약 내가 무절제한 기질을 타고 났더라면 내 행실은 비참하게 됐을지도 모른다. 나는 가끔 격렬한 욕망을 경험하긴 했지만 그것을 벗어나기 위해 괴로워하지는 않았다. 나는 마음속에서 나 자신과 싸우고 대화하는 것을 잘하지 못하는 편이다. 그래서 내가 여러 가지 악덕을 갖지 않았다고 해서 나 자신에게 크게 고마워할 것도 없다.

나는 도덕을 이성으로보다는 운으로 얻었다. 나는 성실하기로 유명한 가문의 대단히 선량한 부친에게서 태어났는데, 그의 기질을 물려받았기 때문인지, 가정생활과 훌륭한 교육의 도움을 받았기 때문인지, 또는 내가 유난히 다르게 태어났기 때문인지는 모르겠다. 어쨌든 나는 악덕과 관계되는 것을 심하게 꺼리는 기질이 있다. 누가 최선의 수양 방법에 대해 안티스테네스에게 물어보자, 그는 '악덕은 아예 배우지 말라'고 대답했다고 한다. 이는 꼭 나의 성격을 두고 말하는 것 같다. 아무튼 나는 악덕을 극도로 싫어하기 때문에 어떠한 상황에서도 내가 아주 어릴 때부터 본능적으로 지녀온 이 습관을 버리지 않고 있는 것이다.

에피쿠로스는 비종교적이고 온건한 학설을 가지고 있었으며 한평생 대단히 경건하고 근면하게 살았다. 한번은 그가 친구에게 자기는 마른 빵과 물만 마시고 산다면서 성찬을 베풀 때 쓰려고 하니 치즈를 좀 보내달라고 부탁했다. 지극히 선한 사람에게는 법도 본보기도 필요 없이 타고난 어떤 비밀스러운 소질이 있어야 한다는 게 사실일까? 그러고 보면 한때 내가 빠져들었던 방자한 행위도 최악은 아니고 다행스런 일이었던 것 같다. 나는 나 자신이 그렇게 되면 당연히 큰 반성을 하며 내 잘못을 엄격하게 문책하곤 했다. 아마도 그래서인지 나는 판단력까지 나쁘게 바뀌지는 않았다. 그러나 그뿐이다. 이런 습관을 조절하거나 다른 악덕이 유혹하는 걸 거절하는 것 외에 나는 다른 방법을 쓰지도 않으며, 또 저울대의 다른 편으로 잘 기울어지기도 한다. 악덕들은 그냥 내버려두면 대부분 서로 얽혀서 서로를 끌고 들어간다. 나는 내 악덕들을 할 수 있는 한 내 선에서 단절시키며 단순하게 축소시킨다.

나는 어떤 악덕은 즐기고, 또 어떤 악덕은 성자라도 되는 것처럼 피한다. 페리파트 학파는 이렇게 연결될 수 없는 융합을 부인하는 반면, 아리스토텔레스는 현명하고 정의로운 인간도 무절제하고 난잡할 수 있다고 했다. 소크라테스는 누가 그의 인상을 보고 악덕이 엿보인다고 말하자, 사실은 그것이 자기가 타고난 천성이었으나 수양의 힘으로 고쳤다고 대답했다.

내가 가진 착한 점은 그와는 반대로 타고난 것이다. 나는 그것을 수양이나 다른 훈련을 통해서 얻은 것이 아니다. 내게 있는 순진성은 타고난 것이다. 그래서 활기가 약하고 기교가 없다. 나는 내 천성 때문에 모든 악덕들 중에서도 잔인성을 가장 극악한 것으로 생각하며 지독하게 혐오하고 피한다. 그리고 너무 심약해 수탉의 목을 비트는 것조차 불쾌감 없이는 보지 못한다. 또 사냥은 아주 좋아하지만 사냥개에 물린 토끼의 비명을 듣는 것은 참지 못한다. 나는 다른 사람의 쓰라린 사정에는 깊이 동정한다. 그리고 어떠한 경우라도 내가 울 수만 있다면 같이 따라 울어줄 것이다. 눈물만큼 내 눈물을 끄는 것은 없다. 진짜뿐 아니라 꾸민 것도 마찬가지다.

법을 집행할 때도 단순한 사형이 아니라 그보다 더 심한 행위는 잔인한 것이라고 나는 생각한다. 죽은 자들의 영혼은 평온한 상태로 저승에 보내주어야 하기 때문이다. 그들에게 참아낼 수 없는 고통스런 형벌을 가해서 충격을 주고 절망시킨 다음 죽게 한다는 것은 너무나 잔인한 행위다.

타인의 죽음을 평가하지 마라

인생에 있어서 가장 주목해야 할 순간인 죽음에 다다랐을 때 사람들이 어떤 태도를 취했던가를 판단해보면 우리는 그 사람에 대해 쉽게 믿을 수 없어진다. 사람은 자신에게 마지막 시간이 왔다는 걸 알고 죽음을 맞이하는 경우가 드물다. 왜냐하면 그런 때일수록 의심을 하며 아니길 바라는 마음에 스스로 속아 넘어가기 때문이다. 희망은 끊임없이 우리의 귀에 대고 이렇게 속삭인다. "다른 사람들은 이보다 더 심한 병에도 죽지 않았어. 그리고 사람들 말만큼 절망적인 상태는 아니야. 희망이 없다 해도 하느님은 기적을 내리시니까."

그것은 우리가 자신을 매우 중요하게 여기기 때문이다. 모든 사물들이 우리가 없어진다는 점에 슬퍼하며 우리의 형편에 동정하는 것같이 보인다. 우리가 보는 눈이 변하면 사물들도 똑같이 변한 것으로 보게 되지만, 그것은 마치 움직이는 사람에게 산이나 들 모든 것이 함께 움직여 가는 것처럼 보이는 것과 같은 이치다. 우리가 사물들을 두고 가는 것이 슬픈 만큼 사물들 또한 우리를 잃는 것이 슬플 거라고 생각하는 것이다. 늙어서 자신의 빈곤과 설움을 세상과 인간들의 인심 탓으로 돌리고 지난날을 찬양하며 현재를 비난하지 않는 사람을 본

적이 있는가?

우리는 모든 것을 우리 자신과 함께 끌고 간다. 그래서 죽음을 엄청나게 큰일로 생각해 그냥 쉽게 넘기지 못하고 별들에게 엄숙하게 점을 쳐보며 '많은 신들이 단 한 사람의 머리를 둘러싸고 떠들지 않을 수 없는 일로 만드는 것이다.'(세네카) 그건 자신을 높이 평가할수록 더욱 그렇게 생각하게 된다. 뭐라고? 이렇게 깊은 학식을 가졌음에도 운명의 신들의 특별한 배려도 받지 못한 채 큰 손실로 사라져버리다니! 세상의 모범이 될 만큼 희귀한 영혼을 이렇게 쉽사리 죽이겠다고? 하잘 것 없는 속물의 영혼이나 마찬가지로 그렇게 힘들이지 않고 말인가? 우리 중 누구도 자신이 혼자의 몸에 불과하다는 것을 깊이 생각하지 않는다.

어떤 이치에도 반드시 그 반대의 이치가 있는 법이라고 철학자들 중 가장 현명한 학파에 속한 피론이 말했다. 나는 세네카가 인생을 덧없는 것으로 여기며 '언젠가는 사라질 것 외에 어떠한 진귀한 것도 우리에게 쾌락을 주지는 못한다'고 한 말과, '어떤 사물을 잃어버린 슬픔과 그것을 잃을 것이라는 공포심은 똑같다'고 한 묘한 말을 음미해보았다. 그것은 곧, 무언가를 잃을까 불안해하면 삶의 재미를 제대로 즐기지 못한다는 것을 의미한다. 그와 반대로, 어떤 진귀한 것이 내 것으로 확실히 되어있지 않고 빼앗길 우려가 있을 때는 그것에 한층 더 애착을 가지고 악착스레 틀어쥐며 매달리게 된다는 것이다.

불이 찬 기운이 있을 때 더 잘 일어나듯 우리의 의지는 반대에 부딪힐 때 더 날카로워지는 것을 확실히 느낀다. 당연한 일이지만 안일함에서 오는 만족감보다 더 우리의 감정을 거슬리는 것은 없고, 희귀하고 얻기 어려운 것보다 더 우리의 욕망을 자극하는 것도 없다. 세네카도 말했다시피 '쾌락은 그것을 놓쳐버릴까 하는 불안 때문에 더 커지는 것이다.'

앙코나의 순례자들은 산티아고 데 콤포스텔라 성당에 가서 축원을 올리고 싶어 한다. 또 갈리시아의 시민들은 노트르담 성당에 가서 축원을 올리고 싶어 한다. 리에주에서는 루카 온천에 가는 것이 유행이고, 토스카나에서는 모두들 스파 온천에 가고 싶어 한다. 로마의 무술 도장에는 로마 사람은 하나도 없고 프랑스 사람들로 가득하다. 유명한 카토는 아내가 옆에 있는 동안엔 싫어했으면서 그녀가 다른 사람에게로 가버린 다음에는 몹시 아쉬워했다고 한다.

나는 내 말사육장에서 늙은 말 한 필을 쫓아버렸다. 이놈은 암컷을 붙여줘도 냄새만으로는 도저히 움직이질 않았다. 같은 사육장에 있는 암컷들과는 실증이 난 것이다. 그러다가 다른 사육장 암컷들이 가까이 다가오자 금방 힝힝거리며 흥분을 하는 것이었다.

우리의 욕망도 이처럼 자신의 손안에 있는 것은 무시하고 넘겨버리며 자기가 갖지 않은 것을 욕심낸다. 그래서 우리는 무언가 금지를 당하면 그것을 더 탐하게 된다. 욕심과 향락은 똑같은 고통을 겪게 한다. 애인이 냉혹하게 굴면 괴롭다. 그러나 쉽게 넘어오는 것도 솔직히 거북하다. 불만과 분노는 어떤 것에 대해 욕심을 가지고 있으면서 그것을 높이 평가하기 때문에 생기는 것인 만큼 그것이 욕망을 자극하면 분노가 치솟게 되고, 반대로 실컷 가지면 염증을 느끼게 된다.

한 번 결혼하면 그것을 풀어버리는 모든 방법을 없애고 있으니 그 결속을 확고하게 잘 만들었다는 생각이 든다. 그러나 결혼이 구속이 되면 의지와 애정의 결속은 더 단단하지 못하고 풀어진다. 로마에서 결혼이 오랫동안 명예로운 것으로 인정되었던 것은 서로가 원하면 아무 때나 헤어질 수 있는 자유에 있었다. 그러나 부부는 서로를 빼앗길까봐 그만큼 더 서로 사랑하였다. 결과적으로, 그들은 아무 때나 이혼할 수 있는 자유가 있었음에도 4백년 이상 동안 아무도 그것을 사용하지 않았다. 어떤 나라에서는 정원이나 밭을 지키기 위해 겨우 실 한 줄을 둘러쳐놓는다고 하는데 그것이 우리나라의 울타리보다도 훨씬 더 안전하다고 한다.

우리의 명예와 영광은 양심이 증명해준다

세상에는 사물과 그 이름이 있다. 이름은 사물을 지칭하는 의미를 준다. 그러나 이름은 사물의 한 부분도 그 실체도 아니다. 그것은 사물 밖에서 사물에 결부된 외부의 한 부분이다.

하느님은 그 자신이 충만한 완전체이며 모든 완벽함의 결정체이므로 더 증가하거나 커질 수도 없다. 그러나 하느님의 이름은 우리가 그의 모든 작품에 주는 축복과 찬미에 의해서 증가되고 커질 수 있다. 그러므로 이 찬미는 하느님 가장 가까이, 즉 그의 밖에 있는 한 부분인 그의 이름에 귀속되는 것이다. 그렇기 때문에 영광과 명예는 하느님에게만 소속되며, 우리가 우리 자신을 위해서 영광을 찾는 일만큼 이치에 벗어나는 것도 없다. 사실 우리의 본질은 무력하고 궁핍하며 불완전해서 끊임없는 개선이 필요하므로 항상 노력해야 한다.

우리 모두는 텅 비어있는 동굴과도 같다. 그러므로 바람과 소리로는 그 속을 채울 수가 없고 더 견고한 어떤 실체가 있어야 한다. 굶주린 사람이 먹을 것보다 좋은 옷을 찾는다면 참으로 이상한 일일 것이다. 사람은 뭐든 당장 급한 것을 필요로 하기 마련이다. 우리는 아름다움과 건강, 지혜, 도덕, 그리고 본질적인 욕망에 갈증을 느낀다. 외부의 장식들은 이와 같은 본질적으로 필요한 것들을 갖추고 난 다음에 찾아야 한다. 신학은 이 문제에 대해 충분하고 적절하게 조언을 하고 있다. 그러나 나는 그 분야에 지식이 부족하므로 다만 영광만을 이야기하겠다. 왜냐하면 영광에는 그것을 욕심내게 할 만한 여러 가지 편익이 따라다니기 때문이다. 영광은 사람들의 호의를 얻고 다른 사람들에게서 멸시라든지 모욕이라든지 이와 비슷한 일들을 덜 당하게 한다.

이것은 또 에피쿠로스의 주요한 학설 중 하나였다. 그의 교훈 중엔 '네 생활을 드러내지 말라'고 하는 말이 있다. 사람들은 여러 가지 봉사의 임무를 맡아 하면서 구태여 번거로움을 자초할 때가 있다. 그런 것을 금지하는 의미가 이 말엔 담겨있다. 왜냐하면 그들이 하는 행동에 관해서 세상이 칭찬하는 것, 즉 그 영광을 다른 사람들은 속으로 경멸하기 때문이라는 것이다.

자신의 일을 숨기고 남에게 알려지기를 원하지 않는 사람은 남에게서 명예와 영광도 받고 싶어 하지 않는다. 그래서 에피쿠로스는 사람들에게 무시당함으로써 생기는 괴로움을 피하려는 것이 아니면 결코 자기 행동을 다른 사람들의 견해나 소문에 따라 조절하지 말라고 충고하였다.

반면 카르네아데스는 그 반대 의견을 갖고 있다. 그는 영광은 그 자체가 바랄만한 일이라고 말하며 그것은 우리가 후손들이 어떻게 될지 알지도 못하면서 자손을 기다리는 것과 같다고 하였다. 이 의견은 우리가 흔히 생각하는 것에 가까우며 일반적으로 용납되는 것이다. 아리스토텔레스는 영광을 외적인 보배들 중 첫째에 올려놓으며 '절도 없이 그것을 탐하는 것과 그것을 피하는 것은 두 가지 다 극단의 악덕이므로 피하라'고 말했다.

키케로가 이 주제에 대해 쓴 작품이 남아있었으면 무척 재미있었을 거라는 생각이 든다. 왜냐하면 그는 명예욕이 너무 강해서 할 수만 있었다면 다른 사람들이 겪은 실수를 자진해서 저질렀을 것으로 생각되기 때문이다. 그는 도덕도 명예가 따르지 않으면 바랄만한 것이 못 된다고 말했다.

호라티우스는 '숨은 덕행은 매장된 무위와 별로 차이가 없다'고 말했다. 하지만 이건 너무나 잘못된 생각이다. 도대체 철학자라는 영광된 이름을 가진 사람의 머리에서 어떻게 이런 생각이 떠오를 수 있는지 그 자체에 화가 난다. 그의 말이 진실이라면 사람들 앞에서만 도덕적인 행위를 하면 된다는 것이다. 그리고 도덕이 진실로 담겨있는 마음도 사람들이 알아주지 않으면 아무리 규칙과 질서에 맞춰 어떤 행위를 해도 소용이 없다는 것이다.

그러면 나쁜 짓이라도 들키지만 않으면 된다는 소린가? 카르네아데스가 이런 말을 했다. '그대는 이 자리에 뱀이 한 마리 숨어있는 것을 알고 있다. 그리고 어떤 사람이 죽으면 그대에게 이익이 돌아온다는 것 또한 그대는 알고 있다. 바로 그때 그 사람이 뱀이 숨어있는 자리에 와서 앉으려고 하는데 그대가 그 사람에게 알려주지 않으면 그대는 악을 행하는 것이다. 그대의 행동은 그대밖에 아는 사람이 없으니 더욱 그렇다.'

만약 선행을 하는 것이 아니라 벌 받지 않는 것이 정의가 된다면 우리는 얼마나 나쁜 일에 몰두하게 될까! 선행이 명예로운 일이기 때문에 권장을 한다면 그것은 헛되고 경박스런 짓이다. 도덕이 특별한 지위를 차지하길 바라고 그것을 세상의 운과 분리시켜서 생각한다는 것은 말도 안 되는 소리다. 왜냐하면 세간의 소문보다 더 운을 좌우하는 것도 없기 때문이다. 어떤 행동이 세상에 알려지고 남의 눈에 띄게 되는 것은 순전히 운에 달린 일이다.

우리에게 영광을 주느냐 마느냐는 순전히 운이 하는 일이다. 나는 운으로 얻은 영광이 진정한 가치보다 더 앞서나가는 것을, 아니 큰 차이로 초과하는 것을 수없이 보았다. 영광은 때로 본질 자체보다 훨씬 앞서 나간다.

'드러나지 않는 행위는 도덕적인 행위가 아니다'라고 말하는 사람들이 있다. 그들은 특별하지 않은 경우에도 우리가 좋은 일을 할 기회는 수없이 많은데도 불구하고 다른 사람들이 봐주지 않을 때는 아무리 좋은 행동을 한다고 해도 그 소식을 전해줄 수 있는 증인이 있나 없나를 잘 살펴보라고 가르치고 있다. 얼마나 많은 훌륭한 행동이 전투의 혼란 속에 묻혀버렸을까? 그 혼란 속에서도 남의 일을 살피며 구경한 사람은 조금도 바쁘지 않았다는 증거이며, 동료들의 행적을 보도하는 것이 자신에게는 불리한 증명이 된다.

키케로는 '마음이 진실하고 현명한 위대성은 우리 본성이 추구하는 선을 행동으로 하는 것에 있으며 명성을 얻고자 하는 데 있지 않다'고 했다. 내가 인생에서 겪은 영광이라면 안락하게 살아보았다는 것이다. 모든 사람에게 공통적으로 좋은 것인 평온함을 얻는 길을 철학이 발견할 수 없었다면 이제 각자가 독자적으로 그것을 찾아야 한다.

카이사르와 알렉산드로스는 위대한 명성을 운이 아닌 누구 덕택에 얻은 것인가? 운은 얼마나 많은 사람들에게 있어 인생 초기에 없어졌던가! 만약 불행한 운명이 그들의 인생 계획을 처음부터 싹둑 잘라 버리지 않았다면 그들도 다른 영혼들과 똑같은 용기를 사업에 써보았을 것이다. 하지만 우리는 그들에 관해서 아무것도 아는 것이 없다. 나는 카이사르가 그토록 심한 위험을 겪는 동안 단 한번도 부상당했다는 글을 읽어본 기억이 나지 않는다. 그가 겪은 위험들 중에서 가장 덜 심한 상황에서도 수천 명이 죽었는데 말이다.

중요한 사건과 때를 맞춰 그 기회에 죽는 것이 아니면 헛된 죽음을 하는 것이라고 생각하는 사람들은 모험을 무릅쓸 수 있는 많은 기회를 저버리고 스스로 자신의 인생을 망치는 것이다. 정의로운 사람들의 인생은 유유히 빛이 나고 있다. 그들의 양심이 스스로에게 말하고 있기 때문이다. 그래서 고린도서에는 이런 말이 있다. '우리의 영광은 양심이 증명해주고 있다.'

자신이 선량하면 다른 사람들이 좋아해주기 때문에 선량한 사람이 되고자 하며, 자신의 도덕적 행위가 세상에 알려지게 되는 조건으로 선량한 일을 하려고 하는 사람은 다른 사람들에게 필요한 사람이 되지 못한다.

사람의 마음은 드러내놓고 보여주기 위해서 자기 역할을 연기하는 것이 아니고 자신의 눈에는 다른 어떤 눈도 들여다볼 수 없는 자신의 내부에서 연기한다. 마음은 그 내부에서 고통의 공포와 수치의 공포를 느낄 때 자신을 비호하며, 자식이나 친구나 재산을 잃는 변고를 당할 때는 자신을 진정시킨다. 그리고 마음은 또 기회가 찾아오면 전쟁의 모험 속에도 우리를 데려간다. 어떤 이득을 위해서가 아니라 도덕 자체의 명예를 위해 하는 것은 사람들이 흔히 유리하게 평가하는 명성과 영광보다도 훨씬 더 위대하고 더 가치가 있는 것이다.

우리의 경향과 행동의 판단은 세상에 있을 수 있는 가장 어렵고 중대한 문제이다. 우리는 그것을 무지와 부정과 무절제의 원천인 속물들과 어리석은 대중의 여론에 맡긴다. 현자의 인생을 어찌 광인들의 판단으로 알 수 있단 말인가? '사람들은 서로를 개인으로는 경멸하면서 집단으로는 존중하는데 그보다 더 몰지각한 일도 세상에 없다'고 키케로도 말했다. 그 집단이라는 것은 형체도 없고 잡히는 것도 없다. 즉 '군중심리보다 더 알 수 없는 것은 아무것도 없다'(티투스 리비우스)는 것이다. 사람들의 칭송에는 뭔지 모를 달콤함이 들어 있다. 하지만 우리는 그것을 지나치게 중요시 한다.

나는 나 자신에게 내가 어떤 사람인지를 질문할 뿐 남이 나를 어떻게 보는지는 신경 쓰지 않는다. 나는 남의 것을 빌리지 않고 내 것으로 충족되고 싶다. 그런데 사람들은 보통 외적인 일들과 겉모습을 바라본다. 누구나 마음속에는 열망과 공포심이 가득하면서도 겉으로는 태연한 모습을 보여줄 수 있다. 그러면서도 자신의 마음은 바라보지 않고 자신의 외모만을 바라본다.

플라톤 식의 반지는 손바닥 쪽으로 돌려 끼면 그것을 낀 사람의 몸이 보이지 않게 된다고 한다. 그런데 많은 사람들이 그 방법을 사용하다가 정작 자신을 가장 잘 드러내 보여야 할 경우에 몸을 감춰버리는 사태를 초래하는 것이다. 그러지 않았으면 영광스런 자리에 앉아 평온할 수 있었을 텐데 큰 후회만이 남을 뿐이다.

우리는 자신의 이름이 많은 사람의 입에서 회자되는 것을 두고 곧 명성을 얻는 것이라고 생각한다. 그리고는 그 명성이 커져서 자신에게 이익이 돌아오기를 바란다. 이런 욕망은 인간의 본능이라고 할 수도 있다. 그러나 그 정도가 지나치면 많은 사람들이 자신에 대해 어떤 방식으로든 말해주기를 찾는 지경에 이르게 된다. 그래서 사람들이 자신의 일에 대해 어떤 말을

해주기보다는 그저 자신에 대해 말해주는 것에만 관심을 기울이며, 급기야는 어떤 내용이든 자신의 이름이 많은 사람들의 입에 오르내리기만 하면 되는 것이다. 이름이 알려진다는 것은 결과적으로 자신의 생명과 존속이 남들의 손에 좌우되는 것을 의미하는 것이라고 할 수 있다.

나는 나 자신으로만 존재하는 것이다. 내 친지들의 인식 속에 깃들어 있는 나 자신은 허황된 생각으로만 존재하는 것이며, 그것에 대해 어떠한 성과도 향락도 느낄 수 없다. 뿐만 아니라 어쩌면 죽음 뒤에 따라올지도 모르는 이 명성의 효용을 사용해야겠다는 생각마저 깨끗이 없어진다. 어디서 이 명성을 잡아볼지 건더기도 없을 것이고, 어느 구멍으로 내게 접촉하거나 도달할 것도 없을 것이다. 왜냐하면 내 이름으로 명성을 기대하기엔, 첫째로 완전히 내 것이라는 이름이 없기 때문이다. 나의 성(드 몽테뉴)은 내 가문 전체에 공통되는 것이며, 똑같은 성을 쓰는 또 다른 가문이 하나 있다. 그래서 파리와 몽펠리에에 몽테뉴라는 성을 가진 가문이 하나씩 있는 것이다. 그리고 브르타뉴와 생통주에 드 라 몽테뉴라는 성이 있다. 철자 하나만 뒤바꾸면 우리 가문과 혼동이 되는 성이다. 그래서 나는 그들의 영광에 동승할 수가 있고, 그들은 반대로 내가 받는 수치에 끼어들 수도 있다. 한편 우리 가문은 원래 에켐(Eyquem)이라는 성을 가지고 있었는데, 그것은 영국에서 이름 있는 가문에 속하는 성이다.

내 이름(미셸)은 누구라도 원하면 가질 수 있는 이름이다. 그러므로 나는 어쩌면 나 대신 어떤 짐꾼에게 명예를 줄 수도 있을지 모른다. 그리고 내가 어떤 특별한 인상을 가지고 있다고 해도 이미 존재하지 않는다면 그것이 무슨 상관이 있겠는가? 세네카가 말한 대로 '선행에 대한 보상은 그것을 수행했다는 사실'인 것이다. 키케로도 같은 의미의 말을 남겼다. '어떤 봉사의 결실은 그 봉사를 했다는 자체다'라고. 화가나 장인이나 또는 수사학자나 문법학자가 명성을 얻기 위해 노력했다면 용서받을 수 있는 일이다. 그러나 도덕의 행동은 너무나 고상해서 그 자체의 가치밖에는 다른 어떤 대가를 바랄 수 없다. 특히 허영이 깃든 인간의 내면에서는 그것을 찾아서는 안 된다.

사람들은 교만으로 겸손한 체 할 수 있다

세상에는 나와 다르다고 해서 남을 업신여기며 잘난 체하는 자들이 있다. 그들은 자신에 대해 터무니없는 평가를 하고 있다. 다시 말해 자신을 지나치게 높게 보는 마음을 가지고 있으며, 실제의 본질과 다르게 내보이는 것이 마치 더 사랑의 정열을 이끌어내는 것이라고 생각한다. 연모의 감정을 품고 있는 자들은 실제로 상대방이 내보이는 그대로를 믿으며 혼란스럽고 변질된 판단력을 가지게 된다. 그렇다고 해서 이런 식으로 실수를 할까 염려하며 자신을 잘못 판단하거나 사실보다 못난 것으로 생각하는 건 옳지 않다. 판단력은 모든 면에서 냉정하게 유지해야 하며, 이 문제에서도 다른 경우와 마찬가지로 진실을 제대로 볼 줄 알아야 한다.

우리는 너무 격식을 차리느라 본질을 놓치는 경우가 많다. 부차적인 것의 껍데기만 만지며 본체는 버리는 식이다. 우리는 여성들이 실행하기를 조금도 두려워하지 않아야 할 일을 가지고 그 말을 듣기만 해도 얼굴을 붉히도록 그녀들에게 가르쳤다. 사람들은 성기에 대해 입 밖으로 말하지는 못하면서 그것을 모든 종류의 방탕한 행동에 사용하기를 두려워하지 않는다. 예법은 우리에게 합법적이며 자연스런 것들에 대해 말로 표현하는 것을 금하며, 우리는 또 그래야 한다고 믿고 있다. 이성적으로 생각하면 그런 것이 법에 어긋난다거나 나쁜 일이 아님에도 불구하고 아무도 믿지 않는 것이다. 나 또한 예법에 얽매여 있는 사람이다. 왜냐하면 자신을 좋게 말하지도 나쁘게 말하지도 않으려면 예법을 따라야 하기 때문이다.

사람들은 인사나 경례하는 동작 따위를 일부러 꾸며서 하기도 하는데, 그럴 때마다 사실과는 다르게 아주 겸손하고 예의가 있다는 명예로운 말을 듣는다. 사람은 교만으로 겸손한 체할 수도 있다. 나는 여름에는 보통 모자를 벗고 인사한다. 그리고 내 하인을 제외하고 상대가 누구이든 인사를 받으면 반드시 답례해준다. 내가 아는 어떤 사람들은 인사를 너무 자주 하는 경향이 있다. 그렇게 조심 없이 남발하면 인사에 무게가 없어지는데도 말이다.

교만에는 두 가지 종류가 있다. 하나는 자신을 높게 평가하는 것이고, 다른 하나는 남을 충분히 존경하지 않는 것이다. 전자의 경우, 그에 앞서 고려해야 할 점은 자신이 불쾌하고 부당하며 압박받고 있다는 것을 느낀다는 것이다. 나는 이 점을 고치려고 애써보았다. 그러나 그것을 뿌리 채 뽑아 없앨 수는 없었다.

사람은 자신이 소유하고 있는 물건들은 바로 소유하고 있기 때문에 그 가치를 깎아내리게 되고, 그것이 자신에게 없거나 남의 것일 때는 가치를 올리기 마련이다. 이런 예는 수없이 많다. 예를 들면 권위라는 특권을 가지고 있는 경우, 즉 남편들이 바로 옆에 항상 있는 자신의 아내들을 악덕하게 대하고 경멸어린 눈으로 바라본다든지, 많은 아버지들이 자식들을 그렇게 대하는 것이다. 나 또한 그러하며 이 두 가지 일에 있어서는 내가 더 나은 상황에 있다고 절대로 평가하지 않겠다. 나는 나 자신의 발전과 개선을 위한 열성 때문에 판단력에 혼란이 올 때가 있다. 나 자신에 만족하지 않아서가 아니라 자신이 지배권을 가지면 자연히 그 자체에 대해 환멸감이 생기기 때문이다.

다른 나라의 정치와 풍습, 언어들을 나는 좋아한다. 그러나 라틴어는 그 권위 때문에 실제의 가치 이상으로 대단하게 보이는 것 같다. 마찬가지로, 집이나 말 등 다른 사람의 것은 같은 가치임에도 내 것이 아니라는 이유로 더 좋게 보인다. 그뿐만 아니라 뭐든지 내가 잘 모르는 일에 대해서는 더 좋게 보이는 면이 있다.

나는 아는 것이 별로 없고 할 수 있다고 감히 자신하는 것이 거의 없는데, 다른 사람들을 보면 마음속에 자신감과 포부를 가지고 있는 것 같다. 그런 것을 느낄 때마다 나는 놀라곤 한다. 나는 결과를 보지 않고는 그것을 미리 알지 못한다. 그리고 모든 일에서 내 자신의 역량을 의심한다. 그래서 내가 우연히 어떤 일을 잘해내면 그게 내 역량에 의해서보다는 운이 좋아서 된 거라고 생각한다. 어쨌든 나는 이런 일을 우연에 맡기며 의구심을 품고 계획한다.

옛 사람들이 생각했던 인간 전체에 대한 사상들 중에서 내가 가장 애착을 느끼는 것은 우리를 가장 경멸하고 무시하는 사상이라는 것이다. 철학은 우리의 교만과 허영심을 공격하며 철학 자체의 허약함과 무지와 미해결을 진심으로 인정할 때보다 더 잘 할 수는 없는 것 같다. 공적으로나 사적으로 가장 그릇된 사상을 따르는 주요 원인은 사람이 자신을 높이 평가하는 데에 있다고 본다.

나는 나 자신을 평범한 축에 드는 사람이라고 생각한다. 그리고 지극히 속되고 평범한 죄는 있지만 그런 것을 굳이 감추려 한다거나 변명한 죄는 없다. 또한 나 자신의 가치를 알고 있는 것 이상으로 나를 평가하지도 않는다. 다만 약간의 교만이 있다면 그것은 배반적인 내 기질 때문에 나도 모르게 형성된 것이며 내가 판단할만한 실체를 가진 것은 아니다. 그것이 나를 덮고 있는 것일 뿐 내가 거기에 물들어 있는 것은 아니라는 뜻이다.

어떤 방식이든 나 스스로 만족할만한 정신적 효과를 나에게서 끌어낼 방법은 없다. 그렇다고 해서 남이 칭찬해주는 것도 내게는 칭찬이 되지 못한다. 내 취미는 나약하면서도 꽤 까다롭다. 특히 나 자신에 관해서 더욱 그렇다. 나는 끊임없이 나 자신을 부인한다. 그리고 어떤 경우에도 허약하게 들떠있고 꿋꿋하지 못한 것을 느낀다. 내 것으로 판단력을 만족시킬 수 있는 것은 아무것도 없다. 사실 나는 대단히 명철한 관찰력을 가지고 있다. 그러나 일에 부딪치면 혼란이 일어난다. 특히 시가(詩歌)에서 그것을 경험한다. 나는 시가를 무척 좋아한다. 그래서 다른 사람들의 작품을 대개 알아본다. 그러나 지금 내가 시가를 쓴다면 어린아이 장난같이 돼버려서 나 스스로 참을 수 없게 된다. 사람은 아무 데서라도 어리석은 수작을 부릴 수 있지만 시가에서는 할 수 없다.

나는 마음속에 항상 어떤 상념이 담긴 이미지를 그려보고 있다. 하지만 그것은 마치 꿈속에 있는 것처럼 잘 파악되지 않아서 난 그걸 표현해낼 수가 없다. 그러나 지난 시대의 위대한 영혼들이 만들어놓은 풍부한 작품들은 내 상상력과 희망을 훨씬 넘어서는 것들이다. 그들의 문장을 보면 놀라 넘어질 것만 같고 감탄으로 넋을 잃을 지경이다. 그리고 그들의 미적 감각을 동경하며 그 아름다움을 바라본다. 내가 모든 것을 다 이해하지는 못하더라도 적어도 그런 것을 갈망하는 것은 가능하다는 것을 알고 있다.

나는 대인관계에 있어 억지로 좋게 할 줄도 모르고 즐겁게 해줄 줄도 모르며 낯간지러운 말도 할 줄 모른다. 말하자면 세상에서 가장 재미있는 이야기도 나한테 걸리면 무미건조하고 흐릿해진다. 나는 정직하게 말할 줄밖에 모른다. 내 주변에도 그런 사람들이 많지만, 아무에게나 말을 잘 걸며 사람들의 주의를 끌고 아무 말이나 주워섬기면서 상대방의 기분과 이해를 맞추어줄 줄 아는 그런 아량을 나는 가지고 있지 못하다. 그런 사람들은 대화거리가 부족한 적이 결코 없이 온갖 말로 피로한 줄도 모르고 왕의 귀에 들려주는 그런 재간을 갖고 있는 것이다. 왕들은 재미없는 이야기는 즐기지 않는다. 하지만 나는 쓸데없는 이야기를 좋아하지 않는다. 사람들이 일반적으로 가장 잘 이해하는 가장 쉬운 대화법을 나는 사용할 줄 모른다. 그러므로 나는 민중의 설교자로는 낙제생이나 다름없다. 모든 일에 있어서 나는 내가 아는 가장 결론적 내용을 즐겨 말하곤 한다. 키케로는 철학 논문을 쓸 때 가장 어려운 부분이 서론이라고 했다. 그건 사실이다. 하지만 나는 결론에 중점을 두고 싶다.

우리는 모든 종류의 곡조에 줄을 맞춰 놓아야 한다. 가장 높은 곡조는 연주에 가장 드물게 들어오더라도 말이다. 장식적인 내용을 전개시킬 때도 깊이 있는 내용을 전개시킬 때와 똑같이 완벽한 조절이 필요하다. 때로는 사물들을 피상적으로 다루어야 하고 때로는 깊이 파고들어 연구해야 한다. 대부분의 사람들은 사물을 피상적으로만 파악하기 때문에 얕은 단계에 머무르고 있다. 그러나 크세노폰이나 플라톤 같은 위대한 스승들은 흔히 이 얕고 평범한 방식으로 부드럽게 사물들을 말하고 다루며 그것들에 무궁무진한 우아함을 부여하면서 홍을 돋우어갈 줄 안다.

그러나 내 언어는 매끄럽지 못하고 거칠며 멋대로 구는 오만한 면이 있다. 그래도 이런 경향이 내 취향에는 맞다. 이성적으로 판단할 때는 아니더라도 말이다. 그러다보니 때로는 너무 이런 식으로 흘러서 기교와 허식을 피하려고 애를 쓰다가 도리어 다른 면으로 빠져버리게 된다. 나는 재간과 민첩성을 타고나지 못했다. 그러나 나의 부친은 대단히 민첩하고 쾌활한 성격을 죽을 때까지 유지했다. 신체 훈련이 그렇게 잘 다져진 사람을 나는 본 적이 없다. 내가 달리기(이건 중간은 했다) 외에는 나를 이기지 못하는 사람을 본 적이 없는 것과 같다.

내 목소리는 성악에 부적당했고 악기도 잘 다루지 못했기 때문에 아무도 내게 음악을 가르쳐 줄 수 없었다. 춤과 테니스와 투기는 겨우 따라하는 정도였다. 그리고 수영, 격검, 장대높이뛰기, 높이뛰기는 전혀 하지 못한다. 손은 투박해서 나 자신을 위해서도 글쓰기가 힘들 정도다. 그래서 내가 끼적거려 놓은 것을 나 자신도 알아볼 수가 없어 차라리 다시 쓰는 편이 나을 지경이다. 다시 써도 못 알아보기는 마찬가지지만 말이다. 또한 내가 말하는 걸 사람들은 알아듣기 힘든 것 같다. 그렇지 않았다면 나도 쓸 만한 학자가 되었을지 모른다. 나는 편지 하나도 똑바로 접을 줄 모르고 연필심을 깎을 줄도 모르며, 식사에 초대받아서도 먹음직한 것 하나 잘라낼 줄 모르고 말에 안장을 얹을 줄도 모르며, 매 한 마리 주먹에 얹고 다니거나 놓아줄 줄 모르고, 개나 새, 말한테도 말 한 번 걸지 못한다.

나의 신체적 기질은 내 영혼과 잘 어울린다. 경쾌한 면은 전혀 없지만 충실하고 굳건한 습관을 가지고 있다. 그리고 고된 일도 잘 해낸다. 물론 내 의지로 그렇게 하고 싶은 욕망이 생겼을 때 말이다. 하지만 순수하게 자유로운 의지에 따른 쾌감에 의해서가 아니라 가르침을 받아서라면 나는 참으로 쓸모없는 인간이다. 왜냐하면 나는 건강과 생명을 위한 것이 아닌 다른 일을 위해 손톱을 깨문다든지 정신적으로 고통 받는 대가를 치러가면서까지 얻고 싶은 것은 아무것도 없기 때문이다. 또한 나는 기술적인 면에서는 천성적으로 지극히 게으르고 제멋대로다.

나는 원래 내 맘대로 하는 버릇을 가지고 있다. 평생 한 번도 나를 혹독하게 가르치는 지도자나 선생을 가져본 적이 없기 때문에 마음 내키는 대로 해왔던 것이다. 그래서 성격이 우유부단해지고 남들에게 도움이 안 되는 인간이 되었으며, 나 자신을 위해서밖에는 쓸모가 없어지고 말았다. 하지만 나 스스로는 이 둔중하고 게으르며 무책임한 성질을 강제로 바꿀 필요를 느끼지 못했다. 왜냐하면 나는 태어날 때부터 어느 정도 만족할 만큼의 재산을 가지고 있었다. 또 상당히 가졌다고 지각했기 때문에 더 벌려고 한 적도 없고 실제로 더 번 것도 없었다.

나는 내가 가진 것에 만족할 줄 아는 능력이 필요할 뿐 다른 능력은 필요하지 않았다. 그러나 그것은 정신적으로 잘 조절된 상태가 필요하며 그만큼 갖기 어려운 조건이다. 내 경험에 비춰보면 풍요로운 생활 속에서보다는 부족한 생활 속에서 더 쉽게 찾아볼 수 있었다. 아마도 그것은 모든 정열의 속성이 그렇듯이, 재물에 대한 탐욕은 재물이 부족할 때보다는 그것을 축적할 때 더 맹렬해지며, 절제의 미덕은 인내의 미덕보다 훨씬 더 드물기 때문이다. 그래서 나는 하느님께서 후덕하신 마음으로 내 손에 쥐어준 재산을 감사하게 느낀다. 나는 지긋지긋한 노동은 해본 적이 없었고, 내 일만을 관여하고 살았다. 혹 남의 일을 맡게 된다 하더라도, 나를 믿고 재촉하지 않는 조건일 때만 수락했다. 그리고 아는 사람들의 부탁을 받아서 하는 경우이므로 내가 하고 싶은 시간에 내 방식대로 하는 조건이었다.

전문가들은 자신이 직접 하는 것을 싫어하며, 낙타가 숨을 헐떡이고 있을 때도 뭔가 부릴 일을 찾아내야만 한다. 나는 어릴 때부터 부드럽고 자유로운 지도만을 받았으며 엄격한 복종을 강요받은 적이 없었다. 이런 모든 습관은 내 기질을 나약하게 만들고 어떤 근심도 견뎌내지 못하게 위축시켜버렸다. 그래서 내 일에 관한 손실과 혼란까지도 남이 숨겨주는 것을 더 좋아하게 되었다. 내 지출 항목에는 나를 한가하고 느긋하게 먹여 살리고 보살펴주는 데에 드는 비용도 계산해서 올리고 있다.

나는 손해 보는 것을 정확히 알고 싶지 않기 때문에 계산에 대해 잘 모르고 있는 것을 더 좋아한다. 또 우리 집에 함께 살면서도 친근해지지 않고 일을 능률 있게 하지 못하는 사람들에게 나를 속여서라도 외양만은 그럴듯하게 해달라며 부탁하고 있다. 나는 일상에서 흔히 난감하고 귀찮은 일들이 생길 때면 그것을 감내할 만큼 마음이 강하지 못하고 늘 긴장하며, 질서 있게 정돈하고 처리하지 못하기 때문에 가능한 모든 일을 운에 맡긴다. 그리고 모든 일을 최악의 상황으로 마음속에 작정해둔다. 그런 다음 차분하게 견디기로 결심한다. 이것이 내가 노력하는 유일한 일이며 모든 사색의 목표이다.

어떤 위험이 닥쳐오면 나는 그것을 어떻게든 피하려 하기보다는 결국 피해봐야 소용없다는 생각을 한다. 일어나는 사건들을 내가 제어할 수는 없으므로 차라리 나 자신을 제어해 사건들이 내게 맞춰주지 않으면 내가 사건들에 적응해가는 것이다. 나는 운명을 피하거나 거슬러서 어떤 일들을 기술 좋게 이용하고 꾸미며 이끌어가는 재주는 전혀 갖고 있지 못하다. 게다가 그런 일에 필요한 거칠고 끈질긴 인내심도 없다. 그리고 가장 힘든 건, 급한 일이 닥치면 결단을 못 내리고 공포와 희망 사이에서 우왕좌왕한다는 것이다. 하지만 정말 대수롭지 않은 일에 대해서조차 심사숙고하기는 괴로운 일이다. 그러나 내 성격은 한번 저질러진 일에 대해 결말이 어떻게 되든 그냥 내버려두는 것이 아니라 온갖 의문을 품으며 또 생각하고 흔들리면서 충격을 상상한다. 그렇기 때문에 더 힘들게 느끼는 것이다.

나는 어떤 큰 충격 때문에 불면증에 걸리지는 않는다. 그러나 무슨 일이든 깊이 생각하면 정신에 혼란이 온다. 길을 걸어갈 때도 나는 경사진 곳이나 미끄러운 곳을 피한다. 그보다는 진흙구덩이에 박히더라도 가급적 아래쪽으로 내려가 단단한 길을 택한다. 그래야 마음이 편안해진다. 같은 식으로, 나는 불행을 피하려다 생기는 불확실성에 나를 맡기지 않으며, 단번에 고통 속으로 들어가는 아주 순수한 불행을 겪는 쪽을 선택한다.

한 가문의 명예를 맡고 있는 장남은 자신이 잘못한 경우가 아니면 빈궁하게 살 일이 없다. 그러나 차남 이하로 태어난 자들은 상속 재산을 도박에 건다 해도 변명해볼 여지가 있다. 나는 지난날 착한 친구들의 충고에 따라 더 간단하고도 쉬운 길을 택해서 지금은 그런 욕망이 없이 편하게 지내고 있다. 그리고 또 내가 위대한 일을 성취할 수 있는 역량은 없다는 것을 냉정하게 잘 판단하고 있는 만큼, 지금은 고인이 된 올리비에 재상의 말이 떠오른다. 그가 말하길, 프랑스인들은 마치 원숭이가 이 가지에서 저 가지로 뛰어다니며 꼭대기까지 쉬지 않고 올라가서는 거기서 기껏 궁둥이를 내보이는 식이라고 했다.

내가 가지고 있는 책망할 거리도 안 되는 버릇들까지도 이 시대에는 비난받을 대상이라는 걸 나는 알고 있다. 나의 안이한 습성을 사람들은 비굴하다거나 나약하다고 하며, 신의와 양심은 소심하거나 미신적이라고 한다. 또 솔직함에 대해서는 주책없고 체면도 모르며 건방지다고 할 것이다.

내 경우라면, 일을 하려고 나의 신념을 바꾸기보다는 차라리 일의 목이 부러지게 둘 것이다. 왜냐하면 지금 이 시대에 통용되고 있는 가식과 숨김이라는 이 새로운 미덕을 나는 무엇보다 증오하기 때문이다. 모든 악덕들 중에서도 그것만큼 마음의 비굴함과 인품의 낮고 용렬함을 증명하는 것은 없다.

사람이 가면을 써서 변장하고 자기를 숨기고 있는 그대로의 자신을 내보이지 못한다는 것은 노예 같은 비겁한 짓이다. 이런 것으로 요즘 사람들은 배신의 훈련을 쌓아간다. 거짓말에 길들여져 있기 때문에 그들은 약속을 어기고도 양심에 거리낌이 없다. 어질고 너그러운 마음씨를 가진 사람은 자기 사상을 배반하지 않는다. 그는 마음 속속들이 들여다보도록 내버려 둔다. 그 마음은 선하고 최소한 인간다운 것이 있다.

아리스토텔레스는 터놓고 미워하고 사랑하는 것, 완전히 솔직하게 판단하고 말하는 것, 그리고 타인들의 찬성과 반대를 문제 삼지 않는 것을 도량의 가장 큰 의무라고 생각했다. 아폴로니우스는 거짓말은 노예가 할 짓이고 진실을 말하는 것은 자유인이 할 일이라고 말했다. 진실은 도덕의 가장 기본적인 요소이며 그 자체를 사랑해야 한다. 대체로 진실을 말하지 않으면 안 되는 상황이기 때문에, 그리고 그것이 자기에게 이롭기 때문에 진실을 말하며 그렇지 않을 때는 거짓말을 일삼는 자는 진실하지 못한 자이다. 나는 기질적으로 거짓말을 기피하며 거짓을 생각하는 것조차 싫어한다. 가끔 엉겁결에 거짓말을 할 때가 있긴 하지만 그럴 땐 마음속으로 심한 수치심을 느끼며 양심의 가책을 받는다.

사람은 언제나 모든 것을 다 말할 필요는 없다. 그런 건 어리석은 짓이다. 그러나 말하는 것과 생각은 같아야 한다. 그렇지 않으면 악의이다. 사람들이 끊임없이 거짓을 꾸미며 속을 감추는 것은 진실을 말할 때도 남이 믿지 않기를 바라는 것과 같다. 그것이 아니라면 도대체 무슨 이득을 바라고 그러는 것인지 모르겠다. 나로 말하자면 속을 감추고 아첨하느니 차라리 극성스럽고 조심성 없이 행동하는 편을 선택한다.

내가 이렇게 스스럼없이 나 자신을 다 보여주는 데는 어떤 교만과 고집이 있기 때문이라는 걸 자백해야겠다. 그래서 그렇게 할 수 없는 곳에서조차 나는 때로 건방지게 굴며 상대방을 무시해 화를 돋우곤 한다. 그건 아마도 내가 별다른 재능이 없어서 본성 그대로를 드러내는 것인지도 모른다. 나는 집에서 쓰는 방자한 말투와 태도를 세도가들 앞에서도 내보이며 그것이 얼마나 천박하고 무례한 짓인지를 느낀다. 그러나 내 인품이 이렇게 생겨먹었으니 어쩌겠는가. 나는 다른 사람이 들이대고 물어보면 슬쩍 피해 딴전을 피운다거나 말을 돌려할 줄도 모르고, 더욱이 재치도 없으며 설사 거짓말을 했다 해도 그걸 충분히 기억할 수도 없다. 그리고 무엇보다 그것을 유지할 자신감이 없다. 나는 내면이 약하기 때문에 겉으로 강한 체한다. 그래서 나는 순박성을 감추지 못하고 늘 생각하는 대로 말하며, 내 기질이 그렇기 때문에 결과를 항상 운에 맡겨두곤 한다.

기억력이란 놀랍게도 쓸모가 있으며 기억력 없이는 판단력이 거의 제 구실을 하지 못한다. 그런데 내게는 이 기억력이 전혀 없다. 누가 내게 무엇을 구체적으로 설명하려면 조금씩 나눠서 해야 한다. 왜냐하면 복잡한 여러 조항이 들어있는 문제에 대답하는 건 내 능력으로는 할 수 없기 때문이다.

나는 다른 사람의 부탁을 맡으려면 수첩에 반드시 기록을 해야 한다. 그리고 어떤 중요한 일에 관해서 연설을 해야 할 경우, 말이 길어질 때는 내가 해야 할 말을 한 마디 한 마디 외워두어야 한다. 그렇지 않으면 비굴하고 가련한 처지에 몰리게 된다. 더욱이나 기억력이 나빠서 실수하지 않을까 하는 걱정 때문에 체면도 자신감도 갖지 못할 것이다. 그러나 이 방법도 그렇게 쉬운 건 아니다. 왜냐하면 문장 세 줄을 외우려면 세 시간은 족히 걸리기 때문이다. 글을 쓸 때는 순서를 바꾸고 말을 고치고 재료를 끊임없이 바꿔 넣고 하는 자유와 권한을 가지고 있지만, 기억을 하는 건 너무나 어려운 일이다.

하지만 이렇게 기억력을 못 믿을수록 기억은 더욱 혼동된다. 아무렇게나 말하려고 할 때 기억은 더 잘 살아난다. 그러니 느긋하게 기억이 떠오르기를 바라야만 한다. 왜냐하면 생각해내려고 안간힘을 쓰면 기억도 놀라고 말기 때문이다. 그리고 한 번 혼란스러워지면 아무리 생각해내려 해도 오히려 점점 더 헝클어지며 꼬여버린다. 기억은 스스로 오고 싶은 시간에 올뿐 내가 원하는 시간에는 오지 않는다.

기억력에 관해서 느끼는 것을 나는 여러 다른 부분에서도 느끼고 있다. 나는 어떤 일을 이끌어가야 한다거나 책임을 진다거나 강제로 해야 할 일이 생긴다면 피하는 쪽이다. 아무리 쉽게 할 수 있는 일이라 하더라도 억압적으로 명령에 따라 해야 할 경우 나는 그 일을 할 수가 없다. 신체적으로도 그렇다. 그 자체로 특수한 자유와 권한을 가진 기관은 어느 시간 어떤 점에 결부되어 필요한 일을 하라고 시키면 가끔 작동이 되지 않을 때가 있다. 강제로 시키는 일은 신체를 상하게 하기 때문이다. 그것은 공포와 울분으로 오그라들며 기운이 마비되어버리는 것이다.

얼마 전에 난 어렵사리 한 술자리에 가게 되었다. 거기서 자유롭고 편안한 대접을 받으며 그곳 분위기에 맞춰 부인들과도 어울리려고 나름 애를 썼다. 그런데 일이 재미있게 돌아갔다. 왜냐하면 나는 습관과 본성에서 벗어나 애를 써야 한다는 부담감 때문에 목구멍이 죄어서 술을 한 방울도 마실 수가 없었고, 결국 식사 동안에도 전혀 마시지 못하는 일이 벌어지고 말았던 것이다. 나는 상상력에 사로잡혀서 목이 축축하고 기분이 얼떨떨하게 취해 있었다.

내 서재는 이 마을의 다른 서재들 중에서도 훌륭한 편에 속한다. 나는 가끔 어떤 상념이 떠오르면 서재로 가서 적어두고 싶은데, 안마당을 건너가다가 그 생각이 사라질까봐 얼른 써서 다른 사람에게 맡겨두어야 한다. 또 다른 사람과 이야기하다가 조금이라도 화제를 벗어나면 여지없이 맥락을 놓치고 만다. 그래서 나는 일을 시킬 때는 애써 말을 적게 한다. 내 집에서 일하는 자들에게도 직책이나 출신 고장의 이름으로 불러야만 나

는 기억을 할 수가 있다. 그들의 이름을 기억해두기가 쉽지 않기 때문이다.

기억력은 학문을 담는 그릇이며 집이다. 내가 기억력이 너무 나빠서 아무것도 담아두지 못한다고 해도 그렇게 서러워할 일은 아니다. 나는 대체로 어떤 기술의 이름과 그것이 무엇을 취급하는지는 알고 있다. 그러나 그 이상은 모른다. 나는 책을 뒤적거리면서도 공부는 하지 않는다. 그나마 내게 남는 것이라면 남의 것이라고 할 수 없는 사물들이다. 내 판단력에 의하면 단지 그것들만이 내가 얻어내는 재주라고 할 수 있다. 작품 속의 소재와 문체, 그 밖의 다른 내용들은 바로 잊어버린다.

나는 잊어버리는 데 큰 재주를 가지고 있어서 심지어 내가 쓴 문장과 내용까지도 잊어버리기 일쑤다. 나는 생각도 안 나는데 사람들은 내 〈에세이〉를 인용한다. 내가 여기에 써놓은 시구와 예문들이 어디서 인용됐는지를 나에게 물어본다고 해도 그것을 말하기가 대단히 어렵다. 아무리 내용이 좋아도 난 그것으로 만족하지 않고 유명한 대가의 문장에서만 인용해 쓰기 때문에 여기서는 권위와 이치가 합치되어 있다. 내 작품이 다른 서적들과 같은 운명을 좇게 되며, 내 기억력이 내가 읽는 것만큼이나 내가 쓰는 것을 잊어버리게 하고, 내가 받는 것과 아울러 내가 주는 것을 잊어버리게 한다고 해도 놀랄 일은 아니다.

내게는 기억력이 나쁜 것뿐만 아니라 무식함을 도와주는 다른 결함들이 있다. 나는 머리가 영리하지 못하고 둔하다. 그래서 조금만 명확하지 않아도 혼란이 일어나며 아주 쉬운 수수께끼도 풀어볼 엄두를 내지 못한다. 그리고 교활한 간계에 부딪치면 당황한다. 일테면 머리를 굴려야 하는 카드놀이라든지 장기, 바둑 등은 하는 방법만 알뿐 놀 줄은 모른다. 나의 이해력은 무척이나 느리고 무디다. 그러나 한번 이해한 것을 기억하고 있는 동안은 대체로 깊게 파악한다. 반면 나의 관찰력은 멀리까지 닿고 건강한 편이다. 그러나 쉽게 피로해지며 흐려진다.

아무리 정신이 허약하고 천박하다 해도 오래 지켜보면 나름 장점이 있는 법이다. 그리고 모든 일에 맹목적이고 무기력한 정신이 어떻게 특수한 다른 면에 있어서는 생기를 띠며 명석하게 될 수 있는지 연구해볼만한 일이다. 그러나 아름다운 정신은 보편적인 자질을 가지고 있으므로 모든 방면에서 성장할 수 있으며, 교육을 받지 않았더라도 적어도 가르쳐볼 수가 있다. 이것은 내 머리를 비난하려고 하는 말이다. 왜냐하면 허약해서든 한가하고 느긋해서든 (우리들의 발에 차이는 것이나 우리 손아귀에 들어있는 것 따위, 우리 일상생활에 더 밀접한 관계가 있는 일들을 아무렇게나 해둔다는 것은 내 지론과는 대단히 거리가 먼 이야기이다) 모르는 것이 수치스러울 정도로 지극히 평범한 사물들에 관해서 나만큼 무능력하고 무식한 사람은 없기 때문이다.

예를 들어보면 이렇다. 나는 시골의 농사꾼들 속에서 출생하고 성장했다. 내가 지금 누리고 있는 재산은 나보다 앞서 소유하고 있던 분들이 내게 물려준 것이다. 그래서 나는 그 자리를 맡아 집안 살림과 일을 처리하고 있다. 하지만 나는 주판을 쓰거나 펜을 들거나 계산할 줄을 모르고 우리가 쓰는 돈의 종류도 대부분 알지 못한다. 그리고 곡식들은 토지에 그대로 있는 것이든 창고에 들어있는 것이든 뚜렷한 특징이 없으면 그 차이를 분간하지 못하고, 밭에 있는 양배추와 양상추도 거의 가려낼 줄 모른다. 심지어 나는 가장 간단한 집안 살림에 쓰이는 물건들의 이름도 모르며, 어린아이들도 알고 있는 농사의 기본 지식도 알지 못한다. 기계 기술이나 무역, 상품의 지식, 과실류, 포도주, 식료품 등 잡다한 종류와 성질은 더 모르고, 새를 기르는 방법이나 말, 개에게 약을 쓰는 방법도 모른다. 이왕에 시작했으니 나 자신을 실컷 흉보자. 나는 누룩이 빵을 만드는 데 쓰이는 것도 모르고, 포도주를 발효시키는 것이 무엇인지도 모르고 있다가 사람들 앞에서 창피를 당한 적이 있었다. 한 달도 안 된 일이었다.

옛날 아테네에서는 나뭇단을 교묘하게 잘 묶는 사람은 수학에 재능이 있다고 추측했었다. 사람들은 내게서는 아주 반대되는 결론을 얻을 것이다. 왜냐하면 나는 식사 준비에 필요한 도구를 전부 갖추어 주어도 그냥 굶고 있을 수밖에 없기 때문이다. 여기에 내가 고백하는 글을 읽으며 사람들은 나에 관해 다른 사실들도 상상할 것이다. 그러나 나에 관해 무슨 말을 하든지 나는 사실 그대로를 말할 뿐이므로 내 일에 집중하는 것이다. 그래서 이렇게 천하고 경박스런 내용들을 감히 글로 적으면서도 변명은 하지 않는다. 제목만 봐도 세속적이므로 그럴 수밖에 없다. 비난하고 싶으면 내 의도를 비난하라고 말하고 싶다. 그러나 내 태도는 비난하지 못한다. 아무튼 내게 알려주지 않아도 이런 일이 무게나 가치 있는 일은 아니며, 미친 수작인 것도 잘 알고 있다. 다만 내 판단이 어긋나지 않으면 된다. 이 글은 바로 그런 시도이다.

나는 어리석은 짓이 무엇인지 알고 있으며, 나 자신을 속이지 않는 이상 내가 어리석은 일을 말해서 안 된다는 법은 없다. 그리고 바른 정신으로 실수하는 것은 내게는 아주 흔한 일이기 때문에 나는 다른 방식으로 실수하지 않는다. 나는 결코 우연한 사고로 실수하는 일은 없다. 나의 서툰 행동들을 생각이 건방진 탓으로 돌리는 것은 그리 큰 문제가 되지 않는다. 왜냐하면 대개는 나의 악덕한 행동들을 보통 그런 탓으로 돌리기 때문이다.

나는 어떤 의견을 지지할 줄은 알지만 그것을 선택할 줄은 모른다. 세상일에 관해서는 어느 쪽으로 판단이 기울어지든 그것을 합리화시킬 이유가 여러 가지 생기기 때문에 나는 어느 쪽이 됐든 늘 그쪽 의견을 주장하기 위한 이유를 찾아낸다. 그래서 선택의 문턱에 이르기까지 의문과 자유를 내게 남겨둔다. 그리고 사실을 말하자면, 대부분의 경우 나는 사람들이 흔히 하듯 깃털을 바람결에 던져보며 운에 맡겨버린다. 말하자면 아주 단순한 방법을 따라 마음을 정하는 것이다. 나의 판단은 너무 불확실해서 대부분의 상황들이 거의 똑같은 것으로 보이며 결정을 못하고 주저하고만 있기 때문에 제비를 뽑든지 주사위를 던져서 결정을 지어야 할 정도다. 나는 남의 의견을 좇아가는 재주밖에 없다. 그리고 쉽사리 군중이 하는 대로 끌려간다. 그래서 사람들을 지휘하거나 지도할만한 힘을 가지고 있다는 확신이 전혀 없다. 오히려 다른 사람들이 내 앞에서 이끌어 줄 때 나는 안심을 한다. 불확실한 일들을 선택해야 할 상황에 부딪치면 나는 무조건 자기 의견에 확신을 가지고 있는 사람의 선택을 따른다. 하지만 나는 반대 의견에도 똑같은 약점이 있는 것을 알기 때문에 한번 정한 의견은 쉽게 바꾸지 않는다.

우리의 법률과 풍습에는 해괴망측하고 야만적인 것이 수없이 많이 있다. 그러나 우리가 그것을 개선하기는 극히 어렵고, 더욱이 이 사회는 점점 붕괴하려는 위험에 처해 있다. 그래서 내가 이 사회의 수레바퀴에 쇠막대를 질러 정지시킬 수만 있다면 진심으로 한번 해보고 싶다. 우리 사회에서 지금 가장 위험한 건 불안정성이며, 법률이 우리의 의복과 마찬가지로 어떠한 결정된 형태도 잡을 수 없다는 점이다. 인간이 하는 모든 일은 불완전하기 때문에 어떤 정부가 하는 일이 불완전하다고 비난하는 건 매우 쉽다. 사람들이 옛날부터 지켜오는 습관에 경멸감을 일으키는 것 또한 쉬운 일이다. 인간으로서 이런 생각을 해보지 않은 자는 없을 것이다. 그러나 과거의 것을 부수고 더 나은 것을 세우려 한 사람들도 수없이 실패만 했다.

나는 신중하게 행동하는 것을 별로 중요하게 여기지 않는다. 그리고 세상의 공공질서에 기꺼이 순응한다. 잘잘못을 따지며 피곤하게 살지 않고, 명령을 하는 것보다 명령받는 것에 더 익숙하며, 운명에 따라 순하게 살아가는 사람은 행복하도다. 사리를 따지면서 일일이 논란을 불러일으키는 자들은 그 행동이 순수하지도 정직하지도 못하다.

결국 내 이야기로 돌아와, 내 자신에게 어떤 가치가 있다면 그건 다른 사람들도 모두 갖고 있는 평범한 점일 뿐이다. 어느 누가 자신이 지각이 없다고 생각하겠는가? 이 말은 그 자체로 모순이 있는 질문이다.

자기를 비난하는 것은 이 문제에서는 자기를 변명하는 것이며, 자기를 징계하는 것은 자기를 사면하는 것이 될 것이다. 우리는 다른 사람들에게 용기나 체력, 경험, 민첩성, 미모 등의 장점을 쉽게 인정해준다. 그러나 판단력은 누구에게도 쉽게 인정하지 못한다. 그리고 다른 사람들이 단순하고 자연스런 추리로 내놓은 논법들은 그쪽을 쳐다보기만 해도 찾아낼 것이다. 다른 사람들의 작품에 나타나는 학식과 문체는 그것이 우리의 것보다 우수하다는 것을 쉽사리 느끼게 한다.

그런데 그대는 누구를 위해 글을 쓰는가? 책을 비평하는 학자들은 학문 이외에 다른 가치를 찾아내지 못하며, 학식으로밖에는 다른 방법을 사용할 줄도 모른다. 만일 그대가 두 스키피오를 혼동하고 있다면 무슨 할 말이 있겠는가? 학자들의 말에 의하면, 아리스토텔레스를 모르는 자들은 자기 자신을 모르는 자와 같다는 것이다. 평범하고 속된 영혼들은 고매하고 섬세한 사상의 그윽한 맛을 이해하지 못한다.

사람들은 일반적으로 자연이 우리에게 나누어준 은총의 가장 정당한 몫은 감각이라고 한다. 왜냐하면 아무도 자연이 자기에게 분배해준 감각에 만족하지 않는 사람이 없기 때문이다. 당연한 일 아닌가? 그 너머를 바라는 사람은 자기 시야의 너머를 보려는 것이다.

나는 정당하고 건전한 생각을 가지고 있는 것 같다. 하기야 누가 자기는 그렇지 않다고 생각하겠는가? 하지만 내가 정말 그럴 수 있다는 최상의 증명 가운데 하나라면 내가 나 자신을 대수롭지 않게 평가하는 점이다. 이 생각이 확고하지 않다면 전적으로 나 자신에게만 애정을 기울이며, 내가 가지고 있는 사상들은 내가 특별히 가지고 있는 애정에 쉽게 넘어갔을 것이다. 다른 사람들은 많은 친구들과 친지들에게 자신들의 영광과 위대함을 알리느라 바쁘지만 나는 모든 것을 내면의 안정을 위해 나 자신에게만 끌어들인다. 거기서 다른 데로 빠져나가는 것이 있다면 그건 내 이성의 명령에 의한 것이 아니다.

세상 사람들은 늘 서로 상대편을 쳐다본다. 하지만 나는 내 안으로 시선을 돌려 거기만을 쳐다보고 그 안을 부지런히 둘러본다. 사람들은 모두 자기 앞만 쳐다보지만 나는 내 안을 들여다본다. 나는 나를 탐색하는 것밖에 다른 일이 없다. 나는 끊임없이 나를 고찰하고 검토하며 나를 맛본다. 다른 사람들은 늘 다른 곳으로 가고 있다. 그들은 늘 앞으로 간다. 그러나 나는 내 안에서 굴러다닌다. 내 안에 있는 진실이 무엇이든 이 진실을 추려내는 능력과 내 신념을 쉽사리 굽히지 않는 이 자유의지를 나는 주로 나 자신에게서 얻었다.

내가 가진 가장 견실하고 일반적인 사상들은 말하자면 나와 함께 출생했다. 그것은 자연스럽고 그리고 완전히 내 것이다. 나는 이 사상들을 그저 단순하고 과감하며 강력하게, 그러나 좀 뒤섞이고 불완전하게 만들어냈다. 그 후로 나는 남의 권위에 의해서 그리고 내가 판단력을 양성하는데 적당하다고 여긴 몇 사람들의 건전한 사상에 비추어 내 사상을 세우고 강화하였다. 이런 인물들이 내 사상을 확고하게 파악하도록 했고, 그것을 더 완전히 누리고 소유하도록 했다.

사람들은 활기차고 기민한 재치로 남의 칭찬을 받으려고 하지만 나는 절도 있는 행동으로 그것을 얻으려고 한다. 그들은 특별한 성과나 어떤 특수한 능력으로 얻었지만 나는 질서와 이해와 평온한 판단과 행동 습관으로 얻었다고 생각한다. 그러니 여기서 내가 교만하다고 할 과오를 어느 정도로 범하고 있는지를 알 수 있을 것이다. 그리고 남을 충분히 존중하지 않는 과오로 말하자면, 내가 그것에 대해 얼마나 잘 설명할 수 있을지 모르겠다. 아무리 어렵더라도 나는 있는 그대로를 말하려고 하기 때문이다.

사실 이 시대는 낡고 새롭지 못한 일들만이 판을 치고 있다. 그래서 대단히 감탄할만한 것은 눈에 띄지도 않는다. 또 그런 것을 판단할 수 있는 사람들도 만난 적이 없다. 그리고 내가 일반적으로 교제하는 사람들은 대부분이 정신적인 교양 면에 관심이 적어서, 그들에게 행복이라는 건 명예심만 있을 뿐 인격의 완벽함에 대해서는 용감성밖에 모르고 있다.

남에게서 훌륭한 점을 보면 나는 그것을 진심으로 칭찬하며 존경한다. 그리고 때로는 과장해서 말하기도 한다. 왜냐하면 거짓말을 꾸며낼 줄 모르기 때문이다. 나는 친구들에게 훌륭한 점이 있으면 그것을 곧잘 증언한다. 그리고 한 치쯤의 가치라면 한 치 반쯤으로 말한다. 그러나 그들이 가지지 못한 능력을 갖고 있다고 하지는 않으며, 그들이 가진 불완전한 점도 굳이 변명하지는 않는다.

내 적들에게 인정해야 할 칭찬도 나는 솔직히 인정한다. 내 기분은 변한다. 그러나 내 판단력은 변하지 않는다. 그리고 나는 내 싸움과 거기에 관계없는 다른 사정들을 혼동하지 않는다. 그리고 판단력의 자유를 너무나 아끼기 때문에 어떠한 격정에 사로잡혀도 이 자유를 쉽사리 버리지 못한다. 내가 거짓말을 한다면 그것은 내 거짓말의 대상이 된 자보다도 내 자신에게 더 큰 욕이 된다. 페르시아 인들은 상대방과 불구대천의 원수로 싸우고 있으면서도 그들의 용덕을 인정할 줄 아는 명예롭고 공평한 정신을 가지고 있었다고 한다.

나는 훌륭한 품성을 가진 사람들을 많이 알고 있다. 어떤 사람은 정신이 훌륭하고, 어떤 사람은 용기가 훌륭하며, 또 어떤 사람은 문체가, 어떤 사람은 학문이, 그리고 어떤 사람은 마음이 탁월하다. 그러나 대체로 많은 훌륭한 소질을 가진 사람들을 가만히 살펴보면 믿기지 않을 정도로 특출한 사람들이 없다. 말하자면 사람들이 놀랄 정도로 어떤 분야에 뛰어나다거나 지나간 시대의 영광스런 인물들에 비견할 수 있는 사람이 없다는 것이다.

그리고 정신적으로 탁월한 소질을 가진 사람 중 내가 알고 지낸 가장 위대하고 훌륭한 인물은 에티엔느 드 라 보에티였다. 그는 충만한 영혼을 가졌고 모든 방면으로 훌륭한 모습을 보였다. 그가 운만 좋았다면 그 풍부한 천성에 학문과 연구를 크게 함으로써 위대한 업적을 이루어 놓았을 것이다.

한편 왜인지는 모르겠지만 사실 글쓰기의 천직과 서적에 관련된 직무에 참여하며 남보다 더한 능력을 가졌다고 거들먹거리는 자들은 다른 분야의 사람들보다도 허영심이 강하며 오히려 이해력이 약하다. 그것은 아마도 사람들이 그들에게 거는 기대가 크고 일반적인 실수도 용서하지 않기 때문이거나 또는 자신들이 박식하다고 생각하기 때문에 너무 과감하게 자기를 드러내놓기 때문일 것이다. 그것은 마치 어떤 장인이 좋은 재료를 가지고도 규칙에 맞지 않는 어리석은 방법으로 작품을 만듦으로써 나쁜 재료를 가지고 만들었을 때보다 더 못한 결과를 드러내 보이는 것과 같은 식이다. 또한 석고로 만든 조각상보다 황금으로 만든 조각상에 드러난 결함이 더 눈에 거슬리는 것과도 같다.

나는 우리 교육 방법의 적절치 못한 점을 늘 고찰하고 있다. 교육의 목적은 우리를 선량하고 현명하게 만드는 것이 아니라 학자를 만들 뿐이었다. 그 점은 성공했다. 그러나 교육은 우리에게 도덕과 예지를 파악하라고 가르치지 않고 말의 유래와 어원의 지식만을 주입시켰다. 우리는 예지가 무엇인지 경험으로는 몰라도 잠꼬대처럼 외어서 알고는 있다. 우리는 이웃 사람들의 가문이나 친척을 아는 것으로 그치지 않고 그들과 친교를 맺어 왕래하기를 원한다. 교육은 우리에게 족보에 나오는 이름과 가계를 가르치는 식으로 도덕의 정의와 구분만을 가르치며, 우리와 도덕 사이의 친밀성이나 친구 사이에서의 실천을 세워보도록 가르쳐주지는 않는다. 교육은 우리를 수련시키기 위해서 더 건전하고 진실한 사상이 담긴 서적을 주는 것이 아니라, 가장 훌륭한 그리스어와 라틴어가 실려 있는 서적을 골라주며 그 아름다운 문자들 속에서 고대의 가장 헛된 정신들만을 우리의 사상 속에 주입시켰다.

나만의 사색으로 만들어지는 작품이 내 삶이다

나는 남들의 행동을 비판하기 좋아한다. 내 경우는 특별한 행동을 하지 않으므로 비판할 거리도 거의 없다. 그렇지만 내 행동에 대해 말하려 하면 나는 항상 얼굴이 붉어진다. 누가 내 조상들의 행동 습관과 용모, 자세, 말투 그리고 운 같은 것들을 내게 얘기해주면 참 좋을 텐데! 그럼 내가 얼마나 관심 있게 듣겠는가! 만약 조상들의 초상화와 의복들, 그들이 지녔던 무기들을 경멸조로 바라본다면 그건 진정 나쁜 본성에서 비롯되는 일일 것이다. 나는 조상들의 필적과 인장, 신앙 일기, 그리고 도검들도 전부 보존하고 있다. 그리고 부친께서 언제나 손에 들고 계시던 긴 지팡이 같은 것도 서재에 잘 보관하고 있다. 성 아우구스티누스가 말했다시피 '부친에 대한 애정이 깊을수록 그의 의복과 반지 같은 것들도 자녀들에겐 더욱 더 소중하게 남게 된다.' 만약 내 후손들의 생각이 그렇지 않다면 나도 거기에 대처할 방법이 있을 것이다. 왜냐하면 그때가 되면 그들은 내가 자신들을 위해 변명해준 것처럼 내 일을 생각해줄 수는 없을 것이기 때문이다.

내가 이 책으로 일반 사람들과 만날 수 있는 기회는 기껏해야 그들의 인쇄 기계를 빌릴 때뿐이다. 그것이 더 신속하고 편리하기 때문이다. 반면 이 책의 낱장들은 아마도 장터에서 버터 한 귀퉁이가 녹아서 떨어지지 않도록 막아줄 것이다.

내 글을 읽어주는 사람이 아무도 없다고 해도 내가 그 많은 한가한 시간을 그렇게도 유용하고 즐거운 사색으로 보낸 것이 과연 시간의 낭비였다고 할 수 있을까? 나 자신의 틀에서 이런 그림을 찍어내며 나를 뽑아내기 위해 그렇게도 수없이 손질하고 다듬어야 했기 때문에 어떤 시점에서부터 나라는 원형이 굳어지고 만들어져갔다. 남을 위해서 나를 그려가다가 나는 첫 빛깔보다도 더 뚜렷한 색채로 내 속에 나를 색칠해간 것이다. 내가 내 작품을 만들었는지 내 작품이 나를 만들었는지 모를 정도로 이 작품은 작가와 동체이며, 작가 자신만이 취급되고 내 생명의 부분으로 되어 있다. 다른 서적들처럼 제3의 외부적인 목적으로 취급된 것이 아니다.

내가 그렇게도 끊임없이 호기심을 가지고 나 자신을 보고해온 것이 과연 시간 낭비뿐이었을까? 오로지 공상으로 그리고 말로만 몇 시간 동안 자기를 더듬어보는 자들은 자기 연구와 자기 작품 그리고 자기 직업을 위해 성심껏 전력을 다해 기록해가는 자만큼 진정으로 자기 자신을 살피지도 않고 자신 속에 침투하지도 못한다. 가장 감미로운 쾌락은 그것이 내부적으로 소화되면 그 흔적을 남기기를 피하고 세상 사람들뿐 아니라 남의 눈에 띄는 것을 꺼린다는 것이다.

얼마나 여러 번 이 일이 내게서 우울한 상념을 거둬가 주었던가! 모든 부질없는 상념들은 우울한 색채를 띠고 있다. 자연은 우리에게 반성할 수 있는 능력을 충분히 부여했다. 우리는 사회에 속한 존재지만 또한 우리 스스로에게 의지하고 있는 존재이므로 스스로 반성해보도록 자주 권고되고 있다. 공상을 할 때도 기억에서 금방 사라지는 것을 막으려면 어떤 질서와 계획을 세워서 해야 한다. 그래서 공상에 떠오르는 자잘한 많은 생각들을 기록해 그것에 형체를 주는 것이다. 나는 몽상들을 기록해두어야 하기 때문에 주의해서 듣는다.

나는 책을 만들기 위해서 공부한 것이 아니라 책을 만듦으로써 저절로 공부를 한 셈이었다. 이 경우엔 이 작가의, 저 경우엔 저 작가의 머리나 다리를 스쳐보고 꼬집어보는 것이 공부라면 말이다. 이건 결코 나의 사상을 만들려고 한 것이 아니다. 이미 오래전부터 머릿속에 자리 잡고 있던 내 생각들을 보충하고 다듬기 위해서이다. 하지만 이렇게 부패한 시대에 아무리 솔직한 말인들 누가 남의 말을 믿어줄 것인가? 남의 일을 꾸며서 말한다고 해도 득 될 게 없고, 그것을 믿을 만한 사람이 거의 없거나 전혀 없는 상황이니 말이다. 사회가 퇴폐해졌을 때의 첫째 특징은 진실이 없어진다는 것이다. 왜냐하면 핀다로스가 말한 바와 같이, 진실함은 위대한 도덕을 세우는 시초이며 플라톤이 그의 공화국 통치자에게 요구하는 제 1조이기 때문이다. 이 시대의 진리는 있는 그대로의 사실을 말하는 것이 아니고, 남을 잘 설복시키도록 말하는 것이다. 마치 가짜 돈도 통용되기만 하면 그걸 돈이라고 부르는 식이다. 우리나라는 이 거짓말하는 악덕으로 많은 비난을 받아왔다. 발렌티니아누스 황제 때의 사람인 마르세유의 살비아누스는, 프랑스인들에게는 거짓말하기와 약속을 저버리는 행위가 악덕이 아니라 말하는 한 방식이라고 했다.

이 증언에 덧붙여 말하고 싶은 사람은 아마도 이제 그것이 그들에게는 도덕으로 되었다고 말할 것이다. 사람들은 명예로운 훈련이라도 받는 양 그 속에 자기 정체를 만들며, 그것으로 자기 본성을 드러낸다. 왜냐하면 속임수는 이 세기의 가장 특기할 만한 소질이기 때문이다.

그래서 나는 사람들이 이 악덕으로 책망 받는 것을 다른 무슨 일보다도 더한 모욕으로 느끼며, 거짓말한다고 비난받는 것을 말로 할 수 있는 가장 극도의 모욕이라고 생각하면서도 왜 그런 습관을 그렇게도 철저히 지키고 있는지 고찰해 보았다. 이 점에 관해 우리가 가장 깊이 빠져있는 결함을 가장 열렬히 변명하는 것은 당연한 일일 것이다. 그렇지만 우리는 이런 비난을 뼈저리게 느끼고 분개함으로써 자신의 허물을 벗는 것 같다. 그러나 이 비난은 사람들의 마음이 용렬하고 비겁한 것을 감싸주려는 의도로 하는 것이 아닐까? 자기가 한 말을 부인하는 것보다 더 확실한 비겁함이 또 있을까?

거짓말하는 것은 천한 악덕이다. 플루타르크는 거짓말하는 것을 수치스럽다고 묘사하며 그것은 신을 경멸하고 인간을 두려워하는 증거라고 했다. 이 악덕의 흉측함과 비굴함, 난잡스러움을 이보다 더 잘 표현한 말은 없을 것이다. 인간 앞에서 비굴하고 신 앞에서 용감한 것보다 더 비굴한 것을 상상할 수 있겠는가?

우리들의 상호 양해는 오로지 언어를 통해 이루어지는데 이 말을 잘못 사용하는 자는 공공사회를 배반하는 것이다. 말은 우리의 의지와 사상을 서로에게 전달하는 유일한 연장이다. 그것은 우리들의 영혼을 통역하는 것이다. 말이 우리에게 없으면 우리는 서로 의지할 수 없으며 알아보지도 못한다. 말이 우리를 속인다면 우리의 모든 관계를 깨부수며 우리 사회의 모든 연결을 무너뜨릴 것이다.

거짓말을 배격하는 우리의 다양한 풍습과 그에 관한 명예의 법칙과 겪어온 변천에 관해서는 다음번에 말하기로 하고, 다만 할 수 있으면 말의 가치를 정확하게 달아보고 재어보며 거기에 우리의 명예를 결부시키는 습관이 어느 시대에 시작되었는지를 말해보고 싶다. 옛날 그리스나 로마 사람들 사이에 이런 습관이 없었던 것은 판단하기 쉬운 일이다. 그들이 서로 거짓말을 폭로하고 욕질하면서도 싸움으로 말려들지 않은 것이 이상하고 신기할 정도였다. 그들 의무의 법칙은 우리의 것과는 다른 길을 향해 있었다. 사람들은 카이사르를 보고 어느 때는 도둑놈이라 하고 또 어느 때는 주정뱅이라고 맞대놓고 쏘아붙였다. 우리는 그들이 서로 자유로이 욕설을 주고받는 것을 본다.

이것은 전쟁하는 양쪽 나라의 가장 높은 장수들이 하는 말이지만 거기서 말은 단지 말로 상대될 뿐이지 다른 결과는 이끌지 않는다.

절제 없는 행복함은 그 자체를 파괴한다

우리의 천성은 허약하므로 사물들의 단순성과 자연의 순수성을 있는 그대로 사용할 수가 없다. 우리가 누리는 요소들은 우리의 습관에 의해 변질되어 있다. 금속들도 역시 그렇다. 그래서 황금을 우리의 용도에 맞게 활용하려면 다른 물질을 첨가해 나쁜 방향으로 변화시켜야 한다.

우리의 탐욕이 극에 달하면 마침내는 고통과 후회가 뒤따르게 된다. 하지만 반성하고 고민한다고 해서 이 탐욕이 사라질 수 있을까? 진실로 우리가 그 절정 상태를 표현해본다면 모든 고통스런 단어, 즉 고뇌와 나약, 실신, 질병 등의 말들을 동원해야만 한다.

진정한 기쁨은 유쾌함보다 더 엄격한 감정을 지니고 있다. 또한 지극히 충만한 만족감은 유쾌함보다 훨씬 더 안정감이 있다. '절제 없는 행복함은 그 자체를 파괴한다.'고 누군가 말했다. 안일함은 우리 자신을 해치는 것이다.

그리스의 한 시구 첫머리도 바로 이런 뜻을 의미하고 있다. '신들은 우리에게 모든 좋은 일들을 판매하고 있다.' 다시 말하면 그들은 어떠한 좋은 일도 우리에게 그냥 주지 않으며, 우리로 하여금 그 대가를 치르고 사게 한다는 것이다. 노고와 쾌락은 그 성질이 완전히 다르지만 이상하게도 자연스럽게 결합하며 서로를 북돋운다. 소크라테스는 이에 대해, 어떤 신이 고통과 쾌락을 함께 뒤섞어 놓으려고 했다가 잘 안 되자 그것들의 꼬리를 잡아 묶어놓은 것이라고 했다.

메트로도로스는 비애 속에도 어느 정도의 쾌락이 섞여있다고 말했다. 그가 다른 뜻으로 한 말인지는 모르지만, 우울증도 마음속에서 적극적이고 의도적으로 키우는 것이라고 나는 생각한다. 거기엔 물론 야심도 섞여 있을 수 있다. 우울증에는 웃고 아첨하는 달고 좋은 맛의 그림자가 있다. 그러니 우울증을 영양분처럼 섭취하는 사람은 없겠는가? 우는 데에도 어떤 쾌감이 있다. 그것은 사과의 달고도 신맛과 같다고 하였다.

대자연은 우리에게 혼돈을 드러내 보인다. 화가들은 울 때 나타나는 얼굴 움직임과 주름살이 웃을 때도 역시 나타난다고 생각한다. 이 두 가지 표정을 완료하기 전에 화가가 그려가는 모습을 살펴보라. 어느 쪽으로 그려가는 것인지 알 수가 없다. 그리고 웃음의 절정에는 울음이 섞인다.

경건한 마음으로 나 자신을 고백해보면, 내 안에 깃들어있는 최상의 선에도 악이 물들어있는 것을 느낄 수 있다. 만약 플라톤이 그의 가장 새롭고 생기 있는 도덕에서(나 자신도 누구 못지않게 도덕을 진지하고 성실하게 평가하지만) 더 세심하게 들어보았다면(물론 그는 세심하게 듣고 있었지만) 거기에 인간적 혼합의 어색한 박자와 음조, 그러나 단지 자신에게만 느껴지는 애매한 박자와 음

조를 느낄 수 있었을 것이다.

인생에 필요한 것과 공공생활에 봉사를 하기 위한 정신의 순수성과 통찰성은 아무리 가져도 지나치는 법이 없고, 투철한 예지를 위해 치밀함과 고찰을 아무리 가져도 지나치는 법이 없는 것 또한 진실이다. 그러한 정신들을 모범적인 실무에 더욱 활용하려면 둔중하고 무디게 만들어야 하고, 이 암담한 세속의 인생에 적응시키려면 좀 탁하고 침침하게 만들어야 한다. 때문에 평범하고 좀 덜 긴장된 정신들이 일처리에는 더 적합하다. 그리고 고매하고 정교하고 치밀한 철학사상은 실천에 적용하기는 부적당하다. 이러한 정신의 예민한 활기와 유연한 불안정성은 우리의 계획을 혼란시킨다. 사실 계획들은 피상적으로 거칠게 다루어야 하며, 많은 부분을 운의 권한에 맡겨두어야 한다. 일을 그렇게까지 심오하고 정밀하게 밝힐 필요는 없다. 사람들은 많은 반대되는 양상과 잡다한 형태 속에서 갈피를 잡지 못한다.

일의 모든 사정과 결과들을 찾아보고 받아들이는 자는 달리 선택할 것이 없다. 그러나 중용의 정신은 일을 쉽게 처리할 수 있으며 중대한 일이나 가벼운 일이나 모두 처리하기에 충분하다. 살림을 잘하는 자들은 그것을 어떻게 하는지 잘 설명하지 못하며, 반대로 말을 아주 잘하는 자들은 가만 보면 살림에 필요한 일을 거의 할 줄 모른다.

내가 알고 있는 사람 중에 모든 종류의 살림살이에 대해 청

산유수로 설명을 잘 하는 사람이 있는데, 그는 얼마나 어리석은지 자기 손에 들어올 연금 10만 프랑을 놓쳐버렸다. 또 어떤 사람은 둘째가라면 서러울 정도로 말을 잘하고 좋은 의견도 많이 내놓으며 세상에 그보다 더 뛰어난 머리와 능력을 보여준 자가 없을 정도였는데, 그의 하인들은 그를 아주 다르게 보고 있었다. 운이 나빴던 일은 빼고도 말이다.

나쁜 수단을 좋은 목적에 사용하라

삼라만상이 모두 어우러진 대자연의 조화에는 경탄할만한 상호관계와 균형이 있다. 그것은 곧 이 대자연이 우연에 지배되어 있는 것이 아니라는 걸 보여준다. 우리의 육체적 질병과 상태는 국가에서도 관찰할 수 있다. 왕국이나 공화국들은 국민과 함께 탄생해 번성하다가 노쇠해 스러져간다. 우리는 영양 과잉과 해로운 기질 때문에 비만해지기 쉽다. 어떤 때는 좋은 체액에 의해서 그렇고(의사들은 바로 그것을 두려워한다. 그리고 우리에게 안심할 것은 아무것도 없으며, 너무 경쾌하고 강인한 건강은 더 좋아질 수 없기 때문에 오히려 혼돈 속에서 급격히 나빠질 수도 있다. 그런 건강은 기술적으로 감퇴시켜 억눌러야 한다고 의사들은 말한다. 예를 들어 운동선수들의 경우는 속을 비워 내거나 피를 뽑아서 건강 과잉을 억누르는 처방을 내어준다는 것이다), 또 어떤 때는 나쁜 체액에 의해서 비만해진다. 이것은 질병의 일반적인 원인이 된다.

국가들도 이와 비슷한 비대증으로 병드는 일이 흔히 있다. 그래서 여러 종류의 빼내는 방법을 습관적으로 쓰고 있다. 어떤 때는 국가의 짐을 덜어보려고 수많은 사람들을 밖으로 내보낸다. 그러면 사람들은 외국으로 가서 남들을 물리치고 싸우며 자리를 잡는다. 이런 방식으로 옛날 프랑크 족들은 독일의 오지를 떠나 골 지방을 점령하고 그곳 주민들을 몰아냈던 것이다. 그래서 브렌누스와 다른 지도자들 아래로 수많은 사람들이 몰려들어 이탈리아로 흘러들어 갔고, 고트 족과 반달 족들은 현재의 그리스를 점유하고 있는 국민들처럼 자신들의 나라를 떠나 더 넓은 땅을 찾아 나섰던 것이다. 이런 소란이 일어나지 않은 지역은 세상에 두세 군데도 되지 않을 것이다.

로마인들은 이런 방식으로 식민지를 세워나갔다. 그들은 도시가 과도하게 커지자 국내에 일자리가 없는 많은 민중들을 해외의 정복한 땅으로 내보내 거기서 농사지어 살아가게 했다. 그건 한편으론 부패의 원인이 되는 나태가 다른 더 나쁜 재앙과 변고를 부를까 두려워 민중들을 긴장시키기 위한 것이기도 했다. 또한 그들은 청년들의 맹렬한 열기를 식히고, 줄기에 너무 무성하게 돋아나는 잔가지를 자르고 솎아주기 위해서도 가끔 적들과의 전쟁을 꾸며냈다.

브레티니 조약에서 영국 왕 에드워드 3세가 우리 왕과 전면적인 평화조약을 맺을 때 브르타뉴 공국에 관한 분쟁을 거기에 포함시키려 하지 않은 이유는, 자기 편 전사들에게 패기를 쏟아놓을 장소를 남겨두고 이 땅에서 사건을 일으켰던 영국 민중들이 다시 영국으로 되돌아오지 못하게 하기 위함이었다. 그것은 필리프 왕이 자기 군대에 있는 많은 피 끓는 청년들을 함께 데리고 가도록 아들 장을 바다 건너 전쟁에 보내는 데에 동의한 이유 가운데 하나였다.

많은 사람들은 당대에도 이런 식으로 생각하며, 지금 당장 우리 몸을 지배하며 일을 저지르는 체액을 딴 데로 흘려보내지 않으면 가슴 속의 이 끓는 정열이 항상 우리의 열기를 북돋우고, 마침내는 우리나라에 완전한 파멸을 초래하지 않을까 염려해 이 열기를 이웃 나라와의 전쟁으로 풀기를 바랐던 것이다. 사실 외국과의 전쟁은 내란보다는 훨씬 덜 고된 고통이었다. 그러나 나는 우리의 편익을 위해서 남을 침범하고 싸움을 거는 이런 부당한 도발을 하느님께서 용서하리라고는 생각하지 않는다.

다른 사람의 아픔을 재미로 흉내 내지 마라

마르티알리스는 풍자시 가운데 한 작품에서 코엘리우스의 이야기를 재미있게 서술하고 있다. 코엘리우스는 로마의 세도가들에게 문안드리러 가서 시중들고 부축하며 따라다니는 일을 피하려고 통풍에 걸려있는 체하였다. 그리고 더 그럴듯하게 보이려고 다리에 약을 바르고 싸매고 다니며 영락없는 환자의 태도와 모습을 하고 있었다. 그러다가 운명은 그에게 진짜 통풍환자가 되는 불행을 안겨주었다.

나는 아피아노스의 작품 중에서 이런 종류의 이야기를 읽은 적이 있다. 한 남자가 로마 집정관의 체포령을 피해 추적자들의 눈을 속이려고 변장을 하고 다니다가 급기야 애꾸눈까지 흉내 내어 꾸미게 되었다. 그러다가 어느 정도 자유를 찾게 되었을 때 그는 오랫동안 눈에 붙어있던 고약을 떼어내려고 했다. 그런데 그때, 그의 눈은 아무것도 보이지 않았다. 실제로 그는 한쪽 시력을 상실하고 말았던 것이다. 그는 눈을 너무 오랫동안 사용하지 않고 두었기 때문에 마비되어서 시력이 다른 쪽 눈으로 쏠렸는지도 모른다.

아이들이 애꾸눈이나 절름발이, 사팔뜨기 또는 인간의 다른 결함을 흉내 내는 것을 보고 어머니들이 꾸짖는 것은 옳은 일이다. 왜냐하면 아이들에게 나쁜 버릇이 물드는 것 외에도 흉내를 내다보면 운명이 진짜로 그런 결함을 만들어 주어 골탕을 먹이는 것 같기 때문이다. 실제로 나는 사람들이 꾀병을 부리다 정말로 병에 걸렸다는 이야기를 여러 번 들어왔다. 나는 말을 탈 때나 걸을 때 항상 손에 채찍이나 지팡이를 들고 있으며, 멋을 부리느라 그것을 짚고 쉬는 버릇이 생기게 되었다. 이 습관 때문에 나는 우리 집안에 통풍환자가 생길까 좀 걱정이 된다.

그럼 이야기를 좀 넓혀서 시각장애인에 관한 다른 이야기를 하나 덧붙여보자. 플리니우스의 말에 의하면, 어떤 사람이 잠을 자다가 시각장애인이 된 꿈을 꾸었는데 다음날 정말로 시각장애인이 되어버렸다고 한다. 내가 다른 데서도 말했지만 상상력은 그런 작용을 일으키는 데에 실제로 도움이 될 수 있다. 플리니우스도 같은 의견인 것 같다. 아무튼 의사들이 그 원인을 알아보려고 했다면 발견했을지도 모르지만, 그 남자에게서 시각을 앗아가고 있던 증상이 이미 신체 내부에 있었을 것이다. 그 증상 때문에 바로 꿈을 꾸게 된 동기가 되었다고 보는 것이 더 이치에 맞을 것이다.

이 제목과 비슷한 것으로 세네카가 그의 편지에서 말한 것을 여기에 첨가해 보자. 그는 루킬레우스에게 써 보낸 편지에서 이렇게 말했다.

'자네도 알다시피, 내 아내의 광대인 하르파스타는 상속자이기 때문에 내 집에 머무르고 있다네. 이런 괴상한 사람들은 내 취향에 전혀 맞지 않은데, 만약에 광대를 보고 웃고 싶은 생각이 든다면 멀리서 찾을 필요 없이 바로 나 자신을 보고 웃으면 된다네.

그런데 이 광대가 어느 날 갑자기 시각을 잃었다네. 그대는 내 이야기가 이상하게 들리겠지. 하지만 이것은 사실이라네. 문제는, 그녀는 자신이 시각장애인이 된 것을 느끼지 못하는 거라네. 그러면서 계속 하인에게 밖으로 데리고 나가달라고 한다는 거야. 집 안이 캄캄하다고 하면서 말이지. 우리가 그녀를 얼마나 안타깝게 생각하는지 자네가 믿어주기 바라네.

사람은 누구도 자신이 인색하다든지 욕심이 많다는 것을 알지 못한다네. 시각장애인들은 안내자라도 붙여달라고 요구하지만 우리는 자기 자신을 제대로 알지도 못하면서 자신에게서 벗어나 있지. 우리의 병폐를 우리 자신 밖에서 찾으면 안 된다네. 그건 바로 우리들 속에 있으니까. 그리고 우리가 병들어있는 것을 모르기 때문에 그 병을 고치기가 어려워진다네.

우리가 일찍부터 자신을 보살피지 않으면 언제 그 많은 상처와 병폐에 대비할 수 있겠는가? 그 때문에 우리는 철학이라는 대단히 감미로운 약을 가지고 있는 거라네. 왜냐하면 다른 약들은 치료되고 나서야 그 유쾌한 맛을 느끼지만, 이 철학이라는 약은 쓸 때도 유쾌하면서 또한 병도 고쳐주기 때문이지.'

모든 일에는 저마다 때가 있다

젊은이는 인생을 준비해야 하고 늙은이는 인생을 누려야 한다고 현자들은 말한다. 인간의 본성에서 가장 큰 결함은 끊임없는 욕망이 새로 생긴다는 것이다. 우리는 늘 다시 살고자 한다. 그러나 공부와 욕망은 때로 늙음을 느껴야 한다. 한 발은 무덤 속에 있는데도 욕망과 추구는 계속 출생만 하고 있으니 말이다. 내 계획은 가장 긴 것도 1년을 넘지 않는다. 나는 이제부터는 마지막을 장식한다고 생각할 것이다.

나는 모든 새로운 희망과 계획을 벗어던지겠다. 그리고는 모든 장소에 마지막 작별을 고하고 떠나고 싶다. 또한 내가 가진 모든 것을 포기하겠다. 결국은 내 마음속에서 세상 형편에 관한 걱정, 재산을 모아 부자가 되는 것에 관한 걱정, 위대성이나 지식, 건강, 내 자신에 관한 걱정 따위, 인생을 심란하게 만드는 여러 욕망과 번뇌를 사라지게 하는 것이 내가 노령기에 발견한 모든 위안이다.

우리는 어느 때라도 공부를 계속 할 수 있다. 그러나 학교 공부는 그렇지 않다. 늙은이가 알파벳을 배우려는 것은 어리석은 짓이다. 만약 공부를 해야 한다면, 누가 노령기에 이런 공부는 뭐 하려고 하느냐고 물을 때 '그것으로 더 나아져서 더 편하게 떠나려고'라고 대답할 수 있도록 우리들 조건에 맞는 내용을 공부하자. 소 카토가 자기 종말이 가까이 옴을 느끼며 플라톤의 영혼의 영원성에 관한 토론에서 만난 것이 그러한 공부였다. 우리가 믿어야 할 것은 그가 오래전부터 이러한 출발(죽음)을 위한 온갖 종류를 준비하고 있었다는 것이다. 그는 견고한 의지와 자신감을 가지고 있었고, 학문에 있어서는 플라톤보다 더 많은 것을 누렸으며, 그의 지식과 마음은 철학을 초월하고 있었다. 그는 편안한 죽음을 맞이하려고 이런 것을 일삼은 것이 아니라 다른 행동들처럼 습관적으로 공부도 계속했던 것이다.

집정관 직을 거절당한 그날 밤, 그는 놀이를 하며 밤을 보냈다. 그리고 그가 죽음을 기다리던 날 밤엔 책을 읽으며 보냈다. 그에게는 생명을 잃거나 직책을 잃거나, 그 모든 것이 한 가지였던 것이다.

분노는 우리의 판단력을 혼란시키는 무기이다

분노만큼 판단력을 혼란시키는 정열은 없다. 재판관이 분노 때문에 죄인을 처단한다면 그 재판관도 처단될 수 있을 것이다. 그런데 왜 부모들과 교사들은 분노가 폭발해 어린아이들을 때리고 벌줘도 그것이 허용된단 말인가? 그것은 이미 징계가 아니고 보복인데도 말이다. 징계는 어린아이에게는 약이 된다. 만약 의사가 환자에게 흥분해서 화를 낸다면 환자가 그대로 참아야 할까? 우리 자신도 올바르게 처신하려면 분노가 남아있는 동안은 다른 사람들에게 결코 손을 대서는 안 될 것이다. 맥박이 극도로 빨리 뛰며 흥분을 느끼는 동안은 일을 중지해야 한다. 마음이 가라앉아 냉철해질 때 사물들은 다르게 보이기 때문이다. 분노해있을 때는 격정의 지배를 받고 있으며, 우리 자신이 행동하는 것이 아니다.

격정을 통해서 보면 마치 안개 속의 물체를 보는 것과 같이 결점들이 더 크게 보인다. 배고픈 자는 음식을 찾는다. 그러나 징계를 사용하고자 하는 자는 벌주고 싶은 생각에 굶주리거나 목이 마르지도 않다. 하지만 신중하게 가하는 징벌은 오히려 당하는 자가 더 달게 받으며 더 좋은 성과를 갖게 된다. 그렇지 않으면 그는 분노에 빠진 사람에게서 처벌을 받았을 뿐, 정당한 벌을 받았다고는 생각하지 않는다. 그리고 상대방이 심상치 않은 동작을 하며 피가 거꾸로 솟아 평소에 쓰지 않던 욕설까지 퍼부어도 오히려 자신이 옳다고 변명을 한다.

말하는 것과 행하는 것은 다르다. 설교의 내용과 설교하는 자와는 따로 떼어서 고찰해야 한다. 우리 시대 교회 성직자들의 악덕으로 인해 교회의 진실을 비판하려고 시도한 자들은 비겁한 수단을 쓴 것이다. 교회는 다른 곳에서 그 진실의 증명을 끌어온다. 행세가 점잖은 사람들도 그릇된 의견을 가질 수 있으며, 악인이나 진실을 믿지 않는 사람들도 진실을 설교할 수 있다. 행실과 말이 부합할 때 그것은 진정으로 아름다운 조화이다. 그리고 말에 실행이 수반할 때에는 가장 큰 권위와 효력이 생긴다는 것을 나는 부인하고 싶지 않다.

나는 옛 사람들의 문장에 자기가 생각하는 것을 덧붙이는 자는 그런 생각을 가진 체하고 말하는 자보다 더 강한 감명을 주는 것에 주목한다. 키케로가 자유애에 관해서 말하는 것을 들어보라. 브루투스가 같은 제목으로 말하는 것을 들어보라. 그 문장에서 브루투스는 생명을 내걸고 자유를 살 인물이라는 것이 전달돼온다.

웅변의 시조인 키케로에게 죽음의 경멸을 말하게 해놓고 세네카에게 같은 문제를 다루게 해보라. 키케로는 기운 없이 끌어간다. 그리고 자기가 결단을 내리지 못하는 것을 그대에게 결단 내리게 하려는 것을 느낄 수 있다. 그는 그대에게 조금도 용기를 주지 않는다. 왜냐하면 그 자신이 용기가 없기 때문이다. 세네카는 그대에게 활기를 주고 불을 지른다. 나는 작가들, 특히 도덕과 의무를 취급하는 작가들은 그가 어떤 인물인가를 면밀히 살펴보지 않고는 그 작품을 읽지 않는다.

프랑스에서 가장 화를 잘 내는 사람에게(분노는 언제나 불완전한 감정이다. 그러나 군인의 경우에는 더 용서될 수 있다. 왜냐하면 이 직업에서는 분노 없이는 넘길 수 없는 경우가 있기 때문이다) 내가 자주 하는 말은, 그는 내가 아는 한 화를 가장 잘 억제하는 참을성 있는 사람이라는 것이다. 왜냐하면 분노가 그를 너무나 난폭하고 사나운 기세로 뒤흔들기 때문이다. 분노를 조절하려면 자신을 가혹하게 억제해야만 한다. 모든 격정 가운데 분노만큼 참기 어려운 것도 없다고 나는 생각한다.

상당한 지위에 있는 어떤 사람이 내게 자기의 행동 습관이 규칙적이고 온화하다면서 자랑을 했는데, 참 특이한 일이다. 나는 그에게, 특별한 지위에 있는 사람들로서는 항상 자신의 모습을 의식하며 살아야 한다는 게 상당히 어려운 일이고, 그러므로 중요한 건 내면의 역량을 키우는 것이며, 속으로 끙끙 앓고만 있는 것은 잘하는 태도가 아니라고 말했다. 나는 그가 세상을 의식해 가면을 쓰고 절도 있는 태도를 지키느라 힘든 삶을 살지나 않을까 걱정했던 것이다.

분노를 자꾸 숨기다보면 그것이 몸에 배어들게 된다. 마치 데모스테네스가 주막집에서 사람들에게 들킬까봐 속으로 기어들어가는 것을 보고 디오게네스가 '속으로 물러나 들어갈수록 더욱 그대는 그 속으로 들어간다'고 말한 식이다. 나는 점잖은 외모를 보이느라고 속으로만 고민하는 것보다는 차라리 격에 맞지 않게 하인의 빰을 한 대 치는 편이 낫다고 충고한다. 그리고 끙끙거리며 울화통을 덮어두기보다는 차라리 그것을 밖으로 터뜨려 내보내는 것이 좋다고 말한다. 격정은 밖으로 터져 나가면 그 힘이 약해진다. 격정의 화살을 안으로 향하게 해서 자신을 해치는 것보다는 밖으로 작용시키는 편이 낫다. 세네카도 이렇게 말한 바 있다. '모두 드러내 보이는 악덕은 비교적 가볍다. 그것을 가장된 건전함 밑에 은폐할 때 가장 나쁘다'

나는 집안에서 화를 낼 권한을 가진 자들에게 이렇게 경고한다. 첫째로 자신의 분노를 자제해 아무렇게나 휘두르지 말라. 왜냐하면 휘두르는 건 분노의 효과와 무게를 떨어트리기 때문이다. 평상시에 늘 고함을 치는 게 버릇이 되면 모두가 그를 깔보게 된다. 하인이 도둑질을 했다고 꾸지람을 하면 그건 곧 이전에 백 번은 말했던 것, 즉 유리잔을 깨트렸다거나 의자를 잘못 놓았다고 하는 말과 같은 소리로 듣기 때문에 하인에게는 그다지 중요하게 느껴지지 않는다. 둘째로 허공에 대고 분노를 터뜨리지 말라. 꾸지람을 할 때는 받는 당사자에게 그것이 잘 전달되도록 봐가면서 해야 된다. 어떤 사람은 꾸지람 받을 자가 다가오기도 전에 고함부터 지르며 그가 가버린 뒤에도 한 세기 동안 계속해서 소리를 지른다. 또한 나는 말다툼할 상대도 없는데 발악을 하며 화를 내는 자들에게 경고한다. 이런 분노는 효과를 낼 기회가 올 때까지 담아두어야 한다.

나는 화가 치밀면 맹렬히 터뜨린다. 그러나 될 수 있는 한 아주 짧게 그리고 은밀하게 해치운다. 나는 너무 다혈질이고 맹렬해서 내 성정을 잘 다스리지 못한다. 그러나 아무렇게나 되는 대로 온갖 종류의 욕설을 퍼붓고 돌아다니며 내 호통이 어디에 부딪쳐야 가장 아프게 느껴질지 차분하게 생각해보지 못할 정도로 정신이 혼란에 빠지는 일은 없다.

내 하인들은 작은 실수보다도 큰 실수를 저질렀을 때 꾸지람을 덜 듣는다. 왜냐하면 큰 실수를 저질렀을 때는 내 분노가 너무나 당연하기 때문에 다른 사람들도 거기에 합당한 분노를 터뜨려줄 거라고 기대하는 것이 내 마음을 가라앉혀주기 때문이다. 나는 그들의 예상을 뒤집는 것이 때론 즐겁다. 나는 긴장하며 이 분노에 대항해서 내 감정을 단속한다. 이 분노를 그대로 좇아가다가는 머리를 혼란시켜 어마어마하게 정신을 잃기 때문이다. 그래서 거기에 빠지는 일은 쉽게 면할 수 있다. 그리고 주변 사람들의 분노를 기대하고 있으면 아무리 큰일이 일어나도 나 자신의 격정을 물리칠 수 있을 만큼 나는 강해진다. 그러나 이 격정이 미리 내게 들어앉아서 나를 사로잡으면 아무리 작은 실수에도 정신을 잃게 된다.

나는 내게 말다툼을 걸 수 있는 자들에게 미리 말해둔다. '만약 내가 먼저 흥분한 것이 느껴지거든 옳든 그르든 그대로 두시오. 나도 그런 일이 닥치면 그렇게 하리다' 폭풍우는 서로 맞부딪치기 때문에 잘 일어나는 분노의 경쟁에서만 생겨난다. 분노는 한쪽에서만 터져 나오지는 않는다. 그렇다면 각자 따로 분노를 터트리도록 내버려두자. 그러면 우리는 언제나 평화롭게 지낼 수 있을 것이다. 유익한 처방이다. 그러나 실천하기는 어렵다. 때로 나는 조금도 분노의 감정 없이 내 집안일을 조정하려고 화를 낸 체 할 때가 있다. 나이가 들수록 성격이 까다로워져 나도 그걸 피하려고 노력하기는 한다.

이 장을 맺기 전에 한 마디만 더 하자. 아리스토텔레스는 분노는 때로 용감함을 돕는 무기 노릇을 한다고 했다. 그럴듯한 말이다. 하지만 이 말에 반대하는 자들은 그것이 새로운 용도의 무기라면서 농담을 한다. 왜냐하면 다른 무기는 우리가 그 무기를 이용하지만, 분노라는 무기는 반대로 우리를 이용하기 때문이다. 우리의 손이 무기를 조종하는 것이 아니라 그것이 우리의 손을 조종하며, 우리를 구속하는 것이다.

욕망이 정신과 신체에 영향을 미치는 이유는 무엇인가

철학이 이성에게 우리의 정신을 지배하고 욕망을 제어하는 최고의 권한을 주었을 때 우리가 그 권한을 잘못 사용했다고 생각지는 않는다. 욕망들 중에도 사랑의 욕망보다 더 맹렬한 것은 없다고 판단하는 자들은 이 욕망이 정신과 신체에 큰 영향을 끼치고 모든 인간이 거기에 사로잡혀 있으며, 건강까지도 얽매여 있고, 의약도 때로는 그들의 뚜쟁이 노릇밖에 못하도록 강제되어 있다고 주장한다.

그러나 그 반대로 신체의 교합이 일종의 감퇴와 약화를 가져온다고 말할 수도 있을 것이다. 왜냐하면 이러한 욕망은 채울 수 있고 물질적인 치료법이 가능하기 때문이다. 많은 사람들은 이 욕망이 끼치는 계속적인 공황 상태에서 벗어나고자 그 흥분되는 부분들을 절단하기도 했다. 또 어떤 사람들은 눈이나 초 같은 차가운 물질을 자주 거기에 붙여 그 힘과 열기를 완전히 제거하는 방법을 사용했다.

옛날 사람들이 입었던 고행 의복이 바로 이 목적으로 사용된 것이다. 그것은 말총으로 짰는데, 어떤 사람들은 이것으로 셔츠를 만들고 또 어떤 사람들은 허리에 고통을 주는 띠를 만들곤 했다.

한 황족이 얼마 전에 내게 말하기를, 자신이 젊었을 때 일인데 프랑수아 1세의 궁전에서 개최된 엄숙한 축제 자리에 그때까지 가지고 있던 자기 부친의 고행 의복을 입고 싶은 생각이 났다는 것이다. 그러나 그의 신앙심이 아무리 깊다고 해도 그 옷을 밤까지 입고 있을 자신은 없어 입었다가 벗어버렸다고 했다. 하지만 그 때문에 앓아눕게 되었다고 말하며, 젊은 시절의 욕망이 아무리 강하다고 해도 이 방법을 써서 억누르지 못할 욕망은 없을 정도라고 했다.

아마도 그는 불길이 치솟는 듯한 욕망은 겪어보지 않은 것 같다. 이러한 격정은 흔히 아무리 심하게 거친 옷을 입어도 가라앉지 않으며, 고행 의복을 입는 자들을 반드시 무력하게 만들지는 않는다는 것을 실제로 보여주었기 때문이다. 크세노크라테스는 이보다 더 가혹한 방법을 썼다. 제자들이 그의 절제를 시험해보려고 아름다운 창녀 라이스를 그의 침대 속에 들어가게 했을 때, 그는 자신의 육체가 정신을 거역하고 괴롭게 하자 그만 그 부분을 불로 태워버린 것이다.

이와는 반대로 야심이나 탐욕 등 정신 속에 있는 욕망들은 이성을 더 고단하게 만든다. 왜냐하면 이성은 그 자체의 역량밖에 다른 도움을 받을 수 없으며, 이런 욕망들은 다 채울 수도 없고 향락에 의해 오히려 더 격화되고 커지기 때문이다.

율리우스 카이사르의 예만 보아도 이런 욕망들의 불균형을 충분히 알 수 있을 것이다. 어느 누구도 그보다 더 아름다움의 탐락에 골몰한 자는 없었다. 그는 얼굴을 치장하는 데에 세심한 주의를 기울인 것은 물론, 자기 온몸의 털을 뽑게 하고, 극도의 세련된 취미로 향수를 바르는 등, 당시로서는 가장 음란한 것들을 즐겼다. 그는 태어날 때부터 미인으로 피부가 희고 눈은 또렷한 갈색이며, 몸매도 늘씬했다. 수에토니우스의 기록이 사실이라면 말이다. 왜냐하면 로마에서 볼 수 있는 모든 그의 조각상들은 이 기록과 일치되지 않기 때문이다.

역사상 인물들 중에서 가장 특출한 인물을 고른다면 나로서는 뛰어나게 탁월한 세 사람을 꼽을 수 있을 것 같다. 첫째는 호메로스다. 아리스토텔레스나 바로가 그만큼 박식하지 못하다는 것은 아니고, 예술에서 베르길리우스가 그에게 비교되지 않는다는 것도 아니다. 판단은 이 인물들을 모두 알고 있는 사람들에게 맡겨두겠다. 부분적으로밖에 알지 못하는 나로서는 단지 내가 아는 한에서 시신(時神)들까지도 이 로마 시인보다 뛰어나지는 않다고 말할 수 있다.

그러나 이 판단에서도 베르길리우스가 그 재능을 주로 호메로스에게서 배워온 것이다. 이 시인이 그의 안내자이자 스승이었으며, 《일리아드》의 단 한 줄이 저 위대하고 거룩한 《아에네이스》에 본체와 재료를 제공했다는 사실을 잊어서는 안 된다.

호메로스는 지극히 감탄스러운 인물로서, 인간 조건 이상의 어떤 것을 가지고 있는 것으로 나는 생각한다. 사람들로 하여금 수많은 신들을 믿게 한 그가 그 대단한 권위에도 불구하고 신적인 지위에 오르지 못한 것을 사실 나는 자주 이상하게 여겨왔다. 그는 아직 학문적으로 제대로 된 기록도 없었을 때 나쁜 눈과 궁핍한 상황에서도 모든 일을 알고 있었고, 그 많은 신들을 세상에 소개해냈다. 그래서 훗날 정치를 하는 사람이든, 종교나 철학에 관해 연구하는 사람이든, 또는 기술 분야를 취급하는 사람들 모두는 그를 모든 분야에 관한 지식의 완벽한 스승처럼 여기며, 그의 작품을 모든 종류의 능력을 기르기 위한 기본 교육 자료로 활용했다.

그가 세상에 있을 수 있는 가장 탁월한 것을 생각해냈다는 것은 자연의 질서에 반하는 일이다. 왜냐하면 모든 것들은 처음 생성될 때 완전할 수 없으며 성장하면서 커지고 강해지기 때문이다. 호메로스는 시가와 많은 다른 학문을 유년기에 이미 성숙하고 완벽하게 만들 줄 알았다. 그렇기 때문에 옛 사람들이 그에 대해, 그는 이전 사람 중 아무도 모방할 자가 없었으며, 이후에도 그를 모방할 자는 아무도 없었다고 말했던 것이다. 이토록 탁월한 증언이 있으므로 우리는 그를 시인들 중에서도 처음이자 마지막이라고 부를 수 있다.

그의 말은 아리스토텔레스에 의하면 생기와 행동을 유발하는 유일한 것이라고 한다. 매우 실질적인 언어라는 의미다. 알렉산드로스 대왕은 다리우스 왕의 전리품 가운데 호화롭게 장식된 한 상자를 발견하고는 그것을 호메로스의 책들을 넣어두는 데에 사용하라고 명령한다. 이 시인은 군사 업무에 필요한 가장 훌륭하고 충실한 고문이라고 말했다고 한다. 바로 이런 이유에서 아낙산드리아스의 아들 클레오메네스는, 호메로스는 군사 훈련에 대단히 훌륭한 스승이기 때문에 라케데모니아인들의 시인이라고 말했던 것이다.

플루타르크의 판단에 의하면, 호메로스는 독자에게 언제나 전혀 다르게 나타나며 항상 새롭고 우아한 아름다움을 꾸밀 줄 알아 사람들을 결코 싫증나게 하거나 질리게 하지 않는 세상에 단 하나뿐인 작가라는 특별한 찬사를 받는다. 장난하기 좋아하는 알키비아데스가 한번은 학자로 자처하는 어떤 자에게 호메로스의 책 한 권을 달라고 했더니 가진 것이 없다고 하자 그의 따귀를 한 대 갈겨주었다는 얘기가 있다. 그것은 마치 신부가 미사에 필요한 성무일과표를 갖지 않은 것과 같은 식이라는 것이다.

크세노파네스가 어느 날 시라쿠사의 폭군 히에론에게 자기는 하인 둘을 먹여 살릴 형편도 못 된다고 불평을 하자 그가 대답했다. '뭐라고? 자네보다 훨씬 더 가난했던 호메로스도 만 명 이상의 학자들을 먹여 살렸다네.' 그런가하면 파나이티오스가 플라톤을 철학자들의 호메로스라고 말한 것도 전혀 틀림이 없어 보인다. 어떤 영광을 호메로스의 영광에 비교할 수 있을까? 그의 이름과 작품보다 더 생생하게 사람들의 입에 살아있는 것은 없을 것이다. 그리고 트로이의 헬레나와 그녀로 인한 전쟁만큼 사람들에게 잘 알려지고 인정받은 것도 없을 것이다. 현재의 아이들은 3천년도 넘는 옛날에 그가 꾸며낸 이름을 아직도 쓰고 있다.

누가 헥토르와 아킬레우스를 모르는가? 역사가들뿐만 아니라 대부분의 사람들은 그가 꾸민 이야기 속에서 자신들의 근원을 찾고 있다. 두 번째로 마호메트라는 이름을 가진 터키 황제가 교황 피우스 2세에게 보낸 편지에 '우리는 트로이 사람들에게서 나왔고, 나도 그들처럼 그리스 인들에게 헥토르의 피에 대한 원수를 갚으려고 하는데, 왜 이탈리아 인들은 단합해 나를 적대하는지 참 알 수가 없다'고 썼다. 호메로스의 작품 〈일리아스〉는 국가들과 황제들이 그렇게 오랜 세기 속에서 자신들의 역할을 연기해오고 이 큰 우주 전체가 그것의 무대로 쓰이는 것을 묘사한 참으로 고상한 서사극이 아니겠는가? 그리스의 일곱 개 도시들이 서로 호메로스의 출생지라고 주장하며 다퉜다. 그의 근본이 확실치 못한 것까지도 그에게는 영광을 가져다주었다.

탁월한 인물로 내가 꼽는 그 두 번째는 알렉산드로스 대왕이다. 왜냐하면 그가 자신의 계획을 시작한 나이와, 그렇게도 영광스런 계획을 완수하는 데 활용한 방법이 대단치 않았다는 것, 그가 그 어린 나이에 세상에서 가장 위대하고 경험 많은 장수들조차도 그를 따르게 한 것, 그토록 모험적이며 무모하다고 할 만한 그 많은 업적들에 행운이 따라주었고 심지어 하늘의 은총까지 받은 점 등을 고려해볼 때, 그의 위대성은 참으로 상상하기 어려운 것이기 때문이다. 그는 나이 33세에 사람이 살 수 있는 땅 전체를 승리자로서 거쳐 갔고, 반평생 동안 인간의 능력이 성취할 수 있는 최고에 도달했으며, 그래서 인간의 능력을 초월한 그 어떤 것을 상상해보지 않고는 그만한 용덕과 영광의 지속을 이해하기 어렵도록 했다. 또한 그의 군사들 속에서 여러 왕실들이 가지를 쳐나가게 했고, 죽은 후에도 군대의 부대장들인 네 명의 상속자에게 세계를 분할해 그 후손들이 오래도록 이 방대한 영토를 유지하도록 했으며, 정의 절제 관대함 신의 가족에 대한 사랑 피정복자에 대한 인간성 등 수많은 탁월한 덕성들을 남기고 있는 것이다.

사실 그의 성정은 별로 비난할 거리가 없는 듯하다. 그의 개인적인, 극히 드물고 평범치 않은 행동 가운데 어떤 것들은 책망을 받을 수도 있다. 그러나 그렇게도 위대한 행동을 집행하는 데 있어 정의의 규칙만을 적용하기는 사실 불가능할 것이다. 이러한 인물들은 그들이 이룩한 전체 업적을 보고 판단해야 한다.

아울러 그의 성실함, 통찰력, 인내심, 계획성, 호방함, 결단성 등을 모른다 하더라도 그의 특별한 행운과 수많은 군사적 덕성들, 거기다 미모라고 할 정도의 얼굴과 자태, 품위 있는 행동, 수준 있는 학문 능력, 순수하고 명쾌한 성품, 오점과 시기심으로 더럽혀진 일이 없는 오랜 영광의 지속과 위대성, 그리고 그의 메달을 몸에 지니면 행운이 온다는 생각이 그가 죽은 다음에도 오랫동안 경건한 신념으로 굳어지게 한 사실, 역사가들이 어떤 왕이나 관리들의 공훈에 대해 쓴 것보다도 왕들과 관리들 자신이 알렉산드로스의 공훈에 관해 더 많이 기술하였고, 다른 역사를 경멸하는 마호메트 교도들이 지금까지도 그의 역사에 대해서만은 특권을 주어 그것을 용인하고 숭앙하는 사실들을 모두 고찰해보면, 내가 카이사르를 선택하지 않고 그를 택한 것이 역시 옳다고 믿고 싶다. 카이사르의 공훈은 그 자신의 힘으로 이룩한 것이 더 많았고, 알렉산드로스의 공훈은 운의 힘으로 이뤄진 것이 더 많았다는 것은 물론 부인할 수 없다.

그들은 여러 면에서 대등했는데, 어쩌면 카이사르가 어떤 점에서는 더 위대했다고 말할 수 있다. 그들은 이 세상을 여러 면에서 황폐화시킨 두 불길이거나 또는 두 급류였다. 카이사르가 더 절제를 많이 한 야심가이긴 하지만 그것은 조국의 궤멸과 세계의 전반적인 악화라는 비열한 목적을 두었고, 결국 비참한 불행을 초래한 만큼 모든 점을 종합해봤을 때 나는 알렉산드로스에게 기울어지지 않을 수 없다.

셋째로 내가 꼽는 가장 탁월한 인물은 에파미논다스이다. 영광으로 얘기하자면 그는 다른 자들의 것에 훨씬 못 미친다 (또 이것이 일의 실질적인 부분도 아니다). 그러나 결단성과 용감함은 누구보다 강했고, 야심이 컸던 것 외에도 예지와 이성이 잘 조화되어 있었으며, 한 사람의 정신에 상상할 수 있는 모든 것을 가지고 있었다. 그는 알렉산드로스보다 못하지 않으며 카이사르와는 대등한 업적을 세웠다. 전쟁으로 대단한 공훈을 세운 것은 아니지만, 그 업적과 모든 상황들을 잘 살펴보면 대단한 비중과 강직성을 보여준 것이었고, 과감함과 명백한 능력을 가지고 있음을 알 수 있었다. 그리스 인들은 그에게 최고라는 영광을 바치는 데 아무런 주저함도 없다. 그런데 그리스의 최고는 곧 세계의 최고라고 불러도 과언이 아니다.

그의 지식과 능력으로 말하면, 사람으로서 그만큼 많이 아는 자가 없고 그만큼 말수가 적은 자도 없었다고 한다. 그의 학문은 피타고라스학파에 속했으며, 어느 누구보다 더 언변이 좋았다고 전해지고 있다. 그는 탁월한 웅변가이며 대단한 설복력을 가진 사람이었다.

그러나 성격과 양심으로 말하면, 그는 어떤 사람들보다도 더 많은 일에 관심을 가졌는데, 그런 점들이 진실로 그가 어떤 인물인지를 보여주고 있는 것이다. 이런 면에서 그는 어떤 철학자에게도, 소크라테스에게도 뒤지지 않는다. 그가 가지고 있는 순진성은 그 고유의 영원하고 굳건한 명예를 전혀 손상시키지 않았다.

나는 인간적인 면에서나 행운의 면에서 이 인물만큼 경의와 애정을 가지고 우러러볼만한 사람을 알지 못한다. 그는 가난을 꿋꿋하고 고집스럽게 지켰다고 그의 가장 친한 친구들이 묘사하고 있지만, 사실 나는 그가 지나치게 조심스러웠다고 생각한다. 그 점은 분명 고매하고 지극히 감동할만한 일이지만 그런 처신을 모방하고 싶다는 생각을 하면 마음이 좀 쓰려온다.

오오, 하필이면 《플루타르크 영웅전》의 첫 머리에서 바로 그의 작품 속에 나오는 가장 고귀한 한 쌍의 인물 전기가 우리 눈에 띄지 않게 세월의 흐름 속에 묻혀버렸다는 것은 얼마나 언짢은 일인가! 이 두 인물 중의 하나는 그리스의 제일인자요, 다른 하나는 로마의 제일인자였던 것은 세상 사람들이 모두 인정하는 것이다. 재료가 그러하듯 작가가 그렇게 훌륭하던 것을! 성자 아닌 인간으로서 그러나 그들이 말하는 것처럼 멋진 남아로 사람 사는 곳의 공통된 행동 습관을 가지고 적당한 지체에 있으며, 사람들 말대로 산 사람들 중에 내가 알기로 가장 풍부한 생애이며 가장 풍부하고 바랄만한 소질들로 되어있는 인생은 내가 보기로는 알키비아데스의 생애이다. 그러나 에파미논다스로 말하면 그의 과분한 선덕의 예로 나는 몇 가지 그의 사상을 여기에 첨가해보련다.

그가 평생 가장 크게 만족했던 것은 레욱트라의 승리로, 그의 부모님에게 기쁨을 안겨준 일이었다. 그가 그토록 영광스런 공훈에 대해 자신의 기쁨에 충만해있기보다 부모님의 기쁨을 더 원했던 것은 많은 것을 설명해준다. 그는 조국의 자유를 되찾기 위해서 아무런 이유도 없이 사람 하나를 죽일 수는 없다고 생각했다. 때문에 그는 테베 시의 해방을 위해서 그의 동료 펠로피다스가 행한 기도에 아주 냉담하게 반응했다. 또한 그는 전투에서 한 친구가 적군에 있는 것을 발견하면 싸움을 피하고 그의 생명을 아껴줘야 한다고 생각했다.

그는 적에게도 인간애를 보이며, 라케데모니아 군이 코린토스 근처 모레아의 입구를 지키려고 했던 계획을 무너뜨려 그 요충로를 밀고 들어갔다. 그러나 그는 적진의 복판을 뚫은 것만으로 만족하고 그들을 끝까지 추격하지는 않았다. 결국 그 이유로 그는 보이오티아 시민들의 의심을 사며 총대장의 직위에서 파면되었다. 이런 이유로 쫓겨난 것은 그에게는 대단히 큰 영광이 되었고, 그들을 위해서는 큰 수치가 되고 말았다. 그들은 얼마 후 필요에 의해서 어쩔 수 없이 그를 다시 그 직위에 올려놓아야 했고, 승리는 그가 지휘하는 곳을 그림자와 같이 따라다녔기 때문에 그들의 영광과 안녕이 얼마나 그에게 매어 있는지를 뼈저리게 느끼게 했다. 조국의 번영이 그와 함께 일어났듯 또 그와 함께 사라졌다.

어떻게 자손들이 조상의 육체적, 사상적 흔적을 닮을까

온갖 잡동사니 같은 이 잡문들은 내가 너무 권태로울 정도로 한가할 때만, 특히 다른 곳에서가 아니라 내 집에 있을 때만 쓴 것으로 이루어진 것들이다. 나는 가끔 외지에서 몇 달씩 머물 때가 있기 때문에 이 글은 중단됐다가 다시 계속하기를 반복하면서 써나간 것이다. 뿐만 아니라 나는 처음에 떠오르는 생각들을 다음에 떠오르는 생각 때문에 고쳐본 적이 없다. 아마도 몇 글자 정도는 고쳤을 것이다. 그러나 그것은 삭제하려는 것이 아니라 다양하게 표현하기 위한 것이었다. 나는 내 느낌의 변화 과정을 하나하나 묘사하면서 문장이 점차로 생겨나는 모습을 보여주고 싶다. 이 작업을 더 일찍 시작해서 그 후 내가 변해온 과정을 더듬어보았다면 재미있었을 것이다. 내가 하는 말을 받아쓰게 했던 하인 하나가 허락도 없이 내 글 여러 편을 빼내갔는데, 마치 큰 재물이나 훔쳐간 듯이 행동했다. 하지만 그걸로 내가 잃은 것도 없고, 그에게도 소득 될 게 없으니 마음이 놓인다.

이 글을 쓰기 시작하면서 예닐곱 살은 더 늙어버린 것 같다. 그러나 소득이 없었던 것도 아니다. 나는 노령의 덕을 발휘해 그동안 담석증과 사귀게 되었다. 오랜 세월을 지내면서 이 정도 일도 없이 넘긴다는 건 쉬운 일이 아니다. 세월이 자신과 오래 알고 지낸 자들에게 주기로 되어있는 여러 선물들 중에서도 내가 수락할 수 있는 것을 골라주었다면 좋았을 성싶다. 어릴 때부터 우리가 가장 두려워하는 것을 줄 수는 없을 테니까. 이 담석증은 노년기에 겪는 모든 재앙들 중에서도 내가 가장 두려워하던 것이었다.

이렇게 불쾌한 상태로 1년 반쯤 지났을 무렵, 난 어느 정도 이 병에 적응할 수 있게 되었다. 말하자면 담석증과의 생활과 타협해가고 있었다. 그리고 거기서 위안과 희망을 발견했다. 인간들은 늘 자신들의 비참한 조건과 함께 존재해야 하기 때문에 아무리 혹독한 경우에도 그 속에서 생명을 유지하려고 할 수밖에 없다.

흔히 말하는 정신적인 고통들을 나는 대부분의 사람들보다 훨씬 덜 괴롭게 느낀다. 그 이유는 한편으로는 생각의 차이 때문이고(내게는 별로 심각하게 보이지 않는 수많은 일들에 대해 많은 사람들은 마치 무슨 무서운 일이나 생명을 희생하면서까지 피해야 할 일처럼 보고 있다), 다른 한편으로는 내게 직접적으로 닥치지 않는 재앙들에 대해서 내가 둔하고 무감각한 기질을 가졌기 때문이다. 이 기질은 내가 타고난 조건들 중에서 가장 좋은 것이라고 생각한다. 그러나 본질적이고 육체적인 고통은 심하게 느낀다. 그래도 내 생애의 대부분은 하느님의 축복 속에서 오래도록 건강과 휴식과 안정 속에서 누릴 수 있었다. 때문에 유약하고 무른 면이 있는 것도 사실이다. 아무튼 난 마음속으로 이런 병을 도저히 참을 수 없는 고통으로 생각하고 있었기 때문에 실제로 겪는 고통보다 훨씬 더 심하게 두려워하고 있었다.

나는 모든 질병들 중에서도 가장 급성에 고통이 심하고 치명적이며 완치가 안 되는 어려운 병과 싸우고 있다. 그리고 이미 대여섯 번이나 길고 힘든 발작을 견뎌냈다. 내 자랑인지는 모르지만 의술이 주장하는 위협과 이론 등을 무시하고 죽음의 공포를 벗어던질 수 있는 사람은 이렇게 골치 아픈 병에 걸릴 때도 버틸 힘을 가지고 있다. 그렇다고 해서 이 병의 증상이 평상시에 침착한 인간도 발광을 하고 절망할 만큼 그렇게 찌르는 고통을 주는 것은 아니다. 나는 최소한 이 담석증으로 인해 죽음과 화해하고 친밀해진다. 그래서 여태껏 해볼 수 없었던 일을 완수할 수 있을 거라는 소득을 얻게 된다. 왜냐하면 이 병이 나를 더 괴롭힐수록 죽음은 더욱 더 내게 두려워할 거리가 못될 것이기 때문이다.

내가 단지 생명으로서 삶에 매어있다면 그건 이미 가지고 있던 소득이었다. 그러나 이 질병은 내 생명과의 이런 양해까지도 풀어줄 것이다. 그리고 이 질병이 나를 압도한다고 해도 하느님께서는 나를 다른 극단으로 밀어 넣어 그에 못지않은 악덕한 행위로 내가 죽기를 원하도록 하지는 않으실 것이다. 고통을 참으며 점잖게 꾸민 태도로 그 고통을 무시하라면서 엄격하게 다그치는 충고는 형식만을 따지는 주장이라고 나는 늘 생각해왔다. 실체와 행동을 존중하는 철학이 왜 이런 외적인 태도를 중요하게 여긴단 말인가? 이런 걱정은 몸짓을 대단히 중요시하는 희극배우나 수사학자들이 할 일이다.

마음이 공포에 사로잡히지 않고 말 속에 절망이 없다면 철학은 그것으로 만족해야 한다! 철학 사상을 비틀지 않는 한 우리의 팔을 좀 비튼들 무슨 상관이란 말인가. 철학은 남을 위해서가 아니라 우리 자신을 위해 훈련시켜 준다. 흉내만 내려고 하는 것이 아니라 살아가기 위해서 하는 것이다. 철학은 그 책임을 맡아서 가르쳐주고 있는 우리의 오성을 지배하는 것으로 그쳐야 한다. 철학은 깨어있는 정신으로 고착화된 행동 습관을 버릴 수 있게 한다. 고통의 발밑에 수치스럽게 엎드리는 것이 아니라 그것과 싸우며 버텨나가도록 하고, 싸움에 지쳐서 넘어지는 것이 아니라 흥분하고 열기가 올라 어느 정도까지는 대화도 할 수 있도록 정신을 유지시켜 주면 된다.

고통을 당하고 있는 사람에게 점잖은 자세를 요구한다는 것은 너무 잔혹한 처사다. 행동만 떳떳이 하면 괴로운 표정을 지어도 상관없다. 육체의 괴로움을 뱉어냄으로써 고통이 조금이라도 가라앉는다면 오히려 그렇게 해야 된다. 소리를 힘껏 지르든지 몸을 뒤틀어야 고통이 줄어든다면 뒹굴든 물구나무를 서든 요란을 떨어야 하는 것이다. 그래서 아픈 생각이 조금이라도 잊어진다면 말이다. 그러니 신음소리를 내라고 명령은 못하되 나오는 것을 막지는 말자. 에피쿠로스는 아플 때 소리 지르는 것을 당연하게 여길 뿐 아니라 그것을 권하기까지 한다. 키케로는 '운동선수들도 상대방을 격파할 때는 주먹을 휘두르며 고함을 친다. 그럼으로써 몸에 힘이 들어가고 타격이 더 맹렬해지기 때문이다'라고 말했다.

내가 이런 말을 하는 것은 이 병의 발작과 충격으로 고통을 겪는 사람들을 변명해주기 위해서다. 나로서는 이제까지 고통스런 처지를 점잖게 견뎌왔지만 그렇다고 해서 체면을 유지하려고 애를 쓰는 것도 아니다. 나는 이런 점을 별로 신경 쓰지 않으며 고통에게 하고 싶은 대로 하도록 내버려둔다. 어쩌면 내 고통이 너무 심한 것은 아니거나, 아니면 내가 다른 사람들보다 더 씩씩하게 참아내는 것인지도 모른다. 심하게 아파서 못 견딜 때는 저절로 짜증이 나고 울화가 치민다. 그러나 정신을 잃어본 적은 없다.

나는 고통이 극심할 때면 몸을 여기저기 만져본다. 그러다가 언제나처럼 내가 제대로 말하고 생각하고 대답할 수 있다는 걸 발견한다. 다만 정신이 흔들리고 자세도 반듯하지 못하기는 한다. 때로는 사람들이 내가 극도로 피곤할 것을 염려해주는데, 그럴 때면 나는 내 인내력을 시험해보며 완전히 다른 이야기꺼리로 화제를 바꾼다. 내 병고에도 불구하고 이런 식으로 나는 노력하는 데도 집중할 수가 있다. 그러나 오래 계속하지는 못한다. 극심한 고통이 지나가고 나면 정신은 곧 평상심을 회복한다. 그건 육체의 상태 때문에 감각이 놀랐던 것이니

만큼 원래의 상태로 돌아오는 것이다. 이건 분명 이런 재앙에 닥칠 때 이성의 힘으로 정신을 가다듬으려는 나름의 노력 덕택이다.

하지만 초년생치고는 처음부터 너무 심하게 걸렸다. 순탄하고 평안한 생활을 하다가 갑작스레 전혀 생각지도 못했던 가혹한 고통에 빠졌으니 말이다. 이 병은 엄청난 두려움을 주는 질환일 뿐 아니라, 내 경우엔 처음부터 말로 할 수 없을 만큼 거칠게 시작되었다. 발작이 너무 자주 일어나기 때문에 나는 완전한 건강 상태를 거의 느껴보지 못하고 있다. 그렇지만 잘못된 생각 때문에 스스로 질병을 불러들이는 다른 사람들보다, 나는 굳은 의지를 가지고 내 인생을 좋은 상태에서 유지하고 있다는 정신을 지금까지 지켜오고 있다.

세상에는 오만에서 기인하는 어떤 묘한 겸양이 있다. 일어나는 많은 일들에 관해서 무식함을 인정하며, 자연 속에는 우리가 지각할 수 없고 우리의 능력만으로는 발견할 수 없는 원인과 방법들이 있음을 고백하는 그런 것들이다. 이런 정직하고 양심적인 고백에 의해서 우리는 우리가 이해한다고 생각하는 일들에 관해서 다른 사람들도 이해하기를 바란다. 그건 기적이라든지 외국에서 일어나는 무슨 생소한 일들도 아니다. 우리가 흔히 겪는 일들 중에도 모호한 기적 같은 일들보다 더 이해되지 않는 괴상한 일들이 많다.

도대체 정액 한 방울이 무슨 괴물이기에 거기서 인간이 생겨나며, 거기에 우리 조상들의 육체적 형태뿐 아니라 그 사상과 경향의 흔적까지 지니고 있는 것일까? 이 액체 어디에 이 무한한 수의 형태를 숨기고 있단 말인가? 그리고 어떻게 이 액체들은 닮은꼴을 만들어내는 유전성을 지니고 있는 것인가?

내가 이 담석증에 걸리게 된 건 부친에게서 유전된 것이라고 믿고 있다. 왜냐하면 부친은 방광에 큰 돌이 생겨서 고생을 하시다가 돌아가셨기 때문이다. 그는 67세가 될 때까지 그 병에 걸린 것도 모르고 있었다. 게다가 그 전에도 신장이나 허리, 또는 다른 곳에서도 아무런 징후를 느끼지 못했다. 부친은 그때까지 건강한 상태로 어떠한 질병도 없이 지냈는데 이 병에 걸린 후로는 심한 고생을 하며 7년이나 앓아 누우셨다. 나는 부친이 이 병에 걸리기 25년 전, 그가 가장 건강하던 시절에 셋째 아들로 태어났다.

이 병의 결함은 어디서 그렇게 오랫동안 싹트고 있었던 것일까? 부친이 나를 만들어낸 그 씨앗 한 알이 어떻게 이토록 굉장한 사태가 되기까지 잠재하고 있었을까? 그리고 한 어머니에게서 나온 형제들과 자매들 중에 왜 나 혼자만, 그것도 40년 후에야 이 병이 시작됐을까? 누가 내게 이 이유를 설명해준다면 나는 다른 기적들도 믿어줄 것이다. 단 많은 사람들이 그렇게 하듯, 어떤 현상 자체보다도 훨씬 더 난해하게 주절거린 학설을 믿어달라고 그 대가로 요구하는 것만 아니라면 말이다.

나는 이 치명적인 질환의 주입 때문에 의사들의 학설에 대해 증오와 경멸을 품게 되었다. 그러니 의사들은 내 거친 말투를 이해해주기 바란다. 그들의 의술에 대해서 내가 반감을 품게 된 것도 부친에게서 물려받은 것이다. 내 부친은 74세까지 사셨고, 조부님은 69세까지, 증조부님은 80세 가까이 사셨으며, 모두 어떤 종류의 약도 드시지 않았다. 나는 의사들이 자기 조상들 중에 그들이 주장하는 처방을 지키면서 내 조상들만큼이나 오래 산 사람을 셋이나 보여줄 수 있을지 의문이 든다. 내가 논리는 틀렸을지 몰라도 적어도 운은 더 좋다는 걸 의사들은 인정해야 한다. 그리고 의사들에게도 논리보다는 운이 훨씬 더 가치 있는 것이다.

이제 의사들은 내 상황을 놓고 자신들에게 유리하게 해석하지 말기를 바란다. 그들은 내가 아무리 지쳤다고 해도 위협적인 말을 해서는 안 된다. 그것은 속임수일 뿐이다. 인간은 영원한 것이 아니다. 18년 부족한 2백 년 동안 우리 집안에서는 이 시련이 계속되고 있다. 첫째 조상이 1402년에 출생하셨기 때문이다. 이 질병 때문에 우리 집안의 역사가 끝나리라는 것은 당연한 일이다. 그러니 지금 이 질환이 내 목숨을 붙잡고 있다고 조상들이 나를 책망할 수가 없다. 내가 47년 동안 건강하게 살아왔다는 것만으로도 대단한 일 아닌가? 이제 내 삶의 끝에 왔다고 해도 아주 오래 산편에 속한다.

내 조상들은 의술을 믿지 못하는 어떤 묘한 기질을 타고 났다. 부친은 약을 보기만 해도 진저리를 쳤고, 교직자로 일했던 내 아버지 쪽의 숙부 드 가비아크 경은 태어나면서부터 병치레가 잦았지만 허약한 몸으로도 67세까지 사셨는데, 계속되는 큰 열병에 걸렸을 때도 의사들의 도움을 받지 않았다. 그래서 그가 만일 치료를 받지 않으면 곧 죽을 거라고 의사들이 말했을 정도였다. 그는 이 끔찍한 선고에 너무나 놀랐지만, 태연한 척 '그럼 난 이미 죽었네' 하고 대답하였다. 그런데 하느님이 그 의사의 진단을 헛되게 만들어버렸다.

내가 의학에 불신을 갖게 된 것도 그들에게서 물려받았을 가능성이 크다. 그러나 그렇지 않다고 해도 나는 약을 멀리 하려 했을 것이다. 왜냐하면 이유도 모르게 생기는 나쁜 병들은 싸워서 이겨내야 하기 때문이다. 또 약의 맛이 쓰기 때문에 내가 싫어하는 것도 아니다. 에피쿠로스의 말에 의하면, 탐락이 그 뒤에 더 큰 고통을 끌어온다면 피해야 하고, 고통도 그 뒤에 더 큰 탐락을 끌어온다면 찾아서 가져야 한다고 했다. 건강은 중요한 것이며, 그래서 그걸 지키기 위해서라면 시간과 땀, 재산까지도 아낌없이 쏟을 수 있는 유일한 것이다. 건강하지 않은 육체는 오히려 삶을 괴롭게 하는 것이기 때문이다. 탐락, 예지, 지식, 도덕, 그 모든 것도 건강 없이는 흐려지고 사라진다.

우리를 건강으로 인도하는 모든 방법이 꼭 어렵다거나 비싼 대가를 지불해야 한다고는 말할 수 없다. 그러나 나로서는 이상하게도 어떠한 방법도 신뢰할 수가 없다. 건강을 지키기 위

해서는 어떠한 기술도 있을 수가 없다거나 그 수많은 자연의 산물들 중 건강의 보존에 필요한 것들이 없다고 말하려는 것은 아니다. 그것은 분명하다.

어떤 약초는 몸을 습하게 하고 어떤 약초는 건조하게 한다는 것도 잘 알고 있다. 나는 매음풀이 방귀를 잘 나오게 하고, 센나(열대산 콩과의 관목)의 잎은 설사를 촉진시킨다는 것을 경험으로 알고 있다. 또한 양고기를 먹으면 살이 찌고 술을 마시면 몸이 더워지는 등 여러 가지 경험들도 알고 있다. 솔론이 말하길, 약 뿐만 아니라 음식도 배고픈 데는 약이라고 하였다. 나는 자연의 산물들 중에 우리에게 유용한 것이 많다는 것을 부정하지 않으며, 자연의 힘과 풍요로움이 우리에게 필요한 것을 제공해주는 그 놀라운 적응성을 결코 의심하지 않는다.

나는 우리의 지식이 발명한 것을 믿지 않는다. 그건 자연과 그 규칙을 버리게 했고, 절도와 한계를 지키지 못하도록 했다. 그리고 우리가 최초로 세운 법률들을 온통 혼란스럽게 뒤섞고, 정의(사법제도)라고 부르는 것을 매우 부당하고 불공평하게 적용하도록 했다.

이를 비난하는 사람들은 정의라는 그 고귀한 덕성 자체를 욕하려는 것이 아니라 정의를 빙자한 그 의미의 남용과 모독을 비난하고 있는 것뿐이다. 이와 마찬가지로 의학에서도 인류에게 대단히 유용한 것을 발명한 그 영광스런 공적들과 희망을 나는 찬양해마지 않는다. 그러나 많은 사람들 사이에서 지적되고 있는 의술들을 나는 찬양도 하지 않고 존경도 하지 않는다.

우선 나는 직접 경험을 통해 의술을 믿지 못하게 되었다. 왜냐하면 내가 아는 한에서 말하면 어떤 분야의 사람들도 이 의약의 권한을 가지고 있는 사람들보다 더 일찍 병들고 더 늦게 낫는 사람들을 내가 본 적이 없기 때문이다. 의약을 믿는 사람들은 무조건 오래 살아야 한다는 강박 때문에 오히려 건강이 변질되고 감퇴된다. 그리고 의사들은 질병을 지배하는 것만으로 만족하지 않고 어떤 계절에도 자신들의 권위를 잃지 않기 위해 건강한 사람들까지도 병들게 만들어 놓는다. 이를테면 그들은 튼튼하고 완전히 건강한 사람에게 나중에 그것이 중병이 될 수 있다는 참으로 어처구니없는 논리까지도 들이대는 것이다.

나는 자주 병을 앓았다. 그러나 의사들의 도움이 필요 없었던 건, 다른 병들처럼 내 병들도 그럭저럭 참을 만했고(나는 거의 모든 종류의 병을 겪었다) 대체로 짧게 끝났기 때문이다. 나는 의사들의 처방을 전혀 이용하지 않았다. 그저 좋은 습관만을 유지할 뿐 다른 어떤 규칙이나 훈련도 따로 하지 않고 자유롭게 지낸다. 내가 지내온 장소들도 안락하고 편안했다. 왜냐하면 나는 병들었을 때도 건강했을 때와 똑같이 필요한 것밖에 다른 것은 원하지 않았기 때문이다. 나는 의사가 없고 약사도 없고 도와주는 사람이 없어도 당황하지 않는다. 대부분의 사람들은 병보다도 의사들 때문에 고생하고 있는 것을 나는 수없이 보았다. 뭐라고! 사실 의사들이 언제 한번 확실한 의술 기술을 우리에게 보여준 적이 있었던가?

의약 없이 수세기 동안 살아보지 않은 국민은 없다. 그것도 최초의 세기들, 다시 말해 가장 행복하던 세기에 그랬다. 그리고 이 세상의 10분의 1 지역에서는 지금 이 시간까지도 약을 사용하지 않고 있다. 그들은 약을 알지도 못하지만 이곳 사람들보다 더 건강하게 더 오래 살고 있다. 그리고 우리들 중에도 평민들은 약을 사용하지 않으면서도 잘 살아가고 있다. 로마인들은 약을 받아들이기 전에 6백 년 동안이나 잘 살았다. 그러다 약을 사용해본 후 검열에 따라 결국 약을 로마에서 내몰아 버렸다.

이카토는 85세를 살았고 그의 아내 또한 노령까지 살며 의사와 약의 도움 없이도 오래도록 살아갈 수 있다는 것을 보여주었다. 왜냐하면 꼭 의약이 아니라도 건강에 좋은 모든 것은 약이라고 할 수 있기 때문이다. 플루타르크는 자기 가족에게 토끼고기를 먹여서(나는 그렇게 생각한다) 건강하게 만들었다고 했다. 아르카디아 사람들이 우유로 모든 병을 고쳤다고 하는 식이다. 그리고 헤로도투스에 의하면, 리비아 사람들은 희한하게도 아이들이 네 살이 되면 정수리와 관자놀이의 혈맥을 불로 지져 태우는 습관으로 건강을 지켰는데, 그건 곧 모든 염증이 흐르는 길을 평생 끊기 위한 방법이었다는 것이다.

시골 사람들은 무슨 병에든 그들이 만들 수 있는 가장 강한 술에 여러 가지 사프란과 향료를 섞은 것만을 사용하는데, 그 한 가지로 똑같은 효과를 본다고 한다. 사실 처방이라고 하는 그 다양하고 복잡한 방법은 결국 배 속을 비우는 것밖에 무슨 다른 목적과 효과가 있단 말인가? 수천 가지의 약들이 할 수 있는 것은 그뿐인 것 같다. 그런 약들이 사람들 말만큼 정말 효험이 있는 것인지, 그리고 포도주가 그 보존을 위해 찌꺼기가 필요한 것처럼 우리의 체질도 어느 정도는 배설물의 잔재가 필요한 것 아닌지 모르겠다. 우리가 흔히 보듯 건강한 사람들도 가끔은 어떤 외적인 조건 때문에 갑자기 구토나 설사 등의 발작을 일으킬 때가 있다.

내가 최근에 위대한 플라톤에게서 배운 것으로, 우리에게 늘 있는 세 가지 행동 중 가장 최악의 것은 설사하는 일인데, 그건 미친 자가 아니면 극도의 필요에 의한 경우 외에는 아무도 치료해서는 안 된다고 했다. 그런데 우리는 그 반대로 하다가 오히려 병을 더 키우고 뒤집어놓는다. 병을 다스리려면 병의 형세를 따라가다가 슬그머니 그 기세를 눌러 끝장을 내야 한다. 약과 병을 상대로 맹렬하게 싸우려 들면 오히려 녹초가 되어 휘말려버리는 것이다. 왜냐하면 싸움은 이미 우리 몸속에서 난장판을 이루고, 약은 믿을 수 없는 구원군일 뿐더러 건강을 해치는 적이며 무슨 소란이 있을 때만 잠깐씩 가라앉히기 때문이다.

모든 일을 좀 그대로 되어가게 내버려두자. 벼룩과 두더지를 보살펴주는 자연의 질서는 인간들도 역시 보살펴준다. 우리가 아무리 이러쿵저러쿵 떠들어도 목이나 쉴 뿐이지 조금도 앞으로 나가지는 못한다. 자연의 질서는 숭고하고 무자비하다. 우리가 공포로 절망을 외치면 자연은 더욱 더 화가 나서 우리를 도와주려 하지 않는다. 자연은 건강뿐 아니라 병도 제 갈 길을 가게 한다. 그것은 한편에만 애정을 기울여 마음을 타락시키고 다른 편은 해치는 그런 일은 하지 않는다. 그러면 무질서에 빠지기 때문이다. 자연에 순종하자, 절대로 순종하자! 대자연은 순종하는 자들을 인도하며, 순종하지 않는 자들은 자연의 광포함과 의약에 마구 뒤섞어 혼란에 빠트릴 것이다. 그대의 머릿속을 씻어낼 설사약을 쓰라. 그대의 배속을 씻어내는 데 쓰는 것보다 나을 것이다.

누가 라케데모니아인에게 어떻게 해서 그렇게 오래 살게 되었느냐고 물어보자, 그가 대답하길 '의약을 몰라서'라고 했다. 그리고 하드리아누스 황제는 죽어가면서 의사들이 자기를 죽였다고 끊임없이 소리 질렀다. 어떤 역사(力士)가 의사가 되자 디오게네스가 그에게 말했다. '정말 축하한다. 전에 너를 쓰러트리던 자들을 이번에는 네가 쓰러트릴 차례구나.'

그러나 니코클레스에 의하면 의사들에게는 이런 요행이 있다. 곧 그들이 성공하면 태양이 밝혀주고 잘못하면 땅이 감춰준다는 것이다. 그밖에도 그들은 모든 종류의 사건들을 이용할 줄 아는 교활함을 가지고 있다. 운이나 자연이나 또는 어떤 다른 외부적인 원인으로(원인은 무한히 많다) 우리의 건강에 유익한 일이 일어나면 그들은 그 공(功)을 의약의 특권으로 삼는 것이다. 그리고 자신들의 건강관리를 받고 있는 환자에게 일어나는 모든 좋은 결과는 결국 의약의 덕분이라고 한다.

그러나 언짢은 사고들이 일어나면 그들은 책임을 부인한다. 그리고 환자에게 책임을 뒤집어씌우며 황당한 이유들을 갖다 댄다. 그들은 언제나 수많은 이유들을 기억해두고 있으며; 그것을 못 찾아서 실수하는 일은 결코 없다. 예를 들면 그들은 이렇게 주장하는 것이다. '그는 팔을 내놓고 있었다. 그는 마차 지나가는 소리를 들었다. 누가 그의 방 창문을 반쯤 열어놓았다. 그는 왼쪽으로 누웠거나 또는 머리에 어떤 괴로운 생각을 떠올렸다' 등등.

결국 말 한 마디, 꿈 하나, 눈짓 하나가 그들에게는 잘못의 책임을 면하기 위한 충분한 조건으로 보인다. 그러다가 환자들의 병 상태가 악화되면 그것을 이용해 자신들에게 절대로 불리할 리가 없는 다른 방법으로 일을 처리해간다. 그것은 다름 아닌, 자신들의 치료를 받지 않았더라면 병세가 극심하게 악화되었을 거라는 위협적인 말을 늘어놓으며 적당히 때워버리는 식이다. 그들은 감기 든 사람에게 매일 열이 오르게 만들어놓고는 자신들의 치료를 받지 않았더라면 열이 더 계속되었을 거라고 말한다. 환자의 손해는 자신들에게 이익이 되니 일이 잘못

돼갈 걱정은 없다. 그러니 그들이 환자에게 완전한 신뢰를 요구하는 것은 너무나도 쉬운 일이다.

플라톤은 의사들만이 제멋대로 거짓말을 할 수 있다고 했는데, 옳은 말이다. 그들은 우리의 생명 문제를 놓고도 거짓말을 늘어놓으며 엉터리 수작을 하고 있으니 말이다. 아이소모스는 매우 탁월한 작가인데, 그의 우아한 문체를 알아보고 느낄 줄 아는 사람은 극히 드물다. 그는 질병과 공포에 시달리며 극도로 허약해진 가련한 환자들에게 의사들이 대하는 그 권위적이고 꼴사나운 작태를 아주 재미있게 묘사하고 있다. 그의 책에서 보면, 의사가 어떤 환자에게 자기가 준 약을 복용하니 어떤 효과를 느끼느냐고 묻는 대목이 나온다. 그랬더니 환자가 '땀을 많이 흘렸어요' 하고 대답했다. 그 의사는 '좋습니다' 하고 말하더니, 다시 환자에게 그럼 경과가 어땠느냐고 물어보았다. '오열이 심하게 나고 몸이 엄청 떨렸어요'라고 환자가 대답했다. 의사는 또다시 '좋습니다' 하고 말했다. 그러고는 세 번째도 똑같이 그 후 경과가 어땠냐고 또다시 물었다. '마치 수포증 환자같이 몸이 부풀어오르는 것을 느꼈어요' 하고 환자가 말했다. 이에 의사가 말하길 '좋아지고 있는 겁니다'라고 했다. 얼마 후, 의사는 하인 한 사람을 환자에게 보내 병의 경과를 물어보게 했다. 그러자 '이보게, 좋아지고 있다는 덕분에 나는 죽어가고 있네'라고 환자가 대답했다.

환자가 희망과 확신을 가지고 약이 효과적으로 작용하리라고 예측하게 하는 것은 의사들의 성공적인 규칙이다. 그러나 그건 곧 허황된 기술에 의한 규칙일 뿐이다. 의사들은 가장 무식한 엉터리라도 자신을 믿어주는 자에게는 세상에 알려지지 않은 가장 경험 많은 의사보다도 더 실력 있는 의사라는 소리를 들을 때까지 그 규칙을 지키고 있다. 게다가 그들은 약도 대부분 뭔가 신비감을 풍기고 특이한 것들을 선택한다. 일테면 거북의 왼쪽 발이라든지 도마뱀의 오줌, 코끼리의 똥, 두더지의 간, 흰 비둘기의 오른쪽 날개 밑에서 뽑은 피 같은 것들이다. 그리고 우리 따위 담석증 환자에게는(이런 식으로 그들은 우리의 가련한 신세를 경멸하며 속인다) 쥐를 가루로 만든 것이라든지, 원숭이 같은 것을 쓰는 것이다. 그들이 하는 꼴사나운 짓은 그밖에도 많다. 예를 들어 환약을 홀수로 지어주며 1년 중 어떤 날짜나 축제일을 지정한다거나, 의약의 재료 중 어떤 풀을 어떤 특정한 시간에 따오라고 한다거나, 그리고 플리니우스도 조롱했듯이 환자들의 태도나 용모를 비꼬며 무시하는 처사 등이다. 그러나 나는 이런 정도는 그냥 제쳐두겠다.

위험을 느끼지 않고 의사들에게 치료를 맡기려면 참으로 무지해야 할 것이다. 왜냐하면 의사들 중 어느 한 사람도 동료가 작성한 처방전을 삭제하거나 첨가하지 않고 그대로 쓰는 사람은 없기 때문이다. 그것만 봐도 그들의 의술이라는 게 얼마나 엉성하며, 그런 식으로 자기들의 내막을 폭로하고 환자들에 대한 관심보다도 자기들의 명성, 즉 자기들의 이익만을 소중히 여기는지를 알 수 있게 한다. 옛날에 어떤 박사가 말하길, 환자는 늘 같은 의사가 치료해야 한다고 했는데, 그는 참 현명한 사람이었다. 왜냐하면 그 의사가 아무런 도움도 안 되는 헛된 짓을 하고 있다고 해도 그 한 사람 때문에 의술이 크게 비난받지는 않을 것이기 때문이다. 그러나 반대로 그가 운이 좋다면 의술은 더 큰 영광을 받을 것이다. 그런데 여러 의사들이 한 환자를 치료하면 흔히 잘되는 경우보다도 안 좋은 경우가 더 많기 때문에 그들의 직업은 그만큼 신뢰를 잃게 되는 것이다.

의사들은 의학의 대가들과 의학 저술가들의 견해가 계속 부딪치며 불협화음을 냈던 것에 대해 그럭저럭 넘어갔어야 했다. 그 불일치는 서적을 많이 아는 사람들에게만 알려져 있었으므로, 의학자들과 저술가들 사이에 서로 주책없이 비판하는 내용들을 굳이 일반인들에게 알릴 필요는 없었던 것이다.

의약에 관한 옛날의 논쟁 하나를 살펴보자. 피에로필로스는 질병의 근본적 원인이 체액 때문이라고 했다. 에라시스트라토스는 혈액 때문이라고 했다. 아스클레피아데스는 땀구멍으로 스며드는 보이지 않는 원자 때문이라고 했다. 알크마이온은 에너지의 과잉과 결핍 때문이라고 했다. 디오클레스는 신체 요소들의 불균형과 공기 때문이라고 했다. 스트라톤은 섭취하는 음식물 때문이라고 했다. 그리고 히포크라테스는 그 원인이 정신에 있다고 했다.

이처럼 우리의 생명과 건강을 취급하고 있는 의학이나 우리의 실생활에 가장 유용한 의약 분야가 불행히도 가장 불확실하고 혼란스러운 것으로 동요되고 있다고 어떤 학자는 한탄했다. 태양의 높이 계산(플리우스의 《자연과학사》를 인용하여 말하는 것임)이나 천문학의 산출에는 좀 오산이 있다고 해도 크게 위험하지 않다. 그러나 의학은 우리의 존재 자체가 걸려있는 학문이므로 그토록 제멋대로 동요하는 바람결 같은 것에 우리의 생명을 맡겨버린다는 것은 절대로 현명한 일이 못된다.

얼마나 수도 없이 우리는 의사들이 환자의 죽음을 서로의 잘못이라고 떠넘기는 것을 보아왔던가! 몇 년 전에는 대단히 위험하고 치명적인 전염병이 인근 도시에서 창궐한 적이 있었다. 많은 사람들을 쓰러트린 그 난리가 지나고 나자, 가장 유명한 의사들 중 한 사람이 그 전염병에 관한 책을 써서 발표했다. 그는 거기서 그가 사용했던 피 뽑는 치료법에 관해 잘못을 인정하며, 그것이 그때 일어났던 손실의 중요한 원인이었다고 고백했다. 그 의사뿐 아니라 의학 저술가들의 말에 의하면, 어떤 약이든 부분적으로 해를 끼치지 않는 것은 없다고 한다. 그렇다면 우리에게 필요한 약들도 어떤 점에서는 해를 끼친다면, 우리에게 전혀 당치도 않게 사용되는 약들은 도대체 무슨 짓을 하는 걸까?

약의 맛을 못 견디는 사람들에게는 몹시 불편한 순간에 억지로 약을 삼키는 것이 위험하며 오히려 해를 끼칠 수 있다. 환자에게는 안정이 필요한데 그건 반대로 엄청나게 무서운 시련을 주기 때문이다. 위의 논쟁 외에도 의사들이 주장하는 질병의 원인을 고찰해보면 그 의견들이 너무나 가볍고 미묘해서, 나는 그들의 약을 아주 조금만 잘못 써도 큰 해를 가져올 수 있다는 이론을 세웠다.

의사의 오진이 위험한 상황을 초래한다면 우리는 심각하게 불쾌한 처지가 된다. 왜냐하면 의사가 오진을 하지 않는 것은 대단히 어려운 일이기 때문이다. 그는 계획한대로 정확히 맞추어가기 위해 상세한 일과 고찰들과 사정들이 필요하다. 그는 환자의 기질과 기분, 행동, 생각, 공상들까지도 알아두어야 한다. 그리고 밖의 상황과 장소의 특성, 공기와 기후의 조건, 별자리와 그 영향들에 관해서 알고 있어야 하며, 병의 원인과 징후, 결과, 위험한 날들에 대해서도 알고 있어야 한다. 또한 약에 대해서도 알고 있어야 하는데, 무게라든지 효능, 산지, 모양, 햇수, 복용법 등을 알아야 하고, 이 모든 조건들을 참조해서 완전한 균형이 이루어지도록 해야 한다. 만약 조금이라도 실수한다면, 또 많은 용수철 속에서 단 하나가 비틀어진다면 그것만으로도 충분히 우리를 죽일 수 있다.

그러니 이 모든 것들을 안다는 것이 얼마나 어려운 일인가는 하느님만이 아실 것이다. 각각의 병은 수많은 징후를 나타낼 수 있기 때문에 딱히 어떤 병의 증세를 발견한다는 건 극히 어려운 일이다. 소변 검사에 관해서만 해도 그들끼리 얼마나 많은 논쟁과 의문을 가지고 있는가! 그렇지 않다면 우리가 아는 것처럼 병의 진단에 관해 그들 사이에서 계속 일어나는 논쟁이 왜 생기겠는가? 걸핏하면 그들은 수달을 여우라고 판단하는데, 그 변명을 우리가 어떻게 다 받아주겠는가? 내가 걸렸던 병에서는 별로 어려운 문제가 없었는데도 세 명의 의사가 의견을 같이 하는 걸 본 적이 없었다. 그래서 난 그 일을 재밌게 관찰했다.

옷을 만들 때 재킷 재단사와 바지 재단사가 따로 있듯이, 모든 옷을 다 만드는 재단사에게 맡기는 것보다는 더 제한된 범위에서 자신의 재료와 지식만을 가지고 일하는 재단사에게 맡기는 것이 더 좋은 옷을 만들 수 있다. 음식도 편리함을 위해 한 요리사에게 모든 음식의 조리를 맡기면 그만큼 맛있는 음식을 얻지 못하므로, 부자들은 음료 요리사와 구운 고기 요리사를 따로 두는 것이다. 마찬가지로 사람을 치료하는 데도 만병통치 식으로 한 의사가 하는 것이 아니라 의술을 세분화해서 병마다, 신체의 각 부분마다 전문의를 둔 것은 옳은 일이었다. 그럼으로써 의사가 자신의 전공분야만을 보며 치료하기 때문에 혼란을 일으키지 않고 더 확실하게 다루게 된 것이다. 신체의 모든 부분을 담당하는 의사는 결국 아무것도 치료하지 못하게 되며, 인간 신체라는 이 작은 우주 전체를 관리한다는 게 불가능하다는 것을 그들은 모르고 있다.

의사들이 환자에게 열이 일어나지 않게 하려고 이질이 진행되는 것을 막지 않다가 그들 전부를 합친 것보다 더 고귀한 내 친구 하나를 죽게 만든 일이 있었다. 그들은 현재의 질환을 치료하기 위해 자신들이 예측하는 대로 이런저런 투약을 해보면서, 뇌수를 고치기 위해 위를 상하게 해서는 안 되므로 서로 소란스럽게 다투고 불화를 일으키다가 결국은 뇌수도 해치고 위도 악화시키는 결과를 초래하기도 했다.

이 의술의 추리는 다른 어떤 기술보다도 더 잡다하고 허약한 것임에 분명하다. 이뇨에 도움이 되는 음식들은 담석증을 앓는 사람에게 유익하다. 그것들은 요도를 열어 확대시켜서 요사와 돌을 만드는 끈적끈적한 물질을 밀어내며, 굳어져서 신장 속에 뭉치기 시작하는 물질을 밖으로 내보내기 때문이다. 이뇨에 도움이 안 되는 음식들은 담석증 환자에게 위험하다. 그것은 요도를 열어 확대시킴으로써 요사를 만들기에 적당한 물질을 신장으로 보내며, 신장은 그 자체가 가지고 있는 성질로 인해 그 요사를 종종 붙들어놓기 때문이다. 그뿐 아니라 만약 어떤 물체가 몸 밖으로 나가기 위해 거쳐야 하는 이런 통로보다 너무 클 경우, 그 물체는 이뇨하는 물질들 사이에 섞여서 좁은 관으로 밀려가다가 결국 그 관을 틀어막아 환자를 죽게 할 수도 있다.

건강관리를 잘하는 방법에 대해서 의사들이 우리에게 해주는 충고도 제멋대로다. 소변은 자주 보는 것이 좋다고 말하는 사람들이 있다. 소변을 채워두고 있으면 배설물과 찌꺼기를 놔두고 갈 여유를 주기 때문에 그런 물질들이 방광 속으로 들어가 돌을 만드는 재료가 된다는 것이다. 또 어떤 사람들은 소변을 자주 보지 않는 것이 좋다고 한다. 왜냐하면 세차게 내려가는 급류는 길을 깨끗이 쓸고 가지만, 잔잔하고 천천히 흘러가는 개울물은 그렇지 못한 것처럼, 소변과 함께 나가야 할 배설물은 그 힘이 맹렬할 때 더 잘 쓸려나갈 것이기 때문이다. 이와 마찬가지로, 부부관계를 자주 하는 것이 좋다고 말한다. 왜냐하면 부부관계가 그 통로를 자극해서 요사와 돌을 밀어내기 때문이라는 것이다. 또 부부관계를 자주 하는 것이 좋지 않다고 말한다. 왜냐하면 그럼으로써 신장이 더워져 쉽게 피로해지고 결국 허약하게 만들기 때문이라는 것이다.

더운물에 자주 목욕하는 것은 모래와 돌이 가라앉는 부분을 느긋하고 부드럽게 만들기 때문에 좋다고 한다. 반면 외부에서 가해지는 열은 신장 속에 침전된 물질을 압축시켜 딱딱하게 돌로 만드는 것을 돕기 때문에 나쁘다고 한다. 또 아침에 마시는 물이 효과가 좋으려면 전날 저녁식사는 덜 먹는 편이 건강에 좋다고 한다. 그 반대로 점심에 식사를 덜 하는 편이 낫다고 한다. 왜냐하면 음식의 소화는 육체와 정신이 계속 움직여 활동하는 낮보다는 밤에 더 잘할 수 있기 때문에 소화하는 일을 밤에 맡기는 편이 좋다는 것이다.

이런 식으로 그들은 우리를 희생 삼아 갖가지 추리를 하며 부질없는 일들을 꾸미고 있다. 그러므로 순전히 자신의 본능과 욕망의 충고를 따르며 운에 맡기는 사람들을 보고 더 이상 비

난해서는 안 된다. 나는 여러 번 여행을 하며 기독교 국가들의 유명한 온천을 거의 모두 돌아보았다. 그리고 몇 해 전부터 이 것을 이용하기 시작했다. 나는 온천 요양이 대체로 건강에 좋다고 보며, 매일 목욕하는 습관을 잃어버린 것은 우리의 건강에 나쁜 영향을 끼치고 있다고 생각한다. 몸에 때가 끼어서 땀구멍이 막히게 하는 건 건강에 훨씬 안 좋기 때문이다.

게다가 온천물을 마실 때도 나는 전혀 비위가 상하지 않았고, 마시는 게 쓸데없는 짓이라고는 해도 적어도 위험하지는 않은 것이었다. 이 점은 온갖 다양한 체질을 가진 사람들이 모여드는 것으로만 봐도 확실하다고 할 수 있다. 하지만 거기서 무슨 심상치 않은 기적 같은 효험을 본 적은 없다. 오히려 내가 유의해서 살펴본 바에 의하면, 온천의 효과에 관해서 그 마을 사람들이 믿고 있는 모든 소문들은 (사람들은 자기가 바라는 것에 쉽사리 속아 넘어가기 때문에) 근거가 없거나 거짓이었다는 게 밝혀졌다. 그러나 한편으론 온천욕을 해서 병이 악화된 사람도 나는 본 적이 없으며, 몸이 너무 쇠약할 때는 하지 않는 것이 좋지만 그렇지 않을 때는 식욕을 돋우고 소화를 쉽게 하며 한결 산뜻한 경쾌감을 준다는 것을 부인할 수 없다. 온천욕은 심하게 쇠약해진 몸을 회복시킬 수는 없으나 가볍게 상한 몸에 기운을 북돋워 주거나 악화되는 위협에 대비해줄 수는 있다.

온천에 오는 사람들을 사귀며 그 마을의 아름다운 풍경 속에서 하는 산책이나 운동 같은 재미를 즐길 수 있을 만큼 몸이 건강하지 않은 사람은 온천욕의 효과를 제대로 누리지 못하는 것이다. 그래서 나는 이제까지 프랑스의 바네르 온천, 독일과 로렌 국경 지역의 플롱비에르 온천, 스위스의 바덴, 토스카나의 루카, 그리고 특히 내가 가장 좋아하는 델라 빌라 온천 등을 자주 갔는데, 무엇보다 쾌적하고 숙소와 음식이 좋으며 교제하기도 편리한 곳이라 그곳에서 주로 요양을 해왔다.

각 나라 사람들마다 온천의 효과와 이용 방법에 대해 전혀 다른 생각과 형식을 가지고 있다. 그러나 내 경험에 의하면 모든 온천들의 효과는 거의 같았다. 다만 온천수를 마시는 것은 독일에서는 하지 않는다. 독일 사람들은 무슨 질병에 걸리든 온천욕을 좋아하며 아침부터 저녁까지 개구리처럼 물속에 들어앉아 있다. 이탈리아에서는 9일 동안 온천수를 마시며 최소한 30일 동안 입욕을 해야 좋다고 한다. 그리고 효과를 배가시키려고 온천수에 약을 타서 마신다. 여기 프랑스에서는 마신 물을 잘 소화시키도록 산책을 권하는가 하면 반대로 가만히 누워서 배와 발을 따뜻하게 하며 물을 다 소화시킬 때까지 머물러 있기를 권하기도 한다. 독일인들은 난자법(亂刺法)을 쓴다든지 깔때기로 피를 뽑아내게 하는 특수한 방법을 즐기고, 이탈리아인들은 관수법이라는 특별한 습관을 이용하기도 한다. 이 관수법은 뜨거운 물이 관을 통해 떨어지게 해놓고 그 밑에서 낙수를 맞는 방식인데, 아침에 한 시간과 낮에 한 시간씩 한 달 동안 각자가 고치고 싶은 신체 부위에 맞는 것이다.

어쨌든 나는 교훈(전도서에 나오는 문구)에 따라 필요하기 때문에 의사를 존경하는 것이 아니고 (사람들은 이 문구에 대해서 아서 왕이 의사의 도움을 받는 것을 예언가가 책망하는 다른 한 문구로 반박하고 있다), 그들 중에도 대접받을만한 점잖은 사람들을 만나보았기 때문에 그들 자신을 위해서 존경한다. 말하자면 나는 의사들 자체를 원망하는 것이 아니라 그들의 의술을 원망하는 것이다. 그리고 그들이 우리의 어리석음을 이용해 돈 버는 것을 두고 크게 비난하지는 않는다. 왜냐하면 세상 일 대부분이 그렇게 되어있기 때문이다. 그들의 직업보다 가치가 떨어지거나 더 대접받는 많은 다른 직업들도 사람들을 기만하는 일을 일삼고 있으니 말이다.

나는 아플 때 의사를 집으로 불러 치료받고 다른 사람들처럼 치료비를 낸다. 그러면 의사들은 내게 몸을 따뜻하게 하라고 권한다. 그들은 파와 상추 중 내 스프에 넣을 것을 고르고 백포도주나 로제 포도주를 권하며, 음식과 습관에 관한 것 외에도 내게 다른 것들을 하라고 충고한다. 그런 일들이 그들에게는 아무것도 아니라는 걸 나도 알고 있다. 왜냐하면 고통과 괴이함은 의술의 고유한 본질에 속하는 특성이기 때문이다. 리쿠르고스는 병에 걸린 스파르타 인들에게 술을 마시라고 권했다. 왜였을까? 그들이 건강했을 때 술을 싫어했기 때문이다. 그것은 마치 천성적으로 술을 싫어하는 사람에게 그가 열병에 걸리자 술을 좋은 약처럼 사용하는 식이다.

의사들 중에도 나처럼 자기들끼리는 의약을 경멸하면서 환자들에게 처방하는 그런 자들이 수도 없이 많이 있다. 그것이야말로 우리의 어리석음을 농락하는 뻔뻔한 수작이 아니고 무엇이겠는가? 그들도 자신들의 생명과 건강을 우리보다 덜 소중하게 여기는 것이 아니므로, 의술의 허구성을 모르고 있다면 그 실천을 자신들의 학설과 일치시켜야 할 것 아닌가. 우리가 이렇게 의술에 맡기는 것은 죽음이 두렵고 고통을 참지 못해 치유되기를 맹렬히 갈망하기 때문이다. 그러니 우리의 신뢰를 제멋대로 이용하고 조종하기 쉽게 만드는 것은 바로 우리 자신의 순진한 비굴함에서 비롯되는 것이다.

그렇지만 대부분의 사람들은 의술의 도움은 받지만 전적으로 믿지는 않는다. 나는 의사들도 의술에 관해 우리처럼 불평하는 말들을 들었다. 하지만 결국은 '그래도 어쩔 수 없지 뭐' 하고 그들은 결론을 짓곤 했다. 마치 참을성보다는 조바심이 어떤 면에서는 더 나은 치료법이라는 식이다. 의술에 굴복당한 자들 중에는 다른 종류의 사기에도 똑같이 넘어간 사람들이 많다. 누군가가 병을 고쳐줄 수 있다고 장담할 때 그 사람의 허황된 약속에 넘어가지 않는 사람은 거의 없을 것이다.

호메로스와 플라톤은 이집트인들이 모두 의사라고 말했는데, 그건 다른 민족들도 마찬가지라고 할 수 있다. 다시 말해, 대부분의 사람들은 자신은 믿지 않으면서도 다른 사람들에게는 처방전의 효과를 주장하며 그걸 시험해보고 싶은 것이다.

얼마 전에 어떤 모임에 갔다가 나와 똑같은 병을 앓고 있는 한 남자를 만났는데, 그가 말하길 백여 가지의 재료를 빻아서 만든 특효약이 있다는 것이었다. 그러자 모두들 환호를 하며 안도감을 느꼈다. 그 남자 말이 사실이라면 어떤 바윗돌도 그 약의 공격에는 버틸 수 없을 것이다. 하지만 나는 그 약을 써본 사람들에게서 그것으로 모래알 하나 부서지지 않았다는 말을 들었다.

나는 의사들이 자신이 처방한 약의 효험을 믿게 하려고 여러 가지를 시험해보는 경험담을 알고 있다. 그 이야기를 하지 않고는 이 종이에서 물러날 생각이 없다. 내가 생각하기로 의약의 효능 대부분은 그 3분의 2가 약초의 성분과 조제 기술에서 오는 것인데, 이 기술이라는 것은 우리가 이성으로 따져볼 수 있는 것이 아니다. 그렇기 때문에 의사들이 흔히 어떤 귀신에게서 영감을 받았다고 말하는 것인데, 나는 그 말을 인정하고 싶다. 왜냐하면 나는 기적 같은 것은 결코 언급하고 싶지 않기 때문이다. 또 다른 고찰로 우리가 흔히 사용하는 사물들에서 끌어낸 증거들로 예를 들자면, 우리가 옷을 만들어 입는 양털은 발꿈치의 동상을 막아주도록 건조시키는 성분이 있다는 게 우연히 발견되었고, 또 우리가 음식에 쓰는 부추에는 식욕을 돋우는 작용이 있다는 것도 알아냈는데, 나도 그 점은 인정을 하고 있다. 갈레노스의 이야기에 의하면, 문둥병에 걸린 어떤 사람이 술을 마시고 병이 나았는데, 확인해봤더니 술독에 독사 한 마리가 우연히 들어간 바람에 그렇게 됐다는 것이었다. 이런 예들을 보면 의사들이 마치 동물들을 관찰해보면서 실험을 하는 것이 아닌가 하는 생각이 든다.

그러나 그런 발견들은 우연히 찾아낸 것이며, 경험으로 알아냈다는 대부분의 조사 과정들은 믿을 수가 없다. 나는 인간이 자기 주위에 있는 식물, 동물, 금속 등 무한히 많은 사물들을 관찰하는 것을 상상해본다. 과연 그는 어디서부터 그의 실험을 시작할까? 그의 머리에 떠오른 첫 사물이 사슴의 뿔이라고 하자. 그것에 무슨 약효가 있다고 그는 막연히 생각을 해보지만 그 다음엔 무슨 실험을 해야 할지 난감해진다. 그의 머리엔 수많은 질병과 증상들이 떠오르는데도 실험을 완전히 끝맺기 전에 그의 지각은 실마리를 놓쳐버리고 만다. 그래서 이 무한한 사물들 중에서 녹용이 가장 효험이 있다든지, 수많은 질병들 중에서 간질병에 가장 좋다든지, 수많은 체질들 중에서 특히 우울증이 있는 사람에게 좋다든지, 계절 중에는 특히 겨울에 좋다든지, 국민 중에는 프랑스 인에게 좋다든지, 연령별로는 특히 노인들에게 좋다든지, 천체의 변천 중엔 금성과 토성이 맺는 때에 좋다든지, 신체의 부분들 중엔 손가락에 특히 좋다든지 하는 것을 발견하기 전에 이미 막혀버리는 것이다.

이 모든 것이 어떤 논리나 추측이나 실례나 영감으로 알 수 있는 것이 아니고 단지 운에 의해서 알 수 있는 것이라면 그 운은 기술적이고 방법적인 것이어야 한다. 그리고 병이 완치되었다면 그것은 병이 거의 끝나가고 있었거나, 우연히 나았거나, 또는 먹은 것이나 만져본 물질의 작용에 의한 것이었거나, 할머니가 기도를 해준 덕택이었을 것이다. 그런 것이 아니라면 어떻게 자신감 있게 말할 수 있을까? 그리고 증거가 완벽하다고 해도 그 효력이 몇 번이나 계속되었을까? 그것이 규칙적으로 일어났다고 해도 운과 우연의 일치에 의한 건 몇 번이나 반복되었을까? 이 규칙이 결정될 때 그것은 누가 정할 것인가? 수백만의 인간들 중에 자신의 경험을 기록해두겠다는 생각을 가진 자는 세 명이 될까 말까 한다. 그런데 운이 마침 그들 중 한 사람에게 부딪쳤단 말인가? 뭐라고? 만약 다른 사람이, 다른 백 명이 반대의 경험을 해보았다면? 인간들의 모든 판단과 추리가 기록으로 남아 있다면 우리는 아마도 광명을 찾을 수 있을 것이다. 그런데 세 명의 증인, 그리고 세 명의 의사가 인류를 지배한다는 건 당치 않은 일이다. 그러자면 인간들이 그들을 택해서 대표로 정하고, 명백한 위임 행위로써 심판자로 택하고 선언했어야 할 것이다.

〈드 뒤라 부인에게〉

부인께서 지난번에 저를 찾아오셨을 때는 여기까지 쓴 것을 보셨습니다. 보잘것없는 글이지만 부인께서 언젠가는 나머지도 읽을 수 있기 때문에 그 은총을 생각하면 저로서는 벌써부터 대단한 영광을 느끼고 있는 바입니다. 그러한 저의 감정이 이 작품 속에 들어있다는 것을 알아주셨으면 합니다.

부인께서 읽으시면서 저와 대화할 때 보셨던 바로 그 자세와 풍모를 알아보실 것입니다. 제가 보통 때의 자세와는 다른 형식을, 더 명예롭고 더 나은 형식을 취할 수 있었다고 해도 저는 그렇게 하지 않았을 것입니다. 왜냐하면 저는 이 글을 쓰면서 부인께서 기억하고 있는 대로만 묘사하고 싶었기 때문입니다. 부인께서 저를 알고 난 후 과분할 정도로 제게 영광과 관대함을 베풀어주신 바, 바로 이런 조건과 소질들이 제가 세상을 떠난 뒤에도 변함없이 오래 지속될 수 있도록 견고하게 여기에 담아두고 싶었습니다. 그래서 부인께서 저에 대한 기억을 떠올리고 싶으실 때 애써 생각해내지 않아도 되도록 여기서 그런 것을 찾아보실 수 있을 것입니다. 저는 부인께서 제게 은총을 베풀어주신 바로 이 소질로 인해서 부인의 우정의 은총 또한 계속 베풀어주실 것을 바라옵니다. 저는 살아있을 때보다 죽은 뒤에 더 사랑받고 존중받기를 조금도 원하지 않습니다.

그러나 티베리우스 황제의 마음은 그렇지 않았습니다. 흔히 있는 일입니다만 그는 자기 시대 사람들에게 존경받고 사랑받기보다는 미래에 그 명성을 이어갈 것에 걱정이 더 컸으니까요.

세상이 칭찬을 해주어야 할 의무를 지는, 그런 사람에 제가 혹시라도 속할 수 있다면 저는 그 의무를 앞당겨서 제가 살아있을 때 해달라고 요구하고 싶습니다. 그리고 나중의 의무는 없애주고 싶습니다. 칭찬은 길게 늘어놓는 것보다 속을 알차게 하고, 오래 하는 것보다 강렬하게 해서 저를 둘러쌓으면 좋겠습니다. 그리고 저의 지각이 사라지면서 그 달콤한 말들이 제 귀에 들려오지 않을 때가 되면 칭찬들도 일제히 사라져갈 것입니다.

제가 사람들과의 교류를 끊으려는 시점에, 새로 저를 소개하듯이 이 책을 그들 앞에 내놓는다는 것은 어리석은 짓일 것입니다. 저는 살아가면서 쓸데없는 이익을 위해 영수증을 떼어주는 일은 결코 하지 않습니다. 저의 재능과 솜씨는 저 자신을 더 가치 있게 만드는 데에 사용되었습니다. 제가 공부를 하는 것은 실천하기 위해서지 글을 쓰기 위해서가 아닙니다. 저는 제 나름의 인생을 일구려고 많은 노력을 기울였습니다. 이것이 저의 직분이고 저의 사업입니다. 저는 현재의 실질적인 소득을 위한 능력을 바랄 뿐, 후세 사람들에게 재산을 남겨주기 위한 무언가를 바라는 것이 아닙니다.

어떤 장점을 가진 사람은 그것이 말과 행동에서, 사랑하거나 싸울 때, 놀음을 할 때, 잠자리에서, 식탁에서, 일을 할 때, 또는 살림을 할 때 은연중 드러나기 마련입니다. 허접한 옷차림으로 좋은 책을 쓰는 사람들이 제 말을 들었다면 우선 옷부터 제대로 만들어 입었을 것입니다. 저 같으면 그렇게 할 것입니다. 저는 만약 식사를 차려주는 사람이 없다면 제가 직접 익숙한 요리사가 되겠습니다. 정말입니다! 부인, 글 쓰는 것은 잘하면서 다른 일에는 쓸모없는 바보라는 따위의 말을 저는 너무나 싫어합니다.

저는 제 능력을 사용할 기회를 잡을 수 없느니 차라리 바보로 불리는 편이 더 좋습니다. 저는 이런 어리석은 수작을 부리면서 어떤 새로운 명예를 얻고 싶은 생각은 전혀 없습니다. 오히려 이것 때문에 그나마 모아놓은 재산을 잃지나 않으면 다행입니다.

죽은 다음 말이 없어지면 이 초상은 저의 본질적인 존재에서 무엇인가를 빼내버리고 있을 것이고, 이 묘사는 가장 좋던 상태와는 관련이 없고, 초기의 정력과 유쾌함이 많이 시들어 떨어진 나를 표시하고 있는 것입니다. 저는 지금 그릇의 밑창에서 바닥과 찌꺼기 냄새를 피웁니다.

부인, 제가 의술서 작가들 덕분에 배운 것이 아니었더라면 부인과 다른 많은 분들이 의술을 이용하는 것에 대해 감히 이렇게 과감하게 불신을 던지지는 않았을 것입니다. 저는 그들이 두 명의 고대 라틴 작가 플리니우스와 켈수스만 생각해봐도 충분하다고 생각합니다. 부인께서 어느 날 그들의 책을 읽어보시면, 그들은 제가 하는 것보다 훨씬 더 과격하게 의술을 비판하고 있음을 아실 것입니다.

저는 단지 꼬집기만 하지만 그들은 의술의 목을 자를 정도입니다. 특히 플리니우스가 조롱하는 내용을 보면, 의사들은 아무 쓸모도 없는 의약과 섭생법을 환자들에게 권하며 그들을 괴롭히다가 도무지 효과가 없으면 갖가지 도피수단을 찾는다는 것입니다. 예를 들어 어떤 환자들은 축복기도와 기적이 행해진다는 곳으로 보내고, 어떤 환자들은 온천장으로 보낸다는 것이지요(노하지 마십시오, 부인. 부인 가문의 보호 아래 있고 그라몽 가의 소유지인 산 이쪽 온천장들에 대해 하는 말이 아닙니다). 그런 식으로 그들은 계속 환자를 쫓아버리고는 오래도록 권위만 내세우다가 더 이상 환자를 상대로 어떤 수작을 부릴 것이 없게 되자, 병도 치료하지 못한다는 비난을 면하기 위해 도피를 일삼았던 것입니다. 그들이 환자를 생각하는 척 하며 권하는 것들을 보면 전부 다 공기 좋은 곳으로 멀리 가라는 내용뿐입니다.

부인, 이 얘기는 이것으로 충분합니다. 그리고 제가 부인께 말씀드리려고 잠시 멈췄던 이야기 줄거리를 다시 계속 이어가도록 허락해주시리라 믿습니다.

페리클래스가 말한 것으로 기억하는데, 누가 그에게 어떻게 지내느냐고 물어보자 그는 팔과 목에 매단 부적을 내보이면서 이렇게 말했다고 한다. '자, 보시오. 알만 하지 않소' 그는 헛된 물건들의 도움을 받으면서까지 그 지경에 처해 있을 정도로 자신의 병이 심각하다는 것을 말하고 싶었던 것이다. 내가 언젠가는 내 생명과 건강을 의사들이 마음대로 하도록 그들의 손에 맡겨둘 거라는 생각을 절대로 할 수 없을 거라고 말하려는 것은 아니다. 나도 그런 잠꼬대 같은 생각에 빠질 수는 있다. 내가 언제까지나 건강하리라는 것은 장담할 수 없다. 그러나 그때도 누가 나에게 어떻게 지내느냐고 물어본다면, 나도 페리클래스처럼 내 손에 든 6드라크마의 아편을 보여주며 '자 보시오. 알만하지 않소' 하고 말하고 싶다. 바로 극심한 질병에 걸렸다는 분명한 증거가 될 것이니 말이다. 그때는 내 판단력도 심하게 나빠져 있을 것이다. 만약 조바심과 공포증이 나를 무너뜨린다면 그건 곧 내 마음이 극심한 병에 걸렸다는 걸로 결론 내릴 수 있을 것이다.

나는 나 자신도 이해하기 어려운 이 원칙을 애써 지켜왔다. 그건 이 원칙이 단지 어리석고 당돌한 생각에서 나온 것이 아니고 좀 더 형태를 갖추게 하기 위해서이다. 내가 질병에 시달리면서도 이런저런 유혹과 위협에 대항하며 확고하게 처신하는 것을 사람들이 볼 때 그저 단순한 고집불통이라고만 생각하지 않도록 하기 위해서이다. 또한 단지 허영심에서 하는 일이라고 판단할 정도로 몰지각한 사람들이 혹시나 있지 않을까 해서 하는 말이지만, 내 조상에게서 물려받은 기질을 발휘해 의약과 의술의 실천에 대한 큰 의혹을 제기하고 강조하려는 것이다.

나는 건강 문제와 같은 그토록 중요하고 본질적인 쾌락을 공상이나 바람과 같은 쾌락과 바꾸려고 할 정도로 마음이 들떠있다거나 허세에 차있는 것은 아니다. 어떠한 영광을 얻는다고 해도 그 때문에 담석증을 세 번이나 심하게 겪어야 한다면, 그 영광은 너무나 비싼 대가를 치르는 것이다. 그 무엇보다도 건강이 중요하다! 의술을 옹호하는 자들은 그들 나름의 확고하고 진지한 고찰을 할 수 있다. 나는 나와 반대되는 사상이라고 해서 배척하지는 않는다. 그리고 내 판단력이 남들의 것과 다르다고 해서 두려워하지도 않는다. 또한 다른 사람들이 추구하는 방향과 당파가 나와 다르다고 해서 그들과의 교제를 피할 생각은 전혀 없다. 그 반대로 다양성을 추구하는 것이 가장 자연스럽고 보편적인 방식이며, 우리의 정신은 그럼으로써 더 유연해지고 더 많은 것을 받아들일 수 있도록 확장된다. 다양성은 육체보다 정신에 더 무한히 많기 때문에 사람들 사이에서 기분과 의도가 일치되는 일은 지극히 드문 것이다. 세상에 두 가지 의견이 완전히 합치되는 일은 없다는 것은 털 두 개와 씨앗 두 알이 완전히 똑같은 것은 없는 것과 같은 이치이다. 대화의 가장 건강한 내용, 그것은 다양성이다.

자신을 다스리는 성찰의 삶

정당한 의지는 그 자체로서 절도가 있다

우리는 공적으로나 사적으로 모두 불완전한 것으로 가득 차 있다. 그러나 본성에 불필요한 것은 하나도 없다. 불필요한 것까지도 다 필요한 것이다. 이 우주에는 제자리에 적합하게 있지 않은 것이 아무것도 없다. 우리 존재의 밑바탕에는 병적 요소들이 깊이 뿌리박혀 있다. 야심, 질투, 시기심, 복수심, 미신, 절망 등은 인간의 본능 속에 극히 자연스럽게 들어 있는 것이다. 그것이 심하게 변질되어 악랄한 잔인성을 보이기도 한다. 다른 사람이 고통 받는 것을 보면 동정심을 느끼기도 하면서 한편으론 남모를 쾌감을 은근히 즐기기 때문이다.

인간에게서 이런 본능의 싹을 없애는 사람은 생명의 기초적인 조건들까지도 파괴하게 될 것이다. 정치에도 마찬가지로 더러운 악덕이 필요한 경우가 있다. 독약도 때론 건강을 유지하는 데 필요하듯, 악덕들은 각기 제 자리를 차지해 서로 연결을 맺어주는 일을 한다. 그러나 마음이 약한 사람은 더 쉽고 덜 위험한 역할을 맡아 해야 한다. 공적인 이유로 배신하고 거짓말하며 학살하는 사람도 있어야 한다. 그런 역할은 복종을 잘하고 굽실거리는 사람에게 맡겨두기로 하자.

재판관들이 곧잘 죄를 용서하거나 무슨 혜택을 주겠다는

사기를 치며 거짓 희망을 갖게 하고, 죄인들에게서 범죄 사실을 알아내려고 갖은 속임수를 쓰는 것을 보고 나는 정말 울분을 느꼈다. 그보다 더 적합한 방법을 찾아주는 것이 정의를 위한 속임수라고 플라톤은 인정한 바 있다.

오늘날 우리를 찢고 있는 분열과 갈등 속에서 나는 왕들 사이를 절충하는 교섭을 맡게 되었다. 그때 나는 그들이 나를 오해하거나 내 겉모습에 속아 넘어가지 않도록 조심을 했다. 직업인들은 될 수 있는 한 속마음을 감추고 반듯한 태도를 취하며 화해적인 모습을 꾸민다. 나는 내 사상을 아주 생생하고 독특한 형식으로 내보인다. 자신을 속이기보다 일이 실패하는 걸 좋아하다니, 순수한 마음씨의 풋내기 교섭자로군! 이런 소리를 듣더라도 지금까지 나는 정말 운이 좋아서, 나만큼 의심을 받지 않고 많은 호의와 친밀감 속에서 서로에게 연결을 지어준 사람도 드물었다.

나는 사람을 사귈 때 처음부터 그 사람의 마음속을 파고들어 신뢰를 쌓으며 터놓고 대하는 습관을 갖고 있다. 순박함과 진실성은 어느 시대에나 통하며 행운을 가져온다. 그리고 이런 사람들이 이해관계에 얽매이지 않고 자유롭게 하는 행동은 흉해 보이지도 않고 거의 의심도 받지 않는다.

내 자유는 활발하고 자연스러우며, 태도 또한 순박함이 그대로 드러났기 때문에 아무리 중대하고 어려운 말이라도 무엇이든 사정없이 말할 수 있었다. 심지어 본인이 없는 자리에서도 그보다 더 나쁘게 말하기는 어려울 정도로 솔직하게 했는데도 나는 전혀 의심을 받지 않았다. 나는 무언가를 행동하면 행동 그 자체밖에는 다른 성과를 바라지 않는다. 그리고 다른 어떤 의도나 다음 일을 미리 생각하지도 않는다. 나의 행동은 하나하나가 따로 제 역할을 한다. 뿐만 아니라 나는 권력가들에 대한 증오심이나 애착심에 전전긍긍 하지 않는다. 그리고 어떤 개인의 모욕이나 은혜 때문에도 내 의지는 구속받지 않는다.

나는 시민이 가져야 할 정당한 애정을 가지고 왕들을 대하며, 개인적인 이해관계 때문에 대한다거나 마음이 상하는 일은 없다. 그런 점에서 나는 내 성격에 감사하고 있다. 나는 절도 있는 행동 외에는 어떠한 원칙에도 흥분하지 않는다. 또한 어떤 사상에 깊이 빠져 거기에 끌려 다니지도 않는다. 분노와 증오는 정의의 의무를 벗어나는 것이다. 그런 것은 이성으로 의무를 잘 지키지 못하는 사람들에게만 해당되는 정열이다. 모든 정당한 의지는 그 자체로서 절도가 있다. 그렇지 않으면 그건 부당하고 선동적인 행동으로 흐르게 된다. 그래서 나는 어디서나 머리를 높이 들며 솔직하게 마음을 열고 지낸다.

이런 것을 고백해도 될지 모르겠다. 나는 할머니의 뜻에 따라 필요할 경우 생 미셸 앞에 촛불을 하나 켜고, 그의 뱀에게도 하나를 켜려고 한다. 나는 불에 타 죽더라도 옳은 편을 들겠다. 그렇다고 꼭 불에 타 죽겠다는 말은 아니다. 필요할 경우, 몽테뉴 가의 성(姓)이 나라의 멸망과 함께 사라져 버려도 좋다.

그럴 필요가 없다면, 몽테뉴 성을 구해준 운명의 신에게 감사할 것이다. 내 의무가 내게 밧줄을 던져준다면 나는 몽테뉴 성을 보존하기 위해 그걸 사용할 것이다. 아티쿠스는 정당한 파에 속해 있었으나 그 파가 무너지고 분열과 변혁으로 세상이 끝나는 마당에도 한결같이 절도 있는 처신을 함으로써 화를 면하지 않았던가?

이런 종류의 일에는 야심적으로 개입하지 않는 것도 바람직하다고 생각한다. 나라가 혼란에 빠지고 국민이 분열되어 있는 상황에서 박쥐처럼 휘뚝거리며 마음이 어느 쪽으로도 움직이지 않는 것을 나는 훌륭하다거나 명예롭다고 생각하지 않는다. “그것은 중도를 취하려는 태도가 아니다. 그것은 어느 쪽도 선택하지 않는 것이다. 그것은 운이 있는 쪽으로 가기 위해 상황을 지켜보는 태도일 뿐이다” (티투스 리비우스)

그런 것이 다른 나라의 일이라면 상관없다. 시라쿠사의 폭군이었던 겔론은 그리스에 외국 군대가 쳐들어 왔을 때, 때를 기다려 승리하는 편과 타협을 하려 했다. 그는 어느 쪽으로 운이 기우는가를 관망하며 사신에게 선물을 지워 델포이 신전으로 보냈다. 그리고는 마음의 결정을 망설이고 있었다. 하지만 이런 태도는 국내 사정을 심사숙고해야 하는 책임 있는 사람으로서 불가피하게 어느 편을 들어야 할 경우엔 일종의 배신행위가 될 수도 있다.

나는 왕들과 맞서 싸우는 것은 바로 왕들의 역할이라고 생각한다. 그래서 자신의 분수도 모르고 혼란에 들떠 싸우는 사람들을 보면 비웃게 된다. 사람은 명예와 의무 때문에도 개인적인 이유를 걸어 공개적으로 무모하게 왕과 싸움을 벌이지는 않는다.

그러나 (우리가 매일 하고 있듯) 개인적 관심과 정열에서 나오는 마음속의 원한과 앙심이 정당한 것도 아니고, 악의와 배신의 행위가 용기 있는 것이라고 할 수도 없다. 사람들은 폭력을 행할 때 열정적이라고 말한다. 하지만 그런 사람들은 대의명분 때문이 아니라 사리사욕 때문에 그런 도발을 하는 것이다. 그들은 전쟁이 정당해서가 아니라 바로 전쟁 자체를 위해 전쟁을 일으키고 있다.

서로 적대 관계에 있다 하더라도 서로를 믿고 선량하게 대하지 못하도록 가로막는 것은 아무것도 없다. 그런 상황에서는 모든 면에서 서로가 같은 심정으로 대할 수는 없다 하더라도 (서로가 심정에 차이가 있기 때문에) 적어도 절도 있는 태도를 취해야 하며, 상대방이 이쪽에 모든 것을 요구해오지 못하도록 하는 태도를 취해야 한다. 하지만 웬만하면 상대방의 호의를 받아들이고, 탁한 물속에서 무엇을 낚으려고 할 것이 아니라 그냥 흘려보내야 한다.

한편 온 전력을 다해 이쪽이나 저쪽으로 가담하는 행위는 양심 있는 태도가 아니라 신중하지 못한 태도이다. 만약 당신이 한 편을 위해 다른 편을 배반했다고 가정해보자. 다른 편은 이제까지 자기네와 좋게 지내왔기 때문에, 당신이 계속 그렇게 대해줄 거라고 당연하게 생각하지 않겠는가? 그런데 이제 배반을 하다니, 그쪽에선 당신을 이제 악마로 생각할 것이다. 그리고 당신의 말 중에서 필요한 것만 골라내고, 신뢰할 수 없는 점을 이용해 자신들의 일을 처리할 것이다. 왜냐하면 이중인격자는 유용하게 써먹을 수 있기 때문이다. 당신은 그들이 당신에게서 빼내가는 것을 최소한으로 줄이도록 조심할 수 있을 뿐이다.

나는 한 편에 말해주는 건 다른 편에도 동시에 어조만 좀 바꿔 말해준다. 그렇지 않고는 아무 데도 말하지 않는다. 그리고 양편에 모두 필요한 일만 알려준다. 그들을 속이면서까지 할 정도로 유익한 일은 아무것도 없다고 생각한다. 내가 침묵을 지켜야 할 일이라면 입속에 조용히 담아둔다. 그러나 가능한 나는 비밀을 지켜야 할 일은 의뢰받지 않는다. 왕들의 비밀은 알아서 아무런 소용이 없을 때는 귀찮은 보관품일 뿐이다. 나는 그들에게 나를 믿지 못하겠다면 절대 그 보관품을 나에게 맡기지 말고, 나에게 맡긴 이상은 나를 완전히 믿어달라고 요청한다. 그렇게 하는데도 나는 필요 이상으로 많은 일을 알게 되었다.

내가 마음을 터놓고 말하면 상대방도 터놓게 된다. 그리고 마치 술을 마실 때나 사랑을 고백할 때처럼 자신의 속마음을 밖으로 드러낸다. 리지마코스 왕이 필리피데스에게 말했다. "내가 가진 것 중에 무엇을 당신에게 주면 좋겠소?" 그러자 필리피데스는 "그대의 비밀 말고는 아무것이라도 좋소" 하고 대답했다. 사람은 무슨 일을 시킬 때 그 이면의 뜻을 알려주지 않으면 누구나 불평을 한다. 나는 내게 맡겨진 일의 내용이 무엇인지 말해주지 않아도 상관없다. 그리고 내가 아는 것이 말해서는 안 될 만큼 너무 많아 말에 제약을 받게 되는 일은 바라지 않는다. 내가 속임수의 도구로 사용되더라도, 내 양심만은 속이지 않도록 해주길 바란다. 나는 남을 배신할 만큼 어떤 사람에게 애정을 품는다거나 충실한 하인이 되길 원하지 않는다. 자신에게 불충실한 사람은 자신이 섬기는 왕에게도 불충실할 것이다.

그러나 왕들은 사람들의 불충실한 마음을 받아들이지 않으며 조건이 달린 제한된 봉사를 경멸한다. 나는 그들에게 나의 한계를 솔직히 고백한다. 나는 이성에 따르고자 하지만 그것마저도 철저히 하지 못하고 있다. 그러나 왕들이 철저히 자신들에게 매여 있는 종들에게 하는 식으로 자유인에게도 봉사와 의무의 복종을 강요하는 것은 역시 잘못이다. 법률은 내게 커다란 수고를 덜어주었다. 법률은 내게 한 당파와 섬길 왕을 골라주었다. 모든 다른 권태와 의무는 여기에 대해서는 상대적이고 제한되어야 한다. 그러나 내 호의가 다른 당파로 기울어질 때 내가 즉시 그 편으로 손을 내밀겠다는 뜻은 아니다. 의지와 욕망은 스스로의 법을 따르기만 하면 되지만 행동은 공공의 명령에서 법을 받아와야 한다.

나의 이 모든 처세법은 세상의 일반적인 방식과는 맞지 않는다. 또한 큰 효과가 있거나 오래 지속될 수 있는 것도 아니다. 이 세계에서는 순박함도 어느 정도 속을 감추고 표현해야 하며 속임수를 쓰지 않고는 교섭도 할 수 없다. 따라서 공적 직책은 나에게 그리 마땅한 일이 못 된다. 나는 해야 할 직무를 나의 개인적 특성에 따라 이해한다. 어릴 때 나는 이런 분위기 속에 푹 파묻혀 자랐으며, 거기서 많은 배움을 얻었다. 하지만 나는 그 세계에서 빨리 빠져나왔다. 그 후로는 다시 그 세계에 참여하고 싶지 않았고, 가끔은 참여할 수밖에 없는 적도 있었지만 결코 내가 원해서는 아니었다. 나는 야심을 버렸다. 굳은 결심을 한 것까지는 아니라도, 어쨌든 내가 자진해서 그 배를 타지 않은 것은 행운이었다.

인생을 살다보면 결국 내 취미에 좀 맞지는 않지만 내 능력에는 맞는 그런 일도 있다. 내가 전에 운 좋게도 공직에서 일하며 신임을 받아 세속에서 출세를 한 적도 있지만, 내가 그 길을 좇은 것은 이성적인 판단을 잘못했기 때문이다.

내가 이렇게 표명하는 것을 반박하는 사람들도 있을 것이다. 그들은 내가 행동 방식을 말할 때 솔직함, 단순함, 순박함 등을 기술과 재치라고 하며, 선량함이 아니라 조심성이라고 하고, 본성이 아니라 기교라고 하며, 행운이 아니라 양식이라고 떠드는 것이다. 그렇게 말함으로써 그들은 내게서 명예를 빼앗아가는 게 아니라 도리어 그걸 도와주고 있다. 그들은 정말로 나의 기교를 너무나 이상하게 보고 있는 것이다.

진리의 길은 하나이고 단순하며, 이득과 편의를 따지는 개인적인 길은 여러 갈래이고 평탄치 못하며 우발적이다. 나는 그렇게 계산된 기교적인 자유가 흔히 통용되다가 대체로 실패하는 것을 자주 보았다. 이런 것은 이솝의 당나귀 이야기를 생각나게 한다. 이 당나귀는 귀염을 독차지하고 있는 개와 경쟁을 하려고 유쾌하게 두 발을 번쩍 쳐들어 주인의 어깨 위로 올려놓았다. 그러나 개가 그렇게 할 때는 주인이 쓰다듬어주었지만 가련한 당나귀가 똑같은 행동을 하자 이번엔 몽둥이로 두 배나 후려치는 것이었다. "우리에게 가장 잘 맞는 일은 가장 자연스러운 일이다"(키케로). 나는 속임수가 흔히 유익하게 쓰일 때도 있고, 사람들의 직책을 보호해주는 것도 알고 있다. 행동에는 좋은 것, 용서될 수 있는 것, 비합리적인 것이 있는 것처럼 악덕에도 합리적인 것이 있다.

순수하고 보편적인 정의는 정치의 필요에 따라 제약을 받는 특별한 국가적 재판 제도와 달리 더 고상하게 조절되어 있다. "우리는 진실한 법과 올바른 정의의 정확한 표본을 갖고 있지 않다. 우리는 필요할 때 그것의 음영과 영상밖에 갖지 못한다"(키케로) 나는 명예로운 일과 유용한 일을 구분하며, 어떤 자연스런 행동들을 유용하면서 동시에 필요한 일이라는 이유로 명예롭지 못하고 혐오스러운 것이라고 말하는 흔한 습관을 좇고 있다.

내 말과 신용은 다른 것들과 마찬가지로 나에게 있어서는 우리 공동체의 한 부분이다. 나의 말과 명예와 추구하는 최상의 결과는 공동체를 위한 봉사이다. 나는 이렇게 하는 것을 당연한 일로 생각한다. 하지만 만약 나에게 재판과 소송 업무를 맡아달라고 한다면 "나는 그런 일은 아무것도 모른다"고 말할 것이다. 그리고 군사적 개척민의 지도자가 되라고 하면 "나는 더 점잖은 일을 할 사람이다"라고 대답할 것이다. 또한 어떤 중대한 일을 위해 거짓말과 배신을 하거나 맹세를 깨는 일로 나를 이용하려 한다면, 그것이 살인이나 독극물을 사용하는 게 아니라 하더라도 나는 이렇게 말할 것이다. "내가 도둑질이나 강도질을 했다면 나를 노예선으로 보내주시오"

아무 쓸모없는 인간을 어떤 악덕한 일에 이용한 다음 마치 양심적 보상이라도 하듯, 그리고 갖은 선심과 정의로운 행위를 하듯, 경박스럽게 처신한다는 것은 정말 우스운 짓거리다. 뿐만 아니라 그렇게 이용당하는 사람들은 그런 끔찍한 범죄행위를 일삼는 인간들이 자신들을 처벌하는 것으로 알고 있다. 실제로 그들은 쥐도 새도 모르게 사람들을 죽이고 증거까지 완전히 없애고 있기 때문이다.

그런데 다행히 운이 좋아서, 당신이 공적인 이익을 도모해 극도의 노력을 기울인 어떤 공로에 대해 윗사람이 치하해 주겠다며 상을 내린다면, 바로 그때부터 당신은 저주받은 인물이 될 것이다. 상을 주는 사람이 당신 같은 인물이 아니라면 말이다. 그리고 그 인물은 당신이 느낀 배신감보다 더 크게 당신에게서 배신감을 느낄 것이다. 왜냐하면 그는 당신의 실천행위를 사악하다고 생각하기 때문이다. 그러면서도 그는 '권력을 가진 정의의 집행자'로서 사회의 쓰레기 같은 인간들을 이용하듯, 명예롭지는 못하지만 유용한 일에 그대를 이용하는 것이다. 그런 행위는 양심이 타락한 비굴한 짓이다.

어떤 사람의 양심이 너무나 선량해서 중대한 수단을 써가면서까지 어떠한 해결을 할 수 없다고 생각한다면 나는 그 사람을 존경할 것이다. 우리는 모든 일을 다 할 수는 없다. 어쨌든 우리는 최후로 닻을 내리듯 배의 인도를 하늘에 맡길 수밖에 없다. 자기 영혼의 구원보다, 자기 국민의 구원보다 더 중요시해야 할 자신의 명예와 신의를 버리면서까지 해야 할 일이 도대체 있을 수 있을까? 그저 단순히 하느님께 도움을 요청하며 정의로운 손을 내민다면 선하신 하느님께서 은총을 거절하실 리가 없지 않겠는가?

그러나 이러한 일은 무척 신중하게 절도를 지켜가며 해야 한다. 아무리 피할 수 없는 어떤 상황에 닥치더라도 개인적인 필요 때문에 자신의 양심을 곤욕스럽게 해도 좋은 일은 없다.

다만 공익을 위해 그 필요성이 명백히 중대할 때는 그렇게 해도 좋다.

나는 전에 에파미논다스를 탁월한 인물들 중에서도 제1위로 꼽았다. 지금도 그 생각엔 변함이 없다. 그는 얼마나 개인의 의무를 중요시 했는지 모른다. 그는 자신이 정복한 국가의 포로들을 절대 죽이지 않았으며, 자기 나라의 자유를 위해 재판의 형식도 갖추지 않고 폭군과 첩자들을 살해하는 행위는 양심에 어긋나는 일이라고 생각했다. 그리고 아무리 선량한 시민이라도 전쟁 중 적군 속에 있는 친구나 주인을 구해주지 않는 자는 악마라고 판단했다. 에파미논다스는 마음이 근본적으로 너그러운 사람이었다. 그는 거세고 격렬한 행동을 함에도 불구하고 선량한 인간애, 즉 철학 학파들 중에 있을 수 있는 가장 아름답고 고운 인간애를 가지고 있었다. 그렇게 완고한 성격임에도 고통과 죽음과 빈곤에 대항해 그토록 지극히 관대하고 후덕한 심정을 갖고 행동한 것은 과연 그의 본성이었을까? 아니면 단지 기교였을까? 그는 전쟁터에 나가 칼을 휘두르면 무서운 인물이 되다가도, 또 어느 누구도 당해내지 못할 정도로 용맹스럽다가도, 지인들과 친구들을 만나는 자리에서는 스스로 몸을 낮출 줄 알았다.

분노와 살육으로 끓어오르는 광기의 절정에서 온화함의 재갈을 물릴 수 있는 인물이야말로 전쟁을 가장 잘 지휘하는 자라고 할 수 있다. 그런 행동을 하는 가운데 어떤 정의를 실천할 수 있다는 것이 바로 기적이기 때문이다. 거기다가 가장 부드러운 유순함으로 순수한 행동을 할 수 있는 것은 에파미논다스의 강직함뿐이다.

반대하는 생각들 모두를 기록해볼 것이다. 다른 나 자신이 되거나, 다른 고찰을 통해 상황을 파악하더라도 그대로 적어가겠다. 그런데 내가 터무니없는 소리를 하고 있는 것 같다. 하지만 데마데스가 말했듯이 나는 진실을 뒤집어서 말하지는 않는다. 만일 내 심령이 자리를 잡을 수 있다면 나는 이 〈에세이〉를 쓰지 않을 것이다. 내 심령은 수련과 교정을 받고 있는 중이다.

나는 별 광채도 없는 나의 하찮은 인생을 드러내놓고 있다. 무슨 문제가 있겠는가? 가장 화려한 옷을 입은 인생과 마찬가지로, 평범한 인생에도 완전한 도덕철학을 결부시켜 보겠다. 사람들은 제각기 인간조건의 바람직한 태도를 지니고 있으니 말이다.

작가들은 자신의 모습을 다른 인물 속에 대입시켜 전달하곤 한다. 하지만 나는 무엇보다도 보편적 존재인 미셸 드 몽테뉴로서의 나 자신을 전하는 것이지, 문법학자나 시인이나 법률가로서의 나를 보여주는 것이 아니다. 만일 사람들이 나더러 나 자신에 대한 말을 너무 많이 한다고 책잡는다면, 나는 오히려 그들이 자신에 대한 생각을 너무 하지 않는다고 꾸짖고 싶다. 삶의 습관이 이렇게도 다른데, 나 자신을 널리 알린다는 게 한편으론 옳은 일일까? 요란하게 떠들고 갖은 기교를 부리는 일일수록 신용을 얻고 권위를 가지는 세상에서, 나처럼 알려지지도 않고 꾸밀 줄도 모르는 성격에 극히 보잘것없는 내 삶의 소산을 세상에 내보이는 것이 과연 옳은 일일까? 학식도 기술도 없이 책을 쓴다는 것은 돌 없이 담을 쌓거나 그와 비슷한 수작을 하려는 것이 아닐까?

음악가에 대한 환상은 예술 교육으로 지도받을 수 있다. 그러나 나의 망상은 운에 맡겨야 한다. 적어도 나는 내가 원해서 어떤 일을 하고자 할 때는 세상 어느 누구보다도 그것에 대해 잘 이해하고 있으며, 나만큼 해본 사람도 없었을 만큼 그 일에 관한 한 전문가였다. 또한 어느 누구도 나만큼 자신의 일에 대해 깊이 들어가 보지 못했다는 것이 내 나름대로 얻은 결론이다.

이 목표를 완수하려면 나 자신에게 충실할 것 외엔 방법이 없다. 충실함은 세상에서 가장 성실하고도 순수하다. 나는 진실을 말하겠다. 하고 싶은 대로 완전하지는 않더라도 감히 할 수 있는 데까지 해볼 것이다. 게다가 나이가 들어갈수록 더 과감해진다. 이 나이엔 때로 눈치 보지 않고 자유롭게 말할 수가 있다. 나는 작가와 그의 작품이 서로 너무나 다른 경우를 자주 보았지만 나의 경우에는 그러지 않을 것이다. "그렇게나 교양 있는 사람이 사교를 하면서 어떻게 그런 어리석은 말을 할 수 있을까?"라거나 "그렇게 사교활동이 없는 사람이 어떻게 그런 박식한 말을 쓸 수 있을까? 말할 때는 평범한 사람이 문장은 참 희귀한 걸 쓰는구나" 같은 말은 없다. 다시 말해, 자신에게는 능력이 없고, 빌려온 곳에 능력이 있다는 말은 얼토당토않은 말이다. 박식한 사람은 모든 일에 박식한 것이 아니다. 그러나 능력 있는 사람은 모든 일에 능력이 있다.

이제 나는 내 책과 함께 걸음을 내딛는다. 다른 작품들은 작가와 별개로 그 작품을 치켜세우든지 비난하든지 할 수 있겠지만, 내 책은 그렇게 하지 못한다. 하나를 건드리면 다른 것도 건드려야 하기 때문이다. 이걸 모르고 내 작품을 판단하려 하면 나 자신보다도 스스로에게 실수하게 될 것이다. 이런 사정을 잘 알아준다면 나로서는 기쁘겠다. 나에게 어떤 지식이 있었다면 나는 다만 그 지식을 활용할 능력이 있었던 것이다. 그리고 내 기억력이 좋아서 쓰는데 큰 도움이 되었다고 이해해주는 사람들에게서 좋은 평가를 얻을 수 있다면 나로서는 큰 행복을 느낄 것이다.

앞에서 말했던 것처럼, 나는 후회하지 않고 내 양심은 천사나 말(馬)의 양심까지는 아니라도, 사람의 양심으로서 그 자체에 만족한다. 나는 가르치려는 것이 아니라 이야기할 뿐이다.

악의는 스스로 그 자체의 독을 마시고 곧 중독된다. 악덕은 몸에 난 종기처럼 영혼에 후회를 남긴다. 그리고 그 후회는 스스로 상처를 긁어 피를 흘린다. 이성은 슬픔과 고통을 지울 줄 알지만, 악덕은 후회의 고통을 낳으며 몸서리친다. 인간의 이성과 본능이 거부하는 일뿐 아니라 법률과 관습에 의해서 타당한 것으로 생각되는 일이라 하더라도 군중들이 꾸며낸 일, 즉 거짓되고 그릇된 일들을 나는 악덕으로 본다.

반면 선행은 즐겁게 해주지 않는 것이 없다. 우리들 마음속에는 무언가 선행을 하고 싶다는 자존심이 항상 내재해 있다. 용감한 악의는 겉으로 침착하게 보이려고 꾸미는 수가 있지만 결코 기쁨과 만족을 느낄 수는 없다.

이렇게도 부패한 세상 속에서 나는 그 악덕에 전염되지 않고 스스로를 지키고 있다고 자부한다. "누가 내 마음속을 들여다보고 내가 복수심과 시기심을 가졌다거나, 내가 사람을 헤치고 사기를 쳤다거나, 법을 어겼다거나, 사치스런 물건을 즐겼다거나, 소란을 피웠다거나, 약속을 어겼다거나, 하는 일로 내게서 잘못을 찾지 못할 것이다. 그리고 오늘날 만연해있는 풍조 속에서 너나 할 것 없이 하고 있지만, 그래도 나는 남의 재물과 돈에 손을 대본 적이 없고, 전쟁 때든 평화 때든 내 돈으로만 살아왔으며, 대가를 주지 않고는 누구의 노고도 거저 받아본 적이 없다"고 말할 수 있는 기쁨은 결코 가벼운 즐거움이 아니다. 양심을 지키려는 이런 힘든 노력은 유쾌하기까지 하다.

남들의 칭찬을 받아야만 도덕적 행동이라고 판단하는 것은 그 근거가 불확실하고 혼란스럽다. 특히 지금처럼 부패하고 무지한 시대에는 칭찬해주는 일이 도리어 모욕이 된다. 누가 과연 칭찬할 만한 일인지를 판단할 수 있으며, 어떤 말을 믿을 것인가? 매일 보는 일이지만 저마다 명예스런 일을 한다며 떠들어대면서 선한 체하는 사람이 되어서는 안 된다.

내 친구들 중 몇몇은 스스로 또는 내가 부탁을 해서 이따금 내게 솔직히 털어놓곤 했다. 그건 점잖은 사람들이 조심스럽게 친밀한 우정으로 할 수 있는 봉사보다도 더 깊은 호의에서 나오는 훈계나 꾸짖음이었다. 나는 그때마다 예의와 감사의 마음으로 기꺼이 받아들였다. 그러나 지금 이 시간에 솔직히 말하자면, 나는 그들의 질책과 칭찬 속에 그릇된 의견이 너무 많은 것을 보고는 오히려 그들이 저지르는 실수를 피하려고 애를 써야 했다. 자신의 생활을 자신 외에는 보여줄 데가 없는 평범한 우리들은 스스로 자신의 행동을 검열하기 위한 규칙을 세우고, 그것을 엄격히 심사하며, 그에 따라서 자신을 칭찬하거나 절제시킬 수밖에 없다.

나는 나 자신을 판결하기 위해서 나의 법과 재판정을 갖고 있다. 그리고 다른 데보다 거기에 호소한다. 나는 남의 의견을 잘 받아들여 내 행동을 억제한다. 그러나 오로지 나 스스로의 판단에 의해서만 행동을 확대시킨다. 당신이 비굴한지 잔인한지, 신뢰할 수 있는지 신앙심이 깊은지, 그 모든 것을 아는 사람은 당신 자신뿐이다. 다른 사람들은 당신을 알지 못한다. 그들은 불확실한 추측으로 당신을 짐작할 수 있을 뿐이다. 그들은 당신의 기교를 알 수는 있지만 본성은 알지 못한다. 그러니 그들의 판단에 얽매이지 마라. 당신 자신의 판결에 따르라.

자신의 개인 생활에까지 질서를 유지하는 것은 참으로 훌륭한 삶이다. 제각기 광대놀이를 하는 무대 위에서는 누구나 점잖은 역할을 할 수도 있다. 그러나 중요한 것은 모든 것이 허용되고 모든 것을 감출 수 있는 자신의 마음속에 질서를 세우는 일이다. 그 다음으로 중요한 것은 아무에게도 알릴 필요가 없고 꾸밀 필요도 없이 살아가는 자신의 집에서 일상적인 생활에 질서를 세우는 일이다. 비아스는 가정생활에서의 훌륭한 태도에 대해 이렇게 묘사했다. '한 가정의 주인은 밖에서 법과 사람들의 평판을 의식하며 살 듯 집안에서도 그렇게 처신해야 한다' 줄리우스 드루수스는 공사 인부들이 그에게, 3천 에퀴만 내면 이웃들이 집 안을 들여다볼 수 없도록 고쳐주겠다고 하자, 이렇게 대답했다고 한다. "내가 6천 에퀴를 줄 테니 모든 사람이 우리 집 기둥과 주춧돌을 볼 수 있도록 만들어 달라" 자기 아내와 하인들이 봐도 떳떳하게 살아가는 사람들은 아주 드물다. 또한 자기 가족들에게 숭배를 받았던 인물은 세상에 거의 없었다.

우리 가스코뉴 지방에서 내 글이 책으로 나오는 건 우스꽝스러워 보인다. 가능한 멀리 떨어진 곳에서 내 책이 알려지는 게 나로서는 유리하다. 나는 기엔느에서 돈을 들여 책을 인쇄하고, 다른 곳에서 사람들이 사도록 한다. 죽은 다음에 명성을 얻기 위해 살아있는 동안엔 자신을 드러내지 않는 사람들의 심정도 그 때문이다. 하지만 나는 죽은 뒤에 신용을 얻으려는 게 아니다. 지금 세상에서 얻고 있는 나의 몫 외에 나를 알리고 싶지는 않다. 이 세상을 떠난 다음엔 신용이든 뭐든 아무 소용이 없다.

관직에 있는 사람들보다도 일반인들이 더 어렵고 고매한 도덕을 지킨다고, 아리스토텔레스는 말했다. 우리는 어떤 영예로운 자리에 임할 때도 양심보다는 명예욕에 가득 차 있다. 영광스런 일을 하기 위한 가장 가까운 길은 양심적으로 하는 데 있다. 알렉산드로스가 보여준 덕성스런 행위는 소크라테스가 실천한 행동보다 덜 힘든 것이었다고 생각된다. 그리고 소크라테스가 알렉산드로스의 자리에 있었다면 훌륭히 해냈을 것으로 생각되지만, 알렉산드로스는 소크라테스가 한 일을 해내지 못했을 것 같다. 누가 알렉산드로스에게 "무엇을 할 수 있는가" 하고 물어보면, 그는 "세상을 정복하겠다"고 대답할 것이다. 그러나 소크라테스에게 물어보면 "타고난 조건대로 인생을 살아가겠다"고 대답할 것이다. 정신의 가치는 더 높이 올라가는 데에 있지 않고, 질서 있게 살아가는 데에 있다.

악덕한 마음을 가진 사람도 외부에서 어떤 충격을 받았을 때 이따금 선한 마음으로 이끌리는 경우가 있는 것처럼, 도덕이 높은 사람도 이따금 악덕한 마음을 품을 때가 있다. 그러므로 사람의 마음을 알려면, 평상시 안정된 상태에 있을 때 또는 적어도 자연스런 상황에 있을 때 판단해야 한다.

사람의 타고난 성향은 교육에 의해 더 강화되지만, 성격은 결코 달라지거나 극복되지 않는다. 이 시대의 수많은 사람들은 본성에 거슬리는 훈련에 의해 도덕이나 악덕을 향해 달려나갔다.

우리는 근본적인 기질을 결코 바꾸지 못한다. 다만 덮어 감추고 있을 뿐이다. 라틴어는 나에게 모국어와도 같다. 나는 라틴어를 프랑스어보다 더 잘 이해하고 있다. 그러나 벌써 40년 동안이나 라틴어를 말하지도 않고 글로 써보지도 않았다. 그런데도 갑자기 급박한 상황에 닥칠 때는 언제나 내 입에서 라틴어가 먼저 튀어나온다. 아주 건강하던 아버지가 갑작스레 쓰러졌을 때도 그랬다. 아무리 오랜 습관에 젖어있다 해도, 본능적으로 튀어나오는 것은 어쩔 수가 없다. 이런 것만 보더라도 다른 많은 것을 알 수가 있다. 우리 시대에 몇몇 사람들이 새로운 사상을 가지고 풍습을 고쳐보려고 시도하는데, 그들은 피상적인 악덕들은 개혁할 수 있지만 본질적으로 뿌리 깊은 악덕들은 손을 댈 수가 없다. 게다가 악덕들이 점점 기승을 부리는 건 두려운 일이다.

우리는 노력하지 않고도 큰 명성을 얻을 수 있는 독단적인 개혁 사상으로 인해 좋은 일들을 전혀 하지 않고 있다. 그리고 그것과 동질인 타고난 악덕들을 값싸게 만족시키고 있다. 나는 어떤 충격 때문에 마음이 뒤흔들리는 경우는 결코 없다. 몸이 무겁고 느긋한 사람들이 그렇듯이, 나는 거의 항상 내 자리에 있다. 자리에 있지 않을 때도 늘 그 근처에 있다. 나는 맘껏 놀아도 극단적인 행동은 하지 않는다. 너무 심하거나 괴이한 것은 아무것도 없다. 그리고 최소한 나는 건전하고 빠른 회복력을 갖고 있다.

사람들이 일반적으로 태도와 관련해 비난을 받는 이유는

은퇴 후에도 온갖 부패 행위로 추악하고 비열한 생활을 영위하고 있기 때문이다. 개선하려는 의지는 희미하기만 하고 반성의 태도는 거의 죄악처럼 여겨지고 있다. 어떤 자들은 타고난 기질로 자연스럽게 악덕에 달라붙어 있거나 오랜 습관에 젖어 판단조차 잃어버리고 있다. 다른 자들에게는(내가 거기에 속하지만) 악덕이 거북하기만 하다. 그러나 우리가 유용성에 관해서 말하듯, 쾌락이 죄악에 대한 정당한 변명이 된다고 생각해볼 수 있을 것이다. 그것은 도둑질처럼 우발적이고 큰 죄악이 되지 않는 경우뿐 아니라, 여자와 관계하는 경우처럼 악덕의 유혹이 너무나 강렬해서 가끔은 그걸 극복할 수 없는 경우이다.

나는 일상적인 일은 전부 다 하고 있다. 그리고 재빨리 해치운다. 나는 나 자신을 속이거나 이성에 벗어나는 행위는 한 적이 없고, 모든 사람의 동의를 받지 않고 일을 한 적도 없다. 내 판단력은 전적으로 비난을 받거나 호응을 얻는다. 그리고 한 번 잘못 되면 계속 그대로 간다. 왜냐하면 내 타고난 판단력은 언제나 똑같기 때문이다. 일반적인 문제에 대한 생각도 언제나 한결같이 같은 의견에 머물러 있다.

죄악에도 더 거칠고 잔인한 것이 있다. 그런 것은 따로 치워두고 얘기하자. 하지만 직업적으로 수없이 되풀이하고 습관이 된 죄악들에 빠져있는 자가 이성과 양심을 저버리고 계속해서 그것을 원할 거라고는 생각되지 않는다. 그리고 그가 어떤 한

 순간에 후회를 할 것 같지도 않다.

나는 나 자신의 모습에 불만을 갖고 있어서 다른 사람이 되기를 바랄 수도 있다. 하느님께 나를 완전히 개조해 달라고, 타고난 결점을 용서해달라고 탄원할 수 있다. 그러나 그것에 대해 후회한다고 할 수는 없다. 내 행동은 나라는 고유한 존재와 처지에 맞춰 나오는 것이다. 나는 다르게 할 수 없다. 자신의 능력으로 할 수 없는 것은 후회라고 할 수 없는 것이다. 그렇다. 하지만 아쉽기는 하다. 나는 내 본성보다 더 고매하고 더 절도 있는 본성들을 무한히 부러워한다. 아무리 그래도 타고난 내 기질을 더 낫게 만들지는 못한다. 다른 사람의 강인한 팔과 정신을 부러워한다고 해서 내 팔과 정신이 더 강인해지는 것은 아닌 것과 같은 식이다. 만일 우리가 더 고상한 행동을 생각하고 기대했다가 후회를 하게 된다면 더 탁월한 본성을 가진 사람은 더 완벽하고 품위 있는 행동을 했을 거라고 생각할 것이다.

나는 젊었을 때나 지금이나 한결같이 질서 있게 행동하고 있다. 이것이 바로 나의 저항력이라는 것을 알고 있다. 자랑하는 것이 아니다. 같은 상황에서는 늘 한결같다는 얘기다. 나는 얼룩이 지는 것보다는 차라리 전부 다 염색을 하겠다. 나는 미적지근한 후회는 하지 않는다. 내가 정말 후회를 한다면 그 이전에 이미, 하느님이 나를 지켜보고 있는 만큼, 내 육신을 찢듯 고통을 느끼고 있을 것이다.

일 처리에 있어서, 나는 요령이 없어 여러 번 좋은 기회를 놓쳤다. 그러나 돌아가는 상황에 따라 내가 맡은 일에 대해서는 옳은 판단을 했다. 나의 업무 방식은 항상 가장 쉽고 확실한 쪽을 잡는다는 것이다. 지금 생각해보면, 내게 주어진 일은 나의 규칙에 따라 재량껏 풀어나가거나 연결시키곤 했다. 그리고 앞으로 천년 뒤까지도 같은 상황이 오면 똑같이 할 것이다. 그것이 지금 어떻게 돼있는지는 생각하지 않는다. 다만 그것을 고찰했던 그 순간에 어떠했는지를 볼 뿐이다.

모든 계획이 좋고 나쁜 것은 시기에 좌우된다. 상황과 내용들은 끊임없이 달라지고 변해간다. 나는 판단 착오 때문이 아니라 운을 잘못 타고 나서 평생 심각하고 괴로운 실수를 몇 번 저질렀다. 사람들이 다루는 대상들 속에는 짐작할 수 없는 비밀들이 숨어 있다. 특히 인간의 본성에 깊게 잠겨 있어 때로는 본인조차도 모르고 어떤 상황에 부닥쳤을 때에야 비로소 아무런 표시도 없이 드러나는 조건들이 있다. 예지를 가지고 그 속을 간파하지 못했다고 해서 나 자신을 불평하지는 않겠다. 예지에도 능력의 한계가 있다. 사건이 나를 억누른다. 사건이 내가 거절한 편을 든다고 해도 어쩔 수가 없다. 나는 나를 원망하지 않는다. 그건 내 탓이 아니라 운 때문이다. 그것은 후회라고 부를 수 있는 것이 아니다.

친구들이 나에게 충고해달라고 하면, 내 생각과 반대로 될 수도 있으므로 그들이 내 충고를 비난할 것을 두려워하며 주저하는 것이 아니라, 나는 자유롭고 분명하게 충고를 해준다. 나는 우려하지 않는다. 왜냐하면 그들이 일을 잘못 할 수도 있는데 내가 그들에게 봉사하는 걸 거절할 필요가 없기 때문이다.

나는 내 실수와 나쁜 운을 가지고 다른 사람을 원망하진 않는다. 왜냐하면 사실의 진상을 알아보기 위해서나 체면을 세워주기 위해서가 아니면 사실 남의 의견을 듣고 일하는 경우가 없기 때문이다. 때로 올바른 판단이 필요한 경우엔 다른 사람들의 의견이 도움이 될 때도 있지만, 내 생각을 되돌리는 일은 아주 드물다. 나는 다른 사람들의 말을 대부분 흔쾌히 들어준다. 그러나 지금껏 나는 내 말밖에는 믿지 않았다. 남의 의견들은 파리나 먼지 만큼밖에 내 의지에 영향을 주지 않았다. 나는 내 의견을 무조건 존중하는 건 아니다. 그리고 마찬가지로 남의 의견도 그리 신뢰하지 않는다.

나는 남의 의견을 잘 받아들이지도 않고 남에게 내 의견을 잘 주지도 않는다. 남들이 내 의견을 물어오는 일은 대단히 드물며 내 말을 믿는 사람도 드물다. 그러다보니 공적인 일이나 사적 사업에 내 의견이 반영돼 결정되었거나 고쳐진 일들이 잘 알려지지 않았다. 어떤 점에서는 내 의견을 따라야 하는 사람들도 나보다는 다른 사람의 의견을 구해 일하곤 했다. 나는 직책에 대한 권리만큼 휴식의 권리도 중요시하기 때문에 그렇게 하는 편이 더 좋다. 나를 완전히 내 속에 세울 수만 있다면 말이다. 나는 남의 일에 신경 쓰지 않고, 책임도 지고 싶지 않다.

모든 일이 끝난 다음엔 그것이 어떻게 되었건 나는 후회하지 않는다. 일이 그렇게 되어야만 했다고 생각하면서 괴로워하지도 않는다. 즉, 모든 일은 우주의 운행대로 돼가는 것이며 스토아학파가 말했듯 원인들의 연쇄 속에 있는 것이다. 과거나 미래를 통틀어 모든 사물들의 질서가 뒤집혀지지 않고는, 우리가 아무리 소원을 해도 점 하나 움직여놓을 수 없다.

그뿐 아니라 나는 나이 탓을 하며 탄식하는 행위를 혐오한다. 옛말처럼 나이가 들면 탐락에 끌릴 필요가 없어지니 다행이라고 생각하는 건 내 사고방식과 다르다. 나는 결코 나이 때문에 즐거움을 누릴 수 없다는 것을 고맙게 생각하지 않는다. 정욕도 노년이 되면 줄어든다. 침울함과 허약함은 류머티즘에 걸린 것처럼 나약한 덕성밖에는 남겨주지 않는다. 우리는 판단력을 잃을 정도로 자연적인 변화(늙음)에 끌려가서는 안 된다. 나는 젊었을 때도 탐락 때문에 그 속의 악덕을 분간하지 못한 적은 없었다. 그리고 지금 이 시간에도 나이 때문에 염증을 느끼며 악덕 속에 있는 탐락을 분간하지 못하는 경우는 없다. 젊음은 이미 지났지만 나는 그때와 마찬가지로 지금도 판단력을 갖고 있다.

이제 나는 조심스레 내 이성을 향상시키려 하며, 늙어가면서 약화돼 못 쓰게 된 것이 아니라면 내 이성은 오만방자했던 젊은 시절과 같은 상태에 있다고 생각한다. 나의 이성은 신체의 건강에 나쁠 것을 우려해 탐락의 도가니 속으로 들어가는 것을 막아주었다. 그러나 그 유혹을 거절하느라 내 마음은 너무나 시달렸기 때문에 이성으로 조절하기가 힘들었다. 나는 손을 내밀어 유혹을 간청하고 싶을 정도였다. 이제는 누가 옛날의 색욕을 내 이성 앞에 들이댄다면, 옛날에 내 이성이 저항했던 만큼의 힘을 갖지 못할까 두렵기조차 하다.

병 덕분에 건강을 되찾다니, 얼마나 가련한 치료법인가! 이건 불행 덕분이 아니라 판단력이 행운을 가져다준 것이다. 사람들이 내게 모욕이나 고통을 주어도 나는 속으로 저주를 할 뿐 어떤 행동도 하지 않는다. 그런 일은 때려야만 정신을 차리는 자들에게나 할 일이다. 내 이성은 굳건해지면서 더 자유로워진다. 이성은 쾌락보다도 고통을 이겨내느라 더 고달프다. 병에 걸려있을 때보다는 건강할 때 더 일을 경쾌하게 할 수 있는 게 당연하다. 나는 즐길 수 있을 만큼 건강할 때 나를 교정하고 조절하는 일을 훨씬 더 많이 했다. 하지만 지금 노쇠해가는 불행과 불운을 건강하고 힘차던 시절보다 더 좋다고 생각해야 하며, 내가 젊은 시절의 상태가 아닌 지금의 상태로 존경을 받는다면 오히려 수치심을 느낄 것이다.

내 생각엔, 안티스테네스가 말한 바와 같이, 인간의 행복은 행복하게 죽는 것이 아니라 행복하게 사는 것이라고 본다. 나는 스러져가는 인간의 머리와 몸에 철학자의 꼬리를 달게 될 거라고는 기대하지 않았으며, 이 알량한 꼬리가 내 인생의 가장 아름답고 충실했던 긴 시절을 부정할 거라고도 생각해보지 않았다. 나는 언제나 똑같은 모습의 나 자신을 보여주고 싶다.

만약 내가 다시 태어난다 해도 난 지금까지 살았던 대로 살 것이다. 나는 과거를 돌아보며 후회하지 않고 미래를 상상하며 두려워하지도 않는다. 그리고 내가 틀렸는지도 모르지만 난 겉과 안이 똑같이 살아왔다고 생각한다. 건강 덕분에 모든 계절을 견디며 일에 매진할 수 있었던 것에 대해 난 특히 이 운명에 감사하고 있다. 나는 계절마다 피는 풀과 꽃과 열매를 보았다. 그리고 지금은 그것이 말라가는 것을 보고 있다. 자연스러운 일이니 그걸 다행히 여겨야 한다. 이제 때맞추어 병들이 나를 찾아왔으며, 병 덕분에 지난날의 오랜 행복을 더 깊이 회상할 수 있게 되었다. 그래서 이 불행을 좀 더 수월하게 견뎌갈 수 있다.

내 예지 또한 젊은 시절이나 지금이나 같은 높이로 있다고 생각한다. 그렇기는 해도 꼬부라지고 힘겨운 지금보다 팔팔하고 순진했던 젊은 시절의 예지가 더 우아하고 훌륭했던 것 같다. 그래서 나는 천방지축으로 날뛰는 고통스런 종교개혁에 개입하고 싶지 않다.

하느님이 우리에게 감동을 주셔야 한다. 우리의 양심은 정욕의 약화에 의해서가 아니라 이성의 강화에 의해서 개선되어 가야 한다. 탐락은 눈곱 때문에 흐릿하게 보이는 식으로 희부연 것도 퇴색된 것도 아니다. 하느님이 명령하셨기 때문에 우리는 절도 있는 삶과 정숙함을 지켜야 하는 것이다. 천식이나 당뇨

병 때문에 정숙함과 절도를 얻은 것이 아니다. 탐락의 아름다움과 매력을 알지 못하면서 탐락을 경멸하고 배척하는 것도 옳지 못하다.

나는 양쪽을 모두 안다. 그래서 말할 수 있다. 그러나 노년기에는 젊은 시절보다 더 번거로운 불편과 질병에 마음이 얽매이게 된다. 나는 젊었을 때도 이런 말을 했었다. 그때는 사람들이 내 말을 조롱했었다. 백발 때문에 신뢰를 얻고 있는 지금도 나는 똑같은 말을 한다. 그러나 사람들은 악덕을 고치기는 해도 버리지는 않는다. 어리석고 노쇠한 자존심과 험담, 교제할 수 없을 만큼 거친 성격, 미신의 추종, 시기심, 악의 등은 도처에 너무나 많이 발견되고 있다. 노년은 우리의 이마보다도 정신에 더 많은 주름살을 만든다. 그리고 늙어가면서 퀴퀴한 냄새 나지 않은 정신은 없으며 있다 해도 매우 드물다. 사람은 누구나 성장한 다음 쇠퇴기로 들어서니 말이다.

소크라테스의 예지와 그가 선고를 받았을 때의 여러 정황을 살펴보면, 어딘지 모르게 그 자신이 고의로 그런 사태를 벌였다는 생각이 든다. 나이도 이미 70세라, 사람들을 놀라게 했던 그 예지의 찬란한 빛도 얼마 안 가 끝날 판이었으니 말이다.

노년기가 수많은 내 친지들에게 얼마나 큰 변화를 일으키고 있었던가! 노화는 의식도 못하는 사이에 우리 몸속에 저절로 스며든다. 노화가 빨리 진행되는 걸 예방하려면 많은 연구와 준비를 해야만 한다. 나는 아무리 주의를 해도 노화가 한 걸음

한 걸음 내 의지를 앞서가는 걸 느낀다. 그저 힘껏 버티고 있을 뿐이다. 그것이 결국 나를 어디로 데려갈 것인지는 모르겠다. 어쨌든 내가 언제 쓰러졌는지 알려지기만 하면 된다.

독서는 여러 가지 소재로 자신의 삶을 일깨워준다

자신의 성격과 기질에 너무 집착하는 건 좋지 않다. 그보다는 여러 가지 일을 판단할 줄 아는 능력이 중요하다. 필요하다고 해서 하나의 일에만 얽매어 사는 것은 그냥 존재하는 것이지 사는 것이 아니다. 훌륭한 정신을 가진 사람들은 많은 변화에도 적응할 줄 아는 사람들이다. 인생은 변화무쌍하고 예측할 수 없는 것이기에, 여러 가지 모습으로 움직이는 것이다. 자신을 끊임없이 채찍하고 자신의 경향에만 얽매여 벗어나지도 못하고 새로이 시도해보지도 못하는 것은, 자신에게 주인이 되지 못하는 것이고 자신의 친구도 되지 못하며, 바로 노예로 사는 것일 뿐이다.

지금 내가 이런 말을 하는 것은 내 영혼이 무언가에 몰입하는 희열을 느끼지 못하고, 긴장할 수도 없는 형편이라 정신적인 괴로움을 쉽게 벗어나지 못하기 때문이다. 주제가 아무리 가벼운 것이라 해도 나의 정신은 온 힘을 다해 그것의 가치를 높이고 거기에 몰입한다. 나는 정신적인 일을 하지 않으면 오히려 고역스러워하며, 그 때문에 건강을 해칠 때도 있다. 정신은 활발히 움직이지 않으면 마비되므로 외부의 자극이 필요하게 된다. 내 정신은 그럴 때 오히려 진정이 되고 휴식을 할 수도 있다. 세네카의 말처럼 '무료함은 악덕이므로 일을 하면서 거기서 벗어나야 한다' 내 정신이 가장 많은 노력을 기울이는 공부는 나의 정신 자체를 공부하는 것이다.

독서는 나의 정신이 열중하는 공부를 방해하고 오히려 산만하게 하는 종류의 일이다. 나의 영혼은 어떤 생각이 떠오르면 바로 요동치면서 사방으로 뻗어나가다가 이윽고 정리를 하며 강화시킨다.

자신을 탐색하며 힘차게 일할 줄 아는 사람에게는 명상이 큰 도움이 된다. 영혼의 됨됨이에 따라 자신의 사상을 다루는 일보다 더 약한 일도 없고, 더 강한 일도 없다. 위대한 인물들은 이것을 천직으로 삼는다. 키케로도 말한 바 있듯이 '그들의 삶은 바로 사색하는 것이다' 자연은 우리에게 오래도록 사색할 수 있는 능력과 거기에 몰두할 수 있도록 하는 특권을 베풀어 주었다. 특히 독서는 여러 가지 소재로 나의 사색을 일깨우며 판단을 하는 데 도움을 준다.

그러므로 지루하고 성의 없는 대화는 내 주의를 끌지 못한다. 나는 심오함 못지않게 우아함과 아름다움에 마음이 사로잡힌다. 그러나 그보다 더 내 마음을 사로잡는 건 진실이다. 사교생활은 내 관심을 끌지 못하며, 그저 형식적으로만 대할 뿐이다. 그래서 한심한 대화들을 하는 자리에서는 아이들도 하지 않을 유치한 얘기나 바보처럼 주책없는 이야기를 늘어놓곤 한다. 때로는 아주 서투른 척 눈치 없고 무례한 행동을 하기도

하며, 아예 입을 닫아버린다. 그럴 때마다 나는 내 안으로 들어가 몽상에 잠기는 것이다. 반면 나는 여러 가지 일상적인 일에 있어서는 둔하고 무지하기까지 하다. 이 두 가지 소질만 가지고도 바보 같은 이야기 몇 가지는 사람들과 그럴듯하게 나눌 수 있다.

다시 내 이야기로 돌아오자. 나는 기질이 까다로워 교제하는 게 힘들고 사람도 잘 골라야 하며 평범한 행동을 하는 것도 불편할 때가 많다. 우리는 사람들과 부딪치며 살아갈 수밖에 없다. 그런데도 교제하는 것이 귀찮고, 더욱이 천박하고 경멸스런 사람들은 상대하고 싶지 않다. 이런 사람들은 사리에 밝지도 않고 절도도 없어, 공적인 일이든 사적인 일이든 그들과는 어떤 일도 해결되는 게 없다.

자연스럽고 긴장하지 않는 마음 상태일 때가 가장 아름답다. 그리고 가장 좋은 일은 강제가 가장 적은 일이다. 스스로 자신의 욕망을 조절할 줄 아는 지혜로운 사람들에게는 그 지혜가 얼마나 도움이 되고 있는가? 그보다 더 유용한 것은 없다. 소크라테스가 입버릇처럼 하던 '자기 능력에 맞게'라는 말은 대단히 현명한 소리다. 우리는 가장 가까이서 쉽게 해결할 수 있는 욕망에 맞춰 거기서 멈춰야 한다. 내 일과 관계도 없는 몇몇 사람 때문에, 또는 내가 손에 넣을 수도 없는 물질에 대한 허황된 욕망 때문에 마음이 얽매어 지낸다거나, 함께 일하는 사람들과 잘 어울리지 못하는 것은 내 정신이 허약한 탓이 아니겠는가? 나는 유약한 면이 있어서 내 성격에 맞지 않고 거친 일을 싫어하기 때문에 적의나 시기심은 쉽게 떨쳐버릴 수 있다. 그렇다고 내가 사랑받는다는 얘기는 아니다. 그러나 나만큼 미움을 받지 않는 사람도 없었다. 내가 사교성이 없고 냉담하기 때문에 사람들로부터 호의를 못 받고, 그들이 나의 태도를 나쁜 의미로 해석한다 해도 어쩔 수는 없다.

나는 특별한 우정을 유지해갈 능력이 있다. 그리고 내 취미에 맞는 사람과의 교제를 간절히 바라고 있다. 마음이 완전히 거기에 몰두하면 매우 적극적이고 집착하기 때문에 내가 주는 우정의 인상을 강하게 남길 수 있다. 나는 실제로 멋지게 입증한 적이 있었다. 평범한 우정은 매력을 느낄 수가 없다. 왜냐하면 나는 마음속을 완전히 드러내며 자연스러운 것을 좋아하기 때문이다. 게다가 나는 운이 좋아 젊었을 때부터 그런 완벽한 우정을 경험해봤기 때문에 다른 식의 우정은 마음에 들지 않고, 그런 우정을 매우 소중한 물건처럼 여기는 습관이 내 마음속에 깊이 박혀 있다.

때문에 나는 교제를 하는 데 있어 사람들이 흔히 충고하는 식으로, 마음의 반만 내보이고 의심을 해보며 비굴하리만큼 조심스럽게 대하는 게 무척이나 어렵다. 그러나 사람들은, 특히 이 시대에는 항상 의혹을 품어야 하며 적당히 거짓을 꾸며야 한다고 말한다.

반면에 나처럼 평온과 즐거움을 인생의 목적으로 삼는 사람은 (결국은 안정을 뜻하지만) 뒤틀리고 미묘한 일에 마음을 쓰지 않아야 한다. 사람의 심리는 여러 단계로 되어있어서 긴장하면서 동시에 풀리기도 하고, 이웃들과 건물 얘기를 하다가도 소송 사건을 얘기할 수 있으며, 목수나 정원사와도 즐겨 대화를 나눌 수가 있다. 나는 하인들과도 화기애애하게 지내며 그들처럼 대화를 하는 방식이 부럽기까지 하다.

그리고 플라톤의 말처럼, 하인들과는 친밀해지거나 농담을 해서는 안 되며 주인다운 말을 써야 한다고 하는 건 내 성미에 맞지 않는다. 왜냐하면 행운의 특권에 너무 큰 가치를 두는 것은 비인간적이고 부당한 일이기 때문이다. 하인들과 주인들 사이에 차별을 많이 두지 않는 사회가 내게는 공정한 사회로 보인다.

당신과 함께 있는 사람들과 같은 수준으로 몸을 낮춰 때로는 무지한 것처럼 보이는 것도 좋다. 다만 요령 있게 해야 한다. 보통의 만남에는 질서를 유지하는 것만으로도 충분하다.

학자들은 흔히 돌에 잘 차인다. 그들은 항상 학자인 걸 뽐내며 책에서 얻은 지식으로 아무데서나 설치고 다닌다. 요즘은 여자들에게 워낙 떠들어대서 그녀들은 제대로 의미도 파악하지 못하면서 모든 일에 박식한 말투와 문장을 사용하려 한다. 그리고 평범하고 하찮은 일에도, 모두가 다 아는 사물들에 대해서도, 구태여 플라톤과 성 토마스 아퀴나스를 인용하는 것이다. 그녀들의 마음속을 파고들지 못한 학설은 그녀들의 혀끝에 머물러 있다.

점잖은 여성들이 내 말을 믿는다면, 그녀들은 타고난 자연스런 보배들을 빛내는 것으로 만족해야 할 것이다. 그녀들은 외부에서 가져온 아름다움으로 자신들의 아름다움을 덮어버린다. 빌려온 광채로 자신을 빛내기 위해서 자신의 타고난 광채를 감추는 것은 너무나도 어리석은 짓이다. 그녀들은 기교 속에 자신을 묻어버리고 있는 것이다. 미용실에서 방금 나온 얼굴처럼 그녀들은 자신을 꾸미고 있는데, 그건 자신을 잘 모르기 때문이다. 세상에 자연스러운 것보다 더 아름다운 것은 없다.

하지만 그녀들이 남자에게 무엇이건 양보하기 싫고 독서에 관심을 가진다면 시에 취미를 가지는 것이 좋다. 그건 여자들의 말재간처럼 수다스럽고 미묘하고 꾸밈이 있으며 또 재미있고 화려한 예술이기 때문이다. 역사에서도 또한 여러 가지 필요한 것들을 얻을 수가 있을 것이다. 철학에서는 인생에 조언이 되는 여러 가지, 즉 남자들의 심리를 파악한다든지, 배신을 겪을 때 자신을 지킨다든지, 자신의 욕정을 조절하고 자신들의 자유를 지키며 인생의 쾌락을 누리는 것들을 배울 수가 있을 것이다. 또한 하인이 속인다든가, 남편과 사이가 안 좋다거나, 나이 들어 노쇠해지는 걱정 등을 견딜 수 있게 하는 가르침을 얻을 것이다.

사람들 중에는 내향적이고 은둔적인 성격들이 있다. 나는 적극적으로 나를 표현할 줄 알고 사람들과 교제도 잘 한다. 천성적으로 사교와 우정을 즐기며 솔직하게 털어놓고 지내는 걸 좋아하는 것이다. 한편으론 고독을 즐기는 것도 좋아하지만, 그건 좋은 생각과 사상을 불러오기 위해서이며 일상적인 생활을 위해서는 아니다. 또한 욕망과 걱정을 가라앉히기 위해서이며 번거로운 생활이 싫어서가 아니다. 솔직히 말하면, 나의 삶은 외롭고 쓸쓸하지만 그건 오히려 나를 밖으로 향하게 만들어준다. 나는 혼자 있는 것을 즐기며, 그럴 땐 우주와 나라의 일에 열중하곤 한다.

루브르 궁이나 군중들 속에서는 내 껍데기 안으로 움츠러들게 된다. 군중은 나를 나 자신 속으로 몰아넣는다. 소란스럽고 무례한 행위들은 전혀 재밌지도 않다. 나는 조심스럽게 예의를 갖추는 자리에서 즐거울 뿐이다. 궁전 내부의 들썩이는 분위기는 싫지 않다. 나는 거기서 내 생애의 일부를 보냈기 때문에 이따금 기분이 나면 많은 사람들 속에서도 곧잘 유쾌하게 지낼 수가 있다. 그러나 옳은 판단을 하기가 어려워 어쩔 수 없이 혼자 외롭게 지내는 것이다.

나는 많은 사람들을 보게 되지만 같이 이야기하고 싶은 사람은 극히 드물다. 나는 이제 다시없는 자유를 누리고 있다. 사람들을 맞이하고 대접하는 격식이나 괴로운 절차 같은 건 없다(오! 얼마나 노예 같은 관습인지!). 나는 혼자 들어앉아 맘껏 생각하고 몽상도 해보며, 손님들의 비위를 맞춰야 하는 일도 없이 침

336 묵을 지킬 수가 있다.

내가 교제하고 싶은 사람들은 점잖고 재능 있는 사람들이다. 이런 사람들 아니면 싫증이 난다. 생각해보면 그들은 매우 드문 재능을 타고난 사람들이다. 그들과 교제를 하고 싶은 이유는 단지 우정과 이야기 친구를 갖고 싶은 것뿐이다. 어떤 주제에 대해서든 상관없고, 깊은 내용이 아니어도 괜찮다. 그러나 우리의 대화엔 성숙한 판단과 배려, 솔직함, 쾌활함, 온화함, 그리고 우정이 있을 것이다.

아름답고 우아한 여성들과 교제하는 것에서도 나는 푸근한 위로를 받는다. '왜냐하면 우리도 그 점에 있어서는 꽤 안목을 가졌기 때문에'(키케로) 그렇다. 심리적으로는 보통의 우정에서 얻는 것보다 덜 만족스러울지 모르지만, 육체적 감각적 교제 못지않게 심리적 면에서도 큰 비중을 차지하고 있다. 그러나 여성과의 교제는 조심스럽게 다가가야 한다. 특히 나처럼 육체 생활의 비중이 큰 사람은 더하다. 나는 젊었을 때 거의 절제도 없고 판단도 없이 마구 휩쓸린 생활을 해봤기 때문에 뜨거운 맛을 보고 모든 광기어린 고통도 겪어보았다. 그렇게 호된 매를 맞았던 것이 내게는 큰 교훈이 되었던 것도 사실이다.

그러나 사랑도 책임감도 없이 그 나이 때면 다 하는 습관이라면서 배우처럼 말로만 떠들고 마음을 열지 않는 것은 사실 비굴한 행위이다. 그건 위험이 무서워서 명예도 쾌락도 다 저버리는 식이다. 이런 식의 교제를 하는 사람들은 아름다운 감동과 만족을 주기를 기대할 수 없다. 진정으로 누려보고 싶다면 진정으로 원해야 한다.

자기를 잘 아껴주겠다고 하는 남자의 맹세에 쉽사리 넘어가지 않는 여자는 없다. 그런데 오늘날 많은 남자들이 여자를 배신하고 있으므로, 여자들도 서로 뭉쳐 남자를 방어하거나 자기들끼리 어울리고 있다. 또 여자들도 남자들처럼 연극을 하듯 정열도 사랑도 없는 교제를 하고 있다. 플라톤의 저서에 나오는 리시아스가 말하듯, 남자들이 여자들에게 진심 없이 대할수록 여자들 또한 그만큼 편하게 남자들에게 몸을 맡길 수 있다고 생각하는 것이다. 그건 연극보다 더 재미있는 일이다.

나로 말하면, 어린애 없는 모성애를 생각할 수 없는 것처럼 큐피드 없는 비너스를 생각할 수 없다. 그것은 서로에게 각자의 본질을 보여주고 되찾는 것이다. 그러므로 이 연극은 행하는 사람 자신에게 되돌아온다. 상대에게는 아무것도 부담 되는 일이 없다. 대신 그는 아무것도 얻지 못한다. 비너스를 여신으로 만든 사람들은 그녀의 아름다움을 육체가 아니라 정신에서 보았던 것이다. 그러나 그런 사람들이 찾는 여성은 인간적인 것도 아니고 짐승처럼 욕정을 지닌 것도 아니다.

늙어서 기운 빠진 인간들도 아직 몸을 떨며 사랑으로 울부짖고 전율한다. 이런 짐승들은 희망과 열정으로 충만해 있다. 그들은 육체적 사랑을 하고 나서도 여전히 달콤한 추억에 젖어 있으며, 의기양양해 하고 피로와 포만 속에서도 승리와 축제의 노래를 부르고 있다. 생리적 욕구를 해소하는 데밖에 관심이 없는 자들은 인간의 섬세한 심리를 생각할 필요가 없는 것이다. 그것은 그저 무례하고 천박한 갈증일 뿐이다.

나는 자연스런 나 자신보다 더 낫게 봐주기를 원하지 않으므로 젊은 시절에 저질렀던 잘못 하나를 고백하려 한다. 직업적으로 몸을 파는 여성들과 가까이 하는 건 건강 면에서도 위험하고(나도 처신을 잘못해서 두 번이나 병에 걸렸는데, 다행히 가벼운 증상이었다) 또 경멸감을 갖고 있어 그리 열중하지는 않았지만, 나의 정욕과 쾌감을 자극해보고 싶었다. 그리고 난 티베리우스 황제의 방식대로 여자에게서 정숙함과 품위를 구하며 독재자나 감찰관이 아니면 상대를 하지 않았던 창녀 플로라의 취향을 즐겨 보고 싶었다. 벼슬에 딸린 하인의 숫자만큼이나 거기에 진주와 비단이 도움이 되었던 건 사실이다.

뿐만 아니라 나는 여자의 정신을 매우 중요하게 생각했다. 다만 그건 신체적 결함이 없는 조건에서였다. 그러나 솔직히 말해서 이 두 가지 아름다움 중에서 어느 하나를 단념해야 한다면 난 어쩔 수 없이 정신적인 면을 단념했을 것이다. 왜냐하면 정신의 미는 더 나은 다른 곳에서 쓰이기도 하지만, 사랑에 관련해서는 시각과 촉각을 제외하고는 아무것도 되지 않기 때문이다. 여자들에게 미모는 진정한 장점이 된다. 남자들에겐 좀 다른 특징이 있지만, 아직 수염도 안 난 소년의 미모 또한 여자 못지않게 아름답다.

사실 나는 책을 잘 안 읽는다. 다만 구두쇠들이 재물을 가지고만 있듯 책을 가지고 즐기는 것이다. 책은 내가 읽고 싶을 때 언제든지 즐길 수 있기 때문이다. 나는 여행할 때 항상 책을 가지고 다닌다. 전쟁 중이라도 마찬가지다. 그러나 며칠씩 또는 몇 달씩 책을 들춰보지도 않고 지낼 때도 있다. 마음속으로 늘 '조금 있다가 읽거나 내일 읽거나 아무 때라도 생각날 때 읽지 뭐' 하고 생각하는 것이다. 세월은 달음질쳐 흘러간다. 그렇다고 그동안 마음이 안 좋을 것도 없다. 책이 내 옆에 있는 한, 언제든지 그게 즐거움을 줄 거라는 생각이 들고, 그러면 마음이 안정되고 가벼워지기 때문이다. 책들이 내게 얼마나 도움이 되는지 말로 다 할 수가 없다. 책은 내 인생 행로에 갖추고 있는 최상의 장비다. 나는 배운 사람들이 책을 가까이 하지 않는 걸 보면 심히 불쌍하다는 생각이 든다. 다른 오락 종류들이 시원찮아도 별로 신경 쓰지 않는 것은 책만큼은 내게 있어 절대로 결핍되는 일이 없을 것이기 때문이다.

나는 집에 있을 땐 자주 서재에 들어가며 거기서 집안일도 쉽게 살피곤 한다. 서재 입구 쪽에 자리 잡고 있으면 창문 아래로 정원과 양계장, 안마당, 그리고 집안의 거의 모든 것이 보인다. 나는 서재에서 이 책 저 책을 무심히 들춰 보기도 하고, 때로는 몽상에 잠겨 이리저리 거닐며, 지금도 이렇게 내 생각을 불러주면서 받아쓰게 하고 있다.

서재는 탑 4층에 있다. 2층엔 기도실이 있고 3층엔 거처하는 방과 부속실이 있는데 혼자 있고 싶을 때는 거기서 자는 경우가 많다. 나는 이 서재에서 삶의 대부분을 보내고 있다. 그러나 밤에는 절대 서재에 머물지 않는다. 또한 겨울엔 서재에 계속 있을 수가 없다. 왜냐하면 내 집은 언덕 위에 있어서 심한 바람이 불어대기 때문이다. 그러나 외딴 곳에 떨어져 있어 자연히 사람들이 드나들지 않으니, 책을 읽기에도 좋아 더 마음에 든다. 서재는 바로 내 자리이며 나의 지배 아래에 있다. 이곳만큼은 아내든 자식이든 그 누구든 공동생활에 상관없이 나만을 위해 간직하고 싶다. 자기 집에 있으면서도 자기 맘대로 있을 곳도 없고 자기만의 성을 갖지도 못하는 사람들을 보면 참 가련한 신세들인 것 같다! 그들은 은퇴 후에도 편안히 머물 곳 하나 없다. 수도사들이 한 곳에 정착해 수많은 일을 규칙적으로 해나가는 생활은 정말 혹독한 삶이라는 생각이 든다. 항상 혼자 있을 수 없는 것보다는 언제나 혼자 있는 게 훨씬 더 견디기 쉬울 것 같다.

나는 하루하루를 살아간다. 그리고 말하기가 좀 거북하지만 나 자신을 위해서만 살아간다. 다른 의도는 없다. 젊었을 때는 남에게 보이기 위해서 공부했다. 그 다음엔 스스로 만족하기 위해 공부했다. 그리고 이제는 좋아서 한다. 결코 소득을 위해서가 아니다. 나는 이런 물건(책)을 가지고 필요할 때 사용할 뿐 나를 치장하려는 허영심은 이미 버린 지 오래다. 책을 볼 줄 아는 사람들은 유쾌한 면도 지니고 있다. 한편 좋은 일을 하는 데 있어 힘들지 않는 것은 없다. 독서 또한 단지 쾌락만은 아니다. 독서도 나름대로 어려움이 많이 있다. 때문에 정신이 단련을 받는 것이다. 반면 신체는 그동안 움직이지 않고 있으므로 굳어진다. 나는 늙어가는 지금 나이에는 과도한 독서가 무척 해롭다고 생각한다.

나는 전에 어떤 부인이 슬퍼하는 걸 보고 위로해 주려고 한 적이 있었다. 왜냐하면 여자들이 상심해 있는 것은 보통 겉으로만 그럴 때가 많기 때문이다. 나는 내가 다른 사람을 설득하는 데 있어 매우 서투르다는 것을 알고 있다. 때론 너무 무미건조하고 이치만 따지는 말을 하는가 하면, 때로는 말을 불쑥 꺼낸다든지 조심성 없이 하고 마는 것이다. 나는 이번엔 한참동안 그녀가 괴로워하는 것을 달래주면서도 그녀의 상심을 이성적으로 따지면서 깨우쳐주려고 하지는 않았다. 사실 나로서는 그렇게 할 재간도 없었다. 나는 다른 방법을 쓰는 것이 낫겠다고 생각했던 것이다.

나는 편안하게 이야기를 하면서 차츰 그녀의 상황에 가까운 쪽으로 화제를 돌려갔다. 그러다 그녀가 내 말에 귀를 기울이는 것 같으면 아주 다른 얘기로 말을 끌어갔다. 그러면서 그녀 자신도 모르는 사이에 괴로운 심정에서 벗어나며 기분전환이 될 수 있도록 진정시켜 주었다. 내 뒤를 이어서 다른 사람들이 또 그녀를 달래주었다. 그러나 그 부인의 슬픔은 조금도 누그러지지 않았다. 왜냐하면 내가 그녀를 위로했을 때 단지 기분전환의 방법을 썼을 뿐 그 원인의 뿌리를 뽑지 못했기 때문이다.

몸의 염증을 다 씻어낼 수 없을 때, 의사들은 방향을 돌려 위험이 더 적은 다른 방법을 쓰곤 한다. 나는 이런 방법이 정신적 질병에도 좋은 치료법이라고 생각한다. 키케로도 이렇게 말한 바 있다. '때로는 정신을 다른 취미나 생각으로 전환시킬 필요가 있다. 결국 정신도 건강이 매우 좋지 못한 병자처럼 자주 장소를 옮기며 요양시켜야 한다'

또 다른 방법이 있는데 이 교훈은 너무나 고매하고 어려운 것이다. 순전히 사물 그 자체를 관조하며 고찰하는 일은 제일급의 인물들이나 할 수 있다. 죽음을 태연히 맞대고 받아들이며 희롱할 수 있는 사람은 오직 소크라테스밖에 없다. 그는 사물의 밖에서 위안을 찾지 않는다. 그에게는 죽음조차도 자연스런 사건으로 보일 뿐이다.

우리의 생각은 항상 다른 데 가있다. 더 나은 인생을 살고 싶다는 희망, 자식들이 훌륭하게 되기를 바라는 희망, 명성이 가져올 미래의 영광, 또는 현재의 불행에서 도피하고 싶은 마음, 우리를 위협하는 자들에 대한 복수심 등이다. 그러나 이런 생각들은 한편으로 우리를 살아가도록 잡아준다.

철학적 논법은 언제나 본질의 가장자리로 피해나가며 대체로 껍데기조차도 스쳐가지 않는다. 철학의 최초 학파의 제일인자이며 다른 학파들의 총감독과도 같은 위대한 제논은 죽음에 대해 이렇게 말했다. '어떤 악도 영광스럽지 못하지만 죽음은 영광스럽다. 따라서 죽음은 악이 아니다' 그리고 술주정에 대해서는 '아무도 술주정꾼에게는 자신의 비밀을 말하지 않는다. 비밀은 현자에게만 말한다. 따라서 현자는 주정꾼이 될 수 없다'고 말했다. 정곡을 찌르는 말일까? 이런 위대한 철학자까지도 우리가 가지고 있는 공통의 운명을 벗어나지 못한다는 게 흥미롭다. 그들이 아무리 완벽하다고 해도 결국은 언제까지나 우둔한 인간일 뿐이다.

복수심은 자연스럽고 달콤한 격정이다. 그래서 깊은 감명을 주기도 한다. 나는 그런 경험은 없지만 그 심정은 잘 알고 있다. 최근에 어떤 젊은 공작이 복수심을 품고 있다는 걸 알고는 그의 마음을 되돌리려고 명예와 호의, 보살핌 등 복수심과는 거리가 먼 정경의 아름다움을 맛보게 했다. 나는 그의 마음을 야심 쪽으로 돌렸다. 사람이란 이런 것이다.

옛날에 나는 심각하게 비탄하는 기질이 있었는데 그건 심각하기보다는 당연한 것이었다. 그때 내가 내 힘만 단순히 믿었다면 아마도 죽었을지도 모른다. 젊었기 때문에 그 기분을 떨쳐버리려고 이런저런 기교를 부리다가 연애를 해보았다. 연애는 나에게 위안을 주고 우정에서 생기는 불쾌감을 잊게 해주었다. 그래서 나는 다른 일에도 같은 방법을 써보았다. 어떤 괴로운 생각에 빠져있을 때는 그것을 억제하려고 하기보다는 다른 생각으로 바꾸는 것이 낫다. 변화는 언제나 생각을 가볍게 해주고 풀어주기도 하며 흩트려준다. 나는 싸워서 그걸 이길 수 없을 것 같으면 피하고 비켜서려 해보았다. 그리고 갖가지 연구를 한다. 장소와 친구도 바꾸고 다른 일을 하는 사람들의 무리 속으로 들어가 본다. 그렇게 하면 거기에 휩쓸려서 나 자신을 망각할 때도 있다.

젊은이는 앞을 내다보고, 노인은 뒤를 돌아보라

나는 젊었을 때 일에 충실하고자 나 스스로를 경계하며 설득하곤 했다. 쾌활함과 건강은 현명한 성찰을 하는 데 있어서는 그다지 필요하지 않다고 사람들은 말한다. 노년이 된 지금도 나는 계속해서 내 정신을 긴장시키며 분별력을 갖도록 몰아대고 나 자신에게 설교하기도 한다. 젊었을 때 지나치게 쾌활했던 나는 이젠 또 지나치게 근엄한 태도를 갖고 있다. 이런 나 자신이 반갑지 않다. 그래서 나는 일부러 방자한 생각을 해본다. 그리고 때로는 젊을 때처럼 경박한 생각도 해본다. 사실 내 마음은 그때와 같다. 그러나 이제는 너무도 둔중하고 노숙해졌다. 세월은 날마다 내게 냉철함과 절제를 가지라고 훈계한다. 내 몸은 무절제를 피하며 두렵기까지 하다. 이젠 내 육체가 정신을 개선하라고 지도한다. 날이면 날마다 혹독하게 죽음과 인내심과 금욕을 가르치고 있는 것이다.

옛날에 탐락을 억제했듯이 나는 이제 절제에 대해 나 자신을 방어하고 있다. 하지만 나는 어떤 의미에서든 나 자신의 주인이 되어야 한다. 예지도 지나치면 어리석음만 못하므로 절제가 필요하다.

'소년은 앞을 내다보고, 노년을 뒤를 돌아보라' 야누스 신의 양면의 얼굴을 뜻하는 말이다. 나이는 제멋대로 나를 이끌어간다. 내 눈이 지나간 아름다운 시절을 알아볼 수 있는 만큼 나는 가만히 시선을 그쪽으로 돌린다. 내 혈관에서 젊음은 사라진다 해도 기억마저 사라지는 것은 아니다.

플라톤은 나이 든 사람들에게, 청년들이 운동하고 춤추는 곳에 참석해서 그들의 아름답고 부드러운 신체를 즐겨보라고 말했다. 그리고 젊었던 시절의 은총과 우아함을 추억 속에서 되살려 보라고 했다.

옛날에 나는 음산하게 느껴지는 날들은 좋지 않은 신호라고 생각했다. 그런데 이제는 이런 날들이 당연하게 생각되고, 오히려 명랑한 날들이 이상하게 느껴진다. 나는 이제부터 몸이 아프지 않아 내 자신이 고마워질 때는 새로운 은총을 받은 것처럼 기쁨을 누리려 한다. 노쇠의 서러움을 잊기 위해 공상이나 꿈속에서나마 유쾌해지고 싶다.

그렇지만 꿈보다 다른 방법이 있어야 한다. 나는 빨리 늙는 것보다 노년이 짧은 편이 낫다고 생각한다. 쾌락을 얻을 수 있다면 가장 작은 쾌락의 기회도 놓치지 않겠다. 쾌락에도 여러 가지가 있는데, 신중하고 강하며 영광스런 쾌락도 있다. 그러나 사람들의 입방아 때문에 웬만해서는 욕심을 낼 수가 없다. 나는 대단히 사치스런 쾌락보다는 달콤하고 쉽게 얻을 수 있는 쾌락을 원한다.

쾌락을 원하는 것은 야망이라고 할 수도 없다. 이제야 그걸 깨달은 게 몹시 부끄럽다. 그러나 어쩔 도리가 없다. 내 마음이 자꾸만 탐락으로 기울어지면 울화가 치민다. 우리 같은 늙은이들은 헛되이 꿈이나 꾸며 세월을 보내면 되고, 명성과 지위는 젊은이들이 탐을 내야 한다. 젊은이들은 명성을 향해 세상으로 나가고, 늙은이들은 거기서 돌아와야 한다.

나는 재미있게 사는 것밖엔 다른 목적이 없으므로 쾌활하고 조용한 생활을 1년만 할 수 있다면 세상 끝까지라도 달려가 보겠다. 우울하고 답답한 안정은 내게도 충분히 있으므로 필요가 없다. 그건 나를 숨 막히게 만든다.

시골이든 도시든, 프랑스든 다른 나라든, 가만히 있는 성격이든 나돌아 다니는 성격이든, 어떤 인물이든 내 기분이 그들에게 맞고 또 그들의 기분이 나에게 맞는다면 손바닥으로 휘파람만 불어다오. 그들에게 가서 살과 뼈로 된 내 〈에세이〉를 주겠다.

성격이 느긋하거나 까다로운 것은 심성이 착하거나 거칠어지는 데 큰 영향을 끼친다고 플라톤이 말한 바 있는데, 나는 그 말이 맞는다고 생각한다. 소크라테스는 강인하고 곧은 용모를 가졌으면서도 명랑하고 쾌활했다.

나는 자기 인생의 즐거움은 추구하지 않고 음침하고 우울하게 불행한 심정에만 집착하는 성격을 싫어한다. 그건 곧 파리 떼처럼 깨끗하고 매끈한 곳에는 붙어 있지 않고 더럽고 거친 곳에만 달라붙는 식이며, 거머리처럼 나쁜 피만 찾아 빨아먹는 식이다.

어쨌든 나는 내가 할 수 있는 모든 것을 말하기로 작정했다. 말할 수 없는 것이 있다는 게 불쾌하다. 그것을 고백하지 못하는 건, 내 행동이나 상태가 나쁘다 하더라도 추하고 비굴해서가 아니다. 누구나 고백하는 것은 조심스럽다. 행동하는 것도 조심해야 한다. 당돌하게 실수하는 것은 어떤 면에서는 그것을 당돌하게 고백하는 것으로 보상이 된다. 나의 지나친 방자함이 겉으로만 꾸미는 비겁한 도덕을 벗어나 사람들을 자유 속으로 끌어내준다면 그것이 바로 내가 원하는 바이다! 악덕을 비난하려면 그것을 잘 판단해 밝혀내야 한다. 그것을 남에게 감추는 사람은 자신에게도 감추고 있는 것이다. 그들은 눈에 보이지 않으면 충분히 감춰지지 않았다고 생각해 자신의 양심을 속이면서 그걸 숨긴다.

신체의 질병은 심해지면 드러나게 마련이다. 그러나 마음의 병은 드러나지 않는다. 그것도 가장 심각하게 걸린 사람이 가장 잘 느끼지 못한다. 악한 행동도 때로는 고백을 해버리면 마음이 놓인다.

나는 거짓말을 하기가 몹시 어렵다. 아는데도 모른다고 할 용기가 없어서 나는 남의 비밀을 잘 간직할 수가 없다. 침묵을 지킬 수는 있지만 아는 것을 부인하기는 정말 괴롭다. 비밀을 지키는 것도 본능적으로 그럴 수 있어야지 억지로 하면 안 된다.

누가 나에게 훌륭한 사람이라거나 아주 겸손한 사람이라거나 행실이 올바르다고 칭찬을 해도 나는 조금도 고마울 것이 없다. 또한 반대로 나를 배신자라고 하거나 도둑놈이나 주정뱅이라고 불러도 나는 조금도 모욕을 느끼지 않는다. 자신을 잘 알지 못하면 거짓 칭찬을 들으면서 크게 만족할 수 있다. 이 말은 내가 나 자신을 보며, 내 내장까지 뒤져보고, 내 자신이 무엇인지 잘 알고 있는, 나에 관한 말만은 아니다. 나는 나 자신이 제대로 알려지려면 칭찬을 덜 받는 것이 낫다고 생각한다.

우리는 물건들을 버릴 때도 그 집착을 버리지 못한다. 나는 이 세상의 장난과도 마지막 인사를 하고 싶다. 우리의 마지막 포옹이 될 것이다. 우리의 논제로 돌아가자.

사람들은 성적 행동에 대해 왜 그렇게도 당연하고 자연스럽고 필요한 것인데도 마치 수치심을 느끼듯 말하는 것일까? '죽인다, 훔친다, 배반한다' 같은 말들은 과감하게 하면서, 성적 행동에 대한 말은 신중하지 못한 말처럼 입속으로만 웅얼거리고 감히 밖으로 내뱉지를 못한다. 마치 그 말을 적게 할수록 그만큼 그 생각을 안으로 키워 갈 권리라도 생긴단 말인가?

가장 덜 말해지고, 가장 덜 사용된 말이 가장 잘 알려지고 보편적으로 이해되었다는 것은 참 재미있는 현상이다. 누구나, 어떤 풍습에서도 빵에 대해 모르는 사람은 없다. 이 단어는 굳이 형태를 설명하지 않아도 각자의 마음속에 새겨져 있다. 이것에 대해서는 침묵할 수도 있는 것이다.

이러한 것은 삭제된 글이 있으면 더 잘 팔리고 유명해지는 책과도 같은 식이다. 나는 수치스러운 일이 청년에게는 장식이 되고, 노년에게는 비난이 된다고 말한 아리스토텔레스의 말에 동의한다.

사실 결혼은 자신을 위해 하는 것이 아니다. 그보다는 후손을 생각해 또는 가족을 위해 결혼하는 것이다. 나는 오히려 미모와 사랑의 정욕에 끌려서 하는 결혼보다 더 빨리 실패한 결혼은 보지 못했다. 결혼에는 지조와 확고한 믿음이 필요하며 매우 신중하게 진행해야 한다. 들끓는 쾌락은 결혼에 아무런 가치가 없다. 쾌락에 사랑을 결부시키면 결혼이 한결 더 명예로워진다고 생각하는 사람들은 귀족과 도덕을 동일시하며 마치 도덕을 위하는 것처럼 하는 자들과 똑같아 보인다. 그러므로 두 가지를 섞어 생각하면 서로에게 피해만 된다. 귀족은 훌륭한 자격이며 존중받는 게 당연하다. 그러나 그것은 남에게 매여 있는 자격이며 악덕한 자도 가질 수 있는 것인 만큼 도덕보다는 훨씬 더 낮게 평가된다. 귀족의 자격은 그 본인 하나에게만 사용되는 것이며 남을 위한 봉사에는 아무런 쓸모가 없다.

좋은 결혼(그런 것이 있다면)이란 사랑과 조건을 배제하는 것이다. 그것은 우정과 같은 관계를 유지하도록 노력하는 것이다. 그것은 또 지조와 신뢰를 지키며 서로에게 유익하고 성실한 봉사와 의무를 다하는 인생의 온화한 공동생활이어야 한다. 훌륭한 결혼 생활을 하는 사람이 대단히 드문 것은, 거기에 가치와 품위를 더해야 하기 때문이다. 결혼 생활을 잘 꾸리고 살아가는 것만큼 우리 사회에 더 아름다운 일은 없을 것이다.

우리는 결혼을 당연한 것으로 생각하면서도 그것을 천하게 다루며 살아가고 있다. 그래서 마치 새장에서나 보는 풍경이 벌어진다. 밖에 있는 새들은 그 속에 들어가려고 발버둥치고, 속에 있는 새들은 밖으로 나오려고 똑같이 발버둥치고 있다. 소크라테스에게 누가, 결혼을 하는 것이 좋냐, 하지 않는 것이 좋냐 하고 묻자, 그는 "둘 중 어느 쪽을 택하든 사람은 후회할 것이다"라고 말했다고 한다. "인간은 인간에게 서로가 신이든지 아니면 늑대나 이리다"(케킬리우스)라는 말은 결혼생활에 딱 들어맞는 말이다. 결혼생활을 잘 하려면 여러 가지 능력이 한데 어울려야 한다. 이 시대에는 쾌락이나 호기심, 지루함 같은 것들 때문에 번민하지 않아도 되는 일반 서민들의 단순한 마음이 오히려 살기에 편하다. 나처럼 제멋대로 하기를 좋아하는 성격은 의무나 얽매이는 것을 싫어하기 때문에 결혼이 적당하지 않다.

아무리 예지가 내게 결혼을 청해 와도 나는 하지 않았을 것이다. 그러나 어쨌든 우리는 공동생활의 습관과 풍습을 피할 수가 없다. 나는 행동을 할 때 대부분 남들이 하는 대로 따르는 편이다. 아무튼 나는 내가 원해서 결혼한 게 아니고 외부 상황에 끌려서 한 것이었다. 왜냐하면 추악해서 피하고 싶은 일이라도 어떤 사정에 따라서는 용납될 수 있기 때문이다. 인생이란 이렇게도 모순이다! 더구나 그 당시에는 마음도 준비돼 있지 않았고 그저 뜻에 따라 끌려갔던 것이다. 하지만 내가 아무리 방자하게 살았다고 해도 결혼 생활의 법칙은 약속했던 것보다 훨씬 더 엄격하게 지켜왔다. 한 번 걸려든 다음엔 아무리 발버둥쳐도 소용없는 것. 그러므로 자신의 자유는 조심스럽게 아껴야 한다. 그러나 한번 의무를 따르기로 맹세한 다음엔 서로가 공동의 책임과 법칙을 지켜야 하며 적어도 그렇게 하도록 노력해야 한다. 증오와 경멸을 품고 살아갈 생각으로 결혼이란 흥정을 체결하는 자는 부당한 거래를 하는 셈이다. 항상 자신의 의무를 다하는 사람은 적어도 결혼의 의무를 인정하고 사랑해야 한다. 마음으로 결합되지 않는데도 결혼을 하는 것은 배신행위다.

소크라테스는 아테네 시에 대해, 우리가 사랑하는 여자들처럼 마음에 드는 도시라고 했다. 그곳에서는 사람들이 거리에 나와 거닐며 시간을 보내곤 한다. 나는 남자들이 자기 아내를 속이고 있기 때문에 거리를 두는 것을 보고 분노를 느꼈다. 자신이 잘못하면서 아내를 미워한다는 것은 적어도 있을 수 없는 일이다. 뉘우침과 동정심으로 여자들을 아껴주어야 한다.

통상적인 규칙이란 것은 남자들이 여자들과 의논하지 않고 멋대로 만든 것이기 때문에 여자들이 그걸 거부한다고 해도 잘못은 아니다. 그러니 여자들과 남자들 사이에 음모와 싸움이 있는 것은 너무도 당연하다. 여자들과 남자들이 깊이 화합되어 있을 때조차도 대체로 시끄럽고 소란스러운 것은 모두 그 때문이다. 시인 베르길리우스의 말에 의하면 남자들이 그런 점을 고려하지 않고 여자들을 대하는 게 문제라는 것이다. 다시 말하면, 여자들은 사랑의 실천에 있어서 남자들과 비교할 수 없을 만큼 훨씬 더 열렬하고 능력이 있다는 것이다.

남자들은 인간의 의무 중 가장 어렵고 힘든 일을 여자들에게 맡기므로 그 영광을 양보해야 한다. 그럼으로써 남자들이 여자들에게 주장하는 도덕과 용감함에 대한 하찮은 우월감을 여자들이 짓밟을 좋은 기회가 되는 것이다. 여자들이 이 점을 주의한다면 대단히 존경받을 수 있을 뿐 아니라 더욱 사랑받게 될 것임을 깨달을 것이다.

용감한 남자라면 여자가 싫어하는 것이 아닌데도 정조 때문에 거절을 당하는 경우 결코 구애하기를 포기하지 않을 것이다. 그런 경우 남자들은 맹세하고 위협도 하고 한탄하지만 그건 모두 구애를 하기 위한 거짓말이다. 냉정하지도 않고 침울하지도 않은 여자들의 정숙함 앞에서 남자들은 더 사랑에 매달린다. 사실 그만한 유혹도 없다. 그러나 여자들이 싫어하고 경멸하는데도 남자가 매달린다면 그건 어리석고 비겁한 짓이다. 그렇지 않고 여자가 흐뭇해하며 굳은 지조와 도덕을 가지고 있다면 한번쯤 자신의 품위와 너그러운 마음을 단련해볼 기회로 삼아도 좋겠다. 그럴 경우엔 여자들도 남자들의 노력을 어느 정도까지는 알아보기 마련이다.

남자가 여자를 숭배하면 여자는 남자를 혐오해야 하고, 남자가 여자를 사랑하면 여자는 남자를 미워해야 한다는 법칙이라도 있단 말인가. 그건 너무나 억지고 가혹한 짓이다. 여자가 겸손한 태도 속에 자신의 심정을 감추고 있다고 해서 남자들이 요구하는 바를 모를 거라고 생각하는가? 왜 남자들은 여자들이 마음속으로 어떤 방자한 생각을 품고 있다고 멋대로 억측할까? 한 여왕께서 이런 것을 두고 능청스럽게 말한 적이 있었다. 즉 여자들이 남자를 거부하는 것은 마음이 약하다는 증거이며, 자신이 쉽게 넘어가지 않으려고 경계하는 태도이므로, 여자들이 유혹을 받지 않는 것은 그것이 정조를 지키는 것이라고 해도 자랑할 거리가 못 된다는 것이다.

정숙함에도 좀 여유를 주어야 한다. 어떤 면에서는 그 자체를 지키면서도 자유를 향유할 수 있어야 한다. 그 한계의 끝에는 이래도 저래도 상관없는 막연한 자유로움이 있는 것이다. 정숙함을 지키고자 강제로 몰아대면서 자신의 삶에 만족하지 않는다면 그건 참으로 어리석은 짓이다. 승리의 대가는 고난을 얼마나 겪었는가에 따라 계산된다. 그대의 희생과 공로가 여자의 마음에 어떤 인상을 남겼는지 알고 싶은가? 그건 여자의 태도에 비춰 알아볼 수 있다. 별로 많이 주지 않았는데도 많이 받은 것으로 생각하는 여자도 있다.

어떤 철없는 자들이 불만으로 가득 차 울분을 토하며 나쁜 말을 떠들고 다닌다 해도, 도덕과 진실은 결국 유리하게 되어

간다. 내가 본 어떤 여자는 오랫동안 안 좋은 평판을 들어오고 있었는데, 거기에 대해 아무런 조치도 안 하고 그저 묵묵히 자신의 지조를 지켜나가다가 결국 모든 남자들로부터 다시 호감을 얻게 된 적이 있었다. 그 남자들은 심지어 자신들의 오해를 후회했다는 것이다. 어딘가 언짢아 보이던 여자가 명예롭고 점잖은 부인들 속에서 결국 맨 윗줄에 서게 되었던 것이다. 누가 플라톤에게 "모두 당신에 대해 나쁘게 말합니다"라고 하자, 플라톤은 "내버려둬요. 그들이 말버릇을 고치도록 내가 살아가겠소" 하고 대답했다고 한다.

내가 젊었을 때는 이런 재미있는 이야기를 아주 친한 친구에게밖엔 할 수 없었지만 지금은 사람들이 모인 곳이면 어디서나 할 수 있게 되었다. 흔히 하는 이야기는 부인들에게 총애를 받았다든지, 비밀스러운 대접을 받았다면서 자랑하는 것이다. 그렇게나 따뜻하게 베풀어준 친절을 천박하게 나불거리고 들쑤셔 놓는 이 조심성 없고 경박한 인간들 같으니, 너무나 더럽고 추잡한 짓거리들이다.

아! 사랑의 기회란 얼마나 대단한 것인가! 누가 나에게 인생에서 가장 중요한 것이 무엇이냐고 묻는다면 질투심을 참는 것이라고 대답하겠다. 그리고 두 번째로 중요한 것도 질투고, 세 번째도 질투라고 말하겠다. 이 점만 보아도 모든 것을 알 수 있다. 나는 늘 행운이 없었다. 그리고 용기도 없었다. 나의 이 비겁함을 비웃을 수 있는 자에게 하느님께서 행운을 주시길! 이제는 젊은이들이 정열을 핑계로 변명할 수 있는 당돌함이 더 필요하다. 그런데 여자들이 이 점을 주의 깊게 살펴보면, 당돌함이란 게 사실은 여자들을 경멸하는 데서 온다는 것을 알게 될 것이다.

나는 남을 모욕하는 것을 두려워한다. 그리고 내가 사랑하는 상대라면 기꺼이 존경한다. 솔직히 사랑의 관계에서는 상대를 존경하지 않으면 광채가 날 수 없다. 사랑을 하는데 있어서는 모두들 어린아이처럼 순수하고 두려워하며 잘 아껴주는 것을 좋아한다. 나는 어리석게도 부끄러움을 잘 타는 편이다. 그래서 여러 번 손해도 보고 모욕도 당했다. 그것은 나의 일반적 성격과는 전혀 다른 면이다.

여자들이 본능적으로 타고난 정욕을 너무 심하게 억제하려는 것은 미친 짓이다. 또 여자들이 순진하고 냉철한 의지를 가지고 있다고 자랑하는 것을 보면 나는 비웃고 싶다. 이가 빠진 늙은이거나 폐병 환자라면 믿을 수 있다. 그러나 아직 활발히 움직이는 여자가 그런 말을 하면 도리어 비난을 받고 손해를 보게 된다.

우리 이웃에 불능이라고 의심받는 어떤 귀족이 있었다. 그는 결혼한 지 며칠 후, 자기를 변명하려고 용감하게, 전날 밤에 육체관계를 스무 번도 더 가졌다면서 떠벌리고 다녔다. 그러자 사람들은 외려 그가 완전히 무능하다는 것을 알아채고는 이혼을 하도록 만들었다. 이와 마찬가지로 여자들이 냉정함을 자랑하는 것은 아무런 가치도 없다. 왜냐하면 충동을 억누르려는 노력이 없다면 금욕이나 도덕이 전혀 문제가 되지 않기 때문이다.

우리는 본질적인 악덕을 가져본 다음엔 실로 겉치레의 악덕도 가져볼만하다. 그리고 이 본질적인 악덕을 물리친 다음 이런 겉치레의 악덕에도 대항할 필요가 있다면 이 악덕에도 대항해봐야 한다. 왜냐하면 우리는 본연의 의무를 소홀히 하면서 그것을 변명하고, 다른 것과 혼동하면서 새로운 의무를 꾸며댈 수도 있는 위험이 있기 때문이다. 그 증거로, 잘못이 범죄로 취급되는 곳에서 범죄가 단지 잘못으로밖에 되지 않는 일이 있고, 범절의 규칙이 무시되고 잘 지켜지지 않는 나라에서 공통의 기본적인 규칙이 잘 준수되는 것을 본다. 그런데 우리가 지켜야 할 규칙이 헤아릴 수 없이 많다보니 마음의 안정이 잘 안되어 질식할 정도로 기운이 빠지고 산만해지는 것이다. 게다가 자잘한 일에 늘 얽매이면 정작 중요한 일에 소홀해지는 수가 있다.

아아, 천박한 인간들은 우리에 비해서 얼마나 쉽고 분명하게 보이는 길을 향해 간단 말인가! 우리가 서로를 비난하며 주고받고 하는 일은 그림자에 불과한 것들이다. 그러나 우리는 치러야 할 대가를 내지 않고 오히려, 우리의 부끄러운 부분들을 들춰내면서 내면의 가장 비밀스런 오물들까지 무엇이든 들여다보고도 그런 체하지 않고 있는, 우리의 위대한 심판자에 대한 빚만 키워가고 있는 것이다. 우리가 심판자에게 이런 것들을 들여다보지 못하게 막을 수만 있다면 우리의 처녀다운 정숙함도 유용한 범절이 될 것이다.

결국 이런 말을 피하는 미신을 배격하는 사람들은 세상에 그렇게 큰 해를 끼치는 것이 아니다. 그것을 점잖게 정상적으로 묘사하는 사람들은 그 반 이상은 뒤로 밀쳐두고 있다. 나는 나에 대해서 변명하지 않는다. 변명한다면 다른 부분보다도 그 변명에 대해서 할 것이다. 나는 내 편보다 아마도 그 숫자가 훨씬 많을 것 같은 다른 의견에 대해서 나를 변명하고자 한다. 그들을 고려해서 나는 또 이것을 말하고자 한다. 왜냐하면 '한 인간이 대단히 많은 풍습과 사상, 의견에 적응하기'(키케로)는 어려운 일이지만 나는 누구나 다 만족시켜주고 싶기 때문이다.

나는 여자들에게 느끼고 있는 솔직한 애정 이상을 표현하지는 않았지만 애정이 식었다거나 왕성하다거나 또는 시작과 정체 등을 모두 솔직하게 말해주었다. 나는 약속은 잘하지 못하지만 내가 의무를 지고 있거나 이미 약속한 일에는 그보다 더 잘해주었다고 생각한다. 여자들이 먼저 변심했을 때도 나는 진실하게 대해주었다. 그런 행위를 때로는 몇 번이나 거듭해도 마찬가지였다. 나는 상대방에게 실오라기만한 미련만 남아 있어도 내가 먼저 결코 관계를 끊지 않았다. 그리고 여자들이 아무리 절교를 선언할 마땅한 구실을 만들어도 경멸이나 증오를 받을 정도로 그녀들과의 관계를 끊지 않았다. 왜냐하면 이런 비밀 관계가 가장 수치스러운 조건으로 기회를 얻을 수 있다고 해도, 나는 그 여자들에게 어떤 호의를 가져야 할 의무를 느끼기 때문이다. 여자들이 교활한 계략이나 핑계를 꾸밀 때는 나도 가끔 참지 못하고 화를 내는 적이 있다. 그러나 그건 교제에 불리한 결과를 가져올 뿐이다. 왜냐하면 내 성격은 확 올랐다가 금방 가라앉는 편이긴 하지만 가끔은 격할 때도 있기 때문이다.

여자들이 내 판단력의 너그러움을 시험해보고 싶어 하면 나는 그녀들에게 온화하면서도 신랄한 충고를 해주고 또 그녀들의 아픈 곳도 찌르면서 말해주곤 했다. 만약 그녀들에게 불평을 남겨주었다면 그것은 요즘 세대에 비해 내가 너무 바보같이 그녀들에게 솔직한 사랑을 느꼈기 때문이다. 나는 보통 다른 사람들이 잘 지키지 않는 약속까지도 내가 약속한 것은 꼭 지켰다. 그러면 여자들은 이따금 세상의 좋은 평가를 위해 항복할 때도 있었다. 나는 여자들의 명예에 관계될 때는 극히 힘들지만 나 자신의 쾌락을 포기할 때도 많았다. 그리고 내가 사욕에 사로잡힐 때는 나 자신은 만족하지 못하더라도 여자들로 하여금 몸단속을 하도록 했다.

나는 가능한 한 여자들에게 부담주지 않기 위해 밀회의 위험을 나 혼자만의 책임으로 맡았다. 그리고 의심을 덜 받으려고 어려운 방법을 쓰며, 성공할 수 있는 사랑의 계획을 세워나갔다. 당연히 발견되지 않으리라고 사람들이 생각하는 장소는 가장 들키기 쉬운 곳이다. 사람들이 덜 두려워하는 일은 발각의 위험이 더 많고, 더 지켜지지 않는 것이다. 아무도 그대가 감히 하지 못하리라고 생각하는 일을 그대는 더 쉽게 감행할 수 있다. 일이 어렵기 때문에 더 쉬워지는 것이다.

이보다 더 뻔뻔스럽게 성관계를 시도해본 사람은 없을 것이다. 이런 사랑의 성공은 훈련을 통해 이루어질 수 있다. 그런데 이 훈련이란 것이 우리 같은 멋쟁이들에게는 얼마나 우스운 짓이면서도 별 효과가 없는지를 나보다 더 잘 아는 사람이 있을까? 그러니 나는 후회할 것도 없고, 잃을 것도 없다.

이제는 터놓고 이야기할 때가 됐다. 그러나 나는 마치 남들에게 얘기하듯 '이보게, 자넨 꿈을 꾸고 있는 거야. 자네 시절의 사랑은 신의나 성실성과는 거리가 멀어' 하고 말할 것이다. 그러므로 내가 처음부터 다시 시작해볼 수 있다면 그것이 아무리 효과가 없다고 해도 또다시 같은 방법을 쓰게 될 것이다. 어차피 칭찬받지 못할 행동이라면 차라리 무능력하고 바보 같은 수작이 칭찬을 받을 수 있다. 이 점에서는 내 생각과 다른 사람들의 생각이 아주 다른 만큼 나는 어디까지나 내 생각에 접근해 말하는 것이다.

어쨌든 나는 이런 식의 홍정에 완전히 몰두한 게 아니라 다만 거기에 재미를 붙였던 것이다. 그러나 나 자신을 망각하지는 않았다. 나는 본성으로 타고난 보통 수준의 지각과 판단력을 잘 보존하며 남의 일과 내 일을 생각하였다. 그리고 어느 정도 감동을 했다. 그러나 거기에 망상은 섞이지 않았다. 하지만 양심적으로 말하면, 나는 역시 방종과 해이에 이를 정도로 거기에 빠져들었다. 그러나 배신을 한다든지 악의나 냉혹한 마음을 가진 것은 아니었다. 나는 모든 것을 희생시키면서까지 그런 악덕한 쾌락을 사들이지는 않았다. 그저 그 자체의 가치를 즐기고 그것에 만족했다.

나는 일에 거칠고 힘들게 얽매이는 것과 마찬가지로 한가롭게 늘어져 생활하는 것도 혐오한다. 하나는 나를 찌르고 괴롭히며, 하나는 나를 멍하게 만든다. 나는 뼈가 부러질 정도의 파열상도 좋아하고, 멍들게 할 정도로 때리는 타격도 좋아한다. 내가 한창 사랑의 홍정을 할 무렵에는 이런 두 극단 사이의 중간을 택했다. 사랑은 감미로운 생기를 주는 유쾌한 일이다. 나는 번민도 고통도 받지 않았다. 그보다는 열이 오르며 갈증을 느끼곤 했다. 그러면 그쯤에서 멈춰야 한다. 사랑은 그것에 미치도록 빠질 때 해로운 것이다.

한 청년이 철학자 파나이티오스에게, 현자도 사랑을 해도 되느냐고 물어보자, 그가 대답하길 '현자는 집어치워라. 자네와 나는 현자가 아니니까 우리를 타인의 노예로 만들고 자신에게 실망하게 되는 그런 마음 괴로워지고 힘든 일에는 빠지지 말자.'고 했다. 이렇게 사랑의 충격을 견딜 수 없는 사람은 격정을 불러일으키는 일에 몸을 맡길 수 없다고 하는 말이 사실이다. 이 철학자의 말은, 예지와 연애는 병행할 수 없다고 한 아게실

라오스의 말을 압도하고 있다. 그런 식의 사랑은 참으로 헛되고 부적절하며 수치스러운 처사임에 분명하다. 그러나 나는 이런 방식의 사랑이 오히려 둔중한 육체와 정신을 일깨워 주기에 적당하고 건전한 일이라고 생각한다. 그리고 내가 의사라면 나와 같은 기질과 조건을 가진 사람에게는 늙을 때까지 생기를 돋아주고 정력을 유지시키며 노쇠를 지연시키기 위해서 다른 어느 처방보다도 이 처방전을 적어줄 것이다. 맥박이 아직 뛰는 동안은 말이다.

우리는 이런 식으로 가슴이 두근두근 울리는 정열의 초대를 받을 필요가 있다. 사랑은 저 현명한 아나크레온에게도 얼마나 대단한 젊음과 정력과 쾌활함을 돌려주었던가. 그리고 소크라테스는 나보다 훨씬 더 나이 들었을 때 사랑의 대상에 대해 이렇게 말했다. '내 어깨를 그의 어깨에 기대고 내 머리를 그의 머리에 가까이 대며 함께 책을 들여다보는데, 이건 거짓말이 아니구나. 마치 어떤 짐승이 물듯 어깨가 찌르르하더니 그 후 닷새 동안이나 그곳이 간질간질하며 마음속으로 끊임없이 저릿한 느낌을 받았다.' 어깨를 조금 접촉한 것만으로도 나이 들어 쇠약해져가는 마음을 그토록 뜨겁게 하다니! 그리고 인간의 감정 중에서도 가장 첫째 감정을 그렇게 변화시키다니, 왜 아니겠는가? 소크라테스도 사람이었다. 그는 다른 아무것도 되고 싶어 하지 않았고, 닮으려 하지도 않았다.

우리가 절도를 잘 지키기만 하면 철학은 우리의 본능적인 탐락까지 배척하지는 않는다. 즉 절도를 가르치려 할 뿐 탐락을 피하라고 가르치는 것은 아니다. 철학이 가르치고자 하는 저항의 대상은 외부에서 들어온 무절제한 탐락에 대해서이다. 철학은 육체의 욕망을 마음속으로 촉진시키지 말라고 하며, 육체의 포만으로 갈증을 일으켜서도 안 된다고 말한다. 즉 배를 채우는 것이 아니라 마구 쑤셔 넣는 짓은 하지 말 것이며, 결핍을 느끼게 하는 모든 향락과 갈증을 일으키게 하는 모든 음식은 피하라고 가르친다. 사랑의 봉사에 대해서는, 육체의 욕구를 채울 수 있으면서 마음을 혼란시키지 않는 대상을 찾을 것이며, 마음은 그것을 일로 생각하지 말고 단지 육체를 좇아서 도와주는 식으로 할 것을 권유하고 있다.

그러나 상당히 엄격한 이런 교훈은 신체가 건강하게 잘 유지될 때 하는 말이며, 위에 탈이 나거나 다른 문제가 있을 경우에는 신체에 쾌활함이 없으므로 인위적으로 몸을 덥혀주든지 공급을 해줘야 하고, 상상을 통해서나마 정욕과 쾌활함을 되살려 주어도 되지 않을까 싶다. 우리가 이 세상의 감옥에 갇혀있는 동안은 순전히 육체적인 것도 순전히 정신적인 것도 없으며, 살아있는 사람을 이 두 가지로 나눈다는 것은 결코 있을 수 없는 일이다. 그리고 탐락을 즐기는 것도 고통을 괴로워하는 것과 마찬가지로 진지하고 깊게 생각해야 하는 것이 아닐까? 예를 들어 옛날에 성자들이 고행을 할 때 정신적으로 받는 고통은 거의 완벽에 가까울 정도로 열렬했다. 육체도 한 몸이므로 당연히 그 고행에 참여하고 있었다. 그러나 육체는 그 원인을 이루는 데 그렇게 큰 몫을 차지하지 않았다. 그렇기는 해도 그들은 육체가 단지 고행하는 영혼을 따라가서 도와주는 것으로는 만족하지 않았다. 그들은 육체 또한 고통 속으로 몰아넣으며 고통이 심할수록 영혼이 구원을 얻는다고 생각하였다.

이런 경우 영혼을 냉혹하게 만들면서 육체적으로는 쾌감을 느끼는데, 이 쾌감을 위해 육체를 강제로 고통스럽게 만들어야 한다는 생각은 옳지 못한 것이 아닐까? 육체를 지배하는 권한은 자신에게 있으니, 영혼은 오히려 자발적으로 쾌락을 키우고 원해도 좋지 않을까? 내 생각엔 정신적 책임으로써 그 자체가 맡고 있는 쾌락들에게 그들의 조건이 지니고 있는 감각을 신체에 불어넣고, 그것이 육체에 유쾌하고도 유익하게 되도록 노력해야 할 것이다. 사람들이 말하듯 정신에 해를 끼치도록 육체적 욕망을 추구해서도 안 되지만, 정신이 육체에 해로울 정도로 욕망을 억제하는 것도 안 좋지 않을까?

내게는 열렬히 나를 사로잡고 있는 어떠한 정열도 없다. 보통 사람들은 나처럼 일정한 직업이 없을 경우 탐욕과 야심, 싸움, 소송 사건 같은 것들에 늘 얽매여 지내지만 나로서는 사랑에 매여 지내는 것이 더 기분 좋다. 사랑은 다시금 내게 주의력과 소박함과 우아함과 품위에 대한 생각을 가다듬게 하고, 늙어서 가련할 정도로 얼굴을 찌푸리는 이 비뚤어진 외모를 너무 추하지 않도록 지켜주며, 또다시 건전하고 현명한 공부를 시작하도록 도와준다. 그래서 나 자신이 쓸모없는 인간은 아닌가 하고 절망하는 심정을 없애주며, 나를 다시 사랑할 수 있도록 해주고, 그럼으로써 더 사랑받고 존경받을 수 있도록 해주는 것이다. 또한 갈수록 한가해지고 건강도 나빠지기 쉬운 이런 나이에 찾아오는 수천 가지 불쾌한 생각과 우울한 번뇌를 잊도록 도와준다. 그리고 자연에 버림받아 흙으로 돌아가야 하는 이 시기에 피를 다시 뜨겁게 해주며, 파멸을 향해 달려가는 가련한 인간을 부축해주고, 육체와 영혼에 정력과 유쾌함을 조금은 더 연장시켜 줄 것이다.

그러나 나는 이 모든 것을 되찾는 게 결코 쉽지 않은 일임을 너무나 잘 알고 있다. 몸은 쇠약해지고 취미생활은 한층 더 무기력해지며, 게다가 훨씬 더 까다로워져서 갈수록 요구만 많아지고, 상대방에게 용인될 만큼의 가치가 거의 없는데도 가장 좋은 상대만 고르려고 한다. 우리는 이런 사정을 잘 알고 있기 때문에 젊었을 때만큼 과감하지도 못하며 사람을 믿지도 못한다. 우리의 조건과 여자들의 조건을 알고 있으므로 사랑받을 수 있다는 자신감을 가질 수가 없는 것이다. 그러니 나는 피 끓는 청춘들 사이에 끼어들 수가 없다. 우리들의 이 비참한 몰골로 경쾌하고 아름다운 저 젊은이들 속에 어떻게 들어간단 말인가? 그들은 자신들을 위한 힘과 기회를 가지고 있다. 그러니 그들에게 자리를 내주어야 한다. 이제 우리에게는 붙잡을 것이 더 이상 없다. 지금 돋아나고 있는 아름다운 싹을 이렇게 굳어빠진 손으로 만지고 물질적인 대상으로 다뤄서는 절대로 안 된다. 어떤 철학자가 한 소녀에게 줄기차게 구애를 했지만 아무런 호의를 얻지 못하자 자신을 비웃는 사람들에게 이렇게 말했다고 한다. '이보게들, 신선한 치즈는 고리에 잘 꿰어지지 않는 법이라네.'

그런데 이런 교류에는 만남과 대화가 필요하다. 그리고 거기서 느끼는 감정들은 서로의 다양한 반응을 통해 알 수 있다. 하지만 사랑은 같은 종류의 가치로밖에는 얻지 못한다. 진실로 기뻐하며 즐길 때는 내가 상대방에게 주는 행복이 내가 받는 것보다 마음을 더 달콤하게 감싸준다. 그런데 자신이 행복감을 주지 못하고 상대방이 주는 것만을 받는 사람은 조금도 떳떳할 수가 없다. 모든 일에서 남의 덕만 보려고 하며 상대방에게는 부담을 지우는 그런 교제는 비굴한 자들이나 하는 짓이다.

아름다움에 대한 취향이든, 귀여운 것에 대한 호감이든, 또는 친밀함에 대한 감정이든, 건강한 남자라면 그 어떤 대가를 치르고 바라야 할 만큼 절대적인 것은 아무것도 없다. 여자들이 측은한 심정에서 마지못해 남자들에게 선심을 쓰는 것이라면, 남들이 적선해준 한 푼으로 사느니 차라리 살지 않는 게 훨씬 나은 식이 될 것이다. 나는 이탈리아에서 하는 식으로 '당신을 위해 내가 좋은 일을 하겠다'라든지, 키로스가 자기 군대의 사기를 돋우기 위해 '자신을 사랑하는 자는 나를 따르라'고 하던 식으로 여자들에게 사랑을 요구할 권리를 갖고 싶다.

사랑이 우리 인생을 지배하는 기간을 짧게 할수록 우리는 그만큼 더 가치 있는 사람이 된다. 사랑의 행태를 보라. 그것은 유치한 모습이다. 사랑의 학파에서는 모든 처사를 질서에 역행하도록 만들지 않는가? 공부나 노력이나 행동습관 등 모든 것을 무능력하게 만드니 말이다. 말하자면 거기서는 풋내기들이 스승인 것이다. '사랑은 규칙을 알지 못한다'고 성 히에로니무스도 말하지 않았던가. 아닌 게 아니라 사랑의 행태에서는 방심과 혼란이 교차될 때 더 애틋해지고, 잘못과 실수가 일어날 때 극적인 자극과 풍치가 더해진다. 그 경위가 까다롭고 갈증을 유발하기만 하면 조심성은 문제가 되지 않는다. 사랑이 얼마나 혼란스럽고 비틀거리며 가벼운지를 보라. 그것을 현명하게 기술적으로 지도한다는 것은 칼을 씌우는 일이나 마찬가지다. 사랑을 추하고 투박한 손에 맡긴다는 것은 그 신성한 자유를 속박하는 것이다.

뿐만 아니라 나는 여자들이 흔히 이 문제에 관해서 정신적인 이해로 묘사를 하며, 감성적인 면의 중요성은 외면하고 고려하지 않는다는 얘기를 자주 듣는다. 그러나 그건 옳지 않다. 거기엔 모든 것이 필요하다. 나는 여자들의 육체적 아름다움은 중요시되는 반면 정신적 허약함은 늘 허용되는 것을 보았지만, 아무리 현명하고 성숙한 여자라고 해도 정신의 아름다움을 위해 육체가 다소 쇠약해지는 것을 인정하는 사람은 아직 본 적이 없다. 여자들은 왜 소크라테스 식으로 육체와 정신의 고귀

한 교환을 위해 자기 엉덩이의 가치를 가장 비싸게 올릴 수 있도록 그 엉덩이를 대가로 철학적이며 정신적인 지성을 사들일 생각은 하지 않는단 말인가?

플라톤의 《국가》에서는 공부할 때나 훈련할 때나 전쟁 때나 평화 때 어떤 소집을 하더라도 양편을 다 차별 없이 불러들인다고 되어있다. 그리고 철학자 안티스테네스는 여자들의 도덕과 남자들의 도덕 사이의 모든 차별을 철폐해버렸다. 한 쪽의 성(性)을 비난하는 건 다른 쪽의 성을 변명하기보다 훨씬 더 쉽다. 부지깽이가 냄비 바닥의 검정을 비웃는다는 말은 바로 이런 뜻이다.

고귀한 신분도 불편하다

우리는 고귀한 신분에 도달할 수가 없으니 욕을 하며 화풀이라도 해보자(그러나 어떤 것의 결점을 찾아내는 것만으로는 욕설이라고 할 수가 없다. 아무리 아름답고 훌륭한 것이라도 결점이 전혀 없는 것은 아니다). 권력이라는 것은 자기가 하고 싶은 때 아무 때나 조건이 어떻든 마음대로 할 수 있다는 장점이 있다. 사람은 모두 높은 데서 떨어지기만 하는 것이 아니다. 떨어지지 않고 자발적으로 내려올 수 있는 일이 더 많다. 어쨌든 우리는 권력을 너무 높이 평가하거나, 또는 권력을 경멸하거나 스스로 그것을 포기한 사람들의 결심을 너무 과소평가하는 면이 있다.

나는 불행을 참아내는 것은 대단히 힘들다고 보지만 뚜렷하지 않은 운명에 만족한다거나 권력을 회피하는 것은 대수롭지 않은 일로 본다. 그것은 나처럼 얼빠진 자도 해내기가 그리 어렵지 않은 덕성이다. 그런데 이런 것을 거절함으로써 오는 명예를 바라는 자들은 어찌해야 한단 말인가? 이 거절이 권력을 바라거나 누리는 것보다 더 큰 야심을 품을 수 있으니 말이다.

나는 참을성을 단련시키며 욕심내는 마음을 약화시키고 있다. 나도 남들처럼 바라는 것이 있다. 그리고 남들처럼 내가 바라는 것을 자유롭게 내버려둔다. 그렇다고 해서 내가 국가나 왕위를 바란다든지, 저 높은 곳에서 사람을 지배하는 무슨 권력을 바라는 것은 전혀 아니다. 나는 이런 것을 원하지는 않는다. 나는 나 자신을 지극히 사랑한다. 내가 만약 유명해지고 싶다면 결단성과 신중함, 그리고 건강과 외모, 재산 등 모든 면에서 나 자신에게 적합하도록 조심스럽게 제한된 성장을 하고 싶다. 권력과 권위 같은 것은 내 상념을 방해할 뿐이다. 나는 카이사르가 말한 것과는 반대로, 파리에서 첫째가 되기보다는 페리구외에서 둘째나 셋째가 되기를 원한다. 나는 가련한 무명인사로 어느 집 문지기와 싸우고 싶지도 않고, 거리를 지나가면서 군중들에게 '거기 비켜라!' 하며 명령하고 싶지도 않다. 나는 팔자로 보나 성격으로 보나 중간쯤에 있는 것이 편하다. 그리고 내 인생이나 내가 원하는 것을 처리해가는 데 있어서, 세상에 나올 때 하느님이 주신 재주를 뛰어넘기를 바란 것보다는 오히려 그런 생각을 안 하려고 했다. 타고난 모든 운명은 똑같이 정당한 것이다.

우리가 처음에 다뤘던 세속적인 권력의 문제로 돌아와 보자. 나는 능동적이든 수동적이든 누군가를 지배하는 것이 싫다. 오타네즈는 페르시아의 왕권을 주장할 권리를 가진 일곱 사람 중 하나였는데, 그는 내가 좋아할만한 그런 태도를 지녔던 사람이다. 그는 자신이 명령하거나 명령받는 것을 다 싫어했기 때문에 자신과 가족들이 법률을 위반하지 않는 한 나라 안에서는 그 어떤 것도 지배하지 않고 지배받지 않으며, 옛날의 법을 지키는 문제만 제하고는 완전히 자유롭게 살아가는 조건으로, 제비를 뽑든 선거를 하든 아무튼 왕위에 오르는 권리를 동료들에게 양보했던 것이다.

내 생각엔 세상에서 가장 위험하고 힘든 직업이 왕 자리를 지키는 것이다. 아무리 생각해봐도 무서운 그들 직책의 끔찍한 면을 고려하면, 나는 보통 사람들이 하는 것보다 더 그들의 잘못을 용서해주고 싶다. 그렇게도 엄청난 권력을 가지게 되면 절도를 지킨다는 것은 정말 어려울 것이다. 때문에 그런 자리에 있으면서 조금이라도 좋은 일을 하면 당연히 기록에 오르게 되고, 많은 혜택이 사람들에게 미치게 된다. 그 자리에서는 어떤 말도 판단력이 약하고 속아 넘어가기 쉬운 민중들에게 큰 영향을 미치기 때문에 성정이 좀 거칠고 탁월하지 못한 사람들도 도덕적으로 처신하려는 자극을 받는다.

우리가 진실한 판단을 내릴 수 있는 일은 대단히 드물다. 왜냐하면 누구나 개인적인 이해관계를 갖지 않는 일이 극히 드물기 때문이다. 윗자리와 아랫자리, 지배와 복종의 관계에 있으면 누구나 타고난 시기심과 경쟁의식에 사로잡히게 된다. 그리고 끊임없이 서로를 배척하게 된다. 나는 동료들 사이에서 어느 쪽의 주장도 믿지 않는다. 우리가 이성을 행사할 수 있다면 냉철하고도 거침없는 이성에게 발언권을 주어야 한다.

한 달쯤 전에 나는 이 문제를 가지고 논쟁하는 스코틀랜드 작가의 저서 두 권을 읽어보았다. 거기서 인민당은 왕을 마부

만도 못한 조건에 두었고, 왕당은 왕을 그 권력과 주권에서 하느님보다 훨씬 더 높이 올려놓고 있었다. 그런데 최근에 내가 알게 된 주목할 만한 것을 여기서 얘기하자면, 권력에도 무척이나 옹색한 점이 있다는 것이다. 사람들 사이의 교제에서 그것이 신체의 훈련이든 정신의 훈련이든 서로가 명예와 공적을 시기하는 수작보다 더 재미있는 일은 아마도 없을 것이다. 이런 것은 주권을 행사하는 것과는 아무런 상관도 없다. 나는 어릴 때 함께 훈련하는 애들이 나를 애써 싸워볼 가치도 없는 상대로 여기며, 진심으로 나를 이기려고 덤벼들지 않는 것이 대단히 불쾌했다. 바로 이런 일을 제왕들은 날마다 당하고 있다. 다시 말해 누구도 제왕들을 상대로 애써 싸우려고 하지 않는 것이다. 만약 누가 한번 이겨보려는 생각으로 덤빈다 해도 결국은 그 승리를 제왕들에게 넘겨주려고 애쓸 것이며, 제왕들의 비위를 상하게 하기보다는 승리를 포기하려고 할 것이다.

어느 누구도 상대방의 명예를 위해서 필요한 정도밖에는 노력을 하지 않는다. 호메로스는 트로이 전쟁에서 비너스에게 상처를 주지 않으면 안 되었다. 그렇게도 상냥하고 가냘프며 거룩한 몸이지만 위험이 면제된 자에게 결코 주어질 수 없는 용기와 과감함을 주기 위해서는 불가피한 일이었다. 사람들은 신들조차도 분노하고 두려워할 정도로 도망치고 서로 질투하며 슬퍼했다. 그건 인간들에게 있는 불완전성에서 나오는 덕목으로 신들에게 명예를 주기 위한 것이었다.

모험과 투쟁에 참여하지 않는 자는 용감한 행동 뒤에 따라오는 명예와 쾌감의 혜택도 얻을 수 없다. 모든 것이 자기 앞에 수그러들 만큼 대단한 권력을 갖는다는 것은 가련한 일이다. 그런 사람의 행운은 사회와 친구를 그 자신에게서 멀리 물리치며 혼자 너무 외떨어지게 만든다. 쉽고 비굴하게 모든 것을 자기 앞에 굽히게 하는 안일한 권력은 불행을 자초한다. 그런 따위는 추락할 뿐 올바로 걸어갈 수가 없다. 그런 삶은 잠자는 것이지 사는 것이 아니다. 전능한 권력을 가진 인간을 생각해보라. 그는 허공에 떠있는 것이다. 그는 마침내 장애와 저항을 달라고 구걸할 것이다

결국 그들의 좋은 재능은 소멸되고 만다. 왜냐하면 그런 재능들은 비교에 의해서만 알 수 있기 때문이다. 그런데 그들은 이 비교에서 제외되어 있다. 그들은 계속해서 틀에 박힌 칭찬을 싫증나도록 들었기 때문에 진실한 칭찬의 말을 거의 알지 못한다. 그들은 신하들 중 가장 못난 자를 상대해도 그 신하보다 조금도 나은 실력을 발휘할 수가 없다. 그 신하는 '그는 나의 왕이기 때문이다'라며 일부러 지려고 애를 쓸 것이기 때문이다.

권력이라는 것은 진실하고 본질적인 다른 재능을 질식시켜 버린다. 다른 재능들은 왕위를 유지하는 일에 묻혀버려서 그 가치를 나타낼 기회조차 주어지지 않는다. 그렇게밖에 하지 못하는 것이 왕이 되는 일이다. 외부에서 둘러싸고 있는 광명이

왕을 감추고 있어서 우리에게는 왕이라는 인물이 보이지 않는다. 그 강력한 광명이 우리의 시력을 가로막으며 부서져 흩어지기 때문이다. 원로원이 티베리우스 황제에게 웅변술 상을 주려고 하자, 그는 심판이 자유롭게 이루어지지 않았으며 설사 그게 옳다고 해도 자신은 그렇게 느끼지 않았기 때문에 받을 수가 없다고 했다.

징계하고 타이르기 위해 처벌을 하는 것은 프랑스에서 법 시행의 관례로 되어 있다. 그런데 잘못을 저질렀기 때문에 처벌한다는 것은 플라톤이 말하듯 어리석은 수작일 것이다. 왜냐하면 한번 저지른 일은 없었던 일이 될 수가 없기 때문이다. 그러므로 잘못을 했기 때문이 아니라 다시는 똑같은 잘못을 저지르지 않도록 하기 위해 또는 사람들이 따라 하지 않도록 하기 위해 처벌을 해야 한다.

죽이는 자의 행실을 고쳐줄 수는 없다. 그 자 때문에 다른 자들의 행실을 고칠 수는 있다. 나도 같은 식으로 한다. 나의 어떤 잘못들은 고칠 수 없는 타고난 것이다. 대부분의 교양 있는 사람들은 모범이 되는 행실을 함으로써 사회에 이로움을 주는데, 나는 아마도 나를 따라 하지 못하게 함으로써 사회에 이로움을 제공할 것이다. 나의 잘못된 점들을 공개하면 이를 비난하며 두려워할 사람도 있을 것이다. 내가 나 자신에게서 가장 높이 평가하는 점은 나를 치켜세우기보다는 비판하는 데서 영광을 삼는 것이다. 그래서 나는 여기서 더 자주 내 문제를 다루는 것이다. 그러나 모든 것을 털어놓으면 아무래도 손해되는 점이 있게 된다. 나에 대한 비난은 점차 늘어가고 칭찬은 점점 줄어들게 되기 때문이다. 아마 나처럼 모범보다는 반발로, 추종보다는 회피로 행동하는 사람들도 더러 있을 것이다.

대 카토는 어리석은 자들이 현자에게 배우는 것보다 현자들이 어리석은 자에게 더 많이 배운다고 했고, 파우사니아스의 이야기에 등장하는 한 늙은 음악가는 제자들에게 바로 앞집에 사는 못난 악사의 연주를 듣도록 시킴으로써 부조화음과 틀린 박자를 식별할 줄 알도록 가르쳤다고 하는데, 바로 이런 종류의 훈련을 노렸던 것이다.

나는 관대함의 모범에 끌려서가 아니라 냉혹함을 싫어하기 때문에 한층 더 관대함으로 마음이 끌린다. 능숙한 승마기수는 검사나 베네치아인이 말 타는 방식보다도 더 내게 말 타는 법을 가르쳐주지 못한다. 그리고 올바른 어법보다도 서투른 방식이 나의 어법을 더 고쳐준다. 나는 언제나 다른 사람의 서툰 꼴을 보면서 내 모습을 살펴보며 바로잡아간다.

이 시대는 찬성보다 반대로 따라 하기보다 다르게 하기로 후퇴방법을 써서 우리에게 개선의 길을 찾아준다. 모범적인 것에는 배울 점이 적기 때문에 나는 나쁜 것에서 더 평범한 점들을 배우기 좋아한다. 나는 남을 이용하는 자들을 많이 보았기 때문에 그만큼 남에게 좋게 해주려고 노력했고, 나약한 자들을 많이 보았기 때문에 더 강해지려고 하였으며, 천박한 자들을 많이 보았기 때문에 그만큼 고상해지려고 노력했다. 하지만 나는 도달할 수 없는 기준을 세워두고 있었던 것이다.

정신을 가장 자연스럽고 효과 있게 훈련하는 방법은, 내 생각엔 사람들과 토론하는 것이다. 나는 이 방법이 다른 어떤 것보다도 삶에 더 풍요로움을 준다고 본다. 그래서 만약 내가 이제 무언가를 선택하고 버려야 한다면, 나는 듣기와 말하기를 버리기보다는 차라리 보기를 버릴 생각이다. 아테네인들, 특히 로마인들은 이 토론의 훈련을 지극히 중요하게 여겼다. 현재로서는 이탈리아인들이 이런 흔적을 잘 보존하고 있는데, 그건 바로 우리의 사고력을 보면 알 수 있다. 그들은 우리와 비교해 볼 때 훨씬 더 많은 혜택을 입고 있기 때문이다.

책에 의존해 공부하면 맥이 빠지고 의욕도 오르지 못한다. 그런데 토론을 하면 단번에 많은 것을 배우면서 훈련이 된다. 내가 만약 강인한 정신력에 강직한 창술 실력을 갖춘 선수와 토론을 한다면 그는 내 옆구리를 밀고 왼쪽 오른쪽을 찌르며 그의 관념으로 내 관념을 관통시킬 것이다.

정신은 건강하고 잘 조절된 정신끼리의 의사소통에서 더욱 강화되는 것이며, 저속한 정신들과의 접촉에서는 타락과 손해만 보게 된다. 그건 무엇보다도 전염성이 강하기 때문이다. 그 정도가 얼마나 심한지는 내가 경험으로 잘 알고 있다.

나는 토론과 변론을 즐긴다. 그러나 작은 모임에서만 하며, 특히 나 자신을 위해서 한다. 왜냐하면 세도가들 앞에서 하는 것은 구경거리가 되며 서로 앞다퉈 자기 재치와 말솜씨를 뽐내는 일은 점잖은 사람으로서는 할 일이 아니라고 여기기 때문이다. 어리석게 구는 것은 참 언짢은 일이다. 그러나 늘 그러면서도 그것을 잘 참지 못하고 걸핏하면 화를 내며 끙끙 앓는 것은 어리석음에 못지않은 다른 종류의 결점이다. 그래서 나는 이제 이 문제로 나를 책망해보려 한다.

내 성격은 어떤 문제에 대해 깊이 파고 들어가 뿌리를 박는 데는 적당치 않으며 자유롭고 편안한 토론을 즐기는 편이다. 그러나 어떠한 논제에도 나는 당황하지 않으며, 어떠한 신앙에도 기분 나빠 하지 않는다. 그것이 아무리 나의 신앙과 반대되는 교리를 가지고 있더라도 말이다. 나는 아무리 경박하고 허황된 생각이라도 인간의 정신을 집중시키지 않는 것은 없다고 본다. 우리가 어떤 판단에 대해 결정권을 가지고 있지 않는 한 우리는 반대되는 여러 사상들도 넓게 받아들이며 귀를 기울여야 한다. 만약 저울의 한쪽 접시가 비어있다면 나는 거기에 노인들이나 믿는 미신을 올려놓고라도 다른 쪽 접시와 균형을 맞추려 한다. 그리고 금요일보다 목요일을 좋아하고, 식탁에서는 열셋째 자리보다 열두째나 열넷째가 좋고, 여행할 때는 토끼가 길을 건너는 것보다는 반드시 길가로 가는 것을 봐야 하고, 신발을 신을 때는 꼭 왼쪽부터 신어야 하는 등, 이런 모든 얘기들은 그저 들어줄만한 것들이다.

우리가 흔히 믿고 있는 이런 것들이 전부 망상이라 할지라도 적어도 들어줄만한 가치는 있다는 얘기다. 나로서는 아무 일도 하지 않는 것보다는 이런 것들이라도 듣는 것이 더 낫다고 생각한다. 속되고 터무니없는 생각들이 본질적으로 아무런 가치가 없는 것 같지만 그래도 무게 있는 것들이 있다. 그런 생각을 해보지 않는 자들은 아마도 미신의 악덕을 피하려다가 완고함이라는 악덕에 빠질 수도 있을 것이다.

그러니 판단에 모순이 생긴다 하더라도 토론하는 것은 나를 기분 나쁘게 하지도 않고 나를 변하게 하지도 않는다. 그것은 다만 내 정신을 잠 깨워 단련시켜 준다. 상대방이 다른 의견을 가졌다고 해서 그것을 고치려 들면 안 되고 변론의 형식을 취해 다가가야 한다. 사람들은 어떤 반대에 부딪치면 그것이 정당한 내용인지를 먼저 생각하지 않고 옳든 그르든 간에 무조건 거기서 벗어날 궁리만 한다. 팔을 내밀기는커녕 발톱을 내미는 것이다.

나는 친구들이 '너는 바보야. 넌 꿈속에서 사는 거라고' 하고 놀려도 아무렇지 않다. 활달한 사람들끼리는 서로 솔직하게 표현하며 의사소통이 잘 되는 게 좋다. 서로 예의를 차리느라 의미도 없는 말을 늘어놓는 건 경계해야 한다. 나는 다소 거칠더라도 씩씩하고 현실성 있는 교제와 피가 맺히도록 물어뜯고 할퀴고 하는 식으로 억세고 힘찬 교제를 더 좋아한다. 우정 사이에서 싸우는 건 싸우는 것이 아니다. 예의를 지키느라 기교를 부리며 상대방의 감정을 상하게 할까봐 망설이고 억제하는 태도를 취하면 충분히 힘차고 너그러운 대화가 되지 못한다.

누가 내 의견에 반박하는 건 나의 분노를 불러일으키는 것이 아니라 나의 주의력을 일깨운다. 나는 내게 반대하는 자를 적극적으로 환영한다. 그럴 때 배우는 것이 있기 때문이다. 진리의 원칙은 양쪽에 공통되는 원칙이어야 할 것이다. 상대방의 반박에 어떻게 대답할까를 생각한다면 우리의 판단력은 벌써 분노의 격정에 사로잡혀 있는 것이다. 이성을 갖기도 전에 판단력이 혼란에 빠지기 때문이다. 논쟁에 결론을 내릴 때는 내기를 걸어 패배한 쪽에 물리적 증거가 나타나도록 해서 그것을 기록해두고, 하인이 '나리께서는 작년에 스무 번이나 무식하게 고집을 피우시다가 백 에퀴나 잃으셨습니다' 하고 말할 수 있게 하면 유익할 것이다.

나는 진리가 어느 누구에게서 나왔다 하더라도 기꺼이 환영하며, 그것이 아무리 멀리서 왔다 할지라도 마음 편하게 항복하고 무기를 그 앞에 내려놓을 것이다. 그리고 학교 선생이 하는 식으로 너무 명령조로만 하지 않는다면 사람들이 내 문장에 대해서 하는 비판을 기꺼이 받아들일 것이다. 나는 글을 고쳐야 할 필요가 있어서가 아니라 예의상 필요해서 고쳐본 일도 여러 번 있다. 그렇게 남에게 좋은 일을 해줌으로써 누구든 내게 말해주고 싶은 것이 있으면 자유롭게 알려주도록 하기 위해서다. 그것이 때로 내게 손해가 되더라도 나는 그렇게 한다. 하지만 요즘 사람들에게 그런 것을 기대하기는 쉬운 일이 아니다. 그들은 스스로 자신들의 생각을 고쳐볼 용기가 없기 때문에 남을 고쳐줄 용기도 갖지 못하고 서로 늘 숨겨가며 말한다.

나는 남의 충고를 듣고 이치를 깨닫는 것도 좋아하므로 내 판단이 두 의견 중 어느 쪽에 있어도 상관없다. 나의 편견 자체가 내 생각을 가로막고 비판할 때가 너무 많기 때문에 남이 반대하는 것도 문제가 안 되는 것이다. 한편 나는 상대방의 비판에 대해서 내가 주고 싶은 권위밖에는 인정하지 않는다. 나는 자기 의견을 따라주지 않으면 모욕으로 생각하고, 자기를 믿어주지 않으면 괜히 말했다면서 후회하는 사람들을 알고 있는데, 나는 그렇게 자기 고집이 너무 강한 자와는 인연을 끊는다.

소크라테스가 자기 논거에 대한 반박을 항상 웃으며 받아들였다는 것은 그만큼 그의 역량이 대단했고 자신감이 분명히 있었다는 얘기다. 그렇기 때문에 그는 어떤 반대 의견이든 그것을 새로운 논쟁의 재료로 삼을 수가 있었던 것이다. 그러나 소크라테스와 달리, 자신의 우월감과 상대편에 대한 경멸감보다 더 우리를 민감하게 만드는 것은 없다. 그러므로 이치를 따져볼 때 약한 편이 도리어 고마운 마음으로 자기를 바로 세워주는 반대 의견들을 받아들여야 할 것이다. 사실 나는 나를 두려워하는 자들보다는 나를 거칠게 다뤄주는 자들과 더 자주 사귀고 싶다. 우리를 숭배하고 우리 앞에서 자리를 양보하는 자들과 교류하는 것은 불편하고 해롭기까지 하다. 안티스테네스는 어린아이들에게 자기를 치켜세워주는 자들을 결코 고맙게 여기지 말라고 훈계하였다. 나는 열을 올리며 토론하다가 상대방이 밀려서 내가 승리할 때의 쾌감보다도 상대방의 올바른 이론 앞에서 내가 굴복할 때 나 자신에 대해서 얻는 승리감에 훨씬 더 큰 자존심을 갖는다.

어쨌든 나는 나를 공격하는 힘이 아무리 약해도 내 약점을 정면으로 공격하면 모두 받아들이며 내 잘못을 인정한다. 그러나 아무런 의미도 없이 오는 공격은 참지 못한다. 그 주제가 무엇이든 상관없으며, 어떠한 의견도 좋고, 어떤 논제가 이기고 지는 데는 관심이 없다. 토론의 맥락이 질서있게 이어지기만 하면 나는 온 종일이라도 즐길 것이다. 나는 논법의 힘과 재치보다는 질서를 요구한다. 목동들이나 점원들 사이의 말다툼은 언제 보아도 이치가 정연하지만 우리에게는 그것이 없다. 그들은 상식을 벗어나는 행동을 하지 않기 때문이다. 그것은 우리도 마찬가지다. 그러나 그들은 아무리 화가 나고 소리를 지른다 해도 논제에서 벗어나는 일은 하지 않는다. 그들은 상대방의 말을 자르고 서로 끼어드는 일은 해도 적어도 서로를 이해한다. 사람들이 격식을 갖춰서 대답한다면 나로서는 항상 좋은 대답이라고 생각한다. 그러나 논쟁이 흐려져 혼란에 빠지면 나는 어린애처럼 신경질이 나서 격식을 갖추자고 따진다. 그리고 심술이 나서 마지못해 토론을 이어간다. 그런 다음엔 부끄러운 생각이 든다. 어리석은 자들과 차분히 토론하는 건 불가능하다. 그런 자들은 무턱대고 밀어붙이기 때문에 걸려들었다 하면 우리의 판단력뿐 아니라 양심마저도 다칠 수 있다.

그러나 논쟁은 다른 언어적인 범죄와 마찬가지로 처벌될 수가 있다. 언제나 분노에 사로잡혀 있으니 어떤 악덕인들 유발하지 못할까! 그렇게 되면 우리는 먼저 이성에 대해서, 그 다음엔 사람들에 대해서 적의를 품게 된다. 우리는 마치 반박하기 위해서만 토론을 배우는 것 같다. 모두가 반박하고 또 반박을 받다보면 논쟁의 성과는 그 핵심을 잃어버리고 없애버리는 것밖에 안 된다. 그래서 플라톤의 《국가》에 보면 무능하고 어리석은 자들에게는 논쟁의 훈련을 금지하고 있다.

행동과 태도만 봐도 한심한 자들과 어떤 진리를 찾으려 한들 무슨 소용이 있겠는가! 논제를 취급할 방법을 찾기 위해서 논제를 내려놓는 것은 잘못하는 것이 아니다. 스콜라 학파의 기교적인 방법을 말하는 것이 아니라 건전한 판단력을 가지고 하는 자연스런 방법을 말하는 것이다. 그런 자세를 취하면 결국은 어떻게 되겠는가? 하나가 동쪽으로 가면 하나는 서쪽으로 간다. 그들은 주요 논제를 버리고 수많은 지엽적인 문제 속으로 논제를 밀어내게 된다. 폭풍우가 1시간쯤 기세를 떨치다 지나가면 찾으려 했던 게 무엇이었는지 모르는 것과 같다. 한 사람은 단어와 비교에 집착하고, 또 한 사람은 상대방이 자기에게 무슨 말을 하는지도 모르면서 자기 혼자 달려가기 바빠 상대방의 논지를 따져볼 생각도 하지 않는다. 또 어떤 사람은 고삐가 약하다고 겁을 먹는 식으로 모든 것을 거절하며 토론을 온통 뒤죽박죽으로 만든다. 또는 토론에 집중하다가 갑자기 심드렁해지며 포기해버리는 사람도 있다. 사실 그는 자기의 무지에 화가 치밀어 상대를 경멸하는 체하거나 또는 겸손한 체하며 토론을 회피하는 것이다. 이런 자들은 토론을 시작하기 이전에 자기 밑천이 얼마나 금방 드러날 것인지를 문제 삼지 않는다. 또 어떤 사람들은 자신의 말들을 곱씹고 헤아리면서 그것을 따지고만 있다. 그런 자들은 자기의 목소리와 허파의 힘이 센 것밖에는 사용하지를 않는다. 또한 자기의 논제를 압박해오는 상대와 토론하기를 회피하며 그저 욕설로 무장하면서 독일식의 이치 없는 싸움만 하려는 자들도 있다. 마지막 유형으로는, 아무런 이치도 모르면서 변증법적 말재간과 그 격식만을 가지고 상대방을 막다른 골목으로 몰아넣었다고 생각하는 자들이다.

그런데 우리가 학문의 용도를 고찰해볼 때 '아무것도 치유해주지 못하는 이 문자들을 가지고' (세네카) 인생에 필요한 것들을 위해 어떤 견고한 성과를 얻을 수 있을지, 학문에 대해 의혹을 품어보지 않은 사람은 없을 것이다. 논리학으로 누가 이해력을 키울 수 있었을까? 학문의 아름다운 약속은 다 어디에 있을까? '더 잘 사는 방법과 잘 추리하는 방법'(키케로)을 알고 싶다면, 이것을 직업으로 삼는 자들의 토론에서보다 오히려 생선장사들의 외치는 소리에서 더 분명히 알 수 있을 것이다. 나는 아들에게 학교에서 웅변술을 배우게 하기보다는 주막집에서 말하는 법을 배우게 하겠다.

한 학자를 초대해 토론해보라. 왜 그는 우리에게 기교의 탁월함을 느끼도록 하지 못하는가? 그리고 왜 그 이론적인 확고함과 논리적인 아름다움으로 여자들이나 우리 같은 무식꾼들을 감탄시키며 황홀하게 해주지 못하는가? 왜 그는 우리를 지배해서 그가 원하는 대로 설복시키지 못하는가? 왜 그토록 많은 자료를 가지고 논법에 유식한 사람이 토론에서는 무절제한 욕설과 광분을 토로하는가? 어를 모두 벗겨 던져보라. 그는 순수하고 박식한 아리스토텔레스를 들먹이며 우리의 귀를 괴롭히고 있을 뿐이다. 그도 우리들 따위의 하나일 뿐, 아니 우리만도 못한 인간일 것이다. 그가 말을 요리조리 꼬아가면서 지껄이는 꼴이란 마치 광대가 재주부리는 것처럼 보인다. 그가 아무리 약아빠진 재주를 부려도 우리의 확신을 바꾸지는 못한다. 그들은 이런 속임수가 아니면 아무 일도 하지 못한다. 그들은 아는 것은 더 많지만 서투르기는 마찬가지다.

나는 학자들만큼이나 학문을 사랑하고 존경한다. 학문을 진실한 목적에만 활용한다면 그건 사람이 가질 수 있는 가장 고상하고 힘 있는 소득이다. 그러나 학문에 대한 능력을 기르는 게 아니라 기억력에만 의존해 '남들의 그늘 밑에 숨어서'(세네카) 책이 없으면 아무것도 하지 못하는 자들(그런 자들은 무수히 많다)은, 감히 말하지만 바보 천치들보다도 못한 자들이다. 요즘 국내에서는 학문하는 자들의 주머니가 제법 두둑해진다. 그러나 그들의 영혼까지 두둑해지지는 않는다. 학문은 둔중한 영혼들을 만나면 소화가 안 돼 덩어리 채로 영혼을 누르고 질식시켜 버린다. 그러나 예민한 영혼들을 만나면 학문은 기꺼이 그들을 순화시키고 명석하게 만들며 예리하게 다듬어준다. 학문은 잘 태어난 영혼에게는 대단히 유용한 것이며, 그렇지 않은 영혼에게는 해롭고 불편한 것이다.

우리는 진리를 탐구하려고 태어난 것이다. 진리를 소유하는 일은 한층 더 위대한 힘을 가진 자의 소관이다. 데모크리토스가 말했듯 진리는 심연 속에 감춰져 있는 것이 아니고 거룩한 지식의 무한한 높이에 있다. 우주는 진리 탐구를 하는 학교에 지나지 않는다. 그것은 누가 과녁을 맞히느냐에 있지 않고, 누가 가장 잘 달려가느냐에 있다. 거짓을 말하는 자보다도 진실을 말하는 자가 어리석게 보일 수도 있다. 왜냐하면 우리는 말하는 태도가 문제이지 그 재료를 문제 삼지는 않기 때문이다. 나는 알키비아데스가 사람들에게 했던 것처럼 실체와 형식을 똑같이 중요하게 여기며 소송사건과 변호사의 태도를 똑같이 주시한다.

나는 날마다 여러 작가들을 읽으며 그 속에서 그들의 학문을 살펴보는 게 아니라 그들의 방식을 찾아보며 즐거워하고 있다. 마찬가지로 내가 어떤 유명한 정신세계를 알아보려는 것은 거기서 배우려고 하기보다는 그 내용이 무엇인지 알아보려는 것이다.

누구든 진실하게 말할 수는 있다. 그러나 조리 있고 명확하게 말할 수 있는 사람은 드물다. 그러므로 몰라서 하는 실수를 나는 나무라지 않는다. 그것은 서투르기 때문이다. 나는 교제하던 사람들과 토론 방식이 맘에 안 들어 관계를 끊은 적이 여러 번 있었다. 반면 내 밑에서 일하는 자들이 잘못한다고 해서 그들에게 화를 내는 일은 1년에 한 번도 안 된다. 그러나 그들이 책임을 지지 않고 변명하며 바보같이 어리석게 굴 때는 멱살이라도 잡고 흔들어야 할 지경이다. 그들은 무슨 말을 하고 있는지, 왜 그런지 이해도 잘 못하고 대답도 잘하지 못한다. 그럴 때는 정말 화가 난다. 나는 남의 머리가 내 머리에 부딪쳐야 아픈 것을 안다. 내 집에서 일하는 사람들의 경박하고 어리석은 수작을 상대하기보다는 차라리 그들의 악덕을 상대하는 게 편하다.

그런데 이게 무슨 말인가? 내가 사실과 다르게 판단한 것은 아닐까? 그럴지도 모른다. 때문에 나는 스스로 참을성이 없는 점을 한탄한다. 참을성이 없다는 건 옳은 자에게든 그른 자에게든 마찬가지로 나쁜 일이라고 생각한다. 왜냐하면 자기의 생각과 다르다고 해서 용납하지 못하는 것은 속 좁은 마음이기 때문이다. 사실 세상에 항상 있는 어리석은 일들에 대해 짜증내며 분개하는 것보다 더 심하고 괴팍한 일도 없다. 그런 건 바로 우리 자신에 대해 화를 내는 것이기 때문이다.

얼마나 많은 어리석은 수작들을 나는 날마다 말하고 대답하고 있는 것인가! 그 때문에 내가 끙끙 앓고 있다면 다른 사람들은 어떨까? 결국 우리는 살아있는 사람들 속에서 살아야 하며, 냇물이 우리를 휩쓸어 가지 못하도록 다리 밑으로 흘려보내야만 한다. 우리는 몸이 비틀어졌거나 못생긴 사람을 만나도 충격을 받지 않으면서 왜 마음이 비뚤어진 사람을 보면 화내지 않고 넘어갈 수가 없는가? 그런데 이런 악덕한 마음은 상대방의 악덕보다도 판단하는 자에 달려있는 것이다. 플라톤의 이 말을 항상 기억해두자. '내가 무엇을 불건전하게 보는 것은 나 자신이 불건전하기 때문이 아닐까?' 자신에게 잘못은 없는가? 남의 잘못을 지적하는 것이 도리어 내가 비난받을 일은 아닌가? 사람들의 가장 보편적인 잘못을 꾸짖는 것은 현명한 훈계다. 우리가 서로에게 하는 질책뿐 아니라 모순된 일에 관해서 따져보는 이치와 논법까지도 대개는 우리에게 되걸어올 수 있으며, 우리 자신을 칼로 찌르는 격이다. 이런 일에 관해서 옛사람은 무게 있는 예를 많이 남겨놓았다.

우리의 눈은 뒤를 보지 못한다. 우리는 하루에도 백번은 다른 사람들 때문에 속을 끓으며, 우리 속에 분명히 결함이 있는데도 다른 사람들 속에서 그걸 찾으며 분노한다. 그리고 그들이 뻔뻔스럽고 부끄러워하지 않는다면서 놀란다. 어제 나는 한 점잖은 분을 만났는데 그는, 어떤 사람이 만나기만 하면 반은 거짓인 자기네 집안 자랑으로 짜증나게 한다면서 남의 어리석은 짓을 한참 조롱하는 것이었다. 이런 자들은 확실치 않은 사실에 대해 본인이 더 어리석은 말을 하고 다니는 것이다. 그런데 그 자신도 막상 자기 부인 집안의 우수성을 자랑하느라 누구 못지않게 지루한 말을 늘어놓고 있었다.

이는 확실하지 않은 일에 대해 비판해서는 안 된다는 뜻이 아니다. 그렇게 되면 아무도 비판하지 못할 것이다. 그리고 같은 잘못을 범하지 말아야 한다는 뜻도 아니다. 내가 하고 싶은 말은, 우리의 판단력으로 당장 어떤 문제를 일으킨 사람을 비판한다고 해서 그것이 우리 자신에게는 잘못이 없는 것이라고 말할 수는 없다는 것이다. 자신 안에 있는 악덕은 버리지 못하면서 다른 사람의 악덕은 그 근본이 덜 모질고 덜 악질인데도 그걸 없애주려고 애쓰는 꼴이라니, 참으로 자비로운 봉사를 한다고나 해야 할까? 그런데 내 결점을 알려주는 자에게, 당신도 역시 그 결점을 가지고 있다고 말하는 것은 현명한 대답 같지는 않다. 하지만 알려준 것은 진실한 말이고 유익하다고 보아야 한다. 코가 멀쩡하다면 우리 자신의 똥은 그만큼 더 냄새가 날 것이다. 소크라테스는 자기와 자기 아들과 다른 한 사람이 어떤 폭력이나 부정행위로 죄를 지었을 경우, 자기가 맨 먼저 재판소에 가서 형 집행인의 손으로 자기 죄를 씻어달라고 간청할 것이고, 둘째는 자기 아들을 보내 간청할 것이며, 마지막에 다른 사람을 보내 간청할 거라고 말했다. 이 교훈에는 매우 고매한 뜻이 내포돼 있는데 적어도 자기 양심이 하는 처벌에는 자기가 먼저 나서야 한다는 의미다.

감각들은 외부에서 일어나는 일들을 통해서 깨어나므로 우리의 첫 번째 심판자라고 할 수 있다. 그러므로 우리가 사회에 봉사하는 모든 일들 중에는 피상적인 외양과 격식 그리고 끝없는 절차와 혼란이 있는데 이건 결코 놀라운 일이 아니며, 이런 일들은 정치문제에서도 가장 보편적으로 일어나고 있다. 우리에게 문제가 되는 상대는 언제나 인간들이기 때문이다. 그리고 그 조건은 놀랍게도 육체적인 점에 있다.

근래에 매우 명상적이고 금욕적인 신앙 훈련으로 자신의 생활 원칙을 세우려고 하는 사람들은, 만약 종교가 그 자체로서보다 인간 사회의 분열과 도당(徒黨)의 상징이며 그 도구로서 사회 속에 파고들지 않았다면 그저 우리의 손가락 사이로 빠져나가버리고 말았을 거라고 생각하는 자들이 있다는 걸 알아야 한다. 논변에 있어서도 마찬가지다. 말하는 자의 위엄과 법복(法服)과 재산은 흔히 그 말의 공허함과 알맹이 없는 내용에 신용을 준다. 많은 추종자를 거느리고 두려움을 주는 한 권력자가 알고 보면 속물스러운 능력밖에 없다거나, 많은 책임을 맡고 있는 거만한 인물이 사람을 가까이 대하지 않고 경멸하며 아무짝에도 쓸모없는 우리보다 더 실력이 없다고 추측하는 것은 옳지 않다. 이런 인물들은 말뿐만 아니라 얼굴 표정까지도 신중한 의미로서 존중을 받으며, 사람들은 각자 나름대로 훌륭한 해석을 내려보려고 애쓴다. 그들은 겸손한 체하며 일반인의 토론에 참가해서는, 사람들이 그들에게 '옳은 말씀입니다' 외에 다른 말이라도 하면 '나도 듣고 봐서 알고 있으며, 나는 실천했다'

하는 식으로 권위를 내세우며 사람들에게 면박을 준다. 그들은 자기들이 경험했다는 것을 큰 자랑으로 여기며 스스로 거기에 지배당하고 있는 것이다.

나는 그들에게 이렇게 말하고 싶다. 한 외과의사가 실제 집도를 통해 기술을 얻지 못하고 더 현명해지지도 못한다면, 그가 경험했다고 해서 실천을 쌓아가는 것이 아니라고 말이다. 그것은 마치 여러 악기의 합주에서 류트나 에피넷이나 피리소리를 들을 수 있는 것이 아니라, 이 모든 악기를 합쳐놓은 전체로서의 한 화음만 듣는 격이다. 그들이 많은 여행과 직무를 통해 인품이 나아졌다면 그것은 그들에게 이해력이 생긴 성과로서 나타나게 된 것이다. 경험의 횟수를 헤아리는 것만으로는 충분하지 않다.

지금처럼 역사가들이 많은 적은 없었다. 그들의 이야기를 들으면 항상 재미있고 유익하다. 왜냐하면 그들은 기억의 창고에서 아름답고 모범적인 교훈들을 많이 끌어내 우리에게 제공하기 때문이다. 대부분의 이야기들은 실제로 인생에 도움이 된다. 그러나 우리는 당장 그런 것을 기대하지는 않는다. 그보다는 먼저 이야기하는 자들이 믿을만한 인물인지를 살펴본다.

나는 말이든 행동이든 포악한 것은 모두 증오한다. 그런 것으로 우리의 판단력을 기만하는 천박한 것들에 나는 항상 대비를 하고 있다. 탁월하게 위대한 인물들을 살피다 보면 그런 저질스런 인간들은 기껏해야 평범한 인간들임을 알 수 있다.

CA·
LOR
·IE
COUNTER

그런데도 그들은 자기 능력보다 더 큰 일을 계획하고 더 크게 보이려고 하기 때문에 사람들은 그들을 실제보다도 더 나쁘게 평가하는 것이다. 짐을 진 자는 짐보다 더 큰 힘이 있어야 되는데 그들은 자기들이 차지하려는 짐의 무게조차 감당하지 못한다. 자기 짐에 스스로 억눌리는 자는 역량과 능력이 그만큼 약하다는 의미다. 그래서 사람들은 학자들 중에 실력 없는 자들이 많다는 것을, 그리고 심지어 보통 사람들보다 더 무능한 자들이 많다는 것을 알아차리는 것이다. 그런 인물들은 그저 살림꾼이나 장사꾼, 기껏해야 유능한 직공 정도 되었을 것이다. 그들의 타고난 능력이 그 정도밖에 안 되기 때문이다. 학문은 엄청 무거운 짐 같은 것이어서 그들은 그 밑에 깔릴 수밖에 없다. 이 고귀하고 강력한 학문을 연구하고 알리며 학문이 자신에게 이롭도록 하기 위해서는 타고난 소질과 충분한 능력을 갖춰야 한다. 즉 강인한 정신을 가진 사람만이 할 수 있다. 그런데 그런 천성은 대단히 드물다. '약한 자들은 철학을 조종하다가 그 권위를 추락시킨다'고 소크라테스는 말했다.

세상을 자기들 손아귀에 쥐고 휘두르는 자들도 마찬가지로 보통의 이해력을 가지고 우리가 할 수 있는 정도로 해서는 안 된다. 그들이 우리보다 훨씬 나은 능력을 갖추지 못했다면 우리보다 훨씬 못한 능력밖에는 보이지 못할 것이다. 그들은 더 많은 것을 약속하고 있는 만큼 더 많은 부담을 지고 있다. 때문에 그들에게는 침묵이 존경과 위엄뿐 아니라 더 유리한 조건이 된다. 메가비소스는 아펠레스가 일하는 것을 보려고 그의 화실로 찾아갔을 때, 오랫동안 한마디 말도 없이 있다가 그의 작품에 관해 이야기하기 시작했다. 하지만 결국 그는 아펠레스에게서 혹독한 비난을 들어야 했다. '그대가 침묵을 지키고 있는 동안은 목걸이와 화려한 장식으로 인해서 그대가 거물처럼 보였다. 그러나 그대가 말하는 것을 듣고 난 지금은 내 화실의 어떤 애송이도 그대를 경멸하지 않을 사람이 없을 것이다.' 화려한 장식과 위풍당당한 용모를 갖췄다고 해도 그림에 대해 무식한 말을 늘어놓는다면 그건 용서될 수가 없다는 얘기다. 그는 묵묵히 그럴듯한 모습을 유지하고 있어야 했다.

요즘엔 얼마나 많은 사람들이 어리석게도 자신이 냉철하고 과묵하며 예지와 능력을 가지고 있다고 생각하는지 모른다. 위엄 있는 자리는 결국 능력보다는 운으로 얻게 된다. 그러나 그 때문에 왕을 원망하는 것은 잘못이다. 그보다는 그들의 지도력이 한참이나 부족한데도 운이 그렇게 좋은 것에 놀라야 할 것이다. 왜냐하면 왕이라고 해서 그 많은 국민들 가운데 어떤 사람이 최고의 가치를 가지고 있는지 그 탁월함을 식별할 수 있을 만큼 사람을 알아보는 능력을 천성적으로 타고난 것은 아니기 때문이다. 왕은 혈통, 재산, 학문, 세간의 평판 등을 고려해 사람들을 골라내야만 한다. 하지만 이것은 아주 기본적인 방법이다. 사람을 올바르게 판단할 수 있고 이성으로 선택하는 방법을 찾아낼 수만 있다면 그것만 가지고도 완전한 정치 형태를 세워볼 수 있을 것이다.

흔히 우리는 별 능력이 없는 자에게도 권위를 준다. 그것은 우리가 습관적으로 생각하기 때문이다. 그리고 대개는 머리를 써서 생각하는 것이 아니라 남이 하는 것을 그냥 따라하기 때문이다. 나는 어떤 자가 사업을 크게 성취하는 걸 보고 전에 그런 일을 끝까지 성취했던 자들을 통해 그 동기와 방법을 알아보았다. 그러나 거기서 나는 평범한 이유밖에는 발견하지 못했다. 가장 속되고도 흔한 생각들이 별로 매력은 없지만 실천하기에는 가장 쉽고도 확실한 것이다. 뭐라고? 가장 평범한 이치들이 가장 합당한 거라면, 그럼 모두가 하는 천하고 비속한 방법이 일처리에 가장 적합하다는 말인가? 국왕이 내각의 권위를 보존하기 위해 일반 사람들을 참여시켜 첫 번째 관문을 넘게 할 필요는 없는 것이다. 인기를 얻고 싶으면 전체의 모습을 통해 신망을 얻고 존경을 받아야 한다.

나는 무슨 일을 시작할 때는 먼저 일의 성격을 살펴본 다음 그 첫 부분을 대충 예상해본다. 그리고 가장 어렵고 중요한 부분은 하늘의 운에 맡겨둔다. 내 생각에 행운과 불운은 두 가지 최고의 권력이다. 인간의 예지가 운을 대신할 수 있다고 생각하는 것은 그야말로 망상이다. 원인과 결과를 파악하면서 자기의 능력으로 사업의 진전을 이루어갈 수 있다고 자신하는 자의 생각 또한 헛소리에 가깝다. 우리의 예지와 사고도 우연에 따르고 있는 경우가 많기 때문이다. 그리고 또한 이성에도 매일 돌발적인 충동과 동요가 일어나고 있기 때문이다.

도시에서 가장 권세 있고 잘 나가는 사업가들을 보라. 그들은 사실 약아빠지지 못한 자들이다. 여자나 어린아이나 미친 자들도 유능한 제왕들과 맞먹을 정도로 큰 나라들을 다스린 적이 있었다. 꾀를 부리는 자들보다 우둔한 자들이 대체로 더 성공한다고 투키디데스가 말한 바 있지만, 그들이 성공하는 이유는 결국 영리하기 때문이다. 그러므로 내가 이미 말했다시피 어떤 일의 결과가 반드시 우리의 가치와 능력에 따른 증거가 되는 건 아니다.

문득 나는 어떤 사람을 평가하려면 그가 권세 있는 자리에 올라앉았을 때 봐야 한다는 생각이 들었다. 사흘 전까지는 그가 대단한 인물로 보이지 않았지만, 우리가 깨닫지도 못하는 사이에 우리의 생각 속으로 그의 뛰어난 모습이 자리 잡기 시작하며, 그의 권위도 커져가고, 그의 인품 또한 훌륭하다고 믿어지는 것이다. 다시 말해 우리는 그를 그의 실제 가치에 따라 평가하는 것이 아니라 그와 관련된 숫자와 권위에 따라 판단하는 것이다. 그가 다음엔 운이 안 좋아서 다시 일반인이 되었다고 가정해보자. 그러면 우리는 놀라며 서로에게 물어볼 것이다. '무엇이 그를 그렇게 높이 올려세웠던 것일까? 그게 바로 이 사람이었다고? 왕은 왜 그런 애매한 사람을 선택했을까? 우리가 정말 형편없는 자에게 잘못 걸렸던 거지!' 등등.

나는 요즘 이상한 일을 가끔 보았는데 연극 공연장에서 배우들이 쓰는 위대한 인물들의 가면을 보고도 사람들이 감명을 받고 속는다는 사실이다. 내가 왕들을 숭배하는 점이 있다면 그건 바로 그들에게 숭배자가 많다는 사실이다. 모두가 그들 앞에서 머리를 숙이며 굴복한다. 그러나 나의 이성은 그들 앞에서 숙이지 않는다. 숙이는 것이 있다면 그건 나의 무릎일 뿐이다.

왕들이 운이 좋아 백성들로부터 위대한 칭송을 받는 경우 나는 그 능력에 한층 더 불신을 품는다. 우리는 그가 숭배와 존경으로 떨고 있는 민중들 앞에서 기회를 맞춰 말할 줄 알고, 요점을 잘 정리하며 권위를 이용해 말을 끊는다거나 화제를 돌리고, 자기 의견에 반대하는 자가 있으면 고개를 한 번 끄덕이고 미소 지으면서 침묵으로 막아내는 것이 얼마나 대단한 일인가를 주의해 보아야 한다.

나로서는 다음의 고찰이 대단히 유익했다. 그것은 바로 토론을 할 때 어떤 논법이 좋게 보인다고 해서 곧바로 모두 받아들여서는 안 된다는 것이다. 사람들은 대개 남들의 것을 많이 인용하고 써먹는다. 때로는 그 뜻이 무엇인지도 모르면서 멋진 말투나 문장을 흉내 내는 사람들도 있다. 남에게서 빌려온 것은 결국 자기 것이 되지 못한다는 것은 스스로에 의해서 증명될 것이다. 사람의 말에 아무리 진리나 우아함이 있다고 해도 그대로 넘어가서는 안 된다. 그런 말에도 진정으로 논박할 거리가 있는지 모색해보아야 하며, 아니면 차라리 못 알아듣는

척 하며 뒤로 물러나서 전체적으로 고찰해보아야 한다. 그리고는 그 관념이 그 작가에게 어떤 의미를 가진 것인지 모색해보아야 한다. 그러면 공격적인 논조를 받게 되며 토론의 효과도 한층 더 깊게 전개될 수 있을 것이다.

나는 언젠가 한번 토론을 하다가 갑자기 공격에 몰리자 순간 작전을 썼는데, 그게 내 기대 이상으로 상대방의 논조를 맥빠지게 만들어버린 적이 있었다. 나는 숫자만 늘어놓았는데 상대방은 그걸 무게로 받아들인 식이었다. 우리는 보통 어떤 사람이 억세게 따지고 들면 그 사람이 하고자 하는 결론을 미리 알아내 말해버리고, 그로 하여금 애써 설명하는 수고를 덜어주며 완성되지도 않은 채로 막 터져 나오는 생각을 앞질러 알아내려고 애쓰는데, 나는 그들과 전혀 반대의 방법을 취한다. 다시 말해 상대방의 설명에 의하지 않고는 아무것도 이해하려고 해서도 안 되고, 아무것도 미리 짐작해서도 안 된다. 사람들이 상투적으로 '이것은 좋다. 저것은 좋지 않다'고 말하는 것이 논리적으로 들어맞을 때는 그저 우연에 의한 것이 아닐까 생각해봐야 한다.

어법에 맞게 문장을 써서 '이러이러하니까 이렇다. 이러니까 그렇다'라고 한다면 지극히 평범한 이런 보편적인 판단으로는 아무런 의미도 부여할 수 없다. 이렇게 쓰는 사람들은 일테면 모든 사람들을 한데 뭉뚱그려 전체로 보고 인사하는 자들이다. 하지만 사람을 잘 알고 있다고 자부하는 자라면 그들의 이름을 따로따로 부르며 인사할 것이다. 그러나 이것 또한 위험한 수법이다. 지식의 기초가 빈약한 자들이 똑똑한 체하며 어떤 작품을 읽고 그 탁월한 점을 얘기한다는 게 그만 엉뚱한 곳을 지적하며 감탄함으로써 그 작품의 우수함을 알리기는커녕 자신의 무식함만 드러내는 꼴을 나는 너무나 자주 보아왔다.

나는 날마다 바보들이 바보 같지 않은 말을 하는 것을 듣는다. 다시 말해 그들은 유식한 말을 한다. 이럴 때는 그들이 어느 정도 그것을 이해하고 있는지, 어디서 그 문장을 따왔는지 알아봐야 한다. 우리 또한 덩달아 우리 자신의 것이 아닌 아름다운 문장들과 훌륭한 철학들을 이용하고 있다. 우리는 그런 것들을 기억 속에 보관하고 있다가 가끔 더듬어 찾아내서는 아무렇게나 펼쳐놓는 것이다.

그런데 그대가 사람들이 상투적으로 쓰는 말의 의미들을 밝혀서 확인해주면 그들은 냉큼 그대가 한 해석의 장점을 집어 빼앗아가며 '내 말이 바로 그겁니다. 바로 그 의미로 말했던 것이지요. 내가 그렇게 말하지 않았던 건 내 표현이 부족해서 그랬던 겁니다' 하고 말할 것이다. 그러니 패를 넘겨버려라. 이런 어리석은 자만심을 교정하는 데는 심술도 좀 부려야 한다. '미워하지도 비난하지도 말고 가르쳐주라'는 헤게시아스의 말은 분명 옳은 것이지만, 이런 경우엔 소용이 없고 못된 인간을 도와서 고쳐준다는 것도 비인간적인 처사이다. 나는 그들이 스스로 진창에 빠져 허우적거리게 내버려 두며, 가능하면 자기의 무식함을 인정할 때까지 심하게 몰아붙이는 것을 좋아한다.

어리석음과 지각의 혼란은 잠깐 가르쳐 준다고 해서 해결되지 않는다. 이런 문제에 대한 적절한 예로, 어떤 군인이 전투에 나가면서 사기를 북돋워 달라고 간청했을 때 키로스가 한 대답을 들 수 있다. '좋은 말 한마디를 듣는다고 해서 당장 용감해지거나 잘 싸우게 되는 건 아니다. 그것은 좋은 노래를 듣는다고 해서 꼭 음악가가 되는 건 아닌 것과 마찬가지다'라고 그는 말했다. 다시 말해 오랫동안 꾸준한 훈련을 통해서만 이루어질 수 있다는 얘기다.

가족 중에 어설픈 지식을 가지고 있는 사람이 있다면 열심히 고쳐주고 깨우쳐주어야 한다. 그러나 지나가는 아무나 붙잡고 설교하며, 그들의 서투르고 무식한 점을 고쳐주려고 하는 버릇은 매우 안 좋은 것이다.

나는 말을 주고받는 상대가 아무리 그렇다 해도 내가 교정해주려는 생각은 없다. 무슨 선생이나 된 것처럼 깨우쳐주려고 하는 것보다는 차라리 내버려둔다. 내 성격은 글 쓰는 데나 말하는 데 있어 풋내기들을 상대하는 게 맞지 않다. 모임에서든 사람들 앞에서든 잘못되고 어리석은 말을 들어도 나는 절대로 간섭하지 않는다. 뿐만 아니라 어리석은 자가 어떠한 이치에 만족하기보다 자신의 어리석음에 더 만족하는 것을 보는 것보다 더 짜증나는 일도 없다.

어떤 사람이 주책없는 말투로 주인의 마음을 편하고 유쾌하게 만들어주는 그런 자리에서, 자신은 총명하기 때문에 만족하지 못하며 늘 불만을 품고 있다면 그 자리를 떠나야 한다. 그리고 그건 불행한 일이다. 이런 때는 가장 서투른 자들이 남을 경멸하고 어깨 너머로 넘겨다보며 토론에서 의기양양하게 승리를 거두고 돌아간다. 그리고 거의 언제나 오만한 말투와 유쾌한 얼굴이 좌중에서 우위를 차지하는데, 이 좌중이란 대개 이해력이 약하고 판단력이 없으며 진실한 장점을 식별할 줄 모르는 자들이다. 자기의 사상을 열렬하게 고집부리는 것은 어리석다는 가장 확실한 증거이다. 확고하고 결단력이 있으며 거만하고 근면하기로 당나귀보다 더한 것이 있을까?

토론을 할 때는 친구들끼리 하는 가벼운 이야기와 유쾌한 잡담들, 재미난 농담들을 거기에 섞어서는 안 된다. 그런 흥겨운 분위기는 타고난 내 기질에 잘 들어맞는다. 내가 지금까지 말해온 것처럼 내 기질은 그리 신중하지는 않은 편이지만 예민하고 교묘한 것도 아니어서, 리쿠르고스가 말하듯 유익하지 않은 것도 아니다. 나로 말하자면, 흥겨운 자리에서는 재치라기보다 자유롭게 말할 줄 알며, 아이디어가 많다기보다는 쉽게 말이 나오는 편이다. 나는 남이 잘난 체 하는 것을 참아내는 데는 선수다. 지나칠 정도가 아니라 안하무인으로 행동해도 나는 안색 하나 변하지 않고 지켜볼 수 있다. 그리고 내가 공격을 받을 때는 곧바로 반격할 아이디어가 없는데도 끈덕지게 매달려 지루하고 조잡한 언쟁으로 말꼬리 잡는 걸 좋아하지 않는다. 그것은 그대로 넘겨버린다. 그리고 다시 유쾌한 기분으로 더 좋은 기회에 반격을 시도하려 한다. 장사꾼도 항상 벌기만 하는 것은 아니다.

사람들은 대개 기분이 안 좋으면 얼굴빛과 목소리부터 달라진다. 상황에 맞지 않게 분노를 터트리는 건 제대로 복수를 하는 것이 아니라 오히려 자신의 약점과 인내심 없음을 폭로하는 것이다. 우리는 가끔 침착한 기분으로 모욕을 주지 않고는 견딜 수 없는 일이라도, 이 흔쾌한 잡담에서는 상대방의 불완전하고 숨겨진 예민한 부분을 건드리게 된다. 그래서 피차 서로의 결함을 알려주는 것이다.

서적들 중에는 아주 유익한 소재를 다룬 것들이 있는데, 그렇다고 해서 작가에게 그 공로가 돌아가는 것은 아니다. 나는 우리 시대의 법령들과 일반에게 공개될 왕공들의 편지를 출판할 수 있다. 또 좋은 책을 가지고 축약본을 만들 수도 있다. 그 원본은 잃어버리거나 없어질지도 모른다. 그러나 후세는 이렇게 꾸며낸 서적에서 대단한 편의를 얻을 것이다. 내가 운이 좋아서 그렇게 된다면 얼마나 영광이겠는가? 유명한 서적들의 대다수는 이런 조건하에 놓여있다. 한 작품에서 그 작가만의 고유하고 가치 있는 내용과 그 정신의 힘과 아름다움을 판별해 내려면 무엇이 그의 것이고 무엇이 그의 것이 아닌지를 살펴보아야 한다. 그리고 그의 것이 아닌 것 중에서 소재의 선택, 구성, 묘사, 문체 등을 잘 살펴보고 그의 공로가 어느 정도인지를 알아야 한다.

한 시인에게서 아름다운 착상을 발견하거나 한 설교사에게서 강력한 논거를 듣게 될 때 그 문장들이 그들 자신의 것인지 또는 남의 작품에서 따온 것인지 알기 전에는 흔쾌히 칭찬해 줄 수도 없는 괴로움에 빠지게 된다. 그러므로 나는 그때까지는 조심하는 태도를 견지하고 있다.

나는 단지 내가 아는 것만을 말할 뿐 아니라 내 말만을 확실하게 한다. 다른 것에 대해 쓸 때는 주제를 못 잡고 소재를 놓쳐버린다. 나는 이웃 사람이나 나무를 보듯 멀리서 나를 식별하고 고찰할 수 없을 정도로 무분별하게 나를 사랑하지도 않고, 내 자신에 파묻혀 집착하지도 않는다. 사람의 가치를 분별하지 못하거나 자기가 아는 것보다 더 많이 말하는 것은 실수이다. 우리는 자신보다 하느님을 더 사랑해야 하는데, 하느님의 일을 잘 알지도 못하면서 하느님에 관한 말을 끝없이 중얼거린다.

허영에 대해서 이렇게 하릴없이 쓰는 것보다 어쩌면 더 헛된 일도 없을 것이다. 사리를 아는 사람이라면 하느님께서 그토록 거룩하게 이에 관해 밝혀주신 바를 조심스레 끊임없이 명상해보아야 할 것이다.

세상에 잉크와 종이가 있는 한 내가 별다른 노력을 기울이지 않고도 계속하고 싶은 일을 찾았다는 것을 누가 눈치 채지 못하겠는가? 나는 내 인생을 무슨 업적에 따라 기록할 수는 없다. 내 인생은 그런 것을 쓰기엔 너무 평범하기만 하다. 대신 나는 그것을 나의 사고에 따라 써나갈 것이다.

그런데 무슨 제목을 가지고 다루든 끊임없이 흔들리고 변해가는 내 생각을 묘사하는 일을 나는 언제나 끝마치려는 것인가? 디오메데스는 문법이라는 제목만으로 6천 권의 책을 내놓지 않았던가? 그렇게 문장을 더듬거리며 풀어가면서도 책의 무게가 워낙 엄청나다보니 그것만으로도 사람들을 질식시키는데, 여기 쓰인 수다한 잡소리 또한 무슨 일을 못 저지르겠는가? 말에 대해서 그렇게나 많은 말을 하다니! 오오, 피타고라스여! 이런 말문이 터지는 폭풍을 왜 그대는 주문을 외어 쫓아버리지 못했던가!

옛날에 갈바라는 자가 게으르게 산다면서 사람들로부터 비난을 받자, 사람은 각자 그 휴식으로 책임을 지는 것이 아니라 행동으로 책임을 진다고 그가 대답하였다. 하지만 그는 잘못 알고 있었다. 왜냐하면 법은 일하지 않는 자에 대해서도 심사해서 처벌하기 때문이다.

부랑자와 게으름뱅이들에게 벌을 주듯, 허영에 차있고 쓸모없는 작가들에게도 강권이 행사되어야 할 것이다. 나 같은 사람들 백여 명은 국민들 손에 한꺼번에 추방당할 것이다. 농담이 아니다. 아무나 글을 쓴다고 설치는 것은 이 시대가 문란해졌다는 징조다. 우리가 동란 속에 들어간 이후부터 더 글을 쓴 적이 있었던가? 로마 사람들은 망할 때보다 더 많이 글을 쓴 적이 있었던가? 사람들의 정신이 세련되어진다는 게 현명하게 된다는 뜻은 물론 아니다. 다만 이렇게 한가롭게 지내는 것은 각자가 자신의 일을 하는데 있어 해이해져 있기 때문이다.

한 시대의 부패는 각자의 개인적 행동이 모여 이루어진다. 어떤 자들은 배반으로, 또 어떤 자들은 비행이나 폭언, 탐욕, 잔인성 등으로 그 부패에 기여한다. 그보다 약한 자들은 어리석음과 허영과 나태함으로 기여하는데, 나는 이쪽에 속한다.

나쁜 짓 하는 것을 보통으로 여기는 요즘은 쓸데없는 짓 정도는 차라리 칭찬받을 만한 일로 여기고 있다. 나는 손써서 없애버려야 할 자들 중에는 그래도 마지막에 든다는 생각에 위안을 느낀다. 사람들이 중요한 일을 처리해가는 동안 내게는 행실을 고칠 시간적 여유가 주어질 것이다. 왜냐하면 심각한 사건들이 세상을 시끄럽게 하고 있는 마당에, 자잘한 문제까지 덩달아 떠드는 것은 사리에 맞지 않는 일로 보이기 때문이다. 그래서 의사 필로티모스는 손가락에 붕대를 싸매달라고 찾아온 한 환자의 얼굴색과 숨결을 살펴보고는 그에게 말했다. "이 보게, 자네는 지금 손가락 문제로 장난할 때가 아니네. 자네는 폐에 염증이 생긴 거라고."

나는 몇 해 전에 이 문제에 관해 특별히 기억하고 있는 한 인물이 그때나 지금이나 여전히 법도 정의도 제 구실을 하지 못하는 혼란 속에서 의복이라든지 요리, 소송 사무 등에 관해 뚜렷하지는 않지만 나름 개선을 주장하는 어떤 책을 세상에 내놓는 것을 보았다. 이런 일은 학대받는 민중들에게 그들을 완전히 잊어버린 것은 아니라고 말하기 위해서 잠시 위안을 주는 그런 것은 된다. 또 어떤 사람들은 같은 식으로 노름하는 방법을 고쳐주려고 애를 쓴다. 사람이 심한 열병에 걸리면 때를 벗긴다. 그냥 몸을 씻는 것만으로는 안 된다. 생명이 극도로 위험한 상황에 처해 있는데 머리를 빗는다는 건 스파르타 사람들이나 할 일이다.

나로 말하자면, 덧신 하나를 비뚤게 신으면 셔츠도 망토도 거꾸로 입는 식의 못된 버릇을 가지고 있다. 나는 절반만 똑바로 입는 것을 싫어한다. 그리고 나쁜 상태에 있을 때는 나를 나쁜 쪽으로 더 몰아간다.

절망해 자포자기하고 타락해 추락하도록 내버려두며 사람들 말처럼 도끼가 빠지면 자루까지 내던진다. 나는 상태가 악화되기를 바라며 나 자신을 보호해줄 가치가 없다고 생각한다. 아주 잘 되든지 아주 못 되든지 둘 중 하나다. 내가 황폐해진 나이에 이렇게 황폐한 시대가 당도했으니 나한테는 참 다행스런 일이다. 왜냐하면 평온한 생활이 어지럽게 되는 것보다는 이런 시기에 내 병이 덮쳐와 견뎌내기가 더 수월하기 때문이다.

나는 불행할 때면 울분에 못 이겨 자주 거친 표현을 쓰곤 한다. 그렇다고 해서 내 심정이 쪼그라드는 건 아니고 오히려 반항심이 커진다. 그리고 다른 사람들과는 반대로, 크세노폰의 교훈에 따라 운명이 사나울 때보다는 좋을 때 신앙심이 더 깊어지고, 행운을 바라기보다는 그것에 감사하며 행복한 마음으로 하늘을 우러러본다. 나는 건강이 내게서 물러났을 때보다는 건강이 내게 웃음 지을 때 더 조심해서 몸을 보살핀다. 다른 사람들에게는 실패와 자극이 훈련이 되지만 내게는 잘 되고 있을 때가 더 훈련과 수양이 된다. 마치 행운은 양심과는 상극인 것처럼 사람들은 운이 나쁠 때만 착한 사람이 된다. 하지만 내게는 행운이 절제와 겸손을 위한 특수한 자극제가 된다. 누가 간청을 해오면 나는 들어주고 위협을 해오면 나는 거기에 대항한다. 그리고 은혜를 베풀어주면 나는 거기에 허리를 굽히고 공포를 조장하면 나는 강직해진다.

나는 내가 맡은 직무를 늦게 시작했다. 내 앞 세대 분들이 나에게 오랫동안 그 부담을 덜어주었기 때문이다. 한데 이 직무는 어렵다기보다는 좀 귀찮은 일이다. 누구든 일을 할 수 있는 사람이라면 이런 직무쯤이야 쉽게 할 수 있을 것이다. 내가 일찍이 부자가 되고 싶었다면 이 길은 너무 오래 걸릴 거라고 생각했을 것이다. 그래서 돈을 많이 벌 수 있는 다른 장사를 해서 제왕을 섬겼을 것이다. 나는 잘나지도 못나지도 않은 능력을 가지고 있고, 벌어놓은 것도 없지만 낭비도 안 하고, 또 한가로이 세월이나 보내고 있다는 평판을 듣는다고 해도, 이 직무를 맡아 할 수 있는 것을 감사히 여기며 별로 큰 노력을 기울이지 않고도 할 수 있는 일이라 생각하고 있다.

살림이 극도로 악화되면 비용을 절감하기 위해 애써 보라. 빈궁에 빠지기 전에 생활습관을 바꾸는 것이 가장 중요한 대비책이다. 나는 가진 것보다 적은 비용으로 지낼 수 있는 상태를 할 수 있는 한계까지 마음속으로 상상해보았다. 그래도 만족할 수 있는 상태 말이다. '우리의 부는 수입액으로가 아니라 각자의 생활방식과 교양으로 측정되어야 한다'고 키케로도 말한 바 있다. 정말 필요한 물건들을 사기 위해 재산을 다 써야 할 정도가 아니라면 운도 나를 어찌해볼 수는 없을 것이다.

내가 아무리 집안일에 대해 아무것도 모르고 지낸다 해도 내가 있는 것 자체가 일처리에 도움은 된다. 나는 일을 도와주기는 하지만 귀찮아한다. 게다가 우리 집에서는 내 쪽의 촛불은 겨우 약하게 태우고 있는데 다른 쪽 촛불은 전혀 아낌없이 태우고 있다.

여행은 비용이 많이 들어 어렵다. 그것은 무거운 부담이 된다. 하인들을 데리고 다니는 일은 필요할 뿐만 아니라 체면을 지키는 일이기 때문에 기간을 짧게 하고 횟수도 뜸하게 해야 한다. 여행비용은 따로 저축해놓은 것만을 사용하기 때문에 다음 여유가 생길 때까지 여행을 기다려야 한다. 나는 돌아다니는 것도 좋아하지만 휴식의 즐거움 또한 놓치고 싶지 않다. 그래서 이 두 가지가 서로 잘 조화되도록 하고 싶다. 나는 타고난 운명의 행운으로 이 점에서는 도움을 받고 있다.

인생에서 내가 바라는 중요한 목표는 느긋하게 사는 것인데, 즉 바쁜 것보다는 차라리 한가하게 사는 것이다. 다행히도 내 운명은 많은 후손들에게 물려주려고 재산을 늘려가야 하는 부담도 덜어주었다. 그동안 여유 있게 살아온 살림이 단 하나 있는 내 자식에게 충분하지 못하다면 그건 어쩔 수가 없는 일이다. 그 아이를 위해서 내가 더 많은 것을 욕심내야 할 필요는 없다. 그리고 포키온의 말대로, 자기보다 못사는 정도로 해주지만 않는다면 부모는 자식들에게 넉넉히 물려주는 것이다. 나는 크라테스가 한 처사에 결코 찬성하지 않는다. 그는 자기 돈을 은행에 맡겨두고는 '내 아이들이 바보면 그들에게 나누어주고, 얘들이 똑똑하면 민중들 가운데 가장 순박한 사람들에게 나누어주시오' 하고 조건을 붙여놓았다. 이것은 마치 바보들은 돈 없이는 지낼 수 없으니 그만큼 더 재산을 사용할 수 있다는 생각이다.

내가 집에 없음으로 해서 손실이 발생한다고 해도 어떻게든 일은 돌아가게 돼있기 때문에, 나는 이런 힘든 일에서 벗어날 기회가 올 때는 굳이 피할 필요가 없다고 생각한다. 일이 꼬이는 건 언제든지 생길 수 있다. 어느 때는 이 집 문제, 어느 때는 저 집 문제를 해결하느라 나는 끌려 다닐 때가 많다. 우리는 모든 일을 너무 가까이서 따져보는 습관이 있다. 너무 세세히 따지다 보면 큰 데서 문제가 발생할 수 있으므로, 나는 일일이 골치 아픈 일이라면 가급적 피한다. 그리고 일이 잘 되어 가지 않는다고 해서 특별히 살펴보려고 하지도 않는다.

아무튼 집안에서는 계속 어떤 일이든 불쾌한 문제들이 발생한다. 특히 도둑질은 사람들이 애써 감추려고 하지만 나는 전부 다 알고 있다. 그래서 때로는 나 스스로 속 썩고 싶지 않아서 내가 더 숨겨주기도 한다. 하지만 이건 부질없는 짓이다. 왜냐하면 괜히 마음만 쓰면서 속 썩기는 마찬가지기 때문이다. 그런데 가장 자잘한 짓이면서 잘 드러나지 않는 피해가 오히려 가장 괴롭다. 작은 글자가 눈을 피로하게 하는 것처럼 자잘한 일들이 마음을 더 상하게 한다. 그리고 큰 불행보다 수많은 작은 불행들이 겹치면 사람에게 더 해로울 수 있다. 가정생활의 이런 가시들은 엉겁결에 닥쳐오며 가늘고 빽빽하게 돋아나면서 위협도 없이 우리를 더 날카롭게 물어뜯는다.

나는 철학자가 아니다. 불행은 그 무게와 종류에 따라 나를 짓누른다. 나는 일반사람들보다 그것을 더 잘 알고 있다. 어쨌든 불행은 내게 모욕을 준다. 인생은 너무 약하고 흔들리기 쉬운 것이다. '한 방울 한 방울 떨어지는 물이 바위를 뚫는다'고 루크레티우스도 말했다시피, 하찮은 일들이 나를 좀먹는다. 일상적인 괴로움들이라고 해서 결코 가벼운 것은 아니다. 그런 것들은 지속적이며 특히 식구들에게서 생기기 때문이다.

나 자신의 일을 전체적으로 멀리서 살펴보면, 기억력이 정확하지는 않지만 내가 따져보는 계산과 이치 이상으로 지금까지는 모든 일이 잘되어 온 것으로 보인다. 나는 있는 재산 이상의 소득을 올리고 있는 듯하다. 그러나 이 모든 일들이 되어가는 모양새를 보면 수천 가지 일들이 이랬으면 어땠을까 하는 걱정이 든다. 이 전체를 그대로 내버려두는 건 쉬운 일이다. 그러나 속을 썩이지 않고 일을 지켜본다는 건 대단히 어렵다. 오히려 다른 집안의 행복을 보는 것이 훨씬 더 즐겁고, 그것이 나의 소박한 취미인 것 같기도 하다. 디오게네스도 나와 비슷한 생각을 했는데, 누가 그에게 어떤 종류의 포도주를 가장 좋아하느냐고 묻자 '남의 집에서 만든 것'이라고 대답했다고 한다.

나의 부친은 몽테뉴 성에서 태어났는데 나중에 그 성을 더 쌓으며 인생을 즐기셨다. 나는 집안 살림을 꾸리는 데 있어 나의 부친을 모범으로 삼고 있으며 그의 규칙대로 하는 것을 좋아한다. 그리고 내 후손들에게도 가능한 그렇게 시키려고 한다. 내 부친을 위해 더 잘해줄 수 있다면 얼마든지 하고 싶다.

그의 생각대로 모든 것이 내 손 아래서 시행되고 있는 것을 나는 영광으로 생각한다. 그토록 선량하신 부친의 생활 방식을 내가 그대로 실천하지 못한다는 건 말이 안 되는 소리다! 나는 심지어 성벽의 한쪽 면을 완공한 후 낡은 방을 수리할 때도 내 만족을 위해서보다는 부친의 의향을 따라서 하고 있다. 그러나 부친이 집을 잘 꾸미려고 시작한 일을 내가 계속해서 완성시키지 못하고 있는 것이 부끄럽기만 하다. 게다가 내가 집안에서 마지막 소유자(몽테뉴에게는 딸 하나뿐 남자 상속자가 없었다)의 처지에 있으니, 이 성을 손질하는 것도 마지막 후손인 것이다.

사람들은 집 짓는 일에 대단한 매력을 느낀다고 하는데 나는 그것이든 사냥이든 정원 가꾸기든 또는 은퇴 후 어떤 취미 생활이든 별로 큰 흥미를 갖지 못하고 있다. 나로서는 이 문제가 대단히 괴로운 일이다. 그러면서도 나는 저절로 적응되기만을 바라며 안이하게 대처하고 있다. 좀 더 적극적으로 그런 것들에 대해 알려고 하질 않는 것이다. 내가 살림살이에 무능하다는 말을 하는데 그것은 농사를 경멸하는 말이다. 그리고 내가 학문에 관심을 쏟기 때문에 농사짓는 연장이나 때와 순서, 포도주 만드는 법, 꽃꽂이하는 법이나 풀들과 과실들의 이름과 모양, 먹고 사는 식료품을 만드는 법, 내가 입고 다니는 옷감의 이름과 값 등을 알려고 하지도 않는다고 수군거리는데 그건 정말 사람을 죽이는 행위다.

우리는 우리 없이도 잘돼가는 세상의 일과 우주의 근원에 관해 생각하느라 골머리를 앓기 때문에 인간의 문제보다 훨씬 더 가까이 있는 즉 자기 자신에 관계되는 일과 미셸(몽테뉴 자신의 이름)은 뒤로 밀어둔다. 그런데 나는 나 스스로에게 더 잘 집중하고 다른 데보다는 바로 여기에 재미를 붙이고 싶다. 나는 이 소원을 성취할 수 있을지 모르겠다. 부친은 노령에 상속 재산을 더 늘리려 하기보다 살림살이에 열중했는데 나도 그 취미를 이어받고 싶다. 그는 재산을 돌보며 가진 것에 만족하면서 대단히 행복해 했다. 만약 내가 부친처럼 살림살이에 취미를 붙일 수 있다면 정치와 철학이 아무리 내 직무의 비속하고 척박한 점을 비난한다 해도 소용이 없을 것이다.

내 생각에 가장 명예로운 직무는 국가에 봉사하며 많은 사람들에게 유익한 일을 하는 것이다. 하지만 나로서는 그렇게 할 수가 없다. 왜냐하면 한편으로는 내 양심에서 비롯되기 때문이고(이런 직책에 수반되는 무거운 책임을 생각해보면 나는 별로 능력이 없다), 다른 한편으로는 내가 겁이 많기 때문이다. 나는 세상일을 도와주기보다는 세상을 즐기며 남들에게 짐이 되지 않고 살아가는데 만족하고 싶다. 지금 당장 내 소원 가운데 하나는, 하루 빨리 사위가 생겨 내 방식대로 그가 재산의 모든 관리를 맡으면서 이 늙은 나를 편하게 먹여주고 재워주는 것이다. 그리고 그가 진실하고 성실하게 한다면 내가 얻었던 수익을 대신 갖도록 할 것이다. 그런데 우리는 친자식의 충실성도 믿을 수 없는 세상에 살고 있다.

여행하는 동안 내 금고를 담당하는 자는 아무런 구속도 없기 때문에 마음만 먹으면 얼마든지 돈을 빼돌리고 나를 속일 수도 있다. 그러나 그가 악마가 아닌 바에야 그를 완전히 신임하고 맡길 수밖에 없다. '많은 사람들은 기만을 당할까 우려함으로써 기만을 가르치게 되며, 상대방을 불신함으로써 상대방의 불신을 정당화 시킨다'고 세네카도 말한 바 있다. 그러므로 내 집 사람들에 관해서 내가 취하는 가장 안전한 방법은 모른 척 하며 사는 것이다. 나는 내가 직접 보기 전에는 나쁜 일이 있어도 못 본 체하며 젊은이들은 아직 나쁜 물에 덜 물들었다고 보기 때문에 그들을 더 믿는다. 나는 매일 저녁마다 3에퀴, 5에퀴, 7에퀴로 낭비했다는 말을 귀가 따갑게 듣느니 차라리 두 달 후에 400에퀴를 낭비했다고 듣는 편이 낫다. 그렇게 함으로써 나는 다른 사람들보다 도둑맞은 것이 더 적었다.

내가 일부러 모른 척 하는 것은 사실이다. 나는 어떤 때는 고의로 계산을 불확실하게 해두며 그런 일이 있을 수도 있다고 생각하려 한다. 때로는 집안의 일꾼들에게도 긴장을 풀고 부주의할 수 있는 여유를 좀 주어야 한다. 그리고 이삭 줍는 자의 몫도 남겨놓아야 한다. 나는 집안의 일꾼들이 끼치는 손실을 대수롭게 여기지 않지만, 또한 그들이 충실하다고 생각지도 않는다. 돈을 재미삼아 만져보고 세어보고 하다니 참으로 어리석고 추잡스런 일이다! 여기서부터 탐욕이 시작되는 것이다.

내가 18년 전부터 재산을 관리해오면서 나의 토지 소유권과

주요 관련 업무를 제대로 알아보지 못한 것은 큰 잘못이었다. 그건 사라진 현실적인 물질에 대한 철학적 경멸 때문이 아니었다. 나는 그렇게 순화된 취미를 가지고 있지 않았다. 그리고 이런 일에 대해 적어도 그 가치는 알고 있다. 하지만 어쨌든 이건 용서될 수 없는 유치한 태만이며 소홀이었다. 많은 사람들이 돈벌이를 하듯 나도 내 일의 노예가 되었어야 했다. 이보다 더 못한 일도 얼마나 많으며, 남의 일에 노예가 되어 계약서를 읽어야 하거나 서류의 먼지를 털어야 하는 일도 있는데, 무슨 일을 못할 것인가. 그런데도 내게는 근심과 노고보다 더 어려운 것이 없어서 느긋하고 한가롭게 살아가는 것밖에는 더 큰 희망이 없다.

나는 의무를 지거나 종속관계에 매이지만 않는다면 남의 재산으로 살아가는 게 더 편하다고 생각한다. 내 성격과 팔자를 가만히 살펴보면, 나를 편하게 지도해줄 수 있는 훌륭한 스승 밑에서 제자로 사는 것이 차라리 집안 문제와 일꾼들 문제로 골치 아픈 것보다 덜 귀찮고 고생스러울 것 같다. 소크라테스는 나보다 더 심했다. 그는 집안의 일들과 근심을 피하기 위해 가난의 자유 속에 몸을 던졌다. 하지만 나는 그렇게까지 하지는 않는다. 나는 고통과 가난을 똑같이 싫어하기 때문이다. 어쨌든 나는 좀 덜 용감하고 덜 바쁜 종류의 생활로 바꿔보고 싶다. 그래서 집을 떠나있는 동안엔 모든 잡다한 생활을 잊어버리려 한다. 탑이 하나 무너졌다고 해도 집에 있을 때 기왓장

하나 떨어지는 것만큼도 놀라지 않는다. 나는 멀리 떠나 있으면 무심히 잘 지낸다. 그러나 집으로 돌아오기만 하면 포도원의 주인처럼 온 신경이 쓰인다. 말고삐가 비뚤어졌다든지, 발걸이의 가죽 끝이 다리에 닿기만 해도 하루종일 기분이 언짢아진다.

나는 집안의 잘못된 모든 일에 책임을 진다. 나처럼 중간층의 자들에 대해 하는 말이지만, 또 그렇게 할 수만 있다면 더없이 좋겠지만, 주인으로서 책임의 대부분을 자신이 맡지 않고 보조자들에게 맡겨두며 안심할 수 있는 자는 드물다. 그럴 때는 누가 갑자기 찾아와 대접을 해도 뭔가 내 체면이 깎이며(어쩌다 손님을 붙들어둘 수 있다고 해도 내 인품이 좋아서가 아니라, 아마도 우리 집의 음식 맛이 좋아서일 수도 있다), 내가 집에서 손님을 맞이한다거나 여러 친구들과 모임을 갖는 데 느껴야 할 재미의 대부분을 잃어버린다. 손님들을 초대해놓고 저지르는 가장 꼴불견 짓은 이 하인에게 귀띔하고 저 하인에게 눈짓하며 바쁘게 움직이는 행동이다. 그럴 때는 모든 일이 차분하고 평범하게 보여야 한다. 그리고 손님들에게 미안해하거나 자랑하는 등 그런 말을 하는 것은 추하게 보인다. 나는 화려한 것보다는 질서 있고 정결한 것이 좋다.

우리 집에서는 꼭 필요한 것만 갖추고 모양새는 별로 고려하지 않는다. 일꾼이 남의 집에서 싸운다거나 누가 접시를 깨트려도 그냥 웃으며 넘겨버린다. 손님이 잠을 자고 있는 동안 주인은 조리사와 내일 접대할 메뉴를 의논하지만 나는 이런 일도 내 식으로 한다. 살림을 질서 있고 평화롭게 잘 해나가는 사람들에게는 그것이 무척 재미있는 일이 될 수도 있다는 걸 내가 모르는 바도 아니지만, 그렇다고 해서 나 자신의 특성과 결점을 굳이 결부시키고 싶지도 않다. 또한 틀린 행동을 하지 않고 일을 처리하는 것만큼 더 좋은 일은 없다고 말한 플라톤의 주장을 반박하려는 것도 아니다.

여행할 때는 내가 쓰는 돈의 용도밖에는 다른 생각을 할 필요가 없다. 그건 단 하나의 규칙만 있으면 된다. 돈을 벌려면 많은 능력이 필요하다. 나는 돈 쓰는 일에 관해서는 좀 알고 있는데 돈을 써도 보람 있게 쓰는 것이 정말로 중요하다. 그런데 내 경우는 너무 야심차게 쓰기 때문에 쓸데없이 헤프기도 하고 절약할 때도 절도가 없다. 그러나 돈 쓰는 보람이 있는 일이 생기면 나는 되는 대로 쓰고 본다. 하지만 쓰는 보람이 없고 좋지 않은 일 같으면 주머니를 닫아버린다.

누구든 그 본성으로 또는 교활한 방법으로 남들과 관련을 맺으며 살아갈 것을 강조하고 자극하는 자들은 우리에게 좋은 일을 해주는 사람들이 아니라 우리를 이용하려는 자들이다. 다른 사람들의 의견을 좇아 일을 꾸미다가 사기를 당하는 경우는 너무나 많다. 우리는 우리 자신이 어떤 사람인가 생각하기보다는 남들 눈에 어떻게 보이는가에 더 신경을 쓴다. 그리고 정신적 기쁨과 지적 수준마저도 자기 자신만이 느끼고 있고 다른 사람들의 눈에는 드러나지 않아서 파묻혀 있으면 마치 성과가 없는 일처럼 생각한다.

세상에는 사람들 눈에 띄지 않게 땅 밑으로 황금을 콸콸 쏟아놓는 자들이 있다. 또 어떤 자들은 돈을 나뭇잎처럼 얇게 펼쳐서 늘어놓는다. 어떤 자에게는 한 푼이라도 큰 가치가 있지만 다른 자에게는 반대로 그렇지가 않다. 하지만 세상은 그 외관으로 모든 가치를 평가하려 한다. 재산이 꽤 있으면서도 쫀쫀하게 굴면 인색하다는 소리를 듣는다. 반대로 돈 씀씀이가 후하면 아주 계획적이고 교활하다는 소리를 듣게 된다. 재물을 적당히 잘 쓰려는 사람은 꼼꼼하게 제한을 두고 쓴다. 저축을 많이 하든 써버리든 그건 중요하지 않다. 다만 그것이 좋게 보이느냐 나쁘게 보이느냐 하는 것이 문제인데, 그건 오로지 우리의 마음에 달려 있는 것이다.

내가 멀리 여행을 떠나고 싶은 이유는 현재 우리나라의 도덕적 불안 상태 때문이다. 객관적인 차원에서 생각한다면 이 세상의 부패에도 나는 그저 덤덤하게 느낄 수 있을 것이다. 그러나 내 개인으로서는 그렇지가 않다. 나는 이 시대의 부패에 너무나 고통을 느낀다. 바로 우리 주변에도 오랜 내란으로 인한 문란한 생활이 만연해 있으며, 이제는 정치적으로도 '선과 악이 뒤섞여'(베르길리우스) 이런 행태가 정착되고 있으니 놀라운 일이 아닐 수 없는 것이다.

어쨌든 인간 사회는 무슨 희생을 치르고서라도 서로 매이고 얽혀서 살아가는 것을 내 주변의 예에서 보고 있다. 마치 잘 섞이지 않는 물체들을 자루에 마구 쑤셔 넣어도 그들끼리 서로 자리를 잡으며, 때로는 잘 정리해서 넣는 것보다 더 잘 어우러지는 식으로, 사람들은 어떤 장소에 갖다놓아도 서로 부딪치고 섞이며 자리를 찾아간다. 필리포스 왕은 도저히 고칠 수도 없을 만큼 악질인 인간들을 찾아내서는 전부 한 곳에 모아놓고 그곳에 도시를 세워 이름을 붙였다. 내 생각에 그 악덕한 자들은 자기들끼리 정치 기구를 세우고 편리한 사회를 만들어갔을 것 같다.

나는 사람들이 한 번이든 세 번이든 백 번이든 너무나 당연한 습관처럼 그토록 비인간적이고 믿을 수 없는 행동을 하는 것을 보면, 나로서는 지극히 악랄함을 느끼며 소름이 끼칠 정도이다. 그런데 그런 행동들이 용납되고 있는데 대해 나는 혐오감과 동시에 충격을 느끼지 않을 수 없다. 그토록 다양한 악랄성은 과오와 혼란에서 나올 뿐만 아니라 넘치는 정력과 마음에서 나오는 것임을 알 수 있다.

이처럼 사람들은 필요에 의해 모여들며 조직을 꾸린다. 그리고 우연히 꾸려진 그 조직은 나아가 법이 된다. 그중에는 인간적 사상이라고 생각할 수 없을 정도의 횡포한 것들도 있었으나, 다른 것들은 플라톤이나 아리스토텔레스가 만들 수 있었던 것만큼 건전하게 오랜 생명을 가지고 그 본모습을 유지해왔다. 그러나 공상적이고 부자연스럽게 세운 정치제도는 모두 엉터리라 실천하기에 부적당하다. 사회제도의 가장 좋은 형태와 가장 편리한 규칙에 대해 오랫동안 떠들어온 논쟁은 그저 우리의 정신을 훈련시키기에 적당한 논쟁일 뿐이다. 그것은 마치 인문 과학의 본질이 동요와 논쟁으로 되어있고, 그 이상 아무런 생명도 없는 제재가 많이 있는 식이다. 이러한 정치 형태는 새로운 세상에서는 실시해볼 만한 일이지만 인간은 이미 어떠한 관습에 매여 있는 존재이므로 현실에서는 어렵다. 우리는 전부 부수지 않고는 습관이 된 버릇을 바꾸지 못한다. 사람들이 솔론에게, 아테네인들을 위한 가장 좋은 법률을 제정했느냐고 물어보자, 그는 '그렇소, 그들이 용납할 수 있는 법률로는 최상의 것이오'라고 대답했다고 한다.

바로도 이런 식으로 변명했다. 즉 종교에 관해서 모든 것을 다시 써야 한다면 그는 자신이 생각하는 대로 쓰겠지만, 종교는 이미 형성되어 용납되고 있으니 자신의 생각보다는 관습에 따라 쓰겠다고 한 것이다. 내 의견이 아니라 정말로, 나라에 따라 최선의 훌륭한 정치는 현재 유지되고 있는 형태로서의 정치이다. 왜냐하면 그 본질적인 편의가 바로 관습에 매어있기 때문이다.

우리는 늘 현재 상황에 대해 불평을 한다. 그렇지만 나는 민주주의 국가에서 소수에 의한 지배를 바란다거나 군주제 국가에서 다른 형태의 정치를 바라는 것은 악덕한 어리석음이라고 본다. 한 국가에 변혁보다 더 심한 압박을 주는 것은 없다. 단순한 변화는 부정의 폭군 정치를 만들어내는 것이 고작이다. 어느 한쪽이 무너지면 떠받쳐 지탱시켜 놓으면 된다. 우리는 자연스런 변질과 부패로 모든 일들이 처음 상태에서 너무 달라지지 않도록 대비할 수 있다. 그러나 국가와 같은 커다란 덩어리를 다시 녹여서 처음부터 새로 만들려고 시도하는 것은 명화에 때가 묻었다고 그림을 지워버리는 꼴과 같고, 일부분의 결함을 수정하려다 전체를 망치는 식과 같으며, 병자를 고치려다 죽이는 수작과 같다.

우리는 늘 자기보다 잘된 자들과 비교하며 더 잘 사는 사람들을 쳐다본다. 하지만 우리보다 못한 사람들에게 자기를 비교해보자. 그러면 아무리 팔자가 사나운 자도 위안을 얻지 않을 수 없다. 자기보다 못한 사람을 보면 마음이 편해지고 자기보다 나은 사람을 보면 마음이 불편해지는 것은 우리의 악덕 때문이다. '만약 세상의 모든 불행을 한데 쌓아놓고 그걸 똑같이 나누어 가지라고 한다면, 누구나 다 차라리 자신이 가지고 있는 불행을 택할 것이다'라고 솔론은 말했다. 우리나라의 정치는 잘 되어가고 있지 않다. 그러나 우리보다 더 나쁜 상황에 있으면서 망하지 않는 나라들도 있다.

신은 우리를 공 돌리듯 장난하며 멋대로 주무르고 있다. 별들은 그들이 보낼 수 있는 운명적 증거인 듯 로마라는 나라를 세워놓았다. 이 나라는 한 국가에 생길 수 있는 모든 일과 사건들, 질서와 혼란, 행운과 불운을 그 자체에 품고 있다. 이 나라의 국민들이 겪어낸 그 많은 시련들을 보고 어느 누가 감히 자신의 상황에 절망할 수 있을까 싶다. 영토가 광대하다는 것이 한 나라의 건강을 뜻한다면(내 의견은 이와 다르다. 그리고 나는 소크라테스가 니코클레스에게 '넓은 영토를 가진 왕들을 부러워하지 말고, 자기 몫으로 차지한 것을 잘 보존할 줄 아는 왕들을 부러워하라'고 한 말을 좋아한다), 이 나라는 가장 병들었던 시대가 가장 좋았다. 다시 말해 가장 적은 면적을 가졌을 때가 가장 평안했던 것이다. 초기에 황제들이 다스렸을 때는 정부의 형태가 제대로 성립돼있지 않았다. 따라서 상상할 수 있는 가장 기괴하고 혼란스러운 시대였다. 그런데도 이 나라는 혼란을 잘 견뎌내고 존속해가며 자기의 영토로만 한정된 왕조를 보존하는 데 그치지 않고, 그렇게도 멀리 떨어져 나쁜 감정을 품고 있으며 그렇게도 혼란스럽게 지배되고 부당하게 정복당한 나라들을 유지해나갔다.

흔들린다고 해서 다 쓰러지는 것은 아니다. 그것은 오랜 연대의 힘만으로도 버텨나갈 수 있다. 마치 오래된 낡은 건물이 오랜 세월 동안 주춧돌이 패어져 나가고 벽에 바른 것도 다 벗겨져 나갔다고 해도 그 자체의 무게로 버텨 지탱하는 식이다. 더욱이 한 요새가 얼마나 견고한지 판단하려면 그 측면과 성 둘레의 못만 조사해서는 안 된다. 적이 어디로 접근해올지 공격군의 상태가 어떤지를 알아야 한다. 어떠한 선박도 외부 힘의 압박 없이 제 무게만으로 침몰하는 일은 드물다. 그러면 사방을 둘러보자. 주위의 모든 것이 허물어지고 있다. 기독교 국가든 다른 데든 우리가 아는 모든 큰 국가들을 보라. 그대는 거기서 변혁과 파멸의 위험을 분명하게 알아볼 것이다.

점성가들이 하는 식으로, 머지않아 큰 재난과 반란이 일어날 거라고 아무리 떠들어대도 그들이 예언하는 것은 바로 가까이에 있어 손에 닿을 수 있는 것이므로 하늘까지 일부러 구하러 갈 필요는 없다. 우리는 보편적인 불행과 위협을 모두 함께 당하고 있기 때문에 어떤 위안을 찾을 수 있을 뿐 아니라 국가의 존속을 위해서 일종의 희망까지도 가져볼 만하다. 왜냐하면 모든 것이 쓰러지는 곳에서는 당연히 아무것도 쓰러지는 것이 없기 때문이다. 보편적인 병폐는 개인에게는 건강이 된다. 나로서는 그것에 절망하지 않는다. 그것에 오히려 구원의 길이 있다고 본다.

중병을 오래 앓는 동안 하느님의 돌보심으로 속을 씻어내고 더 나은 상태가 되면서 온전한 건강을 얻을 수 있듯이, 다른 일에서도 그런 일이 일어나지 말라는 법은 없다. 가장 괴로운 것은 인간의 혼란과 부주의에서 일어나는 일처럼 자연히 닥쳐오는 불행이며 하늘이 그 자체의 것으로 보내는 불행의 징후들이 보이는 것이다. 별들까지도 우리들이 어떤 기한 이상으로 상당히 오래 지속해 왔다고 판정해주는 것 같다.

이런 몽상을 하다보면, 내 기억력이 나쁜 탓에 한번 기록한 것을 잊어버리고 또다시 쓰지나 않을까 걱정이 된다. 이것 또한 나에겐 괴로운 일이다. 나는 한번 쓴 것은 다시 훑어보기가 싫다. 그리고 가능한 한번 출간한 글은 다시 손질하지 않는다. 새로 배운 것을 말하는 것이 아니다. 이런 것은 늘 하는 공상들이다. 그리고 이런 생각을 아마도 백 년은 해보았기 때문에 이것 또한 전에 이미 써놓지 않았을까 염려가 되는 것이다. 자꾸 되풀이해서 말하면 호메로스가 하더라도 싫증이 난다. 게다가 일시적이고 피상적이며 외관뿐인 것은 더욱 더 질색이다. 세네카의 유익한 사상이라도 교훈조로 쓰인 글은 내게는 정말 성미에 맞지 않는다. 그리고 스토아학파의 버릇대로, 모든 제목을 가지고 일반적으로 적용되는 원칙과 특별히 내세우는 것들을 장황하게 묘사하며, 공통적이고 보편적인 이치와 논법을 늘 다시 인용하는 습관은 내 비위에 거슬린다. 내 기억력은 잔인하게도 날마다 악화되고 있다.

이제부터는(하느님 덕택에 지금까지 그것 때문에 큰 과오를 저지른 일은 없지만) 다른 사람들이 무슨 말을 할지 미리 생각해볼 시간과 기회를 갖는 것보다는 내가 어떤 의무에 매여 지내게 될 것이 두렵기 때문에 말을 준비하는 일은 피한다. 어디에 매여서 의무를 지는 일과 내 기억력이 허약한 연장에 의존하는 일은 나를 심란하게 만든다.

나는 이 이야기를 읽으면 내 타고난 성격대로 답답한 마음에 화가 치밀어 오른다. 린케스테스는 알렉산드로스가 음모를 꾸민다면서 그 죄로 관습에 따라 군대 앞에 끌려 나가 무죄를 증명하게끔 했다. 알렉산드로스는 그 날 할 변론을 미리 생각해 머릿속에 외워두고 있었다. 그런데 그는 막상 앞으로 나가자 아무 생각이 안 나고 더듬거리기만 했다. 머리도 점점 더 흐려지며 말이 안 나와 그가 기억을 더듬느라 애쓰고 있는 동안 가장 가까이서 보고 있던 군사들이 그가 죄가 있다고 확신하고는 그대로 창을 들어 그를 찔러 죽였다. 그의 당황과 침묵이 그들에게는 범죄의 고백으로 보였던 것이다. 그들은 그가 감옥에 있었을 때 변명할 시간적 여유가 충분히 있었을 것이므로 기억이 안 나는 게 아니라 양심의 가책으로 말문이 막혀서 말할 기운조차 나지 않았던 것으로 보았던 것이다.

말을 잘 하려고 할수록 장소와 관중과 기대 때문에 당황하게 된다. 그런데 하물며 자기 목숨이 걸려있는 연설일 때는 어쩌겠는가? 나로 말하자면 내가 말해야 한다는 생각에 얽매여 있는 것만으로도 할 말을 잊어버리고 만다. 반대로 내 기억력을 완전히 믿어버리고 맡기면 너무 거기에 의존하기 때문에 오히려 기억력을 억누르게 된다. 기억력이 책임감에 놀라 자빠진다. 나는 기억력에 의지하면 할수록 정신이 더 혼란스러우며 얼굴까지 창백해진다. 그래서 언젠가는 한번 미리 말을 생각해 놓지 않고 그 자리에서 바로 나온 것처럼 아주 무심하게 말해 보려 했는데, 도리어 내 꾀에 걸려 창피한 마음을 감추려다가 진땀을 뺀 적이 있었다. 대중 앞에서 말을 하는 건 특히 나 같은 직분의 인물에게는 안 맞는 일이고, 가뜩이나 오래 버틸 수 없는 조건에서는 부담이 되기 때문에 나는 말을 잘하려고 준비하기보다는 쓸모 있는 말 한마디라도 하는 것이 낫다고 생각했던 것이다. 준비는 많은 것을 기대하게 한다. 막상 실속은 별로 없는데도 말이다. 사람들은 보통 망토를 입어도 시원찮은 판에 어리석게도 조끼를 걸치고 나온다.

웅변가 쿠리오에 관한 문헌이 남아있는데, 그는 연설문을 몇 부분으로 나눠서 논법을 따져가며 진술을 하면 그 중 몇 가지를 잊어버리거나 꼭 다른 것이 끼어드는 일이 잘 일어났다고 기록되어 있다. 나는 내 기억력을 믿지 못하는 데다 형식을 갖추면 또 너무 기교적으로 될 염려가 있기 때문에 사전에 정하는 것을 꺼리며 항상 신경을 썼다. 그러니 이제부터 점잖은 자리에서는 연설을 하지 않기로 작정을 했다. 왜냐하면 원고를 읽으며 말한다는 것도 참 꼴불견이며, 그 자리에서 떠오르는 생각대로 한다는 것도 나로서는 더욱이나 자신이 없기 때문이다. 게다가 나는 순발력이 없고 둔해서 갑자기 중대한 실수라도 저지르면 크게 당황할 것이기 때문이다.

독자들이여, 나는 이 〈에세이〉를 쓰기 시작한 이후로 세 번이나 연장해 나 자신을 묘사하고 있으니 계속 덧붙여 가도록 허락해 주시기 바란다. 그러나 이미 쓴 것을 고치지는 않는다. 첫째는, 자기 작품을 세상에 저당 잡힌 자에게는 그럴 권한이 없다고 생각하기 때문이다. 만약에 할 수 있으면 다른 데서 해야 한다. 그러나 이미 세상에 팔아넘겼으면 개작해서는 안 된다. 그런 자들의 작품은 그들이 죽은 뒤에나 사줘야 한다. 그러니 세상에 발표하기 전에 신중히 잘 생각해봐야 한다. 서둘러서는 절대 안 될 일이다. 내 책은 항상 한결같다. 새로 출판할 때마다 나는 사람들이 빈손으로 가지 않도록 잘 맞춰지지 않은 조각 작품처럼 몇 개의 장식을 덧붙이곤 했다. 그렇다고 해서 첫 번째 책을 완전히 고친 것이 아니라 계속 출판되어 나오는 것에 대해 사소한 야심을 가지고 거기에 특별한 가치를 불어넣어 주려는 것일 뿐이었다. 그렇지만 내 이야기는 세월의 순서에 따라 한 것이 아니고 그때그때 짜 맞췄기 때문에 가끔은 연대가 뒤바뀔 수도 있을 것이다.

둘째는, 만약 바꿨다가 낭패를 볼까 두렵기 때문이다. 내 이해력은 앞으로만 나가는 것이 아니고, 뒤로 물러나기도 한다. 나는 처음 떠오른 사색이 아니고 두 번째나 세 번째 것이라고 해서 더 신뢰하는 것이 아니고, 지난 일이 아닌 지금 일이라고 해서 더 신뢰하는 것도 아니다. 우리는 흔히 남의 것을 고치는 식으로, 어리석게도 똑같이 내 것을 고친다. 내 책의 초판은 1580년에 나왔다. 그 뒤 상당한 세월이 지났고, 나도 또한 늙었다. 그러나 내가 조금이라도 더 현명해진 것은 아니다. 지금의 나와 조금 전의 나는 확실히 둘이다. 어느 편이 더 나은가? 나는 아무것도 말할 수가 없다. 신처럼 된다면 늙는 것도 좋은 일일 것이다. 그것은 어지럽게 비틀거리는 주정뱅이의 걸음 같거나 바람결에 되는 대로 흔들리는 갈대와 같을 것이다.

안티오코스는 아카데미아를 옹호하며 강력한 글을 썼다. 그러나 그는 노년에 들어 다른 입장을 취했다. 그가 어느 편을 들었든, 나는 늘 안티오코스의 의견을 듣는 것이 아닐까 싶다. 아무것도 믿을 수 없다는 의문을 세우고 나서 인간 사상의 확실성을 세운다는 것은 확실성이 아니라 의문을 세우는 일이며, 누가 그에게 더 살아가게 할 세월을 준다고 해도 그는 더 나아지는 것 없이 늘 새로운 동요의 조건에 있겠다고 약속하지 않았던가.

독자들이 환영해준 덕분에 기대했던 것보다 좀 더 용기를 얻었다. 그러나 내가 정말 두려운 것은 독자들을 지루하게 만들지나 않을까 하는 점이다. 나는 어떤 유명 학자가 하던 식으로 피곤하게 늘어놓기보다는 쏘아붙이기를 좋아할 것이다. 칭찬은 누가 해주든, 그 이유가 무엇이든, 늘 달콤하다. 그러나 그것을 정당하게 받아들이기 위해서는 그 이유를 알아두어야 한다. 형편없는 작품인데도 잘된 것인 줄 알고 우쭐대는 자들이 있다. 평범한 작가들의 것은 잘되기가 어렵다. 그런데 요즘엔 내가 잘못 안 것이 아니라면, 가장 수준 낮은 작품들이 세속적인 사회에서 상위를 차지하고 있는 것이다.

많은 일을 겪어보지 않았음에도 내가 이런 노력을 하는 걸 좋게 봐주는 분들에게 나는 마음 깊이 감사한다. 이런 저술의 단점은 교훈을 줄 만한 소재를 다루지 않는 만큼 크게 드러나는 것도 없다. 한편 다른 사람들의 공상이나 실수에 의해 이 책에 틀린 정보가 우연찮게 끼어들었다고 해도 나를 원망하지 않기를 바란다. 그리고 나는 철자법도 구두점도 신경 쓰지 않으며, 다만 그전에 만들었던 형식대로 해달라고 주문했다. 나는 철자법이나 구두점의 전문가가 아니다. 담당자들이 내 문장의 의미를 다르게 손질한다고 해도 나는 별로 속을 썩이지 않는다. 왜냐하면 오히려 그만큼 내 책임이 적어지기 때문이다. 그러나 그들이 흔히 잘하듯 다른 글을 바꿔 넣어서 내 생각을 그들의 생각대로 만들어놓는다면 그것은 나를 망치는 것이다. 그러므로 내 식대로 문장에 힘이 없다면 그건 내 글이 아니라고 보아야 한다. 내가 얼마나 많이 노력하지 않고 얼마나 내 멋대로 노는가를 아는 분은, 이런 유치한 교정보다는 차라리 이 〈에세이〉를 다시 써나가는 편을 좋아할 것이라고 이해해줄 것이다.

가장 깊은 갱도에 들어가 있는 이런 시대에 처해서, 나는 나와 다른 습관과 사상으로 무장해 서로 단결해있는 사람들과는 친교를 맺을 수가 없을 뿐 아니라, 우리의 법률을 죄악이라 할 정도로 무시하며 세태를 극도로 나쁘게 오염시키면서 무슨 짓을 해도 좋다고 생각하는 자들 사이에서는 위험을 느끼지 않을 수가 없다. 내게 관계되는 모든 특수한 사정들을 생각해보면 우리들 중 나만큼 법을 옹호하기 힘들며, 법률가들의 말처럼 소득은 없고 손해만 생긴 사람도 드물 것이다. 어떤 자들은 열정과 격정을 내보이며 용감한 체하는데, 사실 따지고 보면 나보다 해놓은 일이 훨씬 적다.

내 집은 언제나 개방되어 있고 누가 와도 친절히 맞아주기 때문에 (나는 내 성과 요새를 전쟁 때 이용하는 짓은 절대로 하지 않는다) 많은 사람들로부터 호평을 얻었다. 그래서 누추하긴 하지만 이 집에 관해서 나를 책망하기는 어려울 것이다. 그리고 오랜 세월 동안 그렇게 혹독한 변란을 가까이서 겪었는데도, 내 집에서 피해를 보거나 약탈당한 적이 없었다는 것은 정말 운이 좋고 경이로운 일이 아닐 수 없다. 솔직히 말해서 나 같은 기질을 가진 자는 어떠한 형태로든 견실하고 꾸준한 행동을 유지하지 않을 수도 있다. 내 주위엔 서로 반대되는 도당들이 번갈아 침공해 들어오면서 엄청난 변천이 일어났다. 그것은 오늘날까지 이 고장의 인심을 더 각박하게 만든 요인이었고, 내게 극복할 수 없는 피해와 위험이 덮치는 일이었지만 나는 용케 그것도 피해왔다. 그것은 내가 운이 좋았고 또 신중했기 때문이다.

사실 나는 남의 덕으로 살고 있는 것이나 마찬가지라 그 짐이 무겁다. 나는 세도가들이 내가 법을 지키고 살며 아무 매인 데가 없는 자유로운 인간이라는 것을 인정해주어서 그들의 호의와 선심을 받는다거나, 또는 내 조상들 덕이나 내 집에서 일하고 사는 식구들 덕에 나의 신분이 보장받게 되는 것을 원하지 않는다. 만약 내가 다른 사람이었다면 어떻게 되었을까? 만약 내 처신과 나의 솔직한 언동이 이웃이나 친척들에게 혜택을 주기 때문에 그들이 나를 봐줌으로써 내게 신세를 갚는 것이 되고, 또 그들이 '우리는 이 주변의 교회당을 모두 파괴해 버렸지만 그가 자기 집의 예배당에 들어가서 자유로이 기도하는 건 허용하고 또 자기 재산을 누리도록 놔두는 건 그가 필요할 때는 우리 식구들과 소들을 잘 지켜주기 때문이다'라고 말한다면 그건 너무 가혹한 일이다. 아테네 시민들의 재정을 맡아서 관리했던 리쿠르고스가 받던 것과 같은 칭찬을 내 집도 오래 전부터 받아왔다.

사람은 권리를 갖고 당당하게 살아야 하며 어떤 보답이나 혜택으로 살아서는 안 된다고 나는 생각한다(얼마나 많은 정의로운 인물들이 은혜를 입고 살기보다는 죽기를 택했던 것인가!). 나는 무슨 종류든 빚은 지지 않으려고 한다. 그 중에서도 특히 명예에 대한 빚은 싫어한다. 나는 다른 사람에게서 무언가를 받았기 때문에 내 마음이 감사에 얽매여 있다면 그보다 더 값싼 것은 없다고 생각한다. 그보다는 봉사를 해주는 것을 택하는 것이 더 마음 편하다. 정말로 나는 그렇게 생각한다. 왜냐하면 나는 이런 자들에게는 돈밖에 내놓지 않지만, 다른 자들에게는 나 자신을 내주어야 하기 때문이다.

명예에 관련된 법적 문제는 민사상으로 관련된 문제보다 더 천박하고 무겁게 나를 속박한다. 나 자신에게 묶이는 것보다 공증인에게 묶이는 게 훨씬 덜 피곤하다. 다른 사람들이 무조건 내 양심을 믿어줄 때 당연히 내 양심이 더 무겁게 얽매이는 것 아니겠는가? 그 외 다른 경우에는 내 양심을 빚지는 일이 없다. 나는 내 약속을 깨기보다는 성벽이나 법률의 감옥을 깨는 것을 선택할 것이다. 왜냐하면 약속을 지켜야 한다는 데 나는 거의 미신적으로 신경을 쓰기 때문이다. 그래서 어떤 약속을 하더라도 불확실할 수 있다는 조건을 붙여둔다. 책임이 전혀 없는 약속조차도 내 규칙을 지키기 위해 신중을 기한다. 규칙은 그 자체의 무게로 나를 압박하고 책임을 지운다. 그렇다. 자유로운 기도가 전적으로 나 자신에게 달려있으면서도 바로 나 자신에게 그것을 명령하는 것과 같다. 그러나 그것을 남에게 알려주면 그것 자체가 미리 결정을 하는 것이 된다. 즉 그 말을 하면 내가 그것을 약속하는 것으로 생각되는 것이다. 그래서 나는 이런 말을 쉽사리 발설하지 않는다.

내가 나 자신에게 하는 판결은 재판관의 판결보다 더 혹독하다. 재판관은 일반적인 법으로밖에 나를 가두지 못한다. 그러나 내 양심은 나를 더 몰아치고 더 엄격하게 가둔다. 나 스스로의 의지에 의해서가 아니라 다른 사람들에 의해 억지로 하는 의무는 열성 없는 행동이 될 뿐이다. 키케로도 '스스로 행하는 것이 아니면 정당한 행동이 못된다'고 말했다. 자유가 없는 행함은 우아하지도 명예롭지도 못하다. 나는 필요에 이끌려 하는 일에는 나를 긴장시키고 싶지 않다.

나는 때로 책임이나 의무를 벗어나고 싶은 생각이 너무 심해서 본의 아니게 우정의 의무를 지게 되는 경우가 생기는데, 그러다가도 모욕을 당하거나 부당한 일을 당하면 도리어 그 일을 내게 유리하게 생각하곤 했다. 다시 말해 그들의 잘못이라고 생각함으로써 나는 그만큼 책임을 벗어나는 것이다. 그것이 공적관계인 만큼 외관상으로는 체면을 지켜주지만 내면적으로는 주의와 염려가 생기기 때문에 마음이 대단히 가벼워지는 것을 느끼게 된다. 이런 심리는 나와 관계되는 자들의 불완전한 점에 비추어볼 때 어느 정도 위안을 느낄 수 있다. 나는 그들이 그렇게 가치 없는 인간이라는 것이 슬프다. 그러나 그런 만큼 내가 그들에게 해줄 의무와 열성이 덜어지는 것이다.

나는 오늘날까지 나만큼 양심에 빚진 것이 적고 자유로운 처지에 있는 사람을 보지 못했다. 내가 빚을 지고 있다면 그것은 누구나 공통적으로 갖고 있는 의무뿐이다. 다른 면에서는 나만큼 깨끗하게 빚이 없는 자도 없다. 제왕들은 내게서 빼앗아가지 않으면 내게 많이 주는 것이며, 해를 끼치지 않으면 잘해주는 것이다. 이것이 내가 그들에게 바라는 전부다. 오! 나는 얼마나 많은 것을 하느님의 은덕으로 직접 받았고, 특히 하느님께만 의무를 지게 된 처지를 감사하고 있는 것인가! 오! 나는 얼마나 직접적인 부채를 아무에게도 지는 일이 없도록 해주시라고 거룩하신 하느님의 자비심에 이토록 간절히 청하고 있는 것인가! 여태까지 내가 이렇게 해올 수 있었던 것은 오로지 하느님의 축복 덕분이었다. 마지막까지 이렇기를!

나는 어느 누구의 직접적인 도움도 받을 필요 없이 살려고 노력한다. '나의 온 희망은 내 자신에게 있다'고 테렌티우스도 말했지만, 누구라도 그렇게 할 수 있을 거라고 난 생각한다. 더욱이 하느님께서 너무나 극단적으로 궁핍한 처지에 태어나지 않게 해주신 자들에겐 더욱 가능한 일일 것이다. 남들에게 의지해 산다는 것은 가련하고도 위험한 일이다. 가장 정당하고 확실한 존재인 자신조차도 자기 자신에게 충분히 보장되어 있는 것이 아니다. 나는 내 것이라곤 나 자신밖에 없다. 그리고 나에게서 내가 소유하고 있는 것도 일부분에 불과하며 불완전한 것이다. 나는 외적인 면에서 모두에게 버림을 받는다고 해도 내가 가진 것으로 만족하기 위해 나의 용기와 운명을 가꿔나가고 있다. 내 의지와 운으로 할 수 있는 힘과 수단을 가졌을 때는 남의 신세를 진다거나 돈을 빌려 써도 훨씬 더 자유롭고 유쾌하게 누릴 수가 있기 때문이다.

나는 나를 잘 알고 있다. 그런데 만약 내가 살림이 어려워져 곤경에 빠질 경우 어느 누가 나를 부끄럽지 않게 명예를 지켜주면서 대접해줄 수 있을지, 그건 상상도 못할 일이다. 남에게 무엇을 준다는 것은 야심을 갖는 일이고 특별한 신분을 가진 사람이 할 수 있는 일인 만큼, 남의 것을 받는다는 것은 굴욕스런 일이다. 내 친지들 중에 나이 든 사람이든 젊은 사람이든 나만큼 남의 신세 지기를 싫어하는 사람도 없는 것 같다. 이런 점에서 내가 요즘 사람들과 전혀 다르다는 것도 그리 놀라운 일은 아니다. 왜냐하면 그건 내 성격의 많은 점들과 연관되어 있기 때문이다. 타고난 약간의 자부심, 거절당할까봐 긴장하는 조바심, 내 의도와 욕심의 제안, 모든 일처리에 서투른 점, 그리고 내가 가장 좋아하는 소질인 빈둥대는 것과 자유 등이 그렇게 만들어 놓은 것이다. 이 모든 것 때문에 나는 나 아닌 다른 사람에게 의지하거나 남에게 약잡히는 걸 진저리나게 싫어한다. 나는 아무리 중대한 사정이 있어도 남의 도움을 받기 전에 그런 것 없이도 지낼 수 있게끔 모든 방법을 취하는 데 온 힘을 기울인다.

친구들이 다른 사람에게 부탁할 일을 나로 하여금 부탁하도록 도움을 청해올 때면 대단히 괴롭다. 그리고 나의 도움을 받은 사람에게 어떤 일을 부탁하면서 그가 내게 신세진 것을 면제해주는 것은, 내게 아무것도 도움 받은 것이 없는 사람에게 내 친구를 위해서 무슨 일을 부탁하는 것만큼이나 어렵다. 나에게 이런 난처한 일만 부탁하지 않는다면 나는 무슨 일이든 도와줄 수가 있다. 나는 남한테 뭔가를 주는 것보다는 남에게 받는 것을 더 피해왔다. 아리스토텔레스에 의하면 주는 편이 역시 훨씬 더 쉬운 일이다. 하지만 내 형편으로는 남에게 좋은 일을 해줄 여유가 별로 없다. 내가 무슨 지위라도 가질 만한 능력을 타고났다면 다른 사람들의 사랑을 받고 싶은 야심은 있을지 몰라도 숭배나 존경을 받을 생각은 없었을 것이다. 더 건방지게 말한다면 내 잇속을 차리기보다는 남에게 베풀고 싶었을 것이다.

키로스는 대단히 현명한 군인일 뿐 아니라 훌륭한 철학자의 정신을 가지고 있는 사람으로서 자신의 용기보다는 자신의 선량한 행적을 더 자랑스럽게 여기고 있다. 그리고 스키피오 또한 자신의 공적을 내세워야 할 일이 있을 때는 전쟁에서의 승리보다도 자신의 덕성을 훨씬 더 중요하게 보며, 친구에게든 적에게든 자신을 사랑할 수 있는 여지를 남겨주었다면서 자랑스럽게 말하곤 했다. 내가 여기서 말하고 싶은 것은, 어차피 자신이 커다란 책임을 지고 있다면 비참한 전쟁에 얽매여 있기보다는 오히려 당당한 정신으로 임해야 하고, 생명을 지키기에 급급한 자세를 가져서는 안 된다는 것이다.

나는 잠자리에 들 때면 이따금, 오늘 밤에 누가 나를 죽이러 올지도 모른다는 상상을 하면서, 만약 그런 일이 일어난다 해도 놀라거나 기절하는 일이 없도록 운에게 맡기자는 생각을 하곤 한다. 뭐 어쩌겠는가? 이곳은 나와 내 조상들이 출생한 곳이다. 그들은 이곳을 사랑하고 자기들 이름을 붙였다. 그래서 나도 이곳에 오랜 습관이 젖어있다. 그리고 우리가 처해있는 이 비참한 환경에서 이 습관은 대자연이 우리에게 베풀어준 매우 유익한 선물이었다. 이 습관이 수많은 불행의 고통스런 심정을 달래주는 것이다. 내란이라는 것은 각자가 자기 집에 파수를 세워두게 하는 점에서 다른 전쟁들보다 더 나쁘다. 살림살이와 휴식까지 침범을 당하며 산다는 건 불행의 극치다. 이 마을은 동란이 일어났을 때 처음부터 마지막까지 전쟁을 치른 곳이라 온전히 평화스러운 적은 한 번도 없었다.

나는 가끔 방심이나 비굴에 관한 생각이 떠오르면 정신을 가다듬기 위해 방도를 찾아본다. 이런 상념들은 역시 어느 정도 결단성을 갖도록 우리를 이끌어준다. 나는 또 가끔 치명적인 위험을 상상해보며 일종의 쾌감을 느끼곤 한다. 마치 컴컴한 심연 같은 죽음 속에 무턱대고 머리를 처박고 뛰어들면 이 심연은 덥석 나를 삼켜서 허무함으로 압도해버리는 것이다. 이런 맹렬한 한순간의 죽음에서 내가 예측하는 결과는 극심한 혼란보다 오히려 조용한 위안이다. 사람들은 인생이 너무 긴 것은 좋지 않고, 죽음은 짧은 것이 좋다고 한다. 내가 죽음을 친근하게 느끼고 있기 때문에 죽는다는 사실에 초연한 것은 아니다. 그저 느낄 사이도 없이 급격한 습격을 받아 그 사나운 기세 속에서 정신을 잃고 웅크리는 것이다.

어떤 정원사들이 말하듯, 장미꽃이나 앉은뱅이꽃이 마늘과 파 옆에서 자라면 그것들이 땅에 있는 나쁜 냄새를 모두 빨아들이기 때문에 장미나 앉은뱅이꽃 냄새가 더 향기로워진다는 식으로, 이 시대의 퇴락한 정신들이 이 공기와 풍토에서 모든 독소들을 빨아들여 내가 그만큼 더 순결해질 수 있다면 모든 것을 잃고만 사는 것은 아닐 수 있을까? 모르겠다. 그러나 이런 일은 있을 수 있다. 즉 착한 심성은 희귀할 때 더 아름답고 매력 있으며, 고난과 역경은 착한 행실을 더 강하게 만들 수 있고, 투지와 경쟁심은 착한 행동을 더 열렬하게 자극할 수 있을 것이다.

도둑들은 내게 개인적인 원한을 품고 있지 않으므로 나 또한 그들을 원망할 이유가 없다. 원망은 끝이 없다. 온갖 직업의 사람들에게도 도둑질 심보와 잔인성, 불신이 깃들어 있다. 그러나 알려지지 않고 그늘 밑에 숨어있기 때문에 더 비열하고 더 악랄하다. 나는 뒤에서 하는 배신보다는 차라리 드러내놓고 주는 피해를 더 좋게 본다. 갑자기 몸에 열병이 침입한다고 해서 결코 몸이 더 나빠지는 것은 아니다. 불씨는 이미 있었다. 다만 불길이 오른 것이다. 소문이 클수록 피해는 그렇게 대단한 것이 아니다.

나는 사람들이 내게 왜 여행을 즐기느냐고 그 이유를 물어보면, 내가 무엇을 버리고 떠나는지는 잘 알고 있지만, 내가 앞으로 무엇을 찾고 싶은지는 잘 모르기 때문이라고 대답한다. 그리고 또 내게 외국 사람들 속에서 건강을 잘 유지하기가 어려울 것이며 외국인들도 우리보다 더 잘 살지 않을 것이라고 말하면, 나는 첫째로 '외국인들에 대해 그렇게 많이 범죄인 취급을 하는 것'(베르길리우스)도 결코 쉽지 않을 거라고 말해준다. 둘째로는, 나쁜 상황을 불확실한 상황으로 바꿔 상상해보면 훨씬 더 좋으며 남들의 불행은 자신의 불행만큼 뼈저리게 느껴지지 않는 것이라고 대답한다.

나는 늘 이런 생각을 잊지 않고 지키고 있다. 그렇다고 해서 파리(paris)를 좋지 않게 보며 프랑스에 대해서 불평이 많은 것은 아니다. 파리는 어릴 적부터 내 마음 속에 깊이 자리하고 있는 곳이다. 거기서 좋은 일들도 많이 있었고, 어떤 도시보다 볼수록 아름다운 그곳에 정이 들게 되었다. 나는 그 도시 자체를 사랑한다. 외국의 화려한 장식을 덧씌우는 것보다도 있는 그대로의 파리가 더 좋다. 심지어 결점까지도 마음에 들 정도로 나는 그 도시를 정말 사랑하고 있다. 그리고 나는 그 도시의 위대함에 의해서만 프랑스 사람이다. 인구도 거대하고 자리 잡고 있는 그 품위도 위엄이 있으며, 특히 가지각색의 아름다운 풍요로움이야말로 어디와도 비교할 수 없는 위대함이 있다. 이것이야말로 프랑스의 영광이며 이 세상의 가장 고상한 곳 중 하나다. 그러니 하느님의 요청으로 이 나라에 더 이상 분열이 일어나지 않으면 좋으련만! 통일만 된다면 우리나라는 어떤 침략도 굳게 막아낼 수 있을 것이다.

나는 모든 당파들 중에도 이 나라를 불화 속에 처넣는 당파가 가장 나쁘다고 생각한다. 또 나는 이 나라를 위해 나라의 일을 염려한다. 이 나라가 존속되어야만 내가 궁지에 몰렸을 때 은둔처를 찾을 수 있을 것이며, 다른 어떤 나라에서 은둔처를 찾지 못한다 해도 억울한 생각을 갖지 않을 것이다.

소크라테스가 그렇게 말했기 때문이 아니라 이것이 내 심정이다. 그리고 좀 과장된 소리일지 모르지만 나는 모든 사람들을 나의 동포로 생각하며 폴란드, 인도, 프랑스 인과 마찬가지로 포옹한다. 이 국민들 사이의 화합을 나는 공통적이며 보편적인 인류의 단결로 생각한다. 나 스스로 만든 새로운 친구들은 우연히 알게 된 이웃 사람들만큼이나 가치가 있다. 아니 오히려 우리가 찾아서 만든 순수한 우정은 대체로 이웃 사람들 사이의 우정보다 더 위에 있다고 할 수 있다. 우리는 처음부터 자유롭고 속박 없이 세상에 태어났다. 그러나 우리 스스로 자신을 좁은 테두리 안에 가두고 있다. 그것은 마치 페르시아 왕들이 소아스페스 강의 물밖에는 다른 물을 마시지 않도록 자신을 얽매어 놓고 어리석게도 스스로 다른 물의 사용 권리를 포기하면서 세상의 모든 땅들을 메마른 곳으로 취급한 것과 다를 바가 없다.

소크라테스는 생애 말기에 받았던 추방 선고를 사형 선고보다 더 언짢게 생각했다. 그러나 소크라테스가 그렇게 의기소침할 정도로 자신의 나라에 강한 애착심을 갖지는 않았을 것 같다. 나는 세상의 생명들에 관해 애착보다는 큰 존경심을 품고 있다. 그런 생명들에는 너무나 심상치 않은 모습이 숨어 있기 때문에 나는 그런 것을 이해할 수 없어 감히 상상해보지도 못한다. 온 세상을 자기 동네처럼 여겼던 소크라테스의 그런 심정에도 어떤 미묘한 면이 있었을 것이다. 그는 정말로 여기저기 돌아다니기를 싫어했고, 아티카의 영토 밖으로 발을 디뎌본 적이 없었다. 그는 또 친구들이 자기 생명을 구해주려고 돈 쓰는 것을 아까워했고, 부패했던 시대에 법을 어기지 않기 위해서 누가 그를 감옥에서 빼주겠다고 해도 거절했다고 한다. 이런 일

은 모범 중에서도 최고에 속한다.

내게는 여행이 유익한 수양이 되고 있다. 여행을 하는 동안 정신은 늘 새로운 것들을 주목하고 관찰하면서 훈련을 받는다. 그리고 내가 여러 번 말했다시피, 여행은 사람에게 끊임없이 다른 문화의 색다른 생활과 사상과 습관 등을 보여주며 끊임없이 변해가는 형태를 음미하도록 한다. 그러므로 이것보다 인생을 형성하는 데 더 효과적인 학문은 없을 것 같다. 여행하는 동안엔 한가하지도 않고 바쁘지도 않으며 적당히 움직이면서 늘 긴장되어 있다. 나는 아무리 담석증을 앓고 있어도 한번 말을 타면 내리지도 않고 여덟 내지 열 시간 동안이나 계속 말 위에 앉아 있다.

내리쬐는 햇볕의 혹독한 더위보다 더 괴로운 것은 없다. 하지만 옛날 로마 때부터 이탈리아에서 쓰던 양산은 머리를 가리기보다 짐만 되는 물건이다. 나는 크세노폰이 말한, 옛날 페르시아에서 사치가 싹트던 시대에 마차에 탄 사람에게 그늘을 지어주고 시원한 바람을 일으켜준 그 장치가 무엇인지 알고 싶다. 나는 거위처럼 비와 흙탕물을 좋아한다. 또 공기와 풍토를 바꿔도 상관없다. 나에겐 어느 곳이나 마찬가지다. 나는 내 안에서 일어나는 내적 변화에 의해서밖에는 타격을 받지 않는다. 그러나 이런 일은 여행하는 동안은 잘 일어나지 않는다.

여행은 힘들다. 그러나 난 한번 길을 떠나면 가는 데까지 간다. 긴 여행이나 짧은 여행이나 똑같이 준비한다. 하룻길로 사람을 만나러 가거나 먼 여행을 떠날 때도 똑같은 차림으로 나선다. 나는 스페인 식으로 단숨에 가는 일정을 꾸릴 줄 안다. 그리고 더위가 심할 때는 해질 무렵에 떠나 해뜨기 전까지 한 밤중에 달린다. 날이 짧을 때는 길 도중에 서둘러 식사하는 것이 불편하다. 내 말들은 이런 여행에 잘 견뎌준다. 그래서 말에게 불만을 느낀 적이 없다. 나는 아무 데서나 말에게 물을 먹인다. 그리고 여정이 충분히 남아있을 때는 물속에 뛰어들도록 내버려둔다.

나는 아침에 일어날 때마다 무척 느리기 때문에 나와 동행하는 자들은 출발하기 전에 천천히 식사할 여유가 있다. 나는 식사도 간소하게 한다. 밥을 보면 입맛은 저절로 난다. 그래서 별다른 방법을 쓰지 않는다. 나는 식탁에 앉아야 배고픈 생각이 난다. 어떤 분들은 내가 처자가 있는 늙은 몸으로 이런 수고를 즐겨 계속하고 있다고 불평을 한다. 그건 모르고 하는 소리다. 내가 없어도 집안일이 잘 돌아가도록 살림에 질서를 세워놓으면 그때는 떠나기에 적절한 시기다. 집안 살림에 충실치 못한 집지기만 남겨두고 궁핍에 대비할 생각도 없이 떠나는 것은 철부지보다 못한 일이다.

오랫동안 집을 떠나 있으면 부부 사이에 문제가 발생할 것 같지만 나는 그렇게 생각하지 않는다. 반대로 너무 오래 같이 붙어 있으면 오히려 애정이 식고 더 문제가 생길 수 있다. 계속해서 서로를 쳐다보고 있으면 떨어져 있다가 다시 만날 때 느끼는 쾌감을 알 수가 없는 것이다. 이건 누구나 다 경험해봤을 것이다. 그래서 가끔 하는 이별은 가족에 대한 새로운 사랑으로 나를 채워주며, 살림살이에 대한 정다운 맛을 더 느끼게 해준다. 이런 식으로 생활에 이따금 변화를 주면 나의 욕망을 이번에는 이것으로, 다음번에는 다른 것으로 일깨울 수 있다.

우정은 손이 무척 길어서 이 세상의 한 구석에서 다른 구석까지 서로 뻗쳐 잡을 수가 있다. 특히 서로가 관심을 가지고 꾸준히 편지를 주고받으며 우정의 의무와 추억을 일깨워주는 경우엔 더욱 그렇다. 스토아학파들이 말하듯, 현자들 사이의 관계는 너무나 친밀해서 한 사람이 프랑스에서 식사하면 이집트에 있는 친구의 배가 불러진다고 하며, 어떤 곳에서든 한 사람이 손을 뻗치면 인간이 살 수 있는 땅 위의 모든 현자들이 도움을 받는다고 했는데, 참 옳은 말인 것 같다.

소유욕과 쾌락은 주로 상상력에서 솟구치는 것이다. 상상력은 우리가 욕망하는 것을 획득한 이후에도 계속해서 더 열렬하게 남아 있는 경우가 많다. 자신이 매일 하는 명상을 잘 살펴보면 알 수 있다. 친구와 같이 있는 순간이 친구와 가장 같이 있지 않는 순간임을 알 것이다. 친구가 옆에 있으면 우리의 주의력이 해이해져서 어떤 기회든 우리의 생각은 그 자리를 떠날 수 있기 때문이다.

나는 로마에서 멀리 내 집을 내다보며 집과 모든 물건들을 마치 손에 쥐고 있듯이 관리한다. 담이 쌓여져 올라가고, 나무가 자라고, 연수입이 불어나고 줄어드는 것이 거의 두 치 앞에 보이듯, 마치 내가 거기 있는 것처럼 '눈앞에서 집안일이 움직이고 고향의 모습도 펼쳐진다.'(오비디우스)는 식으로 바로 내 앞에 보이는 것이다.

만약 손에 잡히는 것밖에 내 것으로 누리지 못한다면, 돈도 금고 속에 있으면 내 것이 아니고, 아이들도 사냥을 나갔으면 내 아이들이 아니라는 말이 된다. 우리는 모든 것을 가까이서 소유하고 싶어 한다. 하지만 들판에 있다고 해서 멀다고 할 수 있을까? 그게 반나절 거리라면? 40km쯤 떨어져 있다고 그게 먼 거린가? 아니면 가까운 거린가? 가깝다면 44km는 어떤가? 48km는? 52km는? 이렇게 한 걸음 한 걸음 나아가보자. 아내가 남편에게 '몇 걸음까지는 가까운 거리고, 몇 걸음부터는 먼 거리가 시작된다' 고 결정해준다면 그녀는 남편을 그 중간쯤에 잡아두는 게 좋을 것이다.

그리고 그녀들은 과감하게 철학에 구원을 호소할 것이다. 그런데 철학이 과한 것과 부족한 것, 긴 것과 짧은 것, 가벼운 것과 무거운 것, 가까운 것과 먼 것을 구분하지 못하고 처음과 마지막도 알아보지 못한다면, 또 그것들의 중간도 매우 불확실하게 판단한다면, 철학은 사람들로부터 비난을 받을 것이다. 키케로는 '자연은 인간에게 사물들의 한계에 관한 어떠한 인식도 주지 않았다'고 말했다.

진실한 우정을 위해서 - 나는 이 부문의 전문가라 자처하는데 - 나는 친구를 내게로 끌어오기보다 나 자신을 친구에게 내준다. 나는 그가 내게 해주는 것보다도 내가 그에게 더 잘해주기를 좋아할 뿐 아니라, 그가 나보다도 자기 자신에게 더 많이 해주기를 바란다. 그가 자신을 위해서 하는 것이 가장 나를 위해서 하는 것이며, 떨어져 있는 것이 그에게 유리하고 필요하다면 나와 함께 있는 것보다는 그 편이 나에게도 더욱 좋은 일이다. 그리고 서로 소식을 받을 방법이 있는 한은 정말로 서로에게 부재(不在)가 아니다.

나는 그전에 친구와 서로 떨어져 있음으로써 서로에게 더 이익과 편의를 얻은 적이 있었다. 우리는 떨어져 지내면서 오히려 인생을 더 충실하게 소유하고 확장했던 것이다. 그는 마치 여기에 충만하게 있듯이 나를 위해서, 그리고 나는 그를 위해서 살고 즐기며 지낼 수 있었다. 몸이 멀리 떨어져 있는 것은 우리 의지의 결합을 한층 더 풍부하게 해주었다. 육체적으로 떨어져 있음으로써 갈증이 생긴다면 그건 어떤 점에서는 영혼의 힘이 크지 못해 그 기쁨을 누리지 못한다는 의미다.

사람들은 내가 늙은 생각을 한다고 탓하지만 반대로 사람들의 이런저런 말에 끌려다니며 남을 위한답시고 자기를 억제하는 것은 젊은 사람들이나 할 일이다. 청춘시절에는 타인과 자신 모두를 위해서 자신을 내줄 수 있다. 그러나 노령에는 자신의 몸도 추스르기 힘들다.

타고난 건강이 쇠퇴해가면 우리는 인공적인 건강으로 지탱해갈 수밖에 없다. 청춘이 정열을 쏟는 것은 좋고, 노인이 쾌락을 추구하는 것은 좋지 않다는 생각은 잘못이다. 나는 젊었을 때는 불꽃같은 정열을 추구하면서도 조심스럽게 감춰왔다. 그러나 이제는 우울한 심정이지만 자유롭게 풀어놓는다. 플라톤의 법칙으로는, 편력을 더 유익한 것으로 만들기 위해 50세 이후에는 돌아다니는 것을 금지하고 있다. 그러나 나는 이 법칙의 2항으로 60세 이후에 편력을 금지한다는 것이 있다면 거기에는 기꺼이 동의할 것이다.

'그런데 그 나이에 길을 떠나면 그 머나먼 길에서 다시 돌아오지 못할 것 아니오?' 하고 누가 묻는다면 나는 대답할 것이다. 못 돌아오면 어떤가? 사실 나는 여행에서 돌아오거나 여행을 완수하려고 떠나는 것이 아니다. 나는 단지 움직이는 것이 기분 좋은 동안은 움직여보려고 하는 것이다. 바람을 쐬기 위해서 나는 바람을 쐰다. 무슨 이득을 보려고 또는 토끼를 잡으려고 달려가는 자는 달려가는 것이 아니다. 달리기를 훈련하기 위해 달리는 자들이 달려가는 것이다.

내 계획은 언제라도 바꿀 수 있다. 어떤 큰 목표를 염두에 둔 것이 아니기 때문이다. 하루하루의 여정이 그날 계획의 끝이다. 그리고 내 인생의 여정도 그렇게 지향된다. 그렇지만 나는 누가 붙들어 주었으면 싶었던 고장에도 상당히 많이 가보았다. 왜 못가겠는가?

크리시포스도, 클레안테스도, 디오게네스도, 제논도, 안티파트로스도, 그리고 가장 준엄했던 학파의 많은 현자들도 아무런 불평 없이 그저 다른 땅의 공기를 즐겨보고 싶어서 자기 나라를 버리고 떠나지 않았던가? 나 또한 솔직히 여행을 하면서 가장 슬펐던 일은 내가 좋아하는 곳에 정착해볼 결심을 하지 못하고 사람들의 기분을 맞춰주기 위해 늘 돌아오겠다는 약속을 해야 했었다는 사실이다.

내가 고향 아닌 다른 땅에서 죽지나 않을까 두려워하고 내 집 사람들을 떨어져서는 편하게 죽지 못할 것으로 생각했다면 나는 프랑스 밖으로 나가볼 엄두도 내지 못했을 것이다. 또한 늘 내 교구 밖으로 나가는 것에 공포심을 느꼈을 것이다. 나는 죽음이 계속해서 내 목덜미와 허리를 꼬집고 있는 것을 느낀다. 그러나 나는 다른 사람과는 다르다. 죽음은 어디서나 내게는 한 가지다. 내가 선택할 수 있다면 나는 집을 떠나 가족과 멀리 떨어진 곳에서, 침대보다는 차라리 말 위에서 죽고 싶다.

친한 친구들과 이별을 한다는 건 후련하기보다는 가슴이 찢어지는 일이다. 하지만 나는 예절의 의무를 기꺼이 잊어버리고 싶다. 왜냐하면 우애의 의무 중에서도 이것만은 정말로 불쾌하기 때문이다. 그래서 나는 영원한 이별을 고하지 않고 떠나려 한다. 나는 사람들에 둘러싸여 가련한 모습으로 죽어가는 환자들을 많이 보았다. 그러나 그 군중들은 결국 환자들을 질식시키는 자들이다. 사람이 편하게 죽어가도록 내버려 두는 것은 애정 결핍의 증거가 되기 때문이라는 것이다. 그래서 어떤 자는 환자의 눈을 괴롭히고, 다른 자는 귀를 괴롭히며, 또 다른 자는 혀를 괴롭힌다. 결국 환자의 온몸과 마음을 뒤흔들어 놓는 것이다. 가까운 사람의 울부짖는 소리를 들으면 가슴이 찢어지고, 슬픈 척 가면을 쓰고 우는 소리를 들으면 울화가 치민다. 착하고 여린 마음을 가진 사람이라면 더욱 심하다. 환자가 막다른 상황에 처해있을 때는 그의 기분에 잘 맞춰주는 부드러운 손길이 필요하다. 우리가 세상에 나올 때 조산부(助産婦)가 필요하다면, 우리가 세상을 떠날 때는 조사부(助死夫)가 필요하다. 그래서 그런 전문가를 상당히 비싼 요금으로 불러와야 할 것이다.

나는 무서워하는 것이 아니다. 그리고 내 행동에서 용기를 증명한다거나 과시할 생각도 없다. 뭐 때문에? 그때가 되면 세상의 평판을 생각해볼 여유도 없어질 것이다. 죽음이 닥치면 나는 은퇴생활에 걸맞게 고요하고 평온한 죽음을 맞이하는 것으로 만족할 것이다. 로마인들의 미신에 의하면 사람이 말을 안 하고 죽는다든지 임종 때 가장 가까운 사람이 눈을 감겨주지 않으면 큰 불행이라고 하는데, 나는 그와는 반대로 남을 위로해주기는커녕 나를 위로하기에 바쁘고, 다른 사람들의 생각을 알 것도 없이 내 머릿속 생각만으로도 힘에 넘치며, 남의 일을 빌릴 것도 없이 내 일만으로도 벅차다. 친지들 속에서 웃으

 며 살다가 죽을 때는 아는 사람이 없는 곳으로 가서 인상을 찌푸리며 죽어가고 싶다. 그리고 돈만 치르면 무표정한 얼굴로 우리가 원하는 모든 것을 해줄 사람은 얼마든지 구할 수 있다.

사람들은 늘 자신의 불행을 친지들에게 털어놓으며 동정심을 얻고 싶어 하는데, 나는 이 유치하고 비인간적인 심정을 내 사색의 힘으로 물리쳐가고 있다. 우리는 다른 사람들의 눈물을 끌어내기 위해 자신의 고통을 과장해 드러내곤 한다. 또 다른 사람들이 불행을 꿋꿋이 견뎌나가는 것을 보면 칭찬하면서, 자신의 불행에 관해 친구들이 그렇게 하면 비난하고 책망한다. 우리는 친구들이 우리의 불행을 아는 것만으로 만족하지 않고, 그것 때문에 그들이 상심하기를 바라는 것이다.

기쁨은 늘려주어야 한다. 그러나 슬픔은 될 수 있는 한 잘라내야 한다. 이유 없이 동정을 받으려고 하는 자는 이유가 있을 때는 막상 동정을 받지 못한다. 아무에게도 가련하게 보이지 않을 정도로 늘 가련한 꼴을 하고 다니며 항상 자기 신세를 한탄하는 자는 아예 남의 동정을 받으려고 하지 않는다. 살아 있으면서도 죽는 체하는 자는 막상 죽어갈 때는 산 사람으로 취급 받는다. 누가 자기에게 안색이 좋고 맥이 정상이라고 말하면 화를 내며, 웃으면 병이 나았다는 증거니까 웃지 않으려고 하고, 건강하면 동정을 못 받으므로 건강을 싫어하는 자들도 있다. 더구나 그들은 여자들이 아니었다.

나는 내 병세를 있는 그대로 얘기한다. 병이 더 나빠졌다거나 호들갑스럽게 꾸며서 말하는 것을 싫어한다. 병자를 방문하는 자들은 쾌활한 표정은 못 가지더라도 적어도 침착한 표정으로 가는 것이 마땅하다. 자기가 남과는 반대의 상태에 있다고 해서 병자가 건강과 싸우려 하지는 않는다. 그는 남들의 온전하고 강력한 건강 상태를 관찰하며 적어도 교제함으로써 건강을 즐겨볼 수가 있다. 기억력이 쇠퇴하는 것을 느낀다고 해서 결코 인생에 관한 상념을 버리는 것이 아니며 평범한 대화를 피하지도 않는다. 나는 건강할 때 병을 연구해보고 싶다. 그래서 계획한 여행도 미리 준비하려고 마음먹고 있다.

이렇게 내 습관을 공개하면서 어떤 점에서는 이것이 내게 규칙이 되어주기도 하고 다른 이점도 생기는 것 같다. 어떤 때는 나의 사생활에 관해서는 말하지 않아야겠다는 생각을 한 적도 있었다. 그런데 어차피 이렇게 공개적으로 알렸으니 나는 내 길을 지켜가는 수밖엔 없다. 요즘 사람들의 판단은 야비하고 병적이므로 일반적인 그런 사람들보다는 비교적 꼬이지 않은 내 생활 조건의 모습에 배치되는 삶을 살아서는 안 되겠다는 의무를 느낀다. 규칙적이고 단순한 나의 생활 습관은 해석하기가 쉽다. 그러나 이런 방식은 좀 새롭고 보기 드문 일이기 때문에 자칫하면 흠을 잡힐 수가 있다. 그래서 나를 정말로 경멸하고 싶은 자에게는 내가 터놓고 고백한 얘기들을 가지고 확실하게 실컷 물어뜯고 씹을 수 있는 재료를 제공해준 것 같다. 만약 내가 나 자신을 비난하고 폭로하는 데 있어 남들보다 먼저 선수를 침으로써 상대방이 나를 물어뜯도록 그 이빨을 유도한 것으로 보인다면 마음껏 과장하고 확대해도 좋다. 그리고 내가 내 안에 있는 악덕을 뿌리 채 보여주었다면 상대는 그것을 나무로 키우고, 나를 사로잡고 있는 악덕뿐 아니라 나를 위협하는 악덕까지 전부 다 사용해 떠벌려도 좋다. 그런 식으로 나를 쳐보라!

안티고노스는 자신의 조상을 예로 들며 이렇게 털어놓고 말했다. '나는 농노이며 백정으로 낙인찍힌 자와 창녀 사이에서 태어났다. 내 아버지는 조상의 태생이 천했기 때문에 창녀와 결혼한 것이다. 결국 두 사람 다 어떤 나쁜 짓을 저질러서 처벌을 당했다. 그러자 한 웅변가가 나를 사서 자기 집으로 데려갔다. 그는 나를 귀여워하며 죽을 때 자신의 전 재산을 내게 물려주었다. 나는 그 재산을 가지고 아테네로 가서 철학에 몰두했다. 역사가들은 나에 관한 자료를 거리낌 없이 찾아볼 것이다. 나는 모든 것을 있는 그대로 말했다' 이처럼 터놓고 솔직하게 고백을 하는 것이 오히려 비난을 약화시키고 모욕을 막는 방법이 된다.

어쨌든 모든 것을 헤아려보면 사람들이 나를 당치않게 헐뜯는 것은 결국 그대로 나를 칭찬하는 셈이 되는 것 같다. 또 나는 어릴 적부터 명예로 보나 위치로 보나 아랫자리보다는 감히 윗자리를 대접받아왔다. 나는 이런 귀천의 질서가 제대로 잡혀 있거나 차라리 무시되는 나라에서 사는 것이 더 편하다. 예를 들어, 사람들 사이에서 서로 앞서 가라고 권한다거나 먼저 앉으라고 권하는 말이 세 번 거듭되면 그건 실례가 된다. 나는 이런 귀찮은 친절을 피하기 위해 과감하게 양보하든지 먼저 자리를 차지하곤 한다. 내가 먼저 상석을 차지한다고 해서 시기하는 사람을 본 적은 없다.

나의 이야기를 씀으로써 얻는 이런 소득 말고도 내가 죽기 전에 내 심정과 의기투합하는 어떤 점잖은 사람이 있다면 그는 나와 만날 길을 찾아볼 것이다. 이것은 미리 그에게 유리한 터전을 마련해준 것이 된다. 왜냐하면 오랜 세월을 두고 서로 친하게 지내며 얻을 수 있는 모든 지식을 그는 사흘 정도 이 기록을 읽고 나서 정확하게 얻을 수 있기 때문이다. 참 재미있는 일이다. 내가 아무에게도 고백하고 싶지 않은 것을 이렇게 공개적으로 고백하고 있으니 말이다. 나만의 지식이나 사상을 알고 싶다면 나의 가장 진실한 친구라도 책방에 가서 이 책을 사보아야 하는 것이다.

누구든 내 마음에 드는 사람을 만나게 된다면 나는 멋진 표지를 갖춘 책을 들고 멀리까지라도 그를 찾아갈 것이다. 왜냐하면 기분이 잘 맞는 친구란 결코 싼값에 살 수 없기 때문이다. 오, 친구여! 이 단어야말로 물과 불보다도 더 감미롭다고 한 옛말은 얼마나 맞는 소리던가!

나의 이야기로 돌아오자. 그러니 멀리 떨어져서 혼자 죽어가는 것도 그렇게 언짢은 일은 아니다. 우리는 꼴이 아직은 덜 흉측할 때 자연스럽게 떠나야 한다. 더욱이 오랜 세월을 질질 끌며 시들어가는 신세들은 그 비참한 몰골로 가족들에게 폐를 끼쳐서는 안 된다. 서인도의 어떤 나라에서는 이런 곤경에 빠진 사람들을 죽여준다고 하는데, 그게 옳은 일 같다. 그런 환자들은 결국 누구도 견딜 수 없을 만큼 진저리나는 존재가 되지 않겠는가? 세상의 어떤 의무도 그렇게까지는 참을 수 없을 것이다.

내가 담석증으로 이렇게 고통스러워해도 어떤 사람의 마음도 울리지 못한다. 내가 다른 사람들과 같이 지냄으로써 어떤 즐거움을 얻지 않는 건 아니지만 그들에게는 내가 오랜 세월을 두고 폐를 끼치는 일이 될 수밖에 없다. 그들이 나 때문에 진심으로 괴로워하는 것을 보면 볼수록 나는 더욱 더 그들의 상심이 딱해질 것이다. 우리는 서로 의지해가며 살아갈 권리를 가지고 있다. 그렇다고 남을 너무 무겁게 짓누르며 그들을 망치고 나만이 살라는 법은 없다. 그것은 마치 자신의 병을 고치기 위해 어린아이의 피를 쓴다든지, 늙은 육신을 품게 하기 위해 어린 처녀들을 데려온다든지, 무겁고 거친 숨결에 여인의 부드러운 숨결을 섞는다든지 하는 수작과도 같다.

심정적으로 이렇게 쇠잔함에 빠질 때 은퇴하기 좋은 곳으로는 베니스를 권하고 싶다. 노쇠함이란 외롭고 쓸쓸한 것이다. 나는 지나칠 정도로 교제하는 걸 좋아한다. 하지만 이제는 이

한심한 몰골을 세상 사람들의 눈에서 멀리 떼어놓고 나 혼자 머무르며 거북이 목처럼 내 껍데기 속에 오그라드는 것이 옳다고 생각한다. 나는 사람들을 만나도 아쉬운 소리를 하지 않도록 나 자신을 훈련해왔다. 그것은 이 가파른 인생길에서는 너무나 위험한 짓이기 때문이다. 이제 사람을 만나는 일도 등을 돌릴 때가 됐다.

'그렇게 멀리 여행을 다니다가 당신은 아무것도 얻을 수 없는 돼지우리 같은 곳에서 삶을 비참하게 끝낼 것입니다'하고 사람들이 내게 말한다. 나는 필요한 대부분의 물건을 가지고 다닌다. 그러나 운명의 순간이 나를 엄습해온다면 피할 길이 없을 것이다. 병들어 있을 때는 별다른 물건이 필요치 않다. 건강하게 타고나지 않은 팔자라면 약으로도 고칠 수 없는 것이니 그걸 바라지도 않는다. 병이 나를 쓰러트리기 전에 아직 온전하고 건강할 때 기독교도로서의 마지막 의식으로 하느님과 화해하고 싶다. 그런 다음엔 짐을 내려놓은 듯 더 자유로움을 느끼며 그만큼 병도 사라지는 것을 느낄 것이다. 공증인이나 상담원은 필요 없다. 내가 건강할 때 다 끝내지 못한 일처리를 병이 든 다음에 끝낼 거라고는 기대하지 말아야 한다. 죽은 다음의 뒤처리는 내가 원하는 대로 모든 것이 다 준비돼 있다. 만약 아무것도 준비해놓지 않았다면 그것은 방법을 선택하는 데 있어 의문이 생겼기 때문이거나 (왜냐하면 때로는 아무것도 선택하지 않는 것이 가장 잘 선택하는 것이기 때문이다), 아니면 전혀 아무것도 준비하고 싶지 않았기 때문이다.

이 책을 출간해도 많은 사람들이 읽지 않고 오래 가지도 못할 것이다. 오래 존속될 작품이라면 더 견실한 문장으로 되었어야 한다. 지금 이 시간까지 계속해서 변천만 거듭해온 프랑스어의 상황을 보면 앞으로 50년 뒤까지 이 책이 읽혀질 수 있을지 의문이 든다.

이 작품은 날마다 내 손에서 빠져나간다. 그리고 내가 살아온 이래로 그 절반은 변했다. 그래도 지금 당장은 이 작품이 완전해 보인다. 누구나 어느 시대에나 자기 것은 완전하다고 말한다. 하지만 나는 이 작품이 변형되어간다고 해도 막을 생각은 없다. 이것이 반드시 유용한 책이라면 원래 그대로 손대지 않는 것이 좋겠지만 그 사정은 운에 따라 달라질 것이다.

그래서 나는 오늘날 살아있는 사람들에게 소용되면서 일반인들이 알고 있는 이야기들보다 훨씬 더 깊은 내용들과 몇몇 개인들만 알고 겉으로 드러나지 않은 수많은 이야기들을 이 글에 삽입해 넣었다. 사람들은 흔히 옛날의 사실들을 불투명하게 만들어버리는 습성이 있다. 이를테면 단정적으로 '그는 이렇게 생각하고 저렇게 살아갔다. 그는 이것을 원했다. 그가 자신이 목적하는 바를 말했다면, 그는 이러저러하게 말했을 것이다. 그는 그것을 주었을 것이다. 나는 그를 누구보다도 더 잘 알고 있었다'라고 떠들어대는 것이다. 하지만 나는 이렇게 함부로 말해지는 걸 원치 않는다. 그리고 내게 허락된다면 여기서 나의 경향과 기호 또한 알리고 싶다. 이걸 알고 싶어하는 사람에게는 누구에게나 기꺼이 말해주겠다. 어쨌든 이 회고록을 잘 읽어보면 내가 모든 것을 다 말했다는 걸 알 수 있을 것이다.

이제 나에 관해서는 더 이상 아무것도 추측할 거리조차 남겨놓지 않았다. 누구든지 이 문제에 관해 말하고 싶다면 진실하고 올바르게 하기를 바랄 뿐이다. 누가 나에 관해서 사실과 다르게 꾸며 말하고 있다면 그것이 설사 내게 명예로운 일이라 할지라도 나는 저 세상에서 돌아와 기꺼이 그것을 뒤집어놓을 것이다. 살아있는 사람들에 관해서도 대중들은 늘 사실과는 다르게 말하는 것을 좋아한다. 내가 잃어버렸던 한 친구를 위해 모든 힘을 다해 옹호하지 않았던들 사람들은 그를 수천 가지 모습으로 찢고 때렸을 것이다.

나의 허약한 심정에 관해 끝맺기 위해서 하는 말이지만, 나는 여행하다가 숙소에 들 때마다 이제 마침내 병이 들지나 않을까, 편안하게 죽어갈 수 있지 않을까 하는 생각이 언제나 떠오른다. 장소로는 시끄럽지도 음산하지도 않으며, 연기가 끼어 있거나 숨 막히게 답답하지도 않은 한적한 곳이면 좋겠다. 뭐 이런 부질없는 상상들로 죽음을 달래보려고 한다. 더 정확히 말하면 죽음밖에 더 이상 기다릴 것이 없도록 다른 모든 번잡스러운 것들은 벗어던지고 싶다. 죽음은 다른 짐을 지지 않아도 그 자체로 너무나 힘겨울 것이다. 나는 죽음이 내 인생의 안녕과 평온에도 기여해주기를 바라며, 나의 안온했던 과거에 비해 크게 다르지 않은 것이기를 바란다.

죽음 중에도 어떤 것은 다른 것보다 더 편한 모습을 띠며 각자의 사상에 따라 그 성질이 가지각색으로 달라진다. 자연사 중에서 몸이 쇠약해져 죽는 것은 부드럽고 순해 보인다. 그러나 횡사(橫死) 중에서 절벽에서 떨어져 죽거나 칼날에 찔려 죽는 것은 상상하기도 어렵다. 나는 카토처럼 칼로 죽는 것보다는 차라리 소크라테스처럼 독배를 마시고 싶다. 결국은 마찬가지지만 죽어서나 살아서나 불 속에 몸을 던지는 것과 강물이나 운하의 잔잔한 물에 빠지는 것은 다르게 느껴진다. 이런 이유는 공포 때문인데, 어리석은 줄 알지만 그래도 결과보다 방법에 더 마음이 쓰인다. 그러나 죽는 방법도 대단히 중요한 문제이므로 나는 내 식대로 오랫동안 이 일을 궁리해볼 것이다.

이제 모든 것을 접고 짐을 꾸려야 하는 이 순간, 나는 죽어가며 아무에게도 좋은 일이든 나쁜 일이든 남겨놓지 않고 떠나게 된 것에 특히 기쁨을 느낀다. 내가 죽은 뒤에 어떤 물질적 이익을 기대하는 자에게는 물질적 손해도 같이 받도록 기술적으로 만들어 놓았다. 우리는 늘 남들이 죽음을 두려워하기 때문에 우리도 덩달아 죽음을 두려워하며, 죽음에 큰 관심을 가지기 때문에 우리도 어떤 때는 지나치게 큰 관심을 더 갖곤 한다.

사람들은 내게 이렇게 말한다. '여행보다 더 편한 취미는 없나요? 무엇이 부족해서 떠나시나요? 당신 저택의 공기가 안 좋아서 건강에 나쁜가요? 살림이 넉넉하지 못하단 말이오? 국왕 폐하께서 몇 번이나 거기를 행차하셨소. 집안에 어려운 사정이라도 있어서 번민하고 있는 것이오? 어디를 가야 괴로운 일 없이 지낼 수 있다고 생각하시오? 당신을 괴롭히는 것은 당신뿐이오. 당신 자신이 당신을 온 사방으로 따라다닐 것이오. 그러니 어디를 가나 당신은 불평을 할 것이오. 이 아래 세상에서는 야만적이거나 신성한 영혼이 아니면 어디서도 만족하지 못할 것이오. 그렇게 상당한 집안에서도 만족하지 못한다면 어디에 간들 만족할 수 있을까요? 당신 같은 운명은 수많은 사람들이 소원하는 바로 그것이오. 그러니 정신 차리시오. 사람은 운명으로 받은 것을 참고 지내는 수밖에 없소. 하지만 당신은 하고 싶은 대로 실컷 할 수 있잖소.'

세네카는 '이성으로 얻은 것밖에는 진정한 평화와 평온함은 없다'고 했다. 나는 이러한 경고가 당연하다는 걸 알고 있다. 그리고 그것을 잘 인식하고 있다. 그러나 그보다는 차라리 '철 좀 들어라' 하고 한마디로 말하는 것이 더 온당했을 것이다. 그것은 의사가 쇠잔해 죽어가는 병자를 다그치며 재미있게 살아보라고 부르짖는 것과도 같은 식이다. 그가 '건강하라'고 말했던들 좀 덜 서둘렀을 것이다. 나는 평범한 인간에 불과하다. '당신의 것으로 만족하라' 즉, 사리에 맞게 만족하라는 말은 알기 쉽고 확실하고 건전한 가르침이다. 그렇지만 그 실행은 나에게든 나보다 더 현명한 자들에게든 모두 쉬운 일이 아니다. 그것은 누구나 할 수 있는 말이다. 그러나 그 폭은 굉장히 넓다. 거기에 포함되지 않는 일이 무엇이 있겠는가? 하지만 모든 일은 변화를 겪게 되어 있다.

나는 나의 개인생활을 즐긴다. 공적 생활을 싫어해서가 아니라 내가 선택한 생활이므로 좋아하는 것이다. 그건 분명 내 기질에 맞는 것이기 때문일 것이다. 그리고 어떤 곳에서도 그것으로 푸대접 받지 않으며 떠밀리거나 강제로 하는 것이 아니고 내 판단과 이성으로 자유롭게 선택한 것이기 때문이다. 나는 무슨 일이든 필요하기 때문에 억지로 하는 것을 싫어한다. 아무리 이득이 된다 해도 오로지 거기에만 매달려야 한다면 그건 내 목을 쥐어틀게 될 것이다.

과거에 나는 태어난 천성대로, 그리고 교육받은 대로, 소박하고 참신한 사상과 규칙을 업무처리에 적용해보려고 했다. 그 규칙은 개인적으로는 편리하지 못하지만 업무 면에서는 확실한, 스콜라학파에 가까운 도덕이었다. 그런데 어느 순간 그 규칙이 부적당하며 위험하다는 것을 알게 되었다. 군중 속에 들어가는 자는 조심스럽게 팔꿈치를 굽히고 탐색을 해야 한다. 말하자면 상황에 맞춰 올바른 길도 피해야 하고, 자기 식으로가 아니라 남의 식을 따라야 하며, 자기 생각대로가 아니라 남이 제안해주는 것에 따라서, 그리고 사람에 따라 일에 따라 맞춰 살아야만 하는 것이다.

플라톤은 세상의 일을 하면서 몸을 더럽히지 않고 피해 나오는 것은 기적이라고 했다. 그는 또 철학자를 정부의 대표로 임명한다면 아테네의 정부와 같은 부패한 정부는 되지 않을 것이라고 했다. 아예 예지조차도 없는 우리나라 같은 정부에는 맞지 않는 말이다. 그것은 마치 잘 자라고 있는 풀을 다른 토질에 옮겨 심음으로써, 풀에 맞게 땅을 개량하는 것이 아니라 풀을 토질에 맞추는 식과도 같다.

내가 이런 직업에 적응할 수 있으려면 나 자신을 많이 고치고 변화시켜야 한다. 해보면 될 수 있다고 다들 말하지만(난들 시간 있고 정성 들이면 못하겠는가) 나는 그렇게 하고 싶지 않다. 짧은 기간이었지만 세상일을 맡아서 했을 때 나는 정말 현기증이 났었다. 그래도 가끔은 세상일에 대한 야심이 마음속에서 유혹으로 솟구치는 때가 있다. 그럴 때마다 마음을 억제하며 그 반대로 생각하려고 한다. 세상이 나를 부르지 않고 나 또한 세상이 그리 반갑지만은 않다.

우리는 사람들의 재능을 알아볼 줄 모른다. 그리고 그 종류와 한계도 분간하기가 어렵다. 개인생활의 모습을 보고 공적인 일에 어떤 능력이 있을 거라고 결정하는 것은 잘못된 판단이다. 어떤 사람은 자기 일은 잘 하지만 남을 지도하는 일은 무능하며, 어떤 사람은 일 하나도 효과적으로 못 끝내면서 〈에세이〉는 쓸 줄 안다. 또 어떤 사람은 요새의 공격 계획은 잘 세우지만 전투 지휘는 서투르며, 어떤 사람은 혼자 연구는 잘 하면서 대중 앞에 나가면 말도 잘 못한다. 이런 것은 아마도 하나의 일에 능숙하게 되면 다른 일에는 서투르다는 증거를 보여주는 것 같다. 나는 저속한 정신들이 고매한 일을 못하는 것만큼 고매한 정신들이 저속한 일을 못한다고는 생각하지 않는다. 소크라테스가 투표수를 셀 줄 몰라서 시민 회의에 보고하지 못한 것 때문에 아테네 사람들에게 조롱당할 거리를 제공했다고 볼 수 있을까? 내가 이 위대한 인물의 완벽함에 대해 대단한 존경심을 품고 있는 만큼 그는 나 자신의 불완전성을 변명해주기 위해 이처럼 훌륭한 예를 제공해주는지도 모르겠다.

중용의 길에서 자신만의 의지를 가져라

나는 다른 사람들에 비해 감동하는 어떤 것들, 더 정확히 말하면 내 마음을 사로잡는 어떤 것들이 상당히 적은 편인 것 같다. 사물들에 그다지 감동하지 않는 나의 이 타고난 기질을 나는 오히려 특권으로 삼아 연구와 사색 쪽으로 더욱 강화시키려고 노력하고 있다. 따라서 내가 어떤 것들에 집착하는 일은 무척 드물다. 반면 나는 관찰력이 좋다. 하지만 많은 것들에 적용하지는 않는다. 또한 나는 무척 감성적이고 섬세한 면이 있다. 그러나 이해력과 실용하는 능력은 둔하다. 나는 남들과 쉽게 친해지지 못한다. 그리고 가능한 내 일에 집중하는 성격이다. 그러나 나의 문제들에 관해 지나치게 몰두하지 않도록 마음을 억제하려는 노력도 즐겨 하고 있다. 왜냐하면 내 문제들이지만 남들과도 연관되어 있으며 거기에는 운이 나보다 더한 권한을 가지고 있기 때문이다. 그래서 내가 대단히 중요하게 여기는 건강 문제도 너무 거기에 희망을 가진다거나 집착하지 않도록 하고 있다.

고통을 싫어하는 것과 쾌락을 좋아하는 것 사이에는 절제가 있어야 한다. 그래서 플라톤은 이 두 가지 사이에서 중용의 길을 가라고 권하고 있다. 그러나 나는 나 자신에 관해 방심하며 마음이 다른 곳에 매이는 것은 절대 반대한다. 자신의 마음은 다른 사람에게 빌려주기만 하고 그냥 다 줘서는 안 된다고 생각한다. 나의 의지가 어떤 일에 열중할 수 있다고 해도 나는 거기에 계속해서 열중하지는 않을 것이다. 나는 천성적으로 너무 예민하기 때문이다. 예를 들어 누구와 실랑이하며 토론하다가 결말이 상대편에게 유리하게 되거나, 무슨 일에 열중하다가 추구하던 결과가 부끄럽게 나오면 나는 스스로 잔인하게 속을 찢어내는 것이다. 만약 내가 다른 사람들이 하는 식으로 그렇게 엄청난 일을 하려고 진짜로 맘먹는다면 나는 정신적으로 도저히 그런 충격과 격정을 견뎌낼 힘을 갖지 못할 것이다. 내 영혼은 무너져 붕괴되고 말 것이다.

언제든 내가 남의 일을 처리해주어야 할 상황이 온다 해도 나는 그 일을 손으로 할 뿐 폐나 간으로는 하지 않겠다고 말했다. 다시 말해, 일은 떠맡아 하지만 나 자신을 완전히 거기에 던지지는 않겠다는 의미다. 나는 일을 보살펴주기는 하지만 절대로 열중하지는 않는다. 또 일을 쳐다보기는 하지만 끌어안지는 않는다. 집안의 잡다한 일들을 처리하기에도 바빠서 오장육부에 걸리는데 바깥일까지 가져와 일에 치어 살 필요가 없으며, 외부의 일을 하지 않아도 나는 천성적으로 타고난 일만으로도 다 하기가 벅차다.

자신에 대해 얼마나 빚이 있고 자신에게 얼마나 할 일을 많이 주어야 하는지를 잘 알고 있는 사람들은 하늘이 자신에게 그것만으로도 충분한 일거리를 맡기고 있다는 사실을 깨달을 것이다. 그러니 그런 사람들은 집에서도 할 일이 너무나 많은 것이다. 그러므로 자기 자신을 떠나서는 안 된다.

그런데 사람들은 자기를 세(貰)로 내놓는다. 자기의 재능을 자신을 위해 쓰는 것이 아니라 자기가 노예가 되어 섬기는 사람들을 위해 쓰는 식이다. 자유는 아껴두고 정당한 기회가 아니면 저당 잡혀서는 안 된다. 이런 기회는 면밀히 판단해보면 그렇게 많은 것이 아니다. 어떤 일에 흥분해서 거기에 스스로 끌려 들어가는 자들을 보라. 그들은 작은 일에나 큰 일에나 자신들에게 상관이 있는 일이거나 없는 일이거나 늘 그런 식으로 한다. 그들은 무분별하게 아무 일에나 끼어들어 간섭하는 것이다. 그렇게 소란스럽게 살지 않으면 살아있는 것 같지 않기 때문이다.

그들은 일에 간섭하기 위해서밖에는 일을 찾지 않는다. 그들은 앞으로 나아가길 원하는 것도 아니며, 그렇다고 제자리에 가만히 있고자 하는 것도 아니다. 그것은 마치 돌이 굴러가기 시작하면 계속 굴러가 바닥에 닿을 때까지 멈추지 못하는 것과도 같다. 그들의 정신은 어린애가 요람 속에서 잠자리를 찾듯이 움직임 속에서 휴식을 찾는다. 그들은 자신의 일은 안하면서 친구들의 일은 서둘러 보살펴주겠다고 말한다. 또 남들에게 자기 돈은 나눠주지 않으면서 자신의 생명과 시간은 기꺼이 나눠준다.

하지만 나는 이들과 전혀 다른 생각을 가지고 있다. 나는 내 일에 집중한다. 그리고 아주 조용하게 지내기를 좋아하며 많은 것을 바라지도 않는다. 또한 일에 얽매여 서두르는 것도 좋아하지 않는다. 그리고 매사에 침착하게 한다. 그런데 그들은 원하는 것이 있을 때면 무섭게 덤벼들어 맹렬하게 해나간다. 그러나 무슨 일이든 실수할 염려는 지극히 많기 때문에 가장 좋은 방법은 세상을 때로는 좀 가볍게 피상적으로 흘려보낼 필요가 있다는 것이다. 즉 흘러가도록 내버려두어야 한다. 탐락까지도 깊이 빠져들면 고통스럽기 때문이다.

보르도의 공작들은 내가 프랑스에서 멀리 떠나있을 때 나를 그 도시의 시장으로 선출했다. 그러나 나는 그것을 사양했다. 사람들은 나에게 잘못 결정한 것이라고 말했다. 그 자리는 집행하는 명예 외에는 보수가 없는 일인 만큼 훌륭한 직책으로 보이는 것이 당연했다. 직무는 2년이며, 유임할 수 있지만 그건 대단히 드문 일이었다. 그런데 결국은 내가 그 경우에 해당되고 말았다. 전에도 그런 일은 두 번밖에 없었다. 몇 해 전에 랑사크 경이 그랬고, 최근에는 프랑스 원수 드 비롱 경이 그랬으며, 내가 그 자리를 계승했던 것이다. 내 자리는 역시 프랑스 원수인 마티뇽 경에게 넘겨주었는데, 나는 이렇게 고귀한 분을 동료로 맞이한 데 대해 큰 긍지를 느끼고 있다.

나는 여행에서 돌아와 나에 대한 인품을 양심적으로 충실하게 설명했다. 나는 기억력도 나쁘고, 조심성도 없고, 경험도

없고, 정력도 없으며, 증오심도 역시 없고, 야심도 탐욕도 갖지 않았고, 난폭한 인물도 아니라고 말했다. 그 이유는 내가 이 봉사를 한다 하더라도 나에게 기대할 거리가 별로 없다는 것을 그들에게 알려주기 위해서였다. 그들은 오로지 돌아가신 내 부친에 관한 명예로운 기억 때문에 나를 선출한 것이었지만, 난 솔직히 옛날에 부친께서 일을 하시며 겪었던 그 고생스러움을 내가 다시 겪게 된다면 매우 괴로울 것이라고 확신했고, 그것을 그들에게 다시 명확하게 말해주었다.

내가 어렸을 때 부친께서는 늙고 허약한 몸으로 자신의 건강도 돌보지 않고 가족을 위해 멀고 힘든 여행을 하다가 하마터면 생명까지 잃을 뻔한 적이 있었다. 그러면서도 집안의 시끄러운 공사를 지켜보며 호되게 시달리시곤 했다. 부친은 그런 인물이었다. 그리고 천성적으로 관대하고 선량한 마음을 가지고 있었다. 그 분보다 더 너그럽게 사람들을 대하는 사람을 나는 아직 본 적이 없다. 하지만 나는 부친 같은 인품을 굳이 따르고 싶지는 않다. 그는 공공을 위해 자신을 잊어야 했으며, 공공의 일에 비해 개인의 사정을 중요하게 여겨서는 안 된다고 생각했던 것이다.

세상의 규칙과 교훈의 대부분은 우리를 공공 사회에 소용되는 인간으로 만들고자 밖으로 쫓아내는 방도를 쓰고 있다. 그래서 우리가 너무나 당연히 자신에 대한 애착심으로 스스로를 벗어나지 못하고 있다고 단정하며, 그런 우리를 자신에게서 벗어나 방심하도록 함으로써 좋은 결과를 얻을 수 있다고 생각해 기회만 생기면 그 목적을 이루려고 했다. 진리는 때로 우리를 가로막고 불편하게 하며 평화롭지 못한 면을 가지고 있다. 우리는 속지 않기 위해서 남을 속여야 하는 경우가 있으며, 우리의 눈과 이해력을 단련시키기 위해 눈을 깜박거려야 하고 이해력을 둔화시켜야 하는 경우도 있다.

모든 종교의식에서 보는 바와 같이 지혜의 신 팔라스의 신전에서도 일반시민들에게 보여주기 위한 신비로운 의식이 있었고, 또한 오묘한 뜻에 도달한 사람들에게 보여주기 위한 더 비밀스러운 의식이 있었던 것 같다. 아마도 이 후자들 사이에서는 각자가 자신에 대해 책임을 지는 그런 우정 관계가 있었을 것이다. 그 우정은 영광, 학문, 재물, 또는 사물 따위들에 극도의 집착을 품게 하는 절도 없는 우정도 아니고, 마치 덩굴나무처럼 들러붙어서 벽을 갉아먹는 식의 유약하고 철없는 우정도 아니며, 사람에게 힘을 돋워주고 유익함을 주는 그런 유쾌한 우정일 것이다. 우정의 의무를 알고 실천하는 사람이 진실한 친구이며 그런 사람이야말로 인간적인 예지와 행복의 정점에 도달한 사람이라고 할 수 있다. 그런 사람은 자신이 책임져야 할 일을 정확히 알고 있기 때문에 자신이 맡은 역할 속에서 다른 사람들과 세상을 위한 일을 발견하며 의무와 봉사로 공공사회에 기여할 줄 아는 것이다. 그러나 조금도 남을 위해 살지 않는 자는 결코 자신을 위해서도 살지 못한다.

우리에게 주어진 가장 중요한 책임은 각자가 자기 할 일을 하라는 것이다. 그 때문에 우리는 세상에 나온 것이다. 스스로 선하고 진지하게 살아야 함을 망각하고, 다른 사람들을 그렇게 하도록 지도하는 것이 마치 자기 책임을 다하는 것으로 생각하는 자는 바보천치다. 또한 스스로 자기 일에 전념하며 건전하고 유쾌하게 살아가는 것이 아니라 남아도는 시간으로 남들에게 봉사할 생각만 하는 자는 비뚤어진 것이며 좋지 않은 길을 선택한 것이다.

나는 나 자신으로부터 손톱 넓이만큼도 벗어나지 않고 공무를 맡아보면서 나 스스로를 잃지 않고도 남을 돌보아줄 수 있었다. 일에 대한 욕망이 거칠고 맹렬하면 일을 수행하는 데 있어 이익보다는 장애가 일어나며, 일이 마음대로 되지 않거나 늦어지면 초조해지고 상대방에게는 불쾌감과 의심을 품게 된다. 일에 잡혀서 끌려다니면 결코 그 일을 잘 끝내지 못한다.

그런데 자신의 판단력에 의지하는 사람은 일을 유쾌하게 해 나갈 수 있다. 그런 사람은 상황에 따라 마음 편하게 처리해나가며 느긋하게 할 줄도 안다. 그리고 목표에 실패해도 번민하지 않고 언제나 온전한 마음으로 새로운 계획을 세워나간다. 그런 사람은 언제나 손잡이를 쥐고 있는 식이다. 그러나 맹렬하고 난폭한 성향을 가진 자는 조심성도 없이 비뚤어진 방법으로 일한다. 그런 사람은 자신의 저돌적인 욕망에 스스로가 당하고 만다. 그렇게 무모한 성향에는 운이 따라주지 않으면 결코 어떠한 일도 해내지 못한다.

철학은 우리가 받은 모욕과 경멸에 대해 분노의 마음을 떨쳐내도록 도와준다. 그렇다고 복수를 하지 말라는 뜻은 아니다. 반대로 더 확실하고 준엄한 일격을 가하도록 한다. 그러기 위해 저돌적으로 부딪치는 방법은 좋지 않다. 분노는 마음을 혼란시키고 피로하게 하며 힘을 마비시켜버린다. 게다가 마음이 초조해지면 조급함이 다리를 내밀어 거기에 걸려들게 한다. 그리고 탐욕은 그 자체가 커다란 장애가 된다. 탐욕이 커지면 커질수록 소득은 더 적어진다. 탐욕은 후덕함이라는 가면을 쓸 때 더 빠르게 재물을 얻는다.

매우 점잖은 내 친구 하나는 자기 상전인 국왕의 일에 너무 전념하다가 머리가 돌아버릴 뻔했다. 그는 언제나 일이 돌아가는 상황을 제3자가 보듯 한다. 그러다가 어쩔 수 없게 된 일은 그대로 내버려두고, 다른 일들에 관해서는 면밀하게 살피며 필요한 대책을 마련해두면서 태평하게 객관적으로 바라보았다. 나는 그가 극히 중대하고 어려운 상황에 처해서도 흔들림 없는 한결같은 자세와 행동으로 태평하게 지내는 것을 보았다. 그는 운이 좋을 때보다 안 좋을 때 더 위대하고 더 능력 있는 인물이라는 것을 보여주었다. 결국 그에게는 실패가 승리보다, 그리고 비탄이 성과보다 더 큰 영광이 되어주었다.

체스나 공놀이 같은 쓸데없는 일을 살펴보자. 이기려는 욕망에 마음이 얽매이면 정신과 육체는 곧 신중함을 잃고 혼란에 빠진다. 마음이 어지러워지며 정신을 가다듬을 수가 없는 것이다. 그러나 절제 있게 대처하는 사람은 항상 마음을 다잡고 있다. 이기려는 욕심으로 집착하지 않을수록 그만큼 놀이를 더 유리하게 이끌어갈 수가 있다. 게다가 집착이 너무 크면 그만큼 장애가 일어난다. 어떤 것은 앞에 내보일 것이고, 어떤 것은 숨겨두어야 하며, 또 어떤 것은 마음에 합체시켜야 한다. 마음은 모든 일을 보고 느낄 수 있다. 그러나 그 자체에서밖에 힘을 얻어서는 안 된다. 자연법칙은 우리에게 필요한 것만을 가르쳐준다. 현자들이 말하길, 사람은 본성에 의하면 아무도 궁하지 않고 사색에 의하면 모두가 다 궁하다고 했다. 물질적 빈곤은 벗어날 수가 있지만 정신적 빈곤은 벗어나기가 불가능하다.

습관은 제2의 천성이다. 그래서 그만큼 강력한 것이다. 내 습관에 부족한 것이 있다면 그것은 곧 내 본성에 부족한 것이다. 그러므로 내가 이렇게 오래 살아온 생활 습성을 바꾼다는 건 죽음과도 같은 것이다. 나는 내 생활에 큰 변화를 준다거나 익숙하지 않은 새로운 방식에 몸을 던져볼 나이는 이미 지났다. 재산이 늘어나는 것도 귀찮다. 만약 지금 큰 복이 내 손에 떨어진다고 해도 내가 옛날에 그것을 누릴 수 있었을 때 오지 않고 지금 온 것을 난 슬퍼할 것이다.

마찬가지로 나는 내면의 소득 면에서도 불평을 말할 것이다. 이제 떠나려는 시점이니 사람들과의 교류에 필요한 예지 같은 것은 아무나 오는 사람에게 그냥 넘겨주었다. 그것은 식사가 끝난 뒤의 겨자 같은 것이다. 나에게 쓸모가 없다면 그것은 보배가 아니다. 이미 머리가 없는데 학문이 무슨 소용이겠는가? 제때에 오지 않고 철 늦게 와서 울화만 터지게 하는 선물은 오히려 운이 나에게 주는 모욕이고 총애를 스스로 저버리는 일이다.

나에게 충고하고 싶다 해도 이제는 소용없다. 나에겐 더 이상 길이 없기 때문이다. 그 많은 종류의 능력들 중에 참을성만으로 충분하다. 폐가 썩어가는 가수에게 최고음을 낼 수 있는 능력을 부여해보라. 또 아라비아 사막에 숨어사는 사람에게 웅변술을 가르쳐보라. 그게 무슨 소용이 있겠는가? 추락에는 기술이 필요치 않다. 그리고 어떤 일이든 끝은 있다. 내 세상은 꺼지고 내 형체는 이미 지워졌다. 나의 전부는 과거에 있다.

어쩌다 달콤한 건강이 변덕스럽게 나를 찾아오면 그것은 나를 소유하기보다 도리어 슬프고 안타까운 감정만 일으켜 놓는다. 나에겐 그 건강을 둘 자리가 없다. 시간이 나를 떼어놓고 가기 때문이다. 시간이 없으면 아무것도 소유할 수 없다. 결국 나는 이제 나라고 하는 이 인간을 끝마치는 것이 문제이지, 다른 자로 만드는 것이 문제가 아니다. 오랜 습관에 의해 나라는 이 형체는 나의 실체가 되었고, 운으로 받은 것이 나의 본성이 되었다.

소유와 욕망은 키우면 키울수록 그만큼 더 운과 역경의 타격에 부딪치게 된다. 그러므로 욕망은 가장 가까이 있는 필수

품의 한도 내에서 제한되어야 한다. 또 욕망의 방향은 끝이 다른 데로 휘어지는 것이 아니라, 한 원을 그리며 두 점이 우리에게로 와서 끝맺어 합치는 좁은 원주를 이루어야 한다. 인색한 사람들이나 야심가들 그리고 많은 부류의 사람들이 직선으로 달려가듯 줄곧 앞만 보고 달리는 것은 그릇된 병적인 행동들이다.

우리들의 직업은 대부분 희극배우와도 같다. 우리는 각자가 맡은 인물의 역할을 해야 한다. 가면을 쓰고 실체의 본질을 삼아서는 안 되는 것이다. 우리는 피부와 셔츠도 분간하지 못한다. 가슴을 치장할 것 없이 얼굴의 화장만으로도 충분하다. 그런데 나는 직무를 수행할 때 새로운 형상과 새로운 존재로 변해가면서 실체를 변형시키는 사람들을 많이 봐왔다. 그들은 오장육부까지 고관대작이 되어 자신들의 직무를 화장실까지 끌고 간다. 마음과 본성에서 나오는 것까지도 관직의 높이로 부풀려 올리는 것이었다.

나는 심각하게 어떤 것에 골몰하는 성격은 아니다. 내 의지로 어떤 쪽을 지지한다고 해서 그쪽에 푹 빠져 이해한다거나 깊은 책임감을 느끼는 것은 아니다. 현재 이 나라의 불화 상태에서는, 나와 적대관계인 상대편에도 칭찬할만한 점이 있으며 내가 지지하고 있는 편에도 비난받을 만한 점이 있다는 것을 나는 인정하고 있다. 사람들은 자신이 지지하는 쪽은 모두 옳다고 주장한다. 그러나 나는 내가 지지하는 쪽이라 해서 그 어떤 것도 변명하지 않는다. 우수한 작품은 자신의 뜻과 상관없이 비판당한다고 해도 그 우아함을 잃지 않는 법이다.

대부분의 사람들이 일의 관계를 넘어서 분노와 증오심을 연장시키는 것은 그 분노가 다른 이유로 개인적인 차원에서 나오는 것임을 보여주는 것이다. 마치 궤양은 다 나아도 열이 아직 남아있는 것처럼 거기에는 숨어있는 다른 원인이 있는 것이다. 다시 말해 그들은 공통의 원칙에 대해서, 그리고 이 원칙이 전체의 이익을 해치기 때문에 분노를 품는 것이 아니고, 개인적인 감정으로 화가 치밀기 때문에 분노하는 것이다. 따라서 그들은 개인적 심정으로, 그리고 정의와 공적인 이유를 넘어서 분개하는 것이다.

나는 이 시대 사람들이 신앙과 희망의 문제에 관해 서로 비방하거나 꿈같은 환상을 가지고 있고, 지도자들이 이용하고 있는 신앙을 받들면서 어처구니없을 정도로 쉽게 그들에게 끌려 조종당하고 있는 해괴한 사태를 보아왔다. 이제 나는 아폴로니우스나 마호메트의 원숭이 같은 수작에 속아 넘어가는 사람들을 봐도 조금도 놀라지 않는다. 그들의 감정과 이성은 정열 때문에 질식되어버린 것이다.

우리는 정신을 잃을 정도로 정열의 세계에 뛰어들어서는 안 된다. 나는 젊었을 때 한번 사랑의 감정에 심하게 빠져드는 것을 느끼며 그것에 저항한 적이 있었다. 내가 완전히 그 지배를 받게 되면 별로 유쾌하지 않을 것 같은 생각에, 그리고 내 마음속을 잘 살펴보기 위해 그렇게 했던 것이다. 또한 의지가 너무 욕심에 사로잡히는 다른 경우에도 똑같이 이 방법을 사용했다. 나는 내 마음이 어떤 것에 기울어지며 술독에 빠지는 식으로 거기에 취하는 일이 생기면 그 반대편으로 마음을 다잡으려고 한다. 그리고 나는 마음을 바로잡을 수 없어서 심각한 손실이 일어날 정도로 극단적인 쾌락에 빠지는 일은 피한다.

마음이 어리석어서 세상의 이치를 제대로 깨닫지 못하는 자들은 그 해독의 피해를 덜 입는 요행을 누릴 수는 있다. 그러나 이것은 정신적으로는 불구이며 어떤 점에서는 건강한 풍모를 지니고 있는듯하다. 이러한 건강을 철학은 결코 경멸하지 않는다. 그러나 우리가 종종 말하듯 이것을 예지라고 부르는 것은 옳지 않다.

옛날에 어떤 사람이 디오게네스가 참을성을 시험하려고 한겨울에 벌거벗고 눈사람을 껴안는 것을 보고는 그에게 물었다. '지금 매우 추운가?' 그러나 디오게네스는 '조금도 춥지 않네.' 하고 대답했다. 그러자 그가 조롱하며 말했다. '그렇게 버티면서 무슨 대단한 일을 하고 있다고 생각하나?' 하지만 인내심을 갖기 위해서는 필연적으로 고통을 알아야 한다.

코티스 왕이 한 일을 보라. 그는 누가 자신에게 아름답고 진귀한 그릇을 바치자 그릇 값을 후하게 치러주고는 즉석에서 그것을 깨뜨려버렸다. 그릇이 부서지면 하인들에게 호통을 칠 것이기 때문에 아예 그 원인을 제거해버린 것이다. 이 일화를 참

고삼아 나는 내 일이 남의 일과 혼동되지 않도록 일부러 피했고, 내 재산이 근친들이나 친한 친구들 가까이에 있지 않게 하려고 노력하였다. 대개 이런 일로 불화와 분열이 생기기 때문이다. 나는 전에는 카드나 주사위처럼 요행을 즐기는 놀이를 즐겨 했다. 그런데 지고 나면 아무리 밝은 표정을 하려고 해도 잘 안 되고 억울한 생각만 들어서 그 놀이들을 그만두었다.

나는 기질이 우울하거나 신경질적인 사람들을 흉악한 사람들과 마찬가지로 멀리한다. 그리고 관심을 가져야 하거나 책임이 따르는 경우 외에는 어떤 일에도 참견하지 않는다. 세네카는 '중지하는 것보다는 시작하지 않는 것이 낫다'고 했다. 그러니 가장 확실한 방법은 앞서 미리 대비책을 강구하는 것이다.

주로 자신의 만족을 위해 살아온 자는 남들이 자기 행동을 자기 공적에 반대되게 판단한다고 해도 조금도 흔들리지 않는다. 4분의 1온스의 참을성만으로도 이런 불편을 견딜 수가 있다. 나는 이런 식으로 될 수 있는 한 가장 쉬운 노력으로 나 자신을 지키고 있으며 이 방법으로 많은 수고와 곤경을 면해왔다고 생각한다.

나는 매우 적은 노력으로도 감정적으로 흥분하지 않도록 처음부터 억누를 수 있으며 힘이 드는 문제에 부딪힐 때는 열중하기 전에 이미 포기해버린다. 출발점에서 멈추지 않는 건 그 진행을 정지시키고 싶은 마음이 없는 것이다. 이런 정열이 엄습하기 전에 미리 문을 닫지 않으면 이미 늦다. 들어온 다음에는 쫓아내지도 못하기 때문이다. 처음을 잘 처리하지 못하면 끝처리도 못하게 된다. 마찬가지로 흔들리는 것을 매어주지 않으면 쓰러지는 것은 막을 수가 없다.

다른 사람의 충고를 들었더라면 일을 쉽고 유리하게 해결했을 텐데 결국 엄청난 노력을 기울여 여러 사건을 처리해야 했지만, 다행히(행운을 믿고 이런 말을 한다) 난 아직껏 한 번도 소송사건에 휘말린 적이 없었다. 나는 이제까지 크게 당한 적도 없고 남에게 큰 피해를 끼친 적도 없으며, 이름값도 못한 사람이라는 말을 들어보지 않고 오랜 세월을 살아왔다. 실로 매우 드문 행운이었다.

처음에 배를 탈 때는 아주 쉽게 생각하게 된다. 그런데 멀리 나가려고 하면 이 줄 저 줄을 모두 끌어내야 한다. 생각했던 것보다 더 중대하고 엄청난 준비가 필요하다는 것을 알게 된다. 그러니 중간에 그만두기보다는 아예 시작하지 않는 편이 더 쉽다. 그런데 나도 이제는 갈대와 반대의 방법을 택해야겠다. 갈대의 첫 줄기는 길고 꼿꼿하다. 그러나 다음에 나오는 줄기는 마치 기운이 빠지고 숨이 가빠서 자주 쉬는 것처럼 작은 마디가 많으며 이미 처음의 힘과 끈기를 잃고 있다. 그러니 처음 일을 시작할 때는 냉정하게 힘을 비축해두었다가 일을 완수해갈 때 힘든 시기에 그 강력한 약동의 힘을 쓰도록 숨결을 잘 보존해두어야 한다. 일을 시작할 때는 우리 자신이 일을 이끌어가며 마음대로 해나가게 된다. 그러나 일이 진행되어 가면 일이 우리를 이끌면서 그 뒤를 좇아가게 만든다.

그렇다고 해서 내가 이런 고찰을 했기 때문에 곤란한 모든 문제가 없어지고 격정들을 억눌러 극복하기가 수월했다는 얘기는 아니다. 격정들은 내 처지에 따라서 늘 제어될 수 있는 것이 아닌 데다 처음에는 흔히 매우 거칠고 맹렬하게 다가오기 때문이다. 어쨌든 그렇게 하면 일이 잘 되어도 명성을 얻지 못하면 어떠한 성과에도 만족하지 않는 자들을 제외하고는, 그만큼 힘이 덜 들고 소득도 생긴다. 이 소득이란 다름 아닌 각자의 마음에 달려있는 것이다. 어떤 일을 시작하고 나서 그것이 세상에 알려지기 전에 성과가 생기면 자신은 만족하지만 사람들의 평가는 받지 못한다. 하지만 이런 경우뿐 아니라 인생의 다른 일에서도 명예를 중시하는 자들의 길은 질서와 사리에 맞게 일하려는 사람들의 길과는 다르다.

시작할 때는 분별없이 맹렬하게 경기장으로 뛰어들어서는 막상 경기가 시작되면 걸음을 늦추는 자들을 나는 많이 보았다. 플루타르크가 말한 바와 같이, 망설임을 악덕이라 여기며 상대방이 요구하는 대로 쉽게 응낙하는 자들은 막상 약속을 지키지 못하고 어기는 수가 많으며, 쉽게 말다툼하는 자들은 화해도 쉽게 하는 경향이 있다. 내 성격은 처음에 일을 시작하기는 어려운데 한번 몸을 움직여 열을 올리게 되면 오래 분발하는 경향이 있다. 그런데 이런 태도가 좋은 건 아니다. 일을 시작하면 끝내든지 쓰러지든지 해야 하기 때문이다. '부드럽게 계획하라. 그러나 열렬하게 밀고나가라'고 비아스는 말했다. 조심성이 부족하면 용기도 부족하기 쉬우므로 더욱 견뎌내기 어려운 일이다.

오늘날 싸움의 화해라는 것은 대부분 허위에 찬 수치스런 일이다. 우리는 우선 체면만 꾸미기에 바쁘고 뒤에서는 진실을 속이며 우리의 속뜻과는 거꾸로 말하고 있다. 결국 우리는 사실을 숨긴다. 무슨 뜻으로 왜 그렇게 말했는가를 알고 있는데도 말이다. 우리의 사상을 부인하고 서로가 사과하기 위해서 속임수 속에 토끼굴을 찾는다는 것은 우리의 정직함과 명예를 손상시키는 일이다. 그리고 속임수로 한 약속을 둘러맞추다가 우리 자신을 부인하게 된다. 그대는 그대의 행동이나 약속을 다르게 해석하려 해서는 안 된다. 아무리 힘들더라도 자신이 진심으로 성실하게 해석한 것을 견지해야 한다. 사람들은 그대의 덕성과 양심에 대해 말한다. 그것은 덮어둘 수가 없는 것이다. 가면을 씌워두는 비굴한 수단과 방법은 재판소의 소송꾼들에게나 맡겨두자.

나는 사람들이 무모하게 한 일을 수습하느라 변명해대는 것을 날이면 날마다 본다. 그건 철없는 짓보다 더 더러운 일로 보인다. 상대방에게 변명하면서 자신을 모욕하느니 차라리 상대방을 한 번 더 모욕하는 것이 나을 것이다. 처음에는 분한 마음에 화가 나서 상대방을 모욕했지만 제정신으로 돌아와서는 상대방에게 사과하며 그의 마음을 진정시켜 주려고 애쓰는 것이다. 그럼으로써 한번 더 자신을 굴복시키는 꼴이 되고 만다. 권위 있는 근거 앞에서 부득이 자신이 한 말을 취소한다고 해도 그것만큼 점잖은 사람에게 흉잡히는 일도 없다. 그런 사람에게는 비굴한 것보다는 차라리 고집불통인 게 용서될 수 있다.

격정은 조절하기 힘든 것인 만큼 나로서는 피하는 게 더 쉽다. 스토아학파 식의 평정심의 경지에 도달하지 못할 바에는 내가 하는 식으로 평민의 우둔한 무릎 위로 도피하는 게 더 낫다. 그들은 덕성으로 행하지만 나는 내 의지로 행한다. 그 중간 지대에 폭풍우가 깃들어 있다. 양극단인 철학자와 시골뜨기지만 안정과 행운을 누리는 점에서는 서로가 거의 같다.

모든 일의 시작은 부드럽고 순해 보인다. 그러나 그 시점을 똑바로 눈뜨고 봐야 한다. 그것이 작을 때는 숨어있는 위험한 요소를 발견할 수 없지만 그것이 커지면 구제책을 발견하지 못할 수도 있기 때문이다. 나를 난처한 상황으로 몰아넣는 나의 타고난 성향을 억누르기가 쉬운 것은 아니었지만 이것을 억누르지 않았다면 나는 날마다 수만 가지 어려운 곤경에 처했을 것이다.

모든 공적 행동은 그 해석이 불확실하고 다양할 수밖에 없다. 왜냐하면 판단하는 머릿수가 너무 많기 때문이다. 어떤 자들은 내가 시정을 맡아보던 태도에 대해 (말할 가치가 있어서가 아니라 이런 일에 관한 나의 태도를 보여주기 위해서 하는 말인데) 너무 소극적이며 나약했다고 평가했다. 그럴듯한 얘기다. 나는 내 마음과 생각을 평온하게 가지려고 애쓴다. '항상 천성이 조용하며 현재는 나이 탓으로 더욱 그렇다'고 키케로가 말한 것처럼 나도 그렇다.

나의 타고난 무기력을 무능의 증거로는 삼지 말아야 한다(왜냐하면 조심성의 부족과 지각의 부족은 같은 것이 아니기 때문이다). 더욱이 그들은 나를 알기 전에나 후에나 내게 직책을 맡기기 위해 가능한 모든 수단을 썼고, 그것도 한번만 한 게 아니라 두 번이나 내게 직책을 맡겨주었다. 고마운 이 시민들에게 내가 무례하고 배은망덕하게 했을 리는 없다. 나는 그들에게 온갖 행운이 오기를 축원한다. 그리고 내게 기회가 있었다면 그들에게 봉사해 주기 위해 무슨 일이든 노력을 아끼지 않았을 것이다. 나는 그들의 일을 내 일처럼 보살펴주었다. 그들은 선량하고 전투에 강하며 복종할 줄도 알아, 잘 지도하면 어떠한 훌륭한 사업에라도 봉사할 수 있는 시민들이었다.

중요한 직책이라고 모두 어려운 것은 아니다. 나는 필요하다면 좀 더 많은 것을 일해 볼 생각이었다. 왜냐하면 내게는 내가 하는 일이나 내가 하기를 좋아하는 일보다 더한 일을 할 능력이 있기 때문이다. 내가 정말 하지 않으면 안 될 일은 그게 무엇이든 소홀히 한 적이 없었다. 나는 야심을 품고 그것이 마치 의무인 것처럼 이름을 내세워 하는 일은 잘 잊어버렸다. 그런 것은 이목을 가장 많이 끌어서 사람들의 호평을 받는다. 일 자체가 아니라 그 겉모습 때문에 호응을 받는 것이다. 사람들은 흔히 요란한 소리를 듣지 못하면 일을 안 하고 잠자는 줄로 안다. 그러나 내 기질은 요란스런 것과는 상극이다. 나는 내 마음을 혼란시키지 않고 오히려 혼란을 억제한다. 그리고 표정으로 내색하지 않으면서 무질서를 징계한다. 내가 분노해서 화를 낼 필요가 있을 때는 탈을 빌려서 쓴다.

나는 한 관리가 졸고 있을 때 그 부하들도 같이 졸고 있으면 그를 책망하지 않는다. 법도 함께 졸고 있는 것이기 때문이다. 나로 말하자면 '교만하지 않고 비굴하지도 않으면서' 이름 없이 묵묵히 사는 인생을 찬양한다. 내 팔자가 그것을 원하고 있다. 내가 태어난 가문은 특별한 광채도 없고 소란도 없이 이어졌으며, 내 기억에 의하면 청렴한 생활을 갈망하는 사람들이 많은 집안이었다.

이 시대 사람들은 유행에 휩쓸리고 겉치레를 중시할 뿐 절도 있고 지조 있는 생활을 가꾸지 않으며, 온화하고 고요한 자세는 전혀 보이지 않는다. 거친 물체는 만져서 느껴지지만 매끈한 물체는 만져도 잘 느껴지지 않는다. 병자는 자신을 예민하게 느끼지만 건강한 사람은 거의 느끼지 않는다. 마찬가지로 찌르는 물건은 잘 느껴지지만 바르는 물건은 잘 느껴지지 않는다. 회의실에서 할 수 있는 일을 장터에 가서 하고, 전날 밤에 했어야 할 일을 대낮에 하고, 동료가 잘 처리할 수 있는 일을 자신이 하려고 욕심내는 것은 일을 잘하려는 것이 아니라 이익과 명성을 얻고자 하는 수작이다. 그리스의 몇몇 외과 의사들은 야외에서 수술 기술을 보여주며 그걸 광고로 환자들을 더 끌려고 했다. 그들은 아무리 좋은 것이라도 나팔을 불어대지 않으면 사람들에게 알려지지 않는다고 생각했다.

누가 알렉산드로스에게 '그대 부친은 그대에게 평화롭고 통치하기 쉬운 커다란 영토를 남겨줄 것이오'라고 말했다. 하지만 이 소년은 부친이 많은 승리를 거두며 정치를 올바르게 해나가는 것을 보고 질투가 났다. 그는 유약하게 대제국을 누리고 싶지는 않았던 것이다. 플라톤이 말하는 알키비아데스 또한 그런 상황에 머물러 있기보다는 차라리 젊고, 멋있고, 부유하고, 기품 있고, 또 박식한 자로 죽는 게 더 낫다고 했다.

각자는 각자의 인생에 맞는 쾌락이 있다. 그러니 위대한 인물들의 것을 억지로 빼앗으려 하지 말자. 자신이 가지고 있는 것이 더 자연스럽다. 그것이 비속하다 할지라도 그 만큼 더 견고하고 확실하다. 모든 종류의 인간들에게 굽실거리며 구걸하는 그런 비속한 명성과 영광에 대한 갈증을 경멸하자. 온갖 더러운 방법과 싼 값으로 구하는 '시장바닥에서나 알아볼 수 있는 이 영광이란 도대체 무엇이란 말인가?'(키케로) 그런 식으로 영광을 얻는 것은 천박하다. 영광을 탐하지 말자. 모든 유익하고 순진한 행동을 가지고 뽐내는 것은 그런 짓을 대단하게 보는 자들이나 할 일이다.

선한 행동을 함으로써 명성이 높아지는데, 나는 그 선한 행동을 선하기 때문이 아니라 명성을 얻기 위해 하는 건 아닌가

하는 의심을 억누를 수가 없다. 까발리는 것은 이미 반은 가치가 떨어진 것이다. 그런 행동들은 선한 자들의 손에서 자연스레 묻어 나오거나, 점잖은 사람들이 세상에 묻혀있는 어떤 것을 드러낼 때, 또는 그 자체가 좋기 때문에 세상에 알려질 때 한층 더 운치가 나는 법이다. 키케로도 '나는 세상 사람들의 이목에 신경 쓰지 않고 성취된 그런 행적들이 훨씬 더 찬양할 만하다고 본다'고 말했다.

의사에게 일거리를 주고 싶어서 병자가 되길 바라는 자가 있을까? 그리고 자기 기술을 써먹기 위해서 페스트가 유행하기를 바라는 자가 있을까? 그런 자가 있다면 채찍을 가해야 하지 않겠는가? 나는 세상에 흔히 보는 것처럼 내가 다스리는 도시가 혼란에 빠지고 병들어서 나의 정치생활에 명예가 오기를 바라는 식의 옳지 못한 마음은 결코 갖지 않았다. 나는 진심으로 시민들의 건강과 편안함을 위해 한 팔을 빌려주었다. 나의 집권과 함께 이루어진 질서와 평온함을 고맙게 생각하지 않는 사람이라 할지라도 적어도 내 공로에 속하는 몫을 내게서 빼앗지는 못할 것이다. 그리고 나는 현명하기보다는 행복하기를 더 원하며, 나의 성공은 중개에 의해서보다는 순전히 하느님의 은총으로 이루어진 것이다. 왜냐하면 이런 공적 업무를 보는 데 있어 내가 무능하기 때문이다. 사실은 무능보다 더 못하다. 하지만 나는 무능한 게 결코 불쾌하지 않고 이걸 고치고 싶은 생각도 전혀 없다. 그렇다고 나 자신에게 만족한다는 얘기는 아니다.

그러나 내가 하고자 한 목표에는 거의 도달했고, 내가 도와주어야 했던 사람들에게 약속한 것보다도 훨씬 더 많은 일을 했다. 왜냐하면 나는 약속을 할 때 내가 할 수 있는 것보다 덜 하는 선에서 약속을 잡기 때문이다. 나는 남들에게 모욕도 주지 않았고 증오심도 남기지 않았다고 확신한다. 사람들은 나를 좋게 보며 내가 더 일해주기를 바랐지만 나 자신은 그럴 마음이 없었다.

나는 가끔 인간의 이성이 얼마나 방자하고 막연한 도구로 쓰이고 있는지에 대해 생각하곤 한다. 사람들은 누가 어떤 것에 대해 말하면 그것의 진실을 찾아보려 하는 게 아니라 이치를 따져보는 데만 흥미를 갖는다. 그들은 사실 자체는 제쳐두고 원인만 찾으려 하는 것이다. 원인의 뿌리는 만물의 지휘권을 가지고 있는 조물주에 속하는 것이며, 만물의 작용을 받아 그 근원과 본질을 통찰하지 않고도 우리의 본성에 따라 완전히 충만하게 사용하는 우리 자신들에게 속하는 것이 아니다. 포도주도 그 근원을 따지고 마시면 그렇게 맛이 좋지만은 않을 것이다. 오히려 그 반대다. 아무튼 사람들은 사실 자체에 대해서는 무심히 넘겨버리고 결과만 열중해서 살펴본다.

우리의 사고력은 백 가지의 다른 세계들에 대해 그 원칙과 구조를 발견해낼 수 있다. 거기엔 재료도 기초지식도 필요 없다. 그냥 내버려두어라. 사고력은 충만함과 마찬가지로 공허 위에, 그리고 재료와 마찬가지로 무(無) 위에서 꾸며나간다. 우리는 거의 모든 경우에 '전혀 그렇지 않다'고 말할 수 있어야 한다. 나는 자주 이런 대답을 하고 싶다. 그러나 감히 하지 못한다. 왜냐하면 사람들은 내가 정신이 허약하고 무지해서 패배자가 된 거라고 떠들어대기 때문이다. 그래서 나는 내가 완전히 믿지 않는 터무니없는 이야기인데도 불구하고 남들과 어울리기 위해 그것을 믿는 척 하며 횡설수설 말해야 한다.

뿐만 아니라 사실이라고 밝혀진 이야기를 무턱대고 부인하는 것도 싸우려는 태도와 마찬가지로 천하고 상스러운 태도다. 특히 설득하기 어려운 일에 부딪힐 때면 자기들은 그것을 보았다고 주장하거나 우리의 반대를 원천 봉쇄시켜 버릴 권위를 가진 증인을 끌어대는 것이다. 그런 습성에 따라 우리는 결코 들어본 적도 없는 수많은 사람들의 내력에 대해 알게 된다. 그리고 세상 사람들은 찬성도 반대도 모두 거짓인 수많은 일들을 가지고 서로 입씨름을 계속한다. 키케로도 '허위는 진실에 너무 가까이 있으므로 현명한 자라면 어떤 위험한 계곡 속에도 뛰어들지 말라'고 했다.

진실과 허위는 비슷한 모습을 가지고 있으며 맛과 태도도 닮아있다. 그래서 우리는 그것들을 같은 것으로 본다. 때문에 속임수에 걸려도 자신을 방어하기에 급급하고 심지어 자청해서 속임수에 걸리려고 덤벼든다. 우리는 또한 허영의 세계에 얽혀들고 싶어 한다.

개인들의 잘못은 공공의 잘못을 만들고 공공의 잘못 또한 개인들의 잘못을 만들어간다. 따라서 이런 구조는 이 사람 저 사람을 거치는 동안 살이 붙고 꾸며지며, 결국 가장 먼 증인이 가장 가까운 증인보다 더 잘 알게 되고 마지막에 들은 사람이 처음에 들은 사람보다 더 확신을 갖게 된다. 그것은 당연한 일이다. 왜냐하면 어떤 것을 믿는 사람은 그것을 다른 사람에게 전해 설복시키려 하는데, 그러기 위해서 상대방의 마음속에 있는 저항과 결함을 보충할 필요가 있다고 생각할 때는 전혀 망설임도 없이 자신이 꾸며댄 이야기를 거기에 덧붙이기 때문이다.

나는 거짓말을 유난히 싫어한다. 그렇다고 내 말에 신용과 권위를 세울 생각은 조금도 없다. 그래도 내가 확신하는 이야기를 남이 믿지 않거나 또는 말하다가 열이 오르면 나는 목소리를 높이고 팔을 흔들며 더욱 강조를 하다가 이야기의 진실을 어느 정도 왜곡하는 경우가 있다. 반면에 누가 내게 진짜 사실을 알려달라고 하면 나는 과장이나 덧붙이는 것 없이 사실 그대로를 알려준다. 내 말투는 늘 생기가 있고 좀 요란스럽기 때문에 자칫하면 과장으로 흐르기 쉽다.

최근에 우리 왕공들 가운데 한 분이 중풍 때문에 그 건장하던 체격과 경쾌하던 기질을 모두 잃었다. 그는 한 신부가 특별한 치료법을 가지고 말과 몸짓을 써가며 무슨 병이든 고친다는 소문을 듣게 되었다. 그래서 주위 사람들의 권유에 먼 여행까지 해가며 그 신부를 찾아갔는데, 과연 신부는 그를 몇 시간 동안 잠재운 다음 오랫동안 못 쓰던 다리를 다시 쓸 수 있게 만들어주었다. 운이 좋아서 이런 일이 대여섯 번 성공하면 보통 이런 사건들은 자연스럽게 기적으로 소문이 나게 마련이다.

그런데 나중에 알고 보니 그것은 너무나 단순하고 아무런

 기술도 필요 없었던 것이라는 결론이 내려졌다. 그래서 처벌할 거리도 없는 것으로 판결이 내려졌다는 것이다. 이런 일은 그 현장을 찾아가서 직접 보면 대부분 이런 식으로 해결될 것이다. 그래서 세네카도 '멀리 떨어져서 보면 속이는 사물들에 감탄하게 된다'고 말했다. 우리의 시각은 멀리서 보면 이상한 물체가 있는 것 같지만 가까이 다가가 보면 사라지고 없는 경우를 흔히 겪게 된다.

원인의 시초를 보면 별것도 아닌데 엄청난 소문으로 확대되는 것들이 있다. 정말 웃기는 일이다. 그런 것들이야말로 사실을 밝히기가 어렵다. 왜냐하면 사람들은 대체로 그런 엄청난 소문에 걸맞은 중대한 원인만을 찾고 있기 때문이다. 그러다가 진짜 원인은 놓쳐버리는 것이다. 또는 원인이 뚜렷이 드러나지 않아서 눈에 띄지 않기 때문이다. 이런 일을 제대로 밝히려면 오히려 그 일에 대해 잘 모르고 선입견도 없으며 매우 신중하고 능숙한 수사관이 있어야 한다.

그런데 오늘날까지 나는 이런 기적이나 괴상한 사건 같은 것을 직접 본 적이 없다. 그리고 이 세상에서 나 자신보다 더 확실한 괴물이나 기적을 본 적도 없다. 사람들은 세월이 지나면 피곤한 일도 습관이 되어서 대수롭지 않게 보아 넘긴다. 그러나 나는 나 자신을 알아보고 생각해보면 볼수록 더욱 더 나의 괴상한 점에 놀라며 더욱 더 나를 이해할 수가 없다.

이런 사건들을 세상에 드러내 사람들이 믿도록 만드는 힘은 운에 달려있다. 엊그제 나는 집에서 8km쯤 떨어져 있는 한 마을을 지나가다가 얼마 전에 기적이 일어났다고 난리가 났던 바로 그곳을 찾아가보았다. 그 소동은 결국 아무것도 아닌 것으로 곧 밝혀졌지만 그 일대는 몇 달 동안 온통 그 사건으로 시끄러웠고, 모든 계층의 사람들이 떼를 지어 몰려다니기도 했다. 사건의 내막은 이렇다. 그 마을의 한 청년이 어느 날 밤 자기 집에서 귀신소리를 흉내 냈다. 그저 장난으로 해봤던 것 뿐 누구를 속이려는 생각은 없었다고 한다. 그런데 자꾸 해볼수록 재미가 나자 그는 장난을 좀 더 크게 벌여 마을에서 바보로 불리는 한 아가씨를 끌어들였다. 그러다가 더 확대해 그 나이 또래 한 명을 더 끌어들여 마침내 세 명이 뭉치게 되었다. 그들은 처음에는 집에서만 하다가 나중에는 컴컴한 교회의 제단 밑에 숨어서 떠들어댔다. 세상이 뒤집힐 거라는 둥, 최후 심판의 날이 가까워 온다는 둥 갖은 위협을 해대면서(이런 말을 해야만 권위가 서고 사기술이 감춰지기 때문에) 그들은 엉터리 짓을 되풀이했다. 만약 운이 그들에게 협조해주었다면 얼마만큼 그 속임수가 먹혀 들어 갔을지 누구도 모를 일이다.

그 멍청한 애들은 지금 감옥에 있다. 아마도 그들은 어리석음에 대한 형벌을 받게 될 것이며, 어떤 재판관이 자신의 어리석음에 대한 앙갚음을 그들에게 할지도 모른다. 아무튼 이 사건은 현장에서 발각이 되었기 때문에 그 사실이 뚜렷하게 드러났다. 그러나 우리의 상식으로는 이해되지 않는 이런 비슷한 사건들에 관해서 우리가 그것을 인정하느냐 안 하느냐 하는 판단은 내리지 않는 것이 좋을 것 같다.

세상의 많은 속임수들, 아니 더 솔직히 말해서 세상의 모든 속임수들은 우리가 무식하다는 말을 듣는 것을 두려워하게 만든다. 우리가 반박하지 못하는 것은 그대로 받아들이도록 가르쳐온 데서 비롯된 것이다. 우리는 모든 일들에 원칙을 세워서 단정적으로 말한다. 로마의 재판소에서는 증인이 자기 눈으로 직접 본 것을 진술할 때도, 그리고 재판관이 가장 확실한 지식을 가지고 판결할 때도 '이런 것 같다'라는 어법을 써야만 했다. 사람들이 어떤 것에 대해 확실하다고 단정해서 말하면 나는 그것을 진짜로 받아들이고 싶지가 않다. 나는 우리의 말투 중에 말의 의미를 부드럽게 조절하는 '혹시, 어쩌면, 어떤 사람들 말로는, 내 생각에는' 같은 어법을 좋아한다. 그리고 내가 어린아이들을 가르치게 된다면 나는 그들이 '그게 무슨 뜻인가요? 저는 잘 모르겠는데요. 그럴 수도 있겠죠. 정말입니까?'라는 식으로 대답하도록 어법을 훈련시키고 싶다. 그래서 요즘 사람들 식으로 열 살 때 박사를 만드는 게 아니라 예순 살이 넘어서도 학생의 자세를 갖도록 지도하고 싶다. 무식의 병을 고쳐주려면 그 무식을 자백시켜야 한다.

나는 인품이 둔해서 실질적인 일을 하는 사람들과 옳은 일들을 존중하는 편이다. 그러나 사람들은 '대다수의 인간들은 자기들이 이해하지 못하는 일들을 믿으면서 그것을 믿음의 증거로 삼는다'(작가 미상) 거나 '인간의 본성은 비밀스러운 것들을 믿기를 좋아하며 그것을 증거로 삼는다'(타키투스)고 말하며 직접 비난 받는 걸 피한다. 그들은 자기들의 말을 의심하면 화를 내면서 저주를 퍼붓기도 한다. 이처럼 자신의 의견을 강제로 세우려는 자들은 그만큼 이유가 빈약하기 때문이다. 스콜라학파가 하는 식으로 말꼬리 잡는 싸움이라면 그 반대자들만큼이나 똑같이 그럴듯하게 말해볼 수도 있을 것이다. 그러나 그들이 거기서 끌어내는 결과로 보면 이 반대자들 편이 훨씬 더 유리하다.

내가 말하는 것은 모두 잡담 형식이며 누구에게 충고를 하기 위한 것이 아니다. '나는 내가 모르는 것에 대해 모른다고 말하기를 부끄러워하지 않는다'고 키케로도 말한 바 있지만, 나는 사람들이 내 말을 믿어줘야 한다고 생각하지 않으며 만약 그랬다면 이렇게 솔직하게 말하지 않았을 것이다. 그래서 내 의견이 너무 심하다고 불평하는 어느 인사에게 이렇게 대답했다. '당신이 한 가지 의견에 치중해 있기 때문에 나는 내가 할 수 있는 한에서 당신의 판단력을 밝혀주기 위해 다른 의견을 제시해본 것일 뿐이오. 당신의 생각은 하느님께 달려있으니 하느님께서 택하시는 길로 가르쳐주실 것이오. 나는 내 의견이 이렇게 중대한 일에 어떤 영향을 미치기를 바랄 정도로 오만한 마음을 가지지는 않았소. 그리고 그렇게까지 강력하고 고매한 결론을 내릴 정도로 나의 판단력을 기를 수 있는 행운을 타고나

지도 못했소.' 사실 나는 생각이 여러 갈래로 얽혀있는 데다가 때로는 헛갈리기도 해서, 만약 내게 아들이 있다면 그조차도 내 의견에 싫증을 냈을 것이다. 무슨 소리냐고? 가장 진실한 의견들이 가장 합리적인 것이 못된다면 그만큼 인간이란 것은 황당한 구조로 되어있다는 말이다.

아무튼 지당하든 황당하든 상관없다. 이탈리아 속담 중 '절름발이 여자와 자보지 않으면 비너스의 맛을 제대로 모른다'라는 말이 있다. 다른 특별한 이유가 더 있는지는 모르지만 어쨌든 여자뿐 아니라 남자에 관해서도 이 속담은 오래전부터 평민들의 입에서 오르내렸다. 스키타이 족의 왕이 아마존의 여왕에게 사랑을 청하자 '그것은 절름발이가 가장 잘 할 것이오'라고 대답했다는 일화가 있다. 여자들의 나라인 아마존에서는 남자의 지배를 막기 위해 어릴 때부터 남자들의 팔과 다리 등 여자보다 강한 부분을 모두 마비시켜놓고 단지 성적인 부분만을 사용하도록 여자들이 이용했다고 한다.

그런데 옛날 철학에서도 이 문제를 다룬 적이 있었다. 그 철학에서 말하는 바는, 절름발이 여자의 다리와 엉덩이는 그 불완전한 상태 때문에 필요한 양분을 받지 못하고 그 위에 있는 생식 부분으로 양분이 몰려 그만큼 더 힘차게 되었다는 것이다. 또 절름발이는 운동에 장애가 되기 때문에 이런 장애를 가진 여자들은 힘을 그만큼 덜 소모해서 그 힘이 성적인 생활에 잘 쓰인다는 것이다. 그런 이유에서 그리스 사람들은 베 짜는 여자들이 몸을 심하게 움직이지 않고 늘 앉아서 일하기 때문에 다른 여자들보다 더 뜨겁다고 말하고 있다. 이런 식으로 모든 것을 추론해볼 수 있다. 하지만 우리의 추리력은 종종 너무 과장되고 너무 넓어서 심지어 존재하지 않는 것까지도 만들어 내고 있는 것은 아닐까 싶다. 우리는 모든 종류의 공상에도 이치가 있는 것처럼 꾸며대기 때문에 상상력도 똑같이 매우 어설픈 겉모습에서 그릇된 인상을 받을 수가 있다.

이솝의 주인은 다른 두 명의 노예와 함께 이솝을 팔려고 시장에 내놓았다. 어떤 사람이 와서 그들 중 하나에게 무엇을 할 줄 아느냐고 물어보자, 그 노예는 자신의 가치를 올리려고 이것도 할 줄 알고 저것도 할 줄 안다며 한참 떠벌렸다. 두 번째 노예도 마찬가지로 자신의 자랑을 길게 늘어놓았다. 마지막으로 이솝의 차례가 되어 그에게 무엇을 할 줄 아느냐고 물어보자 '아무것도 없습니다. 이 사람들이 먼저 모두 차지했기 때문에 그들의 재주입니다'라고 대답했다. 철학 학파들도 이런 식이었다. 인간 정신이 모든 것을 할 수 있다고 주장하는 자들이 있는가 하면, 다른 자들은 거기에 대한 반박으로 사람은 아무것도 할 줄 모른다는 주장을 내놓는 것이었다. 또 어떤 자들은 지나치게 학식을 존중하는가 하면 다른 자들은 극단적으로 무지를 자랑 삼는다. 그것은 인간이 어느 면에서나 절제가 없고 극한 상황 앞에서만 비로소 멈춘다는 것을 보여주는 것이다.

화려한 아름다움보다 숨겨진 비밀의 멋을 발견하라

우리가 믿고 있는 거의 모든 상식들은 결국 권위와 신용에서 비롯된 것들이다. 그것이 언짢다는 말은 아니다. 그러나 지금처럼 허약한 시대에 자신이 어떤 것을 선택하다가는 자칫하면 가장 나쁜 것밖에는 잡지 못한다. 소크라테스에 대해 그의 친구들이 남겨놓은 사상을 사람들이 찬성하고 존중하기 때문에 우리도 찬성할 뿐이지, 우리 스스로가 알아서 하는 것이 아니다. 우리의 경험을 통해 이 사상들을 아는 것이 아니라는 얘기다. 이 시대에 그와 비슷한 사상이 나온다면 그리 긍정적으로 평가할 사람은 얼마 없을 것이다.

우리는 튀고 눈에 띄며 화려한 것에서밖에는 아름다움이라는 맛을 못 느낀다. 순박하고 단순한 것에서 풍기는 아름다움은 우리처럼 촌스런 취향과는 잘 맞지 않는다. 사실 그런 것에는 우아한 아름다움이 숨어있는데도 말이다. 이런 숨겨진 비밀스러운 멋을 발견하려면 예민하고 명철한 시각이 있어야 한다. 우리의 취향으로 볼 때 순박함이라는 것은 우둔함의 사촌뻘이며 비난받을 만한 점이 아니던가?

소크라테스는 타고난 순박한 행동으로 사람들의 마음을 움직였다. 그리고 사람들이 가장 잘 알고 있는 범속한 행동들을 활용해 귀납과 유추의 논리를 펼쳤다. 그래서 누구나 그것을 이해할 수 있었다. 그러나 어려운 학설로 명성을 떨치지 않은 것들은 외면하며, 그럴듯하게 꾸며 보이지 않으면 그 진가를 알아주지 않는 우리 같은 천박한 무리들은 그의 고상한 사상들을 혼자서는 식별조차도 할 수 없었을 것이다.

세상은 겉치레로 꾸며져 있다. 사람들은 바람으로 속을 채운 고무풍선처럼 둥둥 떠돌고 있다. 그러나 소크라테스는 헛된 생각을 떠들어대지 않았다. 그의 목적은 우리 인생에 현실적으로 더 밀접하게 필요한 교훈들을 찾아주는 데 있었다. 그는 또 항상 변함없이 한결같았다. 그리고 높이 뛰어오른 것이 아니라 타고난 품성으로 궁극의 높이까지 올라갔던 것이다. 더 자세히 말하면, 그는 올라가려 한 것이 아니라 도리어 자신을 끌어내려서 그 근원의 본성으로 돌려놓으며 역경과 고난을 극복해나갔다. 소크라테스는 땅에 발을 딛고 평범한 걸음걸이로 가장 유용한 사상을 다뤘으며, 사람으로서 당할 수 있는 가장 가혹한 역경에 처해서도 그리고 죽음 앞에서도 인간다운 삶의 길을 걸어갔다. 세상에서 가장 모범된 인물이 우리가 확실히 알고 있는 사람이라는 것은 매우 다행스런 일이다. 그는 세상에서 가장 사리분별에 밝은 사람들(소크라테스를 소개한 플라톤과 크세노폰)에 의해서 밝혀졌다.

그는 인간의 정신을 고매한 것으로만 표현하지 않고 건전하고 경쾌하게 표현했다. 또 예사롭고 평범한 관념들을 가지고 그는 세상에서 가장 절제되고 가장 높으며 가장 힘찬 신념과 도덕을 세웠다. 그가 재판관들 앞에서 변론한 것을 들어보라. 얼마나 정당한 이유를 들어 전쟁의 위험 앞에서 용맹을 북돋우고, 어떠한 논법으로 중상과 포악과 죽음에 대항해 인내심을 강조하는지 보라. 거기에 기술과 학식은 필요 없다. 가장 단순한 두뇌를 가진 자들도 소크라테스의 말을 들으면 자기들의 수단방법과 힘을 자각하게 될 것이다. 그보다 더 뒤로 물러나고 아래로 내려갈 것도 없다. 그는 인간의 본성이 얼마만한 일을 할 수 있는지를 보여줌으로써 인류에게 큰 교훈을 남겼다.

우리는 각자 자신이 생각하는 것보다 실제로 더 많은 것을 가지고 있다. 그런데 사람들은 필요한 것을 남에게서 빌려오고 찾아오라고 우리를 훈련시킨다. 우리가 가지고 있는 것보다도 남의 것을 사용하도록 가르치는 것이다. 사람은 어떤 경우에도 자신에게 필요한 정도에서 멈출 줄을 모른다. 탐락이든 물질이든 권력이든 자신이 감당할 수 있는 그 이상의 것을 차지하려고 한다. 탐욕은 절제가 불가능하다. 알고자 하는 욕심도 마찬가지다. 우리는 자신이 할 수 있는 것보다 훨씬 더 많은 일을 스스로를 위해 끌어내려 하며 지식의 유용성을 최대한으로 확대시키려 한다. 이와 관련해 세네카도 이렇게 말했다. '우리는 다른 모든 일에서와 마찬가지로 학문의 연구에도 무절제 때문에 고생한다.' 학식의 무절제한 사용은 다른 식량이나 음료보다도 훨씬 더 위험하다. 대체로 우리가 사들인 물건은 산 다음

집으로 가져가서 차분히 그 가치를 따져보며 언제 어떻게 쓸지를 정하지만 학문은 바로 당장 정신밖에는 어디에도 담아둘 수가 없다.

학문은 편하게 살기 위해서 필요한 것이 아니다. 소크라테스는 학문을 찾아내는 일도, 그것을 활용하는 일도 모두 우리들 자신 속에 있다고 말했다. 그러나 우리의 타고난 본성과 관계없는 능력들은 거의 다 헛되고 불필요한 것들이다. 학문은 꼭 필요한 것이라기보다는 정신을 혼란시키는 것이 될 수도 있다. 세네카가 '현명한 정신에는 글이 별로 필요하지 않다'고 말했듯이, 학문은 정신을 어지럽히며 귀찮게 끼어들어 간섭하는 불안한 도구가 될 때도 있다.

죽음에 대항하는 본능의 진실한 가르침과 곤경에 처했을 때 취하는 가장 적합한 가르침을 우리는 자신 속에서 발견할 것이다. 그건 농민이든 누구든 모든 사람이 소크라테스처럼 죽음에 닥쳤을 때 지조를 지키도록 하는 가르침이다. 학문이 새로운 방어책으로 우리의 운명적인 불운에 대항해 무장을 해주려고 하다가 사실은 이 인생이라는 불운이 어마어마하게 무거운 짐이라는 인상을 우리에게 깊이 각성시켜 줄 뿐이라면 그것이야말로 학문이 우리를 혼란시키는 것이 된다.

가장 유명하다는 작가들을 가만히 살펴보자. 그들은 올바른 논법을 써대는 것 같다가도 수시로 경박스럽기 이를 데 없는 논법들을 구사한다. 그것도 자세히 들여다보면 아무 내용도 없이 속이 텅 빈 논법들이다. 그건 말하자면 언어를 가지고 독자들을 우롱하는 헛된 말재간에 불과한 것들이다. 그러나 그런 것은 어떻게 보면 유용할 수도 있기 때문에 무조건 쓸데없는 것만은 아닐 것이다.

하지만 이런 학문으로 자기를 무장해서 무슨 소용이 있을 것인가? 열심히 일하는 평범한 사람들은 아리스토텔레스가 누군지 카토의 교훈이 뭔지 알지도 못한다. 그렇지만 그들은 우리가 학교에서 매일 공부하는 것보다 훨씬 더 순수하고 강직한 정신과 인내심을 자신의 본성에서 이끌어낼 줄 안다.

그들은 궁핍을 궁핍으로 여기지 않고 죽음이 눈앞에 다가와도 화들짝 놀라거나 괴로워하지 않으며 의연하게 버텨내는 것이다. 우리 집 정원을 손보는 하인은 오늘 아침에 자기 아버지인지 아들인지의 장례식을 치렀다. 이런 사람들은 병환에 대해 말할 때도 너무 괴롭게 표현하지 않고 마치 부드럽고 순한 듯이 말한다. 이를테면 폐결핵을 기침처럼 말하고, 이질은 설사처럼, 늑막염은 기력 부진인 것처럼 말하곤 한다. 이렇게 순한 표현으로 병을 부르기 때문에 어쩌면 참아내기가 덜 어려운지도 모른다. 그래서 어느 날 갑자기 그들이 일을 중단할 때는 이미 병이 위중해 있기 때문이다. 말하자면 거의 죽기 전까지 병석에 눕지 않는 것이다. 그래서 세네카도 이런 말을 남겼다. '이토록 단순하고 명백한 덕성이 어둡고 어려운 학문 때문에 변했다.'

내 양심을 지키려 하다가 오히려 위태롭게 만들 때가 있다.

키케로의 말처럼 '언쟁하는 것이 증거를 더 약화시킨다'고 믿기 때문이다. 나는 항상 무슨 변명을 하거나 구실을 갖다 붙이는 습관을 안 하려고 하기 때문에 정말 운이 나쁠 때는 누가 나에 대해 불리한 억측을 퍼뜨려도 그것을 도리어 부채질하는 식으로 가만히 있곤 한다. 심지어 마치 내 속을 훤히 들여다본 것처럼 나를 비난할 때도 나는 그들을 조롱하고 더 비꼬아 고백하듯 말하기 때문에 자진해서 그들을 거들어주는 것처럼 된다. 그러고는 그들의 지껄임에 대답할 가치도 없다는 식으로 입을 다물어버린다.

그러나 나의 이런 태도를 너무 자신만만하며 거만하다고 보는 자들은 스스로 드러내놓고 자신의 약점을 자랑하는 것과 같다. 특히 세도가들이 그렇다. 그들은 자기들 앞에서 굴복하지 않는 것을 가장 무례한 짓이라고 보며, 잘못을 뉘우치고 탄원하지 않으면 혹독하게 처벌하려 한다. 나는 당연히 이런 상황에 자주 직면했다. 어쨌든 내가 부딪혔던 일들을 억센 야심가가 겪었다면 아마도 목매달아 죽었을 것이다. 그리고 탐욕스런 사람도 마찬가지였을 것이다.

나는 소득에는 아무런 관심이 없다. 그러나 폭력에서 비롯된 것이든 도둑질에서 비롯된 것이든 타인의 침해로 생긴 손실은 탐욕으로 병들어 고통 받는 사람처럼 나를 고통스럽게 한다. 왜냐하면 이런 침해는 손실 자체보다도 마음을 너무나 쓰라리게 만들기 때문이다.

한때 온갖 종류의 불행이 나를 덮쳐온 적이 있었다. 그렇더라도 다른 사람들과 함께 있었다면 마음이 덜 괴로웠을 것이다. 그때 벌써 나는 내가 늙어 정신이 흐릿해지고 궁핍해지면 친구들 중 누구에게 나를 의탁할 수 있을지를 생각해보았다. 하지만 이리저리 다 생각해봐도 아무도 없었다. 결국 나는 혼자였다. 높은 데서 추락하더라도 형편이 풍족한 친구의 팔 안에 떨어져야 하는데, 아무리 둘러봐도 그런 친구는 없었다. 마침내 나는 내가 어려워질 때 나를 맡길 가장 안전한 곳은 나 자신밖에 없다는 것을 알았다. 그리고 행운이 나를 비껴가 냉대를 받는다 하더라도 나 자신의 은혜에 간절히 나를 맡기며, 나 스스로에게 애착을 갖고, 나 자신을 더 가까이서 관찰해야 한다는 것을 깨달았다.

모든 일에서 자신을 무장할 줄 안다면 그것만이 확실하고 강력한 것인데 사람들은 자신의 일은 아껴두고 남의 힘에 의지하며 몸을 던진다. 아무도 자기에게 도달하지 못했기 때문에 각자는 다른 곳으로, 그리고 미래를 향해 달려간다. 그래서 마침내 나는 이 난리가 유익하다는 결론을 얻었다.

첫째로, 굽은 나무를 불에 쬐어서 집게의 힘으로 바로잡는 것처럼 못된 생도가 이치를 잘 가르쳐줘도 알아듣지 못할 때에는 매질로 깨우쳐야 한다. 나는 이미 오래 전부터 나에게 의지하고 남에게 의탁할 생각을 버리라고 나 자신에게 설교하고 있다. 그러나 내 눈은 역시 늘 옆으로 돌아간다. 높은 사람이 고개를 끄덕이며 좀 호의적인 말이라도 던지고 좋은 얼굴이라도 보여주면 나는 마음이 솔깃해진다. 그런 일이 요즘에는 얼마나 드물게 일어나고 있는지, 그 뜻이 어디에 있는지는 하느님만이 안다! 나는 또 사람들이 나를 장터로 끌어내려고 유혹하는 소리에 인상도 찌푸리지 않고 들어주며 너무 약하게 내 자신을 방어하기 때문에 자진해서 넘어가는 것같이 보인다. 한데 이렇게 말 안 듣는 정신에는 몽둥이질이 필요하다. 마찬가지로 제대로 풀어지고 터지고 빠져서 부서져가는 통은 망치로 때리고 두드려서 조여야 한다.

둘째로, 운 덕택에 그리고 내 성격의 어떤 면 때문에 걸려도 마지막에 걸리리라고 기대했던 불행이 대뜸 인생 초반부터 폭풍우처럼 밀려들었다고 해도 일찍부터 내 생활을 단속하고 새로운 상황에 적응하도록 나 스스로를 가르쳐왔기 때문에 이보다 더 나쁜 일이 생긴다 해도 대비할 수 있는 훈련이 되어 있었다. 참된 자유는 자신에게 전적인 권한을 주는 것이다. 그러므로 가장 강력한 인간이란 것은 스스로를 자기의 권한 속에 갖는 자이다.

보통의 평온한 시대에는 대단치 않은 사고에도 사람들은 미리 대비를 한다. 그러나 벌써 40년 이래로 우리가 처해있는 이 혼란 상태에서는 프랑스 사람이라면 누구나 다 개인적으로나 일반적으로나 시시각각 자기 운명이 완전히 둘러엎어지는 찰나에 있음을 본다. 그런 만큼 우리는 더 강력하고 힘찬 준비가 필요하다. 이렇게 느긋하지도 한가하지도 않은 세기에 살게 된 것을 운명에 감사하자. 다른 방법으로 유명해지지 못하는 자는 자기 불행으로 유명해질 것이다.

학문이 우리에게 권장하는 교훈의 대부분은 능력보다 겉치레에 더 치중하는 것이고, 실속보다 장식에 더 흐르는 것이다. 우리는 우리를 그렇게도 행복하고 확실하게 이끌어주는 우리의 본성에게 그런 교훈을 가르치려고 든다. 또한 우리 멋대로 조종되는 이 이성이라는 것은 늘 잡다하게 새로운 것을 찾아내며 우리의 본성에 대해서는 아무것도 보여주지 않으니 참 웃기는 일이다. 사람들은 이 이성을 마치 향수 장사가 기름 다루는 식으로 한다. 그들은 밖에서 받아들인 논리나 사상 등으로 본성을 심하게 조작하기 때문에, 사람에 따라서는 그 본성이 변하거나 특이하게 되고 또 고유의 불변의 특성을 잃어버리게도 된다. 하지만 그 본성을 되찾으려면 어떠한 사상의 영향도 받지 않고 어느 한쪽으로도 치우치지 않는 짐승들에게서 그 증거를 찾아보아야 할 것이다.

우리는 죽음에 대한 근심으로 삶을 방해하고 삶에 대한 걱정으로 죽음을 방해한다. 하나는 우리에게 고난을 주고, 또 하나는 우리에게 공포를 준다. 우리는 죽음에 대해서 준비할 수가 없다. 그것은 너무나 순간적인 일이기 때문이다. 결과가 없고 폐해도 없는 15분 동안의 수고에서 특별한 교훈을 받을 가치는 없다. 사실을 말하면 우리는 죽음의 준비를 대비하는 것이다.

철학은 우리에게, 죽음을 항상 앞에 두고 때가 오기 전에 예측하며 고찰하라고 말한다. 그리고 이 예측과 고찰 때문에 우리가 나중에 심정 상하지 않도록 준비시키며 그러기 위한 규칙과 주의를 준다. 의사들이 하는 수작도 그것과 비슷하다. 그들은 약과 기술을 사용하기 위해 우리를 질병 속에 먼저 집어넣는다. 우리가 살아가는 법을 몰랐다고 해도 우리에게 죽는 법을 가르치며 삶의 종말을 전체와 어긋나게 하는 것은 옳지 못한 일이다. 우리가 견실하고 안온하게 살아갈 방법을 알았다면 우리는 같은 태도로 죽어갈 방법도 알 것이다.

'모든 철학자들의 인생은 죽음에 관한 명상이다. 그들은 자기들 멋대로 그걸 자랑한다'라고 키케로는 말했다. 그러나 내 생각으로는, 죽음은 인생의 끝에 지나지 않으며 그 목표는 아니다. 그것은 인생의 종말, 그 극단이지 목적은 아니다. 인생은 그 자체가 목표이며 의도라야 한다. 올바른 연구라면 자기를 조절하고 자기를 인도하며 자기를 참고 견디는 일이어야 한다.

사람들은 심성과 능력이 모두 다르므로 그들에게 맞게 각기 다른 방법으로 지도해야 한다. 호라티우스는 이에 대해 다음과 같은 비유를 들었다. '폭풍이 나를 어느 해안에 던져놓든 나는 손님으로 상륙한다.'

나는 내 이웃에 사는 농민들이 마지막 숨을 거둘 때 어떤 태도를 취해야 하는지 고민하는 것을 본 적이 없다. 본성은 우리에게 죽어갈 때밖에는 죽음을 생각하지 않도록 가르쳐준다. 그리고 그 순간에는 아리스토텔레스보다 더 점잖게 해치운다. 이 철학자는 죽음에 관한 오랜 예측 때문에 죽음을 두 번 맞이했던 것이다. 그래서 카이사르는 '가장 예측하지 않은 죽음이 가장 행복하고 가장 가벼운 죽음'이라고 했다. 세네카 또한 '닥치기도 전에 고민하는 것은 필요 이상으로 고민하는 것'이라고 말했다.

사상에서 생기는 이 괴로운 심정은 우리의 호기심에서 나온다. 우리는 미리 내다본다고 하며 본성이 정해준 일을 앞질러서 지배하려고 하다가 스스로에게 항상 장애만 끼친다. 아주 건강할 때 죽음에 대한 생각으로 얼굴을 찌푸리며 식사할 때 입맛마저 잃는 수작은 의사들이나 할 일이다.

내가 학문을 가지고 말하고 싶었다면 더 일찍이 말했을 것이다. 즉 내가 재치도 있고 기억력도 더 좋고 공부도 열심히 하던 젊은 시절에 그렇게 했을 것이다. 그때 학문을 직업으로 삼고 싶었다면 젊은 패기에 지금보다는 더 자신감을 가졌을 것이다. 게다가 운이 이 작품을 통해서 내게 베풀어주는 이런 우아한 혜택이 그때는 더 유리했을 것이다. 그 분야에 큰 능력을 가진 내 친지들 중 두 명은 60살이 되기를 기다리느라 40대에는 글 쓸 생각을 안 하고 있다가 재능의 반은 잃었다고 나는 본다. 성숙기에는 청춘기처럼 그때의 결함이 있고 그 결함이 더 심해진다. 그리고 노년기가 이런 일에는 다른 어느 시절보다도 나쁘다. 우리의 정신은 늙어가면서 변비증에 걸리고 오그라들기 때문이다.

나는 나의 무지를 화려하고 풍부하게 드러내며, 나의 학문은 메마르고 빈약함을 그대로 드러내고 싶다. 학문은 어쩌다가 살짝 내보이며 무지는 주로 명백하게 내보이는 것이다.

나는 내 생애를 묘사함에 있어 인생을 전부 앞에다 펼쳐놓고 보는, 즉 노년기를 선택했다. 생명으로 남아있는 몫에도 죽음이 더 큰 자리를 차지하고 있다. 그러므로 죽음에 대해서조차 다른 사람들처럼 수다를 떨려고 마음먹는다면 나는 죽는 순간에도 기꺼이 사람들에게 내 의견을 말해줄 것이다.

모든 위대한 사람들에게 완벽한 모범이었고 그 자신도 아름다움을 미친듯이 사랑했던 소크라테스가 그의 아름다운 영혼과는 어울리지 않게 사람들의 말처럼 대단히 추한 신체와 용모를 가졌다는 것은 울화가 치미는 일이다. 신은 그에게 부당한 일을 했다. 육체에서 영혼과의 조화와 관계보다 더 중요한 것은 없다.

우리는 첫눈에 비위에 거슬리는 것을 두고 추악한 것이라고 부른다. 그것은 주로 얼굴 모습 때문이며 안색이나 반점, 거친 용모, 또는 잘 정돈되고 온전한 신체라 할지라도 설명할 수 없는 어떤 가벼운 이유 때문에 싫어지는 수가 있다.

그리스 언어로는 '좋다'와 '아름답다'에 같은 낱말이 쓰인다. 그리고 성경에서도 자주 아름답다는 말을 '좋다'는 말로 표현한다. 나는 플라톤이 야비하다고 말했지만 옛날 시인에게서 따온 노래에 따라 건강, 미모, 부유함을 선의 범주에 넣은 것에 대해서는 찬성하고 싶다.

용모라는 것은 증거가 빈약한 보증이다. 그렇지만 용모에는 고려해볼만한 가치가 있다. 만약 내가 사람들을 때려야 할 처지에 있다면 약속을 어기고 배반할 인물이라는 것이 뚜렷이 이마에 새겨져 있는 나쁜 인간들을 더 혹독하게 다룰 것이다. 어떤 얼굴들은 다행히 호의를 얻고, 또 어떤 얼굴들은 운 나쁘게 불쾌감을 일으키는 것으로 보인다. 그리고 후덕한 얼굴과 바보 같은 얼굴, 엄격한 얼굴과 가혹한 얼굴, 심술궂은 얼굴과 고민하는 얼굴, 경멸조의 얼굴과 우울한 얼굴, 또 서로 다른 비슷한 성질의 얼굴들을 분간하는 기술이 있을 것 같다. 오만하고도 쓰디쓴 미모가 있고, 상냥한 얼굴도 있으며, 또 멋쩍은 얼굴도 있다. 이런 인상을 가지고 미래의 사건들을 예언한다는 것은 불확실한 것으로 남겨두어야 한다.

다른 데서 말했듯이, 나는 내게 관해서는 아주 단순하고 생생하게 이 옛날 교훈을 내 것으로 채택하였다. 즉 본성을 좇을 때 실수하는 일은 없으며 최고의 교훈은 이 본성에 순응하는 것이다. 나는 소크라테스가 한 것처럼 내가 타고난 기질을 교육이나 이성의 힘으로는 교정하지 않았고, 내 마음의 성향을 기술로 혼란시키지도 않았다. 나는 내가 해온대로 되어가게 내버려둔다. 그리고 아무것과도 싸우지 않는다. 나의 두 부분(영혼과 육체)은 평화롭게 화합해서 조용히 잘 살아간다. 그리고 내 유모의 젖과도 같은 교육은 고맙게도 적당히 건전하게 조절되어 있다.

이것도 나온 김에 말해둘까? 요즘 우리 주변에는 스콜라학파의 성실성에 관한 어떤 관념이 마치 따라야 하는 교훈인 것처럼 희망과 공포에 강제되어서 거의 그것만이 사람들이 지키는 것이 되고, 그 가치 이상으로 평가되고 있는 것을 나는 본다.

나는 성실성이라는 것이 법률과 종교가 그냥 만들어준 것이 아니고 모든 사람들에게 변질되지 않은 채 박혀있는 보편적 이성의 씨앗이 그 자체로 뿌리박아서 돋아나와 그것을 완성시켜서 권위를 세워준 것이라고 보며, 남의 부축을 받지 않고 제대로 지탱하는 것으로서의 성실성을 사랑한다. 소크라테스를 악의 주름에서 다시 일으켜주는 이 이성은 그를 자기 도시를 지배하는 인간들과 신들에게 복종하게 하고, 그의 영혼이 영생불멸이기 때문이 아니라 그가 없어질 인간이기 때문에 죽음에 대해 용감해지도록 만들어주었다. 종교적 신앙은 도덕 없이도 그것 하나로 하늘의 정의를 만족시키기에 충분하다는 주장을 하며 국민들을 호도하는 것은 모든 사회를 파멸로 이끄는 수작이며, 교활하고 사악하기 이전에 국민들에게 큰 손해를 끼치는 것이다. 그것은 소크라테스가 보여준 것과는 정반대의 수작이다.

사람들은 단지 나의 풍채와 외모만을 보고 전혀 나를 알지도 못하면서 대단히 신용해진다. 특히 외지에 있을 때는 그래서 특별한 혜택을 많이 받아보았다. 사실 나의 본성은 남을 별로 믿지 않거나 의심하는 편이 아니다. 그리고 사람의 본성이 비틀어지고 사악하다고 생각하지 않는다. 나는 모든 일을 그저 운에 맡기며 내 온몸을 다른 사람의 품안에 던지는 기질이다. 지금까지도 난 그 점에 대해서는 한탄하기보다 오히려 자랑으로 여기고 있다. 그리고 운이 나보다 더 깊은 생각으로 내 일을 잘 돌봐주고 있다는 걸 알았다.

내 생애 중에서 몇 가지 행동은 정당하고 어려운 행위라고, 또는 신중한 행위라고 부를만한 일이 있었다. 그런 행동도 3분의 1은 자발적인 내 행동이었으나 3분의 2는 운의 덕택이라고 할 수 있었다. 우리는 일을 충분히 하늘에 맡기지 않고 우리가 할 일이 아닌 것을 우리 멋대로 하다가 실패하는 수가 많은 듯하다. 어쨌든 우리의 계획은 너무나 자주 잘못된 길로 간다. 하늘은 인간의 예지가 그의 권한의 폭을 넘어서려는 것을 시기한다. 그리고 우리가 우리 권한의 폭을 넓히려고 하면 더욱 좁아진다.

만일 내 얼굴이 나를 보증해주지 않았던들, 만일 사람들이 내 눈과 목소리로 내 마음의 순박함을 알아보지 못했던들, 나는 이렇게 오랫동안 싸움도 없이 모욕도 받지 않고 옳건 그르

건 생각나는 대로 지껄이며 당돌하게 세상일을 판단하는 자유를 갖지 못했을 것이다. 이런 방식은 무례하고 우리의 습관에 맞지 않는 일이라고 해도 지당할 것이다. 그러나 나는 이것을 모욕적이고 심술궂다고 생각하는 사람을 보지 못했다. 그리고 내 입에서 그런 말을 들었다고 해서 나의 방자한 말투에 화를 내는 사람도 없었다. 되풀이해 전해준 말은 소리가 다르듯 뜻도 다르게 마련이다.

게다가 나는 아무도 미워하지 않는다. 또 남을 모욕하기에는 너무나 나약하고 이성에 봉사하기 위해서라도 그런 짓은 못한다. 그리고 범죄자를 처단해야 하는 경우에 부딪혔을 때는 차라리 재판정에 나가지 않았다. '나는 인간을 처벌할 용기가 없는 만큼 사람들이 잘못을 범하지 않기를 바란다'고 티투스 리비우스도 말한 바 있다. 누가 아리스토텔레스에게 악인에게 너무 관대하다고 책망하자, 그는 곧 '나는 사람에게 관대한 것이지 악에 관대한 것이 아니오'라고 대답했다는 말이 있다.

경험은 자신에게 필요한 것을 가르쳐 주는 힘이다

세상에 지식에 대한 욕망보다 더 자연스런 욕망은 없다. 우리는 거기에 도달할 수 있는 모든 방법을 시도해본다. 이성으로 모자랄 때는 경험을 사용한다. 그것은 더 변변찮고 품위도 떨어지는 방법이다. 그러나 진리는 너무나 위대한 것이기 때문에 우리를 진리로 인도해주는 것은 어떠한 방법이라도 경멸해서는 안 된다. 이치는 너무나 많은 형태를 가지고 있으므로 우리는 어떤 것을 잡아야 옳을지 모른다. 경험도 그만 못지않은 형태들을 가지고 있다. 사건들의 유사함에서 우리가 끌어내려는 결론은 그 사건들이 항상 닮지는 않았기 때문에 확실하지 못하다. 사물들의 모습은 다양하고 서로 다른 것이 무엇보다도 가장 보편적인 편이다.

그리스인들과 라틴 계통 사람들, 그리고 우리 모두는 가장 닮은 사물로 달걀을 예로 든다. 그러나 사람들 중에는 특히 델포이의 어떤 사람은 달걀 하나하나를 결코 뒤바꾸는 일이 없을 정도로 달걀들 사이의 차이를 알아보았다. 게다가 암탉이 여러 마리 있었는데 어느 닭이 낳은 달걀인 것까지 알아맞힐 수 있었다고 한다.

자연은 인간이 만드는 법률보다 더 묘한 법률을 가지고 있다. 이를테면 시인들이 묘사하는 황금시대가 그러했고, 따로 법률이라는 것을 세우지 않고 살아가는 국민들의 풍습이 그렇다. 그중에는 산악지대를 지나가는 나그네 가운데 아무나 먼저 만난 자를 데려다 재판관으로 삼는가 하면 소송사건을 처리하게 하는 나라도 있었다. 또 어떤 지역에서는 장날에 모인 사람들 중 하나를 선출해서 그가 장터에서 모든 소송사건을 처리하도록 했다. 가장 현명한 자들이 앞선 판례와 다음에 올 사건들에 구애되지 않고 상황에 따라 짐작으로 소송사건을 처리해나간다면 무슨 위험이 있을까? 발에 따라 맞는 신발이 따로 있다. 페르디난드 왕은 서인도 제도로 식민들을 보내면서 현명하게도 법률학자는 데려가지 못하도록 했다. 이 학문은 그 본질상 분쟁과 분열을 조장시키기 때문에 새로운 세상에서 소송사건이 법석댈 것을 두려워했던 것이다. 그는 플라톤과 마찬가지로 법률가와 의사는 나라를 위해서 달갑지 않은 비장품이라고 판단했던 것이다.

왜 우리가 쓰는 공통 용어가 평상시에는 매우 쉬운데 유언과 계약서에만 들어가면 어렵고 이해할 수 없는 의미가 되는 것일까? 그리고 말을 아주 분명하게 표현하는 사람도 글로 쓰는 일에서는 왜 의문과 모순 없이 표현할 방법을 찾아내지 못하는 것일까? 그 이유는 이런 기술을 뽐내는 자들이 특별히 주의를 기울여 엄숙한 낱말을 열심히 골라내고 기술적인 문장을 만드느라 철자 하나하나를 저울에 달듯이 이어진 매듭을 세밀하게 손질하기 때문이다. 그래서 수많은 형용사로 엉클어지고 뒤섞여 있으며, 너무나 자잘한 부분들로 나눠져 있는 것이다. 따라서 하나하나의 부분들은 어떤 규칙이나 규정에도 맞을 수가 없고 어떤 확실한 해석도 할 수가 없다. 이에 대해 세네카는 이런 말을 남겼다. '티끌과 먼지가 되기까지 분할된 것은 그것이 무엇이든 혼돈일 뿐이다.'

어떻게 말해야 좋을지 모르겠다. 그러나 이렇게 많은 해석들이 진리를 흐리고 깨부수는 것은 경험으로 느껴진다. 아리스토텔레스는 남에게 이해시키기 위해서 글을 썼다. 그도 그렇게 잘 못하는데 자신의 생각을 말하는 자보다도 더 서투르게 남의 생각을 다루는 제삼자는 더 못할 것이다.

우리는 재료에 물을 타서 불리고 묽게 만든다. 그리고 하나의 제목으로 천 가지를 만들며 다시 몇 배로 불려서 에피쿠로스가 말했듯 무한수로 확대시킨다. 두 사람이 같은 일을 가지고 똑같이 판단한 일은 없었다. 그리고 여러 사람들뿐 아니라 한 사람의 경우도 다른 시간대에 두 개의 의견이 똑같은 적은 아주 드물다. 나는 대개 주석이 붙어있지 않은 것에는 의문을 품는다. 말들이 평탄한 길에서 더 잘 비틀거리듯 나도 평탄한 길에서 발을 헛디디기 일쑤다.

사람들은 자신들의 타고난 정신적 병폐를 깨닫지 못한다. 정신은 고치 짓는 누에처럼 그 안에서 끊임없이 뒤져보고 찾아보며 빙빙 돌지만 결국은 스스로를 틀어막아서 그 속에서 질식하고 만다. 라틴 속담대로 '끈끈이 통에 빠진 생쥐' 꼴이 되는 것이다. 정신은 무엇인지는 모르지만 멀리 공상 속에서 광명과 진리 같은 것을 본다고 생각한다. 그러나 그쪽으로 달려가는 동안 많은 장애와 곤란에 부딪히면서 새 길을 찾아야 하는데 그러는 과정에서 결국 길도 정신도 잃어버리고 만다.

우리가 이런 지식의 추구에서 발견한 것으로 만족한다는 것은 우리가 개인적으로 약하다는 증거밖에 안 된다. 진정으로 능력 있는 자들은 그것으로 만족하지 않는다. 거기에는 항상 다음에 올 사람을 위한 그리고 우리 자신을 위한 자리가 있다. 그리고 길은 다른 방면으로도 있다. 우리의 탐구에는 끝이 없다. 끝은 저승에나 있는 것. 정신이 만족하는 날은 그 정신이 위축됐거나 피로하다는 징조이다. 활기 있는 정신은 그 자체가 정지하는 법이 없다. 정신은 항상 앞으로 밀고나가며 힘에 넘치는 일을 한다. 정신은 실수를 한다 해도 그걸 넘어서 진전한다. 정신이 밀고 몰리고 부딪치고 하지 않으면 그 정신은 반밖에 사는 것이 아니다. 정신의 추구에는 한이 없고 형체도 없다. 정신의 식량은 바로 놀라움과 열정과 의문이다. 그 움직임은 불규칙하고 끊임없이 이어지며 제약도 없고 목표도 없다. 정신의 생각들은 서로 열중하고 서로 이어지며 이 생각이 저 생각을 만들어낸다.

우리는 어떤 일을 해석하기보다 해석을 해석하는데 더 많은 일을 한다. 책에 대해 쓴 책이 새로운 주제를 가지고 쓴 책보다 더 많다. 우리는 끼리끼리 서로 주석하는 것밖에는 하지 않는다. 모든 일은 주석으로 웅성거린다. 진짜 작가는 드물다.

우리의 사상은 서로 다른 사상을 기초로 해서 이해된다. 첫 번째 사상은 다음 것의 줄거리가 되고, 다음 사상은 그 다음 것의 줄거리가 된다. 우리는 이렇게 한 계단 한 계단 올라간다. 그래서 가장 높이 올라간 것은 흔히 그것이 실제로 가지고 있는 가치보다 더 큰 영광을 얻는다.

우리가 질문 하나를 내놓으면 벌떼 같은 질문이 쏟아져 나온다. 어떤 일이든 어떤 형태든 다른 것과 완전히 똑같지 않는 것과 마찬가지로 그 어떤 것도 다른 것과 서로 완전히 다르지는 않다. 자연은 묘하게도 서로 섞어놓고 있다. 우리의 얼굴이 서로 닮지 않았다면 사람과 동물은 분간될 수 없을 것이다.

모든 사물들은 어떤 유사성을 가지고 있다. 그리고 모든 모범에는 흠집 또한 있다. 우리의 경험에 비추어 볼 때 사물들의 관계에는 항상 불완전하고 불확실한 것이 있다. 그렇지만 사람들은 매사에 어떤 편견을 가지고 비교하려 한다. 법률도 이런 식으로 우리의 사건 하나하나에 간접적으로 억지로 둘러맞춘 어떤 해석을 적용하려 한다.

인간 각자의 특수한 의무에 관한 도덕적 법칙을 세우는 것도 어려운데 수많은 개인들을 다스리는 법률을 세운다는 건 더욱 더 어려운 일이다. 법률 제도가 우리를 지배한다고 생각해보자. 그것은 인간의 정신이 허약하다는 것을 증명하는 것이다. 거기에는 그만큼 모순과 잘못이 있다. 우리나라 재판 제도가 한편에는 후하지만 또 한편에는 각박한 것을 보면, 그리고 그런 일이 너무 많아서 그 중간이 있는지조차 의심스러운 것을 보면, 그건 분명 재판 제도의 본질과 기관들이 병들었다는 것을 알 수 있는 것이다.

그런데 법률은 정당하기 때문이 아니라 그것이 법률이기 때문에 신용을 유지한다. 이것은 법률의 권위가 가지는 어쩔 수 없는 기만이다. 법률은 흔히 바보들이 만들어놓는 것이고, 그보다도 공평하지 못한 자들이 평등을 몹시 싫어해서 만드는 수가 많으며, 늘 허영에 빠져 있고 결단성 없는 인간들에 의해서 만들어지는 것이다.

법률보다 더 중대하고 더 예사로 잘못을 저지르는 것도 없다. 법률이 올바르다고 해서 법률을 지키는 자들이 누구나 다 올바른 방법으로 지키는 것은 아니다. 프랑스 법률들은 그 불규칙성과 왜곡된 형태 때문에 적용과 집행에 있어 어느 정도 혼란과 부패를 조장하고 있다. 관리가 너무 흐릿하고 처음부터 끝까지 한결같지 못하기 때문에 불복종과 혜택, 준수의 결함을 낳고 있는 것이다.

경험에서 얻을 수 있는 성과가 어떠한 것이든 간에 자신에게 필요한 것을 가르쳐 주는 그 경험을 이용할 줄 모른다면 외국의 사례에서 얻는 경험은 거의 아무런 가르침도 우리에게 주

지 못할 것이다.

나는 그 무엇보다도 나 자신을 더 연구한다. 이것이 나의 형이상학이고 나의 물리학이다. 일반 사물들 속에서 나는 세상의 일반적인 법칙이 조종하는 대로 무엇을 알아보려고 따지지 않고 되는대로 이끌려간다. 내가 그것을 느낄 때는 충분히 알게 될 것이다. 내 학문의 힘으로는 이 세상일의 방향을 돌리지 못할 것이다. 그것이 나 때문에 변해주지는 않을 것이다. 그런 일을 바라는 것 자체가 어리석은 수작이고 미치광이 짓이다.

철학적 탐구와 명상은 호기심을 북돋아주는 일밖에는 하지 못한다. 그래서 철학자들이 자연의 법칙을 좇으라고 권하는데, 그건 대단히 옳은 말이다. 그런데 이 자연의 법칙을 이해하는 데는 대단히 고매한 지식이 필요 없다. 하지만 학자들은 걸핏하면 이 법칙들을 변형시키고 그 특징을 너무 두드러지게 과장된 모습으로 왜곡시켜 놓곤 한다. 자연은 우리에게 걸을 수 있는 발과 함께 예지를 부여해줌으로써 우리 인생의 길을 지도하고 있다. 그것은 철학자들이 고안한 것처럼 교묘하고 억지스러우며 화려한 것이 아니라 따르기 쉽고 유익하며 실제 행동으로 옮길 수 있게끔 해주는 예지이다. 즉 가장 순박하게 자신의 본성을 신뢰하는 것이 가장 현명한 처사이다.

나는 키케로에 관한 권위자가 되기보다는 나 자신에 관한 권위자가 되고 싶다. 지난날의 과격한 분노가 얼마나 제 정신을 잃게 했는지를 기억 속에 담아두고 있는 자는 아리스토텔레스를 잃은 것보다도 더 잘 이 격정의 추악함을 깨닫고 그것에 대해 증오심을 품을 것이다.

자신이 당한 불행과 불행이 닥쳐올 위협을 느낀 것, 그리고 이렇게 할까 저렇게 할까 망설이던 소소한 일들을 늘 마음속에 담아두고 있는 자들은 그것만으로도 이미 자신의 미래 운명의 변화와 인생조건의 이해에 대비하는 것이다. 카이사르의 인생이 우리의 인생보다 우리의 미래를 위해 더 좋은 본보기가 될 것도 없다. 제왕의 인생이든 평범한 사람의 인생이든 중요한 것은 항상 인간적인 것들에 관련되어야 할 인생이다. 이 말을 주의깊게 따져보자. 말하자면 우리는 결국 우리 자신이 판단한 것을 자신에게 말하고 있는 것이다.

자신의 판단이 여러 번 틀린 것을 안 사람이라면 바보천치가 아니고서야 어떻게 자기 판단에 의심을 갖지 않을 수 있겠는가? 또 다른 사람이 알려주는 이치에 따름으로써 내가 어떤 잘못된 사상에 설복당한 것을 알게 된다면 그건 바로 내가 허약하고 내 이해력을 너무 믿었다는 것을 깨닫게 되는 것이다. 그럴 때 자신을 개선해야겠다는 생각을 하게 된다. 그리고 자신의 다른 모든 잘못에 관해서도 같은 방식을 적용하게 되는데 이 규칙이 인생에 대단히 유익한 것임을 깨닫는 것이다.

나는 인류와 개인을 발길에 차이는 길가의 돌처럼 생각하지 않는다. 나는 모든 일에 두려움을 품고 헌신하기를 배우며 그것을 잘 조절하려고 노력한다. 사람이 어리석게 말했다거나 행동한 것을 깨닫는 것도 그때뿐이다. 사람은 자신이 바보천치에 지나지 않는다는 것을 배워야 한다. 그것이 훨씬 더 충만하고 중요한 가르침이다.

내 기억력에 가장 자신감을 가졌을 때 그렇게도 여러 번 실수를 저질렀던 것은 지금에 와서 생각해보면 쓸모없이 실수한 것이 아니었다. 지금 당장 내 기억력에 아무리 확신을 가지고 안심한다 해도 나는 고개를 흔든다. 내 기억력이 보증을 한다 해도 그것에 반대하는 사람이 있으면 나는 바로 주저하며, 더구나 중대한 일에 관해서는 감히 내 기억력을 믿지 않을 것이고 다른 사람의 일도 보증해주지 않을 것이다.

그리고 내가 기억력이 모자라서 저지르는 일에 다른 사람들은 신실치 못해서 더 자주 일을 저지르게 된다 해도 내 말보다는 다른 사람의 입에서 나온 진실을 항상 사실이라고 간주할 것이다. 또 내가 격정에 사로잡히게 될 경우 나 자신을 지배하고 있는 격정의 실체와 상황을 가까이서 더 자세히 살펴본다면 설사 격정이 밀려온다고 해도 그것의 위세와 접근을 조금은 더 완화시킬 수 있을 것이다. 격정들이 단번에 우리를 덮치며 항상 목덜미를 잡지는 않는다. 거기에는 위험이 있지만 단계가 있기 때문이다.

내게는 판단력도 중요한 자리를 차지한다. 적어도 나는 그렇게 하려고 조심스럽게 노력한다. 나는 증오심이나 애정 같은 것 때문에 내 판단이 쉽게 변한다든지 왜곡되지 않고 내 자신이 지니고 있는 격정들을 자연스럽게 드러나도록 내버려둔다. 내 판단력은 제 힘으로 다른 부분들을 고쳐갈 능력은 없더라도 적어도 그것들 때문에 그 자체가 변질되는 일은 없다. 내 판단력은 나름대로 제 일을 하는 것이다.

'너 자신을 알라'고 하는 교훈은 각자에게 매우 중대한 효과를 낸 것임에 틀림없다. 저 학문과 태양의 신(델포이 신전에 있는 아폴론)은 우리에게 충고라도 하듯 이 교훈을 자기 신전의 정면에 새겨놓게 했다. 플라톤도 역시 예지는 이 교훈을 집행하는 것에 불과하다고 말했고, 소크라테스는 크세노폰의 문장을 통해 이것을 자세히 증명하고 있다.

어느 학문에서나 이해하기 어렵고 어두운 면은 그 학문을 연구하는 사람 외에는 보이지 않는다. 왜냐하면 알지 못하는 것을 깨달을 수 있기까지는 역시 어느 정도의 지식이 필요하기 때문이다. 그리고 문이 닫혀있는 것을 알기 위해서는 문을 밀어보아야만 한다. 그래서 아는 자는 알기 때문에 질문할 필요가 없고, 모르는 자는 무엇을 물어봐야 할지 모르기 때문에 질문할 거리가 없다는 플라톤 식의 묘한 논법이 나오는 것이다. 자신을 안다는 문제에서, 각자가 혼자 단정 짓고 만족하며 자기를 충분히 이해하고 있다고 생각하는 것은 이 문제를 전혀 이해하지 못하고 있는 것을 의미한다고 소크라테스는 크세노폰의 문장을 통해 에우리데모스에게 가르치고 있다.

나는 이것밖에는 다른 말을 하고 싶지 않은데, 이 자아 속에서 너무나 무한한 깊이와 다양성을 발견하기 때문에 이제껏 내가 배운 것이라면 내가 얼마나 배울 것이 많은지를 알게 된 것밖에 다른 성과가 없다는 것이다. 나는 내 판단력이 약하다는 것을 너무나 자주 깨달아왔기 때문에 항상 겸손하게 명령받은 교훈에 복종하며 냉철한 사상을 가지고 절도를 지키는 습관을 갖게 되었다. 그리고 자신의 능력을 과신하며 처세와 깨달음에 독이 되는 방자한 태도와 오만한 자세에는 증오심을 품게 되었다. '확신과 증명을 지각과 인식에 선행시키는 것보다 더 수치스러운 것은 없다'고 키케로도 말한 바 있다.

아리스타르코스는 옛날에는 현자가 겨우 일곱 사람 있을까 말까 했고 그의 시대에는 무식자가 겨우 일곱 사람 있을까 말까 했다고 말했다. 그 말은 지금의 우리 시대를 두고 하는 말이 아닐까? 확언과 아집은 명백하게 어리석다는 표징이다. 이런 자는 하루에 백 번 곳방아를 찧어도 전과 마찬가지로 뻣뻣하게 자신의 주장을 펼칠 것이다.

학자들은 자신들의 헛된 생각을 유독 특별하게 세밀한 부분으로 나눠서 기술하기를 좋아한다. 나로서는 경험으로 알 수 있는 것밖에는 모르기 때문에 대개는 그냥 무질서하게 내 생각들을 좇아가며 내놓는다. 이를테면 이런 식이다. 문장들을 한꺼번에 뭉뚱그려, 설명할 수 없는 사물들처럼 그냥 흐트러진 그대로 내놓는 것이다.

우리는 자기를 솔직하게 비판하는 소리를 듣기 위해 강인한 귀를 가질 필요가 있다. 그리고 속 쓰리게 느끼지 않고 남의 비판을 참고 듣는 자는 매우 드물기 때문에 우리에게 감히 비판을 시도하는 자는 특별한 우정의 표시를 보여주는 것이다. 왜냐하면 그 사람에게 도움이 돼주기 위해 그의 감정을 상하게 하는 건 건전하게 사랑해주는 일이기 때문이다. 나는 나쁜 소질이 선량한 소질보다 강한 자를 비판하기는 힘들다고 본다. 플라톤은 다른 사람의 마음을 알아보려면 지식과 호의와 과감성이라는 세 가지 소질을 가지라고 권고한다.

나는 그렇게 할 수 있는 충실함과 판단력과 자유를 가지고 있다. 그것은 명성을 기대하지 않는 봉사일 것이다. 그렇지 않다면 이 봉사는 그 성과와 진실함을 잃을 것이다. 그리고 아무 때나 무턱대고 할 수 있는 일도 아니다. 왜냐하면 진리는 아무렇게나 사용되어도 좋은 것이 아니기 때문이다. 그것이 아무리 고귀한 것이라 해도 한계가 있어야 한다. 왕의 귀에다 진실을 얘기해봐야 효과가 없을 뿐더러 도리어 해가 되며 오히려 옳지 못한 경우도 있기 때문이다. 그리고 진실한 책망이 해로울 수 없는 것이고 실질을 위해서 한 일이 형식을 위해서 한 일보다 나쁠 수 없다고 해도, 나는 꼭 그걸 믿지는 않는다.

나는 이런 직책에는 자신의 형편에 만족하는 인간으로 중간쯤 가는 팔자를 타고난 자이기를 바란다. 왜냐하면 그건 한편으로는 신랄하고 심각하게 자기 상사의 마음을 거스르다가 승진의 길이 막힐까 두려워 할 필요가 없고, 또 한편으로는 중간쯤의 자리에 있는 것이 모든 종류의 인물들과 교섭을 하기가 더 쉽기 때문이다. 나는 이런 직책은 단 한 사람이 맡고 있기를 바란다. 왜냐하면 이렇게 왕과 자유롭고 친근하게 대하는 특권을 많은 사람들에게 확대시키면 불경스런 일이 더 생기게 될 것이기 때문이다. 이건 맞는 말이다. 그래서 그 한 사람에게 침묵을 지켜달라고 요구해야 한다.

어쨌든 내가 여기에 끼적거려 놓은 이 모든 부스러기는 내 인생의 경험을 기록한 것에 지나지 않으며 마음의 건강을 위해서라면 이런 모든 교훈을 거꾸로 해석한다 해도 문제 될 게 없다. 그러나 육체적 건강에 대해 나보다 더 유익한 경험을 제시할 수 있는 사람은 없을 것이다. 나는 이 경험을 결코 기술적으로나 꾸민 이야기로 변질시키지 않고 순수하게 제공한다. 경험은 의학의 문제에 있어서는 바로 자신이 최고이다. 거기서 이성은 경험 앞에 맥을 못 춘다. 티베리우스가 말하길, 20년을 살아온 자이면 누구든 자기 몸에 해로운 것과 이로운 것을 분간할 수 있기 때문에 의술의 도움 없이도 건강을 지킬 줄 알아야 한다고 했다. 그는 이것을 소크라테스에게서 배웠을 것이다. 소크라테스는 제자들에게 건강을 대단히 중요한 연구과제로 삼으라고 충고하며, 이해성이 있는 사람이라면 자기 몸을 단련하고 음식을 조심하며 무엇이 자기에게 좋고 나쁜가를 의사보다 덜 알 수가 없다고 덧붙여 말했다.

그리고 의술 역시 항상 경험을 치료법의 시금석으로 삼는다는 것을 표명하고 있다. 그러므로 플라톤이 '진정한 의사가 되려면 고치고 싶은 모든 병들을 겪어보고 판단하려는 모든 사정과 사건들을 거쳐보고 난 다음에 할 필요가 있다'고 말한 것도 지당한 소리다.

마마를 고치려면 마마를 앓아보아야 한다. 그런 의사라면 나는 믿겠다. 왜냐하면 다른 자들은 대개 자기 집에 앉아서 바다와 암초와 항구 등을 그려놓고 아주 안전한 자리에서 배의 모형을 끌고 다니는 식으로 사람을 치료하기 때문이다. 하지만 치료하려면 실제로 겪어봐야 한다. 그렇지 않으면 어떻게 해야 할지를 모를 것이다. 그런 사람들이 환자의 병에 대해 말하는 꼴은 마치 장터의 나팔수가 잃어버린 말이나 개의 모습을 설명하며 털빛이 어떻고 키는 어떻고 귀가 어떻게 생겼다고 소리치는 식이다.

정말이지 의술이 언젠가는 눈에 보이는 효과를 낳게 된다면 나는 얼마나 진심으로 소리치게 될까. '마침내 나는 결과로 설명되는 학문에 항복한다!'(호라티우스)라고 말하면서 말이다. 우리 신체의 건강과 영혼의 건강을 보존하도록 해주는 기술은 정말 대단한 일을 약속한다. 그런데 약속하는 바를 그들만큼 지키지 못하는 경우도 세상에 없다. 요즘 우리 사이에 이런 기술을 떠들어대는 자들은 다른 사람들보다도 실제를 보여주지 못하고 있다. 그들은 기껏해야 약을 팔뿐 의사라고 말할 수는 없다.

내 생활방식은 병들었을 때나 건강할 때나 똑같다. 침대도 같고 잠자는 시간도 같으며, 먹는 것과 마시는 것도 모두 똑같다. 나는 힘과 식욕에 따라서 다소간의 절제 외에 다른 방법은 아무것도 덧붙이지 않는다. 내게 건강이란 습관으로 해온 상태를 바꾸지 않고 그대로 유지하는 것이다. 병 때문에 이 습관이 한쪽으로 치우칠 때가 있다. 그러나 의사들에게 물어보면 그들은 나를 완전히 다른 쪽으로 옮겨놓는다. 내가 단 하나 확실하게 믿는 것은 오랫동안 해온 습관을 실천하는 것이 손해는 안 된다는 것이다.

나는 우리가 외국의 예를 모방하거나 학교에서 가르치는 것을 그대로 따르는 건 참으로 어리석은 수작이라고 자주 말한다. 이런 일은 우리 시대에도 호메로스와 플라톤의 시대와 마찬가지로 너무나 넘치도록 많이 일어나고 있다. 그런데도 우리는 자신의 진실한 사상보다 남의 것을 인용하는 걸 더 영광으로 생각하고 있지 않은가! 그것은 마치 바스코장(파리의 한 인쇄업자)이나 플랑탱(앙베르 시에 인쇄소를 차려 유명해진 인물)의 가게에서 증거를 보는 것이 우리 동네에서 보는 것보다 더 확실하다고 생각하는 식이다. 우리는 왜 눈앞에 직접 보이는 것을 평가하고 그 가치를 알아보며 그것을 생생한 예로 삼지 못하는 것일까?

다음은 여러 직책을 당당하게 수행하고 난 어떤 귀인의 말이다. 그는 마드리드에서 리스본까지 한여름에 물을 한 모금밖에 마시지 않고 갔다는 얘기를 내게 해주었다. 그는 나이에 비해 몸이 건강한 편이었다. 그가 또 내게 몇 달 동안 또는 1년 동안 술을 전혀 안 마시고 살아간다는 얘기를 해주었다. 그것 외에는 그의 생활 습관에서 예사롭지 않은 점이라고는 아무것도 없었다. 그는 물론 갈증을 느끼지만 그 생각이 지나가도록 가만히 내버려둔다는 것이었다. 그리고 술을 마시고 싶다는 생각이 저절로 약해지는 걸 보면서 그는 필요하거나 쾌락 때문에 술을 마시기보다는 습관적으로 마시게 된다는 걸 알게 됐다고 했다.

또 하나의 예를 들어보자. 언젠가 한번 프랑스에서 가장 박식한 학자 한 사람을 내가 만난 적이 있었다. 그는 재산도 상당히 있는 편인데 큰 방 한구석을 커튼으로 칸막이하고 거기서 연구를 하고 있었다. 그런데 그 옆에서 하인들이 제멋대로 소란을 떨며 놀고 있었다. 세네카도 그런 말을 했지만, 그 학자는 이런 소란을 이용하고 있었던 것이다. 적당한 소음이 오히려 정신을 더 집중하게 만들어주고 자기 속으로 파고들어가 긴장을 유지하도록 해주더라고, 그가 내게 말했다. 그는 파도바에서 학교에 다닐 때 역마차의 마부들이 요란스럽게 떠드는 소리와 장터의 소란 속에서 오랫동안 공부했기 때문에 이런 소란을 이용하는 습관이 생겼다는 것이다.

소크라테스는 그의 부인이 쉴새없이 잔소리를 하는 속에서 어떻게 견뎌냈을까 하고 그의 제자 알키비아데스가 묻자, 이렇게 대답했다고 한다. '나는 늘 물 길어 올리는 바퀴소리에 익숙해있는 사람이다'라고. 소크라테스에 비해 나는 완전히 그 반대이다. 내 정신은 너무 약해서 쉽게 날아가 버린다. 조용한 곳에서 생각에 몰두해 있을 때 파리 한 마리만 왱 하고 지나가도 그 생각이 사라져버리는 것이다.

습관은 우리를 제멋대로 만들기도 하지만 또 완전히 변화시키기도 한다. 이것이 습관의 가장 고귀하고 유익한 가르침이다. 나의 기질 중 가장 좋은 면은 융통성이 있고 별로 고집불통이 아니라는 점이다. 나는 다른 사람들보다 더 개인적이고 일반적이며 유쾌한 성향을 가지고 있다. 그러나 그것을 또 쉽게 벗어나 반대쪽으로 흘러가기도 한다.

나는 몸이 건강할 때나 건강하지 못할 때나 늘 마음이 끌리는 대로 즐겨해왔다. 그런 만큼 나의 욕망과 성향을 믿고 따른다. 나는 악으로 악을 고치는 걸 좋아하지 않는다. 이를테면 질병 자체보다도 더 불편한 치료 방법을 싫어한다. 담석증을 앓으면서 굴 먹는 재미도 끊어야 한다면 하나로 끝날 수 있는 병을 둘로 만드는 셈이다. 한편에서는 병이 우리를 괴롭히고 다른 편에서는 억제가 우리를 괴롭히는 것이다. 어떻게 하든 결국 우리가 잘못을 저지르게 되는 것이라면, 차라리 쾌락을 좇으며 잘못하는 것이 더 낫지 않을까. 세상 사람들은 이와는 반대로 힘들지 않는 것은 유익하지 않다고 생각한다. 그들에게는 쉬운 것이 수상하게 보이는 것이다.

여러 음식들에 대한 나의 욕망은 그 자체로 묘하게 조화되어 내 위장 건강에 적응해주었다. 소스의 신맛과 쏘는 맛은 젊었을 때는 구미에 맞았었다. 하지만 그 후에는 내 위가 그런 것을 받아들이지 못해 입맛도 바로 변해버렸다. 포도주는 병자에게 해롭다. 내 입맛은 맨 먼저 그것을 거부했고 누가 억지로 권해도 마실 수가 없었다. 내가 먹어서 불쾌한 것은 무엇이든 내 몸에 해롭다. 그리고 배가 고파서 맛있게 먹는 것은 아무것도 해로운 것이 없다. 나는 기분에 맞는 행동을 해서 해를 입어본 적이 없다. 그래서 모든 의료법이 결정한 것은 나의 쾌락 앞에서는 맥을 추지 못한다.

젊었을 때 나는 누구보다도 더 방자하게 정욕에 사로잡혀 지냈다. 병자들에게 맹렬히 닥쳐오는 격심한 욕망 앞에 의사들이 대개 그들의 규칙을 굽히는 것은 유익한 일이다. 이런 극심한 욕망에 본성이 관련되지 않았을 거라는 건 상상할 수 없다. 또 상상력을 만족시키는 것만도 얼마나 좋은 일인가! 나는 이 소질이 매우 중요하다고 생각한다.

우리가 무엇을 하든 우리의 방법이 틀렸다고 할 만큼 의술이 정확히 옳은 것은 아니다. 그대가 잠을 자거나 포도주나 다른 음식을 먹는 것을 보고 의사가 좋게 여기지 않아도 상관할 필요가 없다. 그와 의견이 다른 의사를 내가 찾아주겠다. 의학의 다양한 이론과 견해에는 가지각색의 이견이 있다. 나는 한 가련한 환자가 병을 고치려고 생활습관을 바꾸다가 기절해 죽어가자 다른 의사가 지난 번 의사의 견해는 해로운 거라고 비난하며 조롱하는 것을 보았다. 그래도 이 환자는 수고한 보람이 있었던 게 아닐까? 그 바람에 다른 의사를 만났으니 말이다. 그런데 의술을 직업으로 하는 사람이 최근에 담석증으로 죽었다는 소식을 들었다. 자신의 병과 싸우느라 극단적인 단식법을 사용했던 것이 원인이었다. 그의 동료들에 의하면 이 단식이 그를 말려 신장 속의 모래를 응고시켰다는 것이다.

나는 보통 가장 심한 고질병 중 하나라고 하는 질병조차도 의술의 도움 없이 저절로 쇠퇴해서 없어지도록 내버려두었다. 체질을 좀 그대로 내버려두자. 체질은 우리보다 자신의 할 일을 더 잘 알고 있다.

나는 몸에 어떤 변화를 느껴도 웬만하면 진찰을 받지 않는다. 왜냐하면 의사들은 몸을 맡기는 자들을 멋대로 지배하기 때문이다. 그들은 진찰을 하면서 우리를 귀가 따갑도록 책망한다. 전에 한번은 어떤 의사가 자신의 학설로 내게 꼬투리를 잡으며 내가 굉장히 고생할 것이라느니 또는 죽을 것이라느니 하고 위협하면서 위풍당당한 얼굴로 나를 학대하다시피 한 적도 있었다. 그렇다고 내가 의기소침하거나 기절할 정도는 아니었고 반대로 불쾌하고 화가 치밀어 올랐다. 그 때문에 판단력이 흐려지거나 동요된 것은 아니더라도 다소의 장애를 받았던 건 사실이다. 진료를 받는 건 내게 항상 동요와 싸움을 불러일으킨다.

나는 될 수 있는 한 내 상상력을 부드럽게 다루며 가능한 거기서 모든 고통과 역겨운 심정을 제거하려고 한다. 상상력은 달래서 거들어주어야 하며 가능하면 속이기도 해야 한다. 내 정신은 이런 일에 적합하다. 내 정신은 어떤 일에도 그럴듯한 이유를 내보이는 재간에 부족함이 없다.

나는 상상에 의해서가 아니라 솔직한 내 마음을 들여다봄으로써 나 자신을 판단한다. 그러기 위해서는 인내심을 가지고 기다릴 수밖에 없으니, 상상이 무슨 소용이 있겠는가? 하지만 그렇게 하는 게 내게는 너무나 큰 이득이 되고 있다. 반면 다른 사람들의 충고에 지나치게 얽매이는 사람들이 많이 있다. 그리고 실제보다 상상에 얽매이는 사람들 또한 굉장히 많다. 나는 이런 위험한 병에 시달리지 않고 몸 상태가 양호했을 때 마치 병이 시작된 것처럼 의사에게 꾸며 말하며 속으로 재미있어 한 적이 있었다. 그러고는 그들의 무서운 판결을 태평하게 참고 들으며 하느님의 은총에 감사를 드리면서 그들의 의술이 얼마나 허황된 것인지를 더 잘 알 수 있었다.

내 얼굴과 눈은 바로 내 마음 속을 드러내 보인다. 나의 모든 변화는 거기서부터 시작된다. 그리고 실제 상태보다도 좀 더 언짢은 표정으로 나타난다. 내가 그 원인을 아직 못 느끼고 있을 때도 친구들은 벌써 내 건강을 걱정해준다. 나는 거울을 보고도 놀라지 않는다. 왜냐하면 나는 젊은 시절에도 아무런 큰 탈 없이 안색과 풍모에 언짢은 기색을 보인 적이 여러 번 있었기 때문이다. 하지만 의사들은 외부로 나타나는 변화에 상응하는 어떤 증세를 몸속에서 발견하지 못하고 숨겨진 어떤 정열이나 정신 탓으로 돌렸다. 그들은 잘못 알고 있었다. 마음이 하는 것과 마찬가지로 몸도 자신의 뜻대로 스스로를 지배해 갈 줄 안다면 우리는 좀 더 편하게 살아갈 수 있을 것이다.

내 생명이 떡갈나무처럼 온전하게 길지 못하다고 해도 못마땅하게 생각지는 않는다. 나는 내 상념들로 가득 차 있어서 불평할 거리가 없다. 그러나 잠자는 동안 잠을 깰 만큼 괴로운 생각에 빠져본 적은 거의 없다. 다만 정욕이 잠을 깨웠지만 괴로울 것까진 없었다. 나는 꿈을 자주 꾸지는 않는다. 꿈을 꾸어도 그것은 대개 쾌활한 생각에서 나온 광상적인 것들이고 슬프기보다는 오히려 우스운 것들이다. 꿈은 우리의 마음이 향해 있는 것의 충실한 해설자라고 하는데 맞는 말인 것 같다.

본성은 누구에게나 똑같이 마치 장막이 없는 것처럼 그 뒷면까지도 나타나 보이는 것이다. 내 보인다. 계략을 꾸밀 것이 아니라 행동습관을 꾸미는 것이 우리가 할 일이다. 전쟁에 승리하여 영토를 얻을 것이 아니라 우리의 행실에 질서와 안정을 얻어야 하는 것이 우리가 할 일이다.

정신의 위대성은 높이 올라가고 앞으로만 나아가려고 하는 것보다 한계를 정해 조절할 줄 아는 데 있다. 정신은 탁월한 것보다는 중용을 사랑함으로써 그 높이를 보인다. 사람 노릇을 잘하는 것보다 더 아름답고 정당한 일은 없으며, 인생을 자연스럽게 잘 살도록 배우는 것보다 더 힘든 학문은 없다. 그리고 질병 중에서도 가장 야만적인 질병은 우리의 존재를 경멸하는 것이다.

나는 나 스스로에게 고통과 탐락을 똑같이 조절된 눈으로 똑같이 분명하게 보라고 명령한다. 하나는 유쾌하게 다른 하나는 엄격하게. 그리고 그중 하나를 소멸시키려는 노력만큼이나 다른 하나는 확대시키려는 생각으로 고찰하라고 명령한다. 선을 건전하게 보는 능력은 그 뒤에 악을 건전하게 보는 능력을 끌어온다.

나는 나 혼자 쓰는 어휘를 가지고 있다. 날씨가 나쁘고 불편할 때는 시간을 보낸다. 그러나 날씨가 좋으면 시간을 보내고 싶지가 않다. 나는 시간을 어루만지며 매달린다. 나쁜 날씨는 달음질쳐 보내고 좋은 날씨는 주저앉게 하고 싶다. '소일'과 '시간을 보냄'이라는 평범한 말투는, 인생을 흘려서 놓쳐 보내고 모면해가는 것이 인생을 가장 잘 이용하는 방법이며 이 일생을 귀찮아하고 경멸하며 도피하는 것밖에 다른 도리가 없다고 생각하는 인간들의 습성을 표현하는 것이다. 나는 인생을 다르게 알고 있다. 즉 지금 내가 인생을 잡고 있는 이 마지막 쇠퇴기에도 나는 인생을 가치 있고 유익한 것으로 보고 있다.

'깨닫지 못하는 자의 인생은 희열이 없고 혼란스러우며 미래의 일만을 생각하는 습성이 있다' 고 세네카는 말했다. 나는 인생을 잃어도 아까워하지 않으며, 그렇다고 귀찮고 괴로운 것으로도 생각하지 않는다. 그래서 사는 것이 재미있다고 하는 자들만이 죽는 것도 불쾌하지 않다고 말할 수 있다. 인생을 즐기는 데도 방법이 있다. 나는 다른 사람들보다 인생을 두 배는 즐긴다. 왜냐하면 즐기는 것도 어느 정도는 노력하는 열성에 달려있기 때문이다. 내 생명의 시간이 아주 짧게 남아있는 지금 나는 인생을 그 무게로 늘려놓고 싶다.

나는 인생이 빨리 달아나는 것을 재빨리 잡아서 멈추게 하고 싶다. 그리고 생명을 정열적으로 사용함으로써 빠르게 흘러가는 것을 보충하며 삶이 더 짧아짐에 따라 인생을 더 심오하고 충만하게 만들고 싶다.

본성은 상냥한 안내자이다. 그리고 현명하고 올바르다. '우리는 모든 것들의 본성을 파고 들어가 그 요구하는 바를 정확히 관찰해야 한다'고 키케로는 말했다. 나는 모든 방면으로 이 본성의 자취를 찾는다. 우리는 그것을 인위적인 묘한 자취들과 혼동해왔다. 아카데미(플라톤)학파와 페리파토스(아리스토텔레스)학파의 최고선은 이 본성을 따라서 살아가라는 것이다. 때문에 그걸 한마디로 정의해 표현하기는 어렵다. 스토아학파의 최고선도 역시 그와 비슷하게 본성을 강조하고 있다.

자신의 존재를 충실히 누릴 줄 아는 것이 가장 완벽한 삶이며 신성한 삶이라고 할 수 있다. 우리는 자신을 어떻게 써야 할지 제대로 이해하지 못하기 때문에 다른 조건들을 찾고 있다.

SALT.
HUTCH
BEST INTERNET

그리고 우리가 어떻게 되어 있는지를 모르기 때문에 자기 자신에게서 벗어나려 한다. 그러므로 아무리 죽마를 타고 높이 올라가 봐도 소용이 없다. 왜냐하면 죽마 위에서도 우리는 다리로 걸어야 하기 때문이다.

가장 아름다운 인생이란 내 생각에는 터무니없는 어떤 기적 같은 게 아니라 보통의 인간 삶에 본보기가 될 수 있도록 질서 있게 처신하는 인생이다. 그래도 노년기에는 좀 더 부드럽게 대접받을 필요가 있다. 건강과 예지의 수호자이며 유쾌하고 다정한 아폴론 신에게 노년기의 축원을 바치자.

누가 더 많이 알고 있는가보다는
누가 더 잘 알고 있는가를 알아보아야 한다

_ Michel Eyquem de Montaigne